国土空间规划研究

樊森 主编

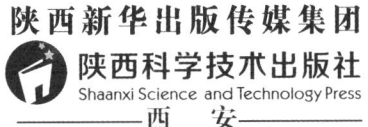

图书在版编目(CIP)数据

国土空间规划研究 / 樊森主编. —西安:陕西科学技术出版社,2020.1

ISBN 978-7-5369-7768-6

Ⅰ.①国… Ⅱ.①樊… Ⅲ.①国土规划-研究-中国 Ⅳ.①F129.9

中国版本图书馆 CIP 数据核字(2020)第 020718 号

国土空间规划研究

樊森 主编

责任编辑	马 莹
封面设计	卫晨亮
出 版 者	陕西新华出版传媒集团 陕西科学技术出版社
	西安市曲江新区登高路1388号陕西新华出版传媒产业大厦B座
	电话(029)81205187 传真(029)81205155 邮编710061
	http://www.snstp.com
发 行 者	陕西新华出版传媒集团 陕西科学技术出版社
	电话(029)81205180 81206809
印 刷	陕西天地印刷有限公司
规 格	787mm×1092mm 16 开本
印 张	24
字 数	456 千字
版 次	2020 年 1 月第 1 版
	2020 年 1 月第 1 次印刷
书 号	ISBN 978-7-5369-7768-6
定 价	68.00 元

版权所有 翻印必究

编委会

主　编　樊　森

成　员　吴　君　王伟军　曾　瑜
　　　　　　祝盼盼　杜　寅　吴俊强
　　　　　　叶　帅　苏珊娜　延兰兰
　　　　　　齐　睿　李　武

（一）

《中共中央 国务院关于建立国土空间规划体系并监督实施的若干意见》（中发〔2019〕18号文，以下简称《若干意见》）印发，国土空间规划最终正名，标志着我国空间发展和空间治理进入了生态文明新时代、规划体制改革进入了建立空间规划体系的新时期、国土空间规划体系建立进入了落地实施的新阶段，也意味着一个时代的落幕，一个纪元的开始，旧格局已经打破，新体系亟待重构。在新时期，再论国土空间规划，需要从四个方面，科学、正确、准确、系统地理解国土空间规划。

新规划体系下的国土空间规划。《中共中央 国务院关于统一规划体系更好发挥国家发展规划战略导向作用的意见》（中发〔2018〕44号）出台，在我国规划发展史上具有里程碑的意义，首次明确了涉及所有规划的"三级四类"的规划体系。国土空间规划作为新规划体系中的一类规划，必须以发展规划为上位遵循，落实发展规划意志战略，体现发展规划统领作用。同时强化国土空间规划在新规划体系中的基础性作用、平台功能，以及在空间开发保护领域的刚性管控和指导约束作用，为发展规划确定的重大战略任务落地实施提供空间保障，对其他规划提出的基础设施、城镇建设、资源能源、生态环保等开发保护活动提供指导和约束。

自然资源管理体系下的国土空间规划。国家机构改革关于自然资源部的成立，"两统一"职责的明确，着力形成"源头严防、过程严管、后果严惩"的自然资源管理制度体系，是贯彻生态文明思想，落实生态文明建设意见及总体方案的关键所在。依靠制度、法治管理自然资源，以法治制度为保障，形成自然资源的"调查评价、确权登记、空间规划、用途管制、有偿使用、修复治理、保护监管"的系统化管理体系是新时期自然资源管理的主要内容。国土空间规划作为自然资源管理体系中的重要一环，必须在其引领下开展工作，发挥好国土空间规划的基础和统筹作用，为实施自然资源的全要素全过程管理提供依据。

国土空间规划体系下的国土空间规划。《若干意见》明确了"五级三类四体系"的国土空间规划体系，纵向分国家、省、市、县、乡镇五级，横向分总体规划、专项规划和详细规划三类，完善形成国土空间规划四大体系，即编制审批体系（包含编制、论证、审批、发布等）、实施监督体系（包含监测、评估、修订、考核、督察等）、法规政策体系（包含法律、法规、规章、政策文件等）、技术标准体系（技术导则、技术规程、定额标准等），并明确了各级各类规划的功能。《若干意见》是国土空间规划的顶层设计，国土空间规划必须在国土空间规划体系规范和约束下界定分类、对应级别、明确功能，科学规范地开展工作。

"多规合一"的国土空间规划。从2014年市县"多规合一"试点的多种规划合一，到2017年省级空间规划试点的以主体功能区规划为基础的空间性规划合一，再到2019年《若干意见》将主体功能区规划、土地利用规划、城乡规划等空间规划融合为统一的国土空间规划，意味着以上几类空间性规划的历史使命完成。需要特别强调的不是多规融合协调，而是新的国土空间规划确立并替代。全域国土空间内就是一本规划、一张蓝图，除过渡期外，未来空间性多规并立将不复存在。随着国土空间规划体系明确，必须清楚国土空间规划是在继承之前几类空间性规划良好经验做法基础上的四大体系性重构，而不是之前某一个空间性规划的翻版或延伸，过多纠结比较之前空间性规划优劣高低已无意义，反而会制约阻碍创新发展。

综上，国土空间规划顶层设计和政策指引已经明确，作为一项重构性的工作，体系构建正在进行，完成尚需时日，要确保开展好此项工作，必须摒弃之前的思维定式，摆脱之前技术依赖，正确认识、理解国土空间规划的内涵。

（二）

中研智业系列丛书已出版了12本，中研智业集团围绕实现"多规合一"，开展国土空间规划专业领域已出版了《空间规划（多规合一）百问百答》《空间规划（多规合一）综合解决方案》《图解多规合一》3本。为了落实国土空间规划体系构建，着力解决空间规划重叠交叉，推动"多规合一"等重点任务，在持续进行国土空间规划和"多规合一"研究积累基础上，基于市县"多规合一"试点和省级空间规划试点经验总结，重点围绕深入解决国土空间规划领域内的关键理论和技术环节问题,我们出版了《国土空间规划研究》(以下简称本书)一书。本书中包含了《国土空间规划理论概要研究》《国内空间规划试点案例研究》《国外空间规划借鉴研究》《国土空间规划技术体系研究》《国土空间规划用地分类标准研究》《国土空间规划开发强度测算方法研究》《国土空间管制办法研究》《国土空间基础信息平台建设研究》《我国空间规划法规体系建设研究》九个相对独立又紧密相关的专题研究报告,对国土空间规划研究中涉及的理论概念、技术方法、实践路径等进行了全面梳理、深度总结,并提出了明确的观点和结论。

本书是对我集团公司五年多来,在国土空间规划领域理论技术研究的总结性著作。本书最大的特点是从专业的角度,对国土空间规划体系构建中涉及的重点理论、技术和实践问题进行了深度专题研究。各研究报告内容充实、全面,是一本不可多得的综合性研究成果,能够为自然资源部门及相关业界同行研究国土空间规划体系提供一定的理论和技术指导。本书研究成果主要形成于国家机构改革前后,国家关于国土空间规划的诸多法规标准、技术指南尚未正式出台,可能部分内容与国家正式印发的标准指南有诸多不适或不符。因此,不足和错误之处望各位批评指正,并给予及时反馈,以便我们在后续的研究中予以纠正。

樊 森

2020 年 1 月

目录

contents

第一章 国土空间规划理论概要研究 ... 1
第一节 我国规划发展历程 ... 1
第二节 国土空间规划概念内涵 ... 12
第三节 国土空间规划试点推进 ... 21
第四节 国土空间规划体系构建 ... 29

第二章 国内空间规划试点案例研究 ... 37
第一节 省级试点实践 ... 37
第二节 市县级试点实践 ... 54
第三节 非试点省市县实践 ... 81
第四节 经验总结 ... 97

第三章 国外空间规划借鉴研究 ... 101
第一节 德国 ... 101
第二节 法国 ... 105
第三节 荷兰 ... 109
第四节 美国 ... 113
第五节 日本 ... 118
第六节 借鉴启示 ... 123

第四章　国土空间规划技术体系研究 ·········· 125
第一节　国土空间规划技术路径试点分析 ·········· 125
第二节　国土空间规划技术路径确立 ·········· 132
第三节　国土空间规划技术体系内容 ·········· 141

第五章　国土空间规划用地分类标准研究 ·········· 162
第一节　研究综述 ·········· 162
第二节　"两规"用地标准解析 ·········· 164
第三节　"两规"用地分类标准差异分析 ·········· 170
第四节　统一国土空间规划用地分类标准的思路 ·········· 175
第五节　国土空间规划用地标准的建立 ·········· 180

第六章　国土空间规划开发强度测算方法研究 ·········· 204
第一节　研究综述 ·········· 204
第二节　理论基础 ·········· 207
第三节　建设用地节约集约利用评价 ·········· 211
第四节　建设空间规模预测 ·········· 230
第五节　国土开发强度测算 ·········· 256

第七章　国土空间管制办法研究 ·········· 260
第一节　研究综述 ·········· 260
第二节　我国现行空间管制差异分析 ·········· 266
第三节　基于国土空间规划的空间管制分区 ·········· 277
第四节　国土空间用途管制规则 ·········· 283

第八章　国土空间基础信息平台建设研究 ·········· 296
第一节　背景与意义 ·········· 296
第二节　我国信息化发展基本现状 ·········· 299
第三节　国土空间规划信息化趋势要求 ·········· 301

第四节　国土空间规划信息平台建设试点 …………………… 306
　　第五节　国土空间基础信息平台建设内容 …………………… 310
　　第六节　空间规划"一张图"实施监督信息系统 ……………… 324

第九章　我国空间规划法规体系建设研究 ……………………… 331
　第一节　背景与意义 ……………………………………………… 331
　第二节　现行规划梳理分析 ……………………………………… 334
　第三节　现行法规梳理分析 ……………………………………… 342
　第四节　空间规划法规体系建设 ………………………………… 356
　第五节　研究结论与建议 ………………………………………… 366

结　语 …………………………………………………………………… 369

参考文献 ………………………………………………………………… 370

第一章

国土空间规划理论概要研究

第一节 我国规划发展历程

"规"即法则、章程、标准、谋划,是战略层面的范畴,"划"即合算、刻画,是战术层面的范畴。"规"为起,"划"为落,两者合二为一,构成"规划"的基本含义,即规划是长远的思考和对未来的把握。我国现行规划体系是在长期历史发展过程中形成的,是新中国政治制度、经济制度、社会制度等各项制度的深刻体现,反映着我国在发展进程中各阶段的主要矛盾、解决方法和具体实践。按照我国发展阶段,我国规划发展历程可以分为五个阶段,分别为1949—1978年发展起步期、1979—1997年调整积淀期、1998—2012年多元发展期、2013—2018年改革整合期、2019年以来为规范发展期。

一、第一阶段(1949—1978年):发展起步期

1949年,新中国人口5亿多,粮食总产量仅1.13亿吨,人口众多、生产力低下、经济基础薄弱,这是新中国经济发展的起点[①]。中央政府用了近3年的时间,多方面着手国民经济恢复工作,于1952年成立了国家计划委员会,为规划事业发展拉开序幕,

---

① 数据来源于中国国家统计局。

也为以后的大规模经济建设创造了基础条件。我国通过学习、借鉴苏联经验,实行高度集中的计划经济体制,在规划层面上具体表现为:国民经济计划统揽一切,计划指标具有指令性,地方五年计划附属于国家五年计划;城市规划、土地利用规划从属于五年计划,具体工作围绕工、农业生产需求展开,其本质是国民经济计划的延伸和落实,不具备调配资源的功能。

国家计划委员会1953—1980年共组织编制了"一五"到"五五"五个国民经济计划。"一五"计划的制定自1951年2月正式开始,历时五年才在第一届全国人大二次会议上审议通过,颁布实施时计划涵盖时间已经过半。这一时期以规模化工业建设为主,同时发展部分集体所有制的农业生产合作社,资本主义工商业基本转变成国家资本主义。1957年,"一五"计划任务提前超额完成,五年间国内生产总值年均增长率为9.2%,工业布局不合理的局面得到初步改变。在此基础上,"二五"前期实现两位数的年均增长率(17.13%),但由于"二五"计划中部分目标任务过高、过大,国家连年财政赤字,国民经济比例严重失调,人民生活困难,"二五"后期不得不对年度计划实行边编制、边实施、边调整。针对"二五"时期出现的国民经济失衡,中央决定把1963—1965年作为继续调整、整顿的过渡时期,把1966—1970年作为"三五"计划的实施期。由于长期以来计划任务"重工业、轻农业"的特点,"四五"计划纲要(修正草案)中特别强调夯实农业基础,降低计划指标,淡化经济建设备战色彩,开始重视经济效益。

城市规划同期起步。新中国成立后,虽然大规模的城市建设尚未正式展开,但在"生产性城市"的建设方针指引下,城市规划编制活动和实施活动已经开启,并初步建立了城市规划和城市建设管理机构。1953年,伴随着"一五"计划启动了工业化发展,工业化带动了城市化发展,城市化全面引入"苏联模式",迎来第一个发展的春天,此时全国的规划工作由建筑工程部的城市建设局负责。1954年6月,建筑工程部召开全国第一次城市建设会议,明确城市建设要为国家的社会主义工业化、为生产、为劳动人民服务,建设工作应与工业建设相适应。1955年,国务院设立城市建设总局,下设城市规划局和城市设计院;1956年,城市建设总局扩大为城市建设部,统管全国的城市规划和城市建设工作。截至"一五"计划结束,全国编制城市建设总体规划的城市达150多个,工业发展所需的各项市政公用设施、住宅和生活服务设施得到提高和完善,通过城市发展和城市改造,一批工业城市逐渐兴起,这对我国的产业布局和规划制度影响至今。1958年,国家建设委员会撤销,其下设的城市规划局划归国家计划委员会,同时城市建设部、建筑材料工业部和建筑工程部合并为建筑工程部;城市规划工作分属国家计委和建筑工程部主管,前者负责城市规划标准定额,编制办法和总体规划审批,后者负责城市规划的业务指导,并组织编制重点城市规划。有学者认为,这可能是形成后来多部门主导空间规划体系的源头[1]。此后,在长达18年的时间里,国家城市规划事业实际推进工作陷入停滞,但在城市规划法制建设方面取得的成果不容忽视,主要有1961年第一部城乡规划教材《城乡规划》出版;1962年颁布的《关于编制和审批基本建设设计任务书的规定(草案)》;1972年出台的《关于加强基本建设管理的几项意见》;1974年下发的《关于城市规划编制和审批建议》和《城市规划居住区用地控制指标(试行)》等。

新中国成立后,结合基本国情、土地公有制特点和土地用途管制制度,土地利用规划与城市规划相独立。这一时期,土地利用规划的管理职责隶属于农业部土地管理局。从1949年到土地改革任务完成,中国人口在4年间增加了4000余万,百姓"吃饭"问题压力巨大,但可用耕地面积却日益减少,如何加强土地管理和利用成为各级政府工作的重点。1954年,通过从苏联引进人才和技术,开荒建农场[2],并首先在农业合作社内开展土地利用规划试点工作,试点工作有效提升了生产力,一定程度上缓解了土地利用不合理、粮食生产不充足的问题。这一阶段,土地利用规划类型主要有区域性、人民公社(企业)间、人民公社(企业)内三种,既有土地利用总体规划,又有土地利用详细规划,在县级以上地区开展了农业区划工作,为各类土地利用规划奠定了重要基础。1970年,农业部和林业部合并为农林部,土地利用局撤销,行政机构被解散,土地利用规划陷入低谷。虽然土地利用规划的发展和实施不尽顺利,但在相关技术领域做出了一定成绩,尤其是土地整治和土地分类。

其他领域,如农业、工业、水利、环境等领域均围绕五年国民经济计划,按照计划的方式同时存在、同步制定,并集中调配和落实,为当时百废待兴的国情和各项生产发展,以及国民经济计划完成奠定了良好的基础和提供了强有力的支撑。

二、第二阶段(1979—1997年):调整积淀期

随着社会经济发展水平不断提高,计划经济体制难以满足生产力和生产关系进一步发展的要求。十一届三中全会中明确提出"改革开放"的政策,使我国经济迎来了前所未有的高速发展。农村是经济体制改革的起始点,通过实行"分田到户,自负盈

亏"的家庭联产承包责任制（大包干），激发土地活力和农民劳动生产的积极性；城市则以国有企业经营权改革为主要发力点，党政企不分、以政代企等问题被逐个击破，企业自主权逐渐扩大。经过试办经济特区、进一步开放沿海城市、进一步扩大沿海开放区域、开发开放上海浦东新区和沿边、沿江及内陆省会城市的全面开放五个阶段，逐步形成了全方位、多层次、宽领域的对外开放格局。1978—1997年间，国内生产总值从3678.7亿元增长至78802.9亿元，年均增长18.56%；其中，第三产业产值占比从24.6%增长至35%，超过第一产业，成为国民经济总量第二大支柱。十一届三中全会是中国历史的转折点，也意味着规划事业进入了积淀期。

积淀期内，中国逐渐进入体制转轨、新旧体制并存的时期，经济体制格局和国民经济运行机制都发生了重大变化，国民经济与社会发展计划适时调整。"六五"（1981—1985年）正式更名为"国民经济和社会发展计划"，改变了以往只重视经济发展、忽视社会发展的倾向，开始强调两者的协调发展；重要举措主要包括：将社会发展和第三产业纳入考量范畴，成功推进农村经济体制改革，开始了以城市为重点的经济体制全面改革。"七五"计划（1986—1990年）提前三年开始编制，成为我国社会主义计划经济史上首个在新的五年计划刚刚起步之时就制定出台的国民经济和社会发展计划；计划内容更注重发展战略和方针政策的制定，将原本僵硬的数字化考核体系调整为更灵活的研究化、发展化体系，通过增加"GDP"和三次产业划分，有效加强了国民经济核算体系的构建。进入20世纪90年代后，以邓小平同志重要谈话和中国共产党第十四次全国代表大会为标志，构建社会主义市场经济体制的目标正式确立，农村剩余生产力进一步解放，城市经济体制进一步改革，对外开放带来市场繁荣和经济发展，"八五"计划处在特殊的节点上，计划的战略性也以往有所不同，从实现20世纪末战略目标的要求出发，制定了经济社会发展指标，并将计划重点调整为"突出治理经济环境、整顿经济秩序和全面深化改革"。"八五"计划期成为推进"改革开放"最快的时期，稳健计划、扎实落实，也成为新中国成立以来经济增长速度最快、波动最小的时期，总体开放格局基本形成。

这一阶段，城市建设工作恢复迅速。1978年3月第三次全国城市工作会议召开，会议上制定了《关于加强城市建设工作的意见》，城市规划工作重新步入正轨。1979年，成立"国家城市建设总局"，直属国务院，由国家基本建设委员会代管。1982年，成立城乡建设环境保护部。1988年，更名为"建设部"。此后，城市规划发展可大致分为两个阶段。第一个阶段即80年代：一是全国324个设市城市提前完成了第二轮总体规划，规划实践取得积极成果；二是1989年12月26日通过《城市规划法》，该法是我国第一部城市规划法，它总结了40年的城市规划经验，对往后近20年城市规划的制定、目的、任务、方针、原则和各项工作要求影响深远,标志着我国城市规划工作已进入了法制化轨道①。第二阶段即90年代:该阶段城市规划的主要任务是适应计划经济体制逐步向商品经济体制过渡的新形势,既满足经济发展的空间需求,又缓解城市建设矛盾。通过20年的努力,规划内容积极迭代,规划发展环境兼容并包,一套逐步完善的开放式城市规划体系正在形成,城市化率在调整发展积淀期增长了12个百分点。

改革开放初期,随着人民公社解体和家庭联产承包责任制的推行,以人民公社为主体的土地利用规划不再进行,转而开展县级农业区划。1982年农业部、农垦部、国家水产总局合并成立农牧渔业部,并探索在农业区划基础上编制县级土地利用总体规划,并部署在黑龙江省集贤县、辽宁省康平县、河南省光山县和四川省眉山市开展规划编制试点工作,并草拟《县级土地利用总体规划要点》,推进土地利用规划发展进入新阶段。之后,农牧渔业部改称土地管理局,负责推进土地利用总体规划。

"建设用地扩张,耕地大幅减少"是伴随着中国经济发展长期存在的问题,这是任何一个国家都无法避免的。20世纪80年代中期,乡镇企业崛起,工矿、乡镇建设、农村建房等建设用地需求大量增加,造成耕地大幅减少,土地、耕地侵占,自然资源损耗,环境污染等问题日益严重。针对该问题,国家建设部门召开了"全国农村房屋建设会议",提出要正确处理生产和生活的关系。1984年,经国务院批准,启动第一次全国土地调查工作。1986年6月审议通过《土地管理法》,将编制土地利用总体规划作为各级政府的重要职责写进法律,标志着我国土地利用总体规划工作开始步入法制化、规范化、统一化的阶段。

1987年,原城乡建设环境保护部做出以集镇建设为重点的决策,对村镇进行综合规划,着力解决发展中的环境污染问题;在内容和范围上,村镇规划的总体规划和建设规划开始向大区域的经济、环境和社会等综合层面靠拢,初步完成了法规编制和实施体系框架的构建。1993年,国务院先后发布《村庄和集镇规划建设管理条例》和《村镇规划标准》,进一步规范规划发展,并通过设立村镇建设管理机构,加强对规划实施的指导、管理和监督。1996年底,机构建设基本覆盖全国的省、市级。可以看出,土地规划的重点任务已经从服务农业生产转向统筹协调各业开发用地和耕地保护之间的关系、协调各部门用地矛盾和化解利益冲突,规划性质从技术性的微观指导转向宏观性管控。

与发展起步期相比,国土规划在积淀期内实现了突破性发展。1981年,中共中央

---

① 《城市规划法》已于2008年1月1日废止。

和国务院首次明确提出了加强国土整治工作的决定;同年10月,国家建委①下设国土局,以领导各省(市、区)有序开展国土规划工作。起始阶段,国土规划旨在实现经济的可持续性发展,其职能是在空间有限的条件下,通过规划统筹水源、能源、交通等重大基础设施的建设,搞好环境保护和环境整治,综合发挥地区优势,让人口、生产和城镇的布局合理。1982年4月,国土规划工作正式由国家计委接管,从管理层面上阐明了国土规划"经"字头的属性②。1990年国家计委完成《全国国土总体规划纲要(草案)》的编制后,短短3年内,全国100%的省、67%的市、30%的县均开展了国土规划编制工作,国土规划编制进展顺利。

总结来看,规划事业为适应"改革开放"和经济体制转变做出了以下调整:一是国民经济与社会计划全面覆盖经济生产行业,经济核算体系逐渐完善,与世界核算体系同步;二是城市规划在目标、原则和内容上均顺应新形势发展趋势,解除了农民与土地的桎梏,农村生产力快速提升,农村剩余劳动力作为一批城镇建设的新力量流入城市;三是土地规划角色转变明显,在规划体系中的角色从"技术指导"转向"协调多方关系";四是国土规划在国土整治需求的催促下初步探索形成国土规划体系。

三、第三阶段(1998—2012年):多元发展期

从1978年改革开放到20世纪末,国家通过调整发展,在促进经济增长、体制机制改革、文化多元发展等方面成效显著,事业发展满载成果,人民积极富有活力。1997年9月,作为跨世纪、承前启后的中国共产党第十五次全国代表大会在北京召开,会议中提出要加快国民经济市场化进程。1998年7月3日,国务院下发了《关于进一步深化城镇住房制度改革加快住房建设的通知》(国发〔1998〕23号),我国住房制度的改革从此进入了新阶段,城镇建设进入高涨期,敦促规划领域加强体系建设,向着标准化和规范化发展,推进规划事业多元发展。

1996年3月,第八届全国人民代表大会第四次会议批准了《国民经济和社会发展"九五"计划和2010年远景目标纲要》,这是我国在社会主义市场经济条件下的第一个中长期计划,也是一个跨世纪的发展规划。"九五"计划通过精简核算指标、专项规划和建设项目,将"经济体制向社会主义市场经济体制转变,增长方式向集约型经济

---

① 国家建委即"国家基本建设委员会",1961年1月全国人大常委会常委会发布关于撤销国家基本建设委员会的决议,其业务合并到国家计划委员会。

② 国家计委即"国家发展计划委员会",是国家发展改革委的前身。

增长方式转变"落到实处,各行业经济活力竞相迸发——1997年比预期目标提前3年实现"人均国民生产总值比1980年翻两番"的目标,人民生活总体水平达到小康,完成社会主义现代化建设第二步战略目标。1998年,"国家计划委员会"更名为"国家发展计划委员会",与此同时在管理有关国民经济全局的事务上,着力制定发展战略,进行宏观经济管理,并减少对微观经济活动的干预,创造公平竞争的市场环境。1999年,《国务院办公厅转发国家发展计划委员会关于"十五"规划编制方法和程序若干意见的通知》(国办发〔1999〕88号),明确了"十五"计划的构成,界定了各类规划的性质作用,并对规划编制方法和程序做出规范。"十五"计划是国民经济发展第三步战略部署的第一个中长期规划,是跨入新世纪经济社会转型和调整的一个中长期规划,是我国进入21世纪的第一个五年计划,也是国家计划委员会更名后编制的第一个五年计划,并首次在五年计划的标题中提出了规划主题词,明确规划纲要、专项规划及行业、地区规划的重点及要求。2003年,"国家发展计划委员会"更名为"国家发展和改革委员会"(以下简称"国家发展改革委"),将原国家经济贸易委员会的部分职能和国务院原经济体制改革办公室一同并入,"计划"二字,自此完全从我国政府的部门中剔除,这是规划事业的历史性转折,标志着规划事业进入了新纪元。从"十一五"开始,国民经济和社会发展计划更名为国民经济和社会发展规划,一字之差,反映出我国在经济体制、发展理念、政府职能等方面的重大变革。"十一五"规划中,内容更具战略性、指导性和原则性,首次将指标属性区分为预期性和约束性,并提出编制全国主体功能区规划,明确主体功能区的范围、功能定位、发展方向和区域政策的任务,再次提升市场在资源配置中的作用。"十一五"期间,综合国力大幅提升,中国经济总量跃居世界第二,经济、政治、文化、社会和生态文明建设取得显著成就。在规划多元发展的时期,为了更好地发挥国民经济和社会发展规划的职能和作用,转变政府职能,完善宏观调整方式。2005年10月,国务院下发《国务院关于加强国民经济和社会发展规划编制工作的若干意见》(国发〔2005〕33号),明确提出建立"三级三类"规划管理体系,即国民经济和社会发展规划按行政层级分为国家级规划、省(区、市)级规划、市县级规划;按对象和功能类别分为总体规划、专项规划、区域规划。

1998年7月3日,国务院下发了《关于进一步深化城镇住房制度改革加快住房建设的通知》(四发〔1998〕23号),我国住房制度的改革从此进入了新阶段,城镇建设进入高速发展期,加快推进规划领域加强体系建设,向着标准化和规范化发展,推进规划事业多元发展。之后,随着我国住房制度改革,住房商品化催生了房地产的迅猛崛起,成为国民经济发展的支柱产业,并推动了我国城市化进程。在城市化的快速形成过程中,围绕城市建设的各层、各级就各类规划全面迸发,全面推进。为进一步统筹城镇化和社会主义新农村建设,2008年"建设部"改为"住房和城乡建设部"(以下简称"住建部"),将城市之外乡村建设发展纳入职责之中。2008年1月1日废止《城市规划法》,并施行《城乡规划法》,该法是按照城乡统筹的思路,在总结了《城市规划法》和《村庄和集镇规划建设管理条例》的实践经验基础上形成的。这是城乡一体化建设过程中的重要里程碑,"城市"规划被推向了"城乡"规划,规划理念也从关注城市"空间变化过程"和"空间集聚过程"转到关注城乡"空间关联过程"和"空间重组过程",城乡统筹发展成为城乡有序化发展的前提条件和城乡发展全过程的基本模式。2011年《学位授予和人才培养学科目录(2011年)》中增加了"城乡规划学"一级学科,"城乡规划学"正式从传统的"建筑学"中独立出来,为培养城市建设人才创造了专业环境和途径。

城镇建设过程中,对有限土地资源的争夺引发了一系列诸如违法批地、土地浪费等问题,如何做到"保护与发展并重"仍是重要议题。针对该现象1997年4月,国务院下发《关于进一步加强土地管理切实保护耕地的通知》(中发〔1997〕11号),强调"保护耕地"是开展土地规划编制、修订和实施的原则和要求。同时推行建设占用耕地补偿制度和补充耕地储备制度,多方面着手严格保护耕地和基本农田。2007年7月,开展了第二次全国土地调查,摸清土地"家底儿";2008年8月,在《全国土地利用总体规划纲要(2006—2020年)》中基本落实18亿亩(1亩≈667 m^2)耕地红线目标。截至2013年底,国家、省、市、县、乡镇五级土地利用规划的编制和审批工作全面完成,同时建立起全覆盖的规划数据库和信息平台,规划管理规范化、制度化和法制化取得突破性进展。

多元发展期,国土规划以2009年为转折点经历了过渡和重启两个阶段。2009年以前属于过渡阶段。1998年,国土规划职能由国家计委转至新成立的国土资源部(以下简称"国土部"),负责该规划的部门再次变动。工作重点以"国土空间"为出发点,由辅助经济发展转为空间约束,着力推进国土空间整合、优化国土开发格局、提升国土空间治理能力。具体实践分为两个部分:一是组织编制各级土地、矿产和海洋资源规划,减少国土规划缺位的现状;二是积极开展国土规划试点工作。2002年以深圳市和天津市为试点,首先开始国土规划试点工作①。此后,国土部相继在辽宁、广东、福建、重庆、河南等多地部署开展了国土规划试点工作,这一时期的试点经验成为后续"多规合一"和"空间规划"试点的主要参考依据。

2009年9月,以实践经验为基础,国土部和国家发展改革委牵头财政部、环境保

---

① 当时深圳市和天津市的城市规划和国土管理机构正好合在一起组成了规划国土局,可调用城市规划技术参与国土规划,并且可将国土规划作为城市规划的某种补充,避免了两者的重复。

护部(以下简称"环保部")、住建部等28个部门、单位,共同开展了新一轮全国国土规划纲要编制工作,这成为我国国土规划工作发展历程中的重要转折点,国土规划工作进入重启阶段。新时期国土规划工作的一项重要实践就是探索编制实施主体功能区规划。自2006年"十一五"规划中提出"编制全国主体功能区规划",到2010年12月《全国主体功能区规划》经国务院批复实施,历时四年多,国土规划从经验到理论、从局部到全体,逐渐形成了一套适合中国国情的国土规划体系。

规划体系多元发展不仅涵盖了现有规划在内容和体系上的变革,还包括国家规划体系上的调整。2008年,原国家环保总局升格为环保部。该部门在成立初期从推进环境保护五年规划编制工作、探索环境功能区划和城市环境总体规划的编制技术入手,为下一阶段环境规划发展做好了准备。

总之,15年间,中国这个庞大的经济体已经勾勒出社会主义市场机制的基本框架,规划事业多元发展进入高密度实践期,多领域、多行业处于积攒实力、蓄势待发状态。

四、第四阶段(2013—2018年):改革整合期

改革是社会主义制度实现自我完善和良好发展的最佳途径,是解决社会矛盾、推动社会全面积极稳定发展的活力源泉。2012年11月,中国共产党第十八次全国代表大会在北京举行,本次会议针对中国发展的不平衡、不协调、不可持续问题,将议题重点转向生态文明建设、城乡一体化建设、协同创新和深化经济体制改革等。2013年11月,十八届三中全会贯彻落实党的十八大关于全面深化改革的战略部署,审议通过《中共中央关于全面深化改革若干重大问题的决定》,提出了到2020年全面深化改革的指导思想、总体思路、主要任务、重大举措。目标到2020年,在重要领域和关键环节改革上取得决定性成果,形成系统完备、科学规范、运行有效的制度体系,使各方面制度更加成熟、更加定型。这标志着从1978年开始的中国改革开放进入了新阶段,规划事业也进入了深化改革和突破发展阶段。

"十二五"规划的内容有效做到"长短结合",既顺接当前问题,妥善应对国际金融危机的后续影响;又着眼长远发展,围绕到2020年要全面建成小康社会的目标制定规划内容。规划中,经济工作主线做出方向上的调整,规划目标从"促进经济发展"转变为"促进经济发展方式转变",突出了扩大内需、城镇化、节能减排和包容性增长等问题。"十三五"规划作为我国经济发展新常态下的第一个五年规划,意义特殊,任务艰巨,在国际环境不利的境况下追求发展目标难上加难。对此,提出"五大发展理念",并在内容上着重突出"创新"的引擎作用,把"创新发展"单独成篇,从科技创新到构建

激励创新体制机制均有谈到。发展理念的转变,标志着我国经济发展由数量型增长迈入质量型增长,并将引发发展全局的深刻变革。

这一时期,我国正处于新型城镇化背景下,城镇化建设是提高国民生活水平以及国家经济水平的重要前提,所以进行城乡规划的转型成为目前我国一项基本的发展目标。2014年《国家新型城镇化规划(2014—2020年)》发布,明确了未来城镇化的发展路径、主要目标和战略任务,并统筹相关领域制度和政策创新,该规划成为指导全国城镇化健康发展的宏观性、战略性、基础性规划[①]。2015年12月,时隔37年的中央城市工作会议再次在北京召开,此次会议强调,生态文明体制下的空间规划改革、城市设计、乡村振兴等,是在尊重城乡发展规律;创新城乡关系、规划关系、理念关系等的变革,是以人民城市为落脚点的新征程。新型城镇化背景下城乡规划转型发展进一步加快。2017年6月1日,《城市设计管理办法》经住建部第33次常务会议审议通过,标志着中国开始探索城市设计制度的建设,城市发展理念将再次更新,通过管理现代化和体制机制协调化,提升城市的宜居性,进一步扩充城市在各方面的承载力。

习近平总书记曾强调:中国要强,农业必须强;中国要美,农村必须美;中国要富,农民必须富;要实现这一目标,就需把"农业、农村、农民"与"生产、生态、生活"有机统筹起来推进。这一导向基本决定了我国农村建设在往后一段时间中的发展方向,"协调"和"统筹"为重要关键词。突破期内,乡村规划工作有两个重点:一是全面落实"两个最严格制度"[②],协调土地利用和生态建设之间的关系,保护和合理利用农用地;二是在新型城镇化建设的大背景下,"特色小镇"与"美丽乡村"成为乡村振兴战略的重要落脚点。2016年,以住建部公布第一批中国特色小镇名单、国家发展改革委发布《关于加快美丽特色小(城)镇建设的指导意见》和住建部发布《关于做好2016年特色小镇推荐工作的通知》等为标志,乡村建设形成了一股新合力,产业兴、生态佳、生活富、民风和成为新农村建设的新标杆。可以看出,在这段时间中,城乡规划呈现出工作重心后移的趋势,更加注重规划传导和理念落实。

随着省级主体功能区规划编制的完成和市级主体功能区规划编制工作的开展,主体功能区规划已经成为国家生态文明制度体系的重要一环,对重建空间规划体系具有基础性作用。2012年11月,党的十八大报告上提出"加快实施主体功能区战略,推动各地区严格按照主体功能定位发展,构建科学合理的城市格局、农业发展格局、生态安

---

① 2015年,国家常住人口城镇化率已接近55%,《国家新型城镇化规划(2014—2020年)》中预测,我国城镇化率将在2020年时达到60%左右,而按照国际经验,当城镇化率居于30%到70%之间时,城市将处于快速发展阶段。

② 最严格的耕地保护制度和最严格的用地节约制度。

全格局"。为贯彻党的十八大精神,国家发展改革委于 2013 年 6 月下发《贯彻落实主体功能区战略推进主体功能区建设若干政策的意见》(发改规划〔2013〕1154 号),旨在完善和推进主体功能区建设的配套政策。2013 年 11 月,党的十八届三中全会明确了全面深化改革的总目标,通过了《中共中央关于全面深化改革若干重大问题的决定》,其中明确要建立系统完整的生态文明制度体系,坚定不移实施主体功能区制度,建立国土空间开发保护制度;通过建立健全制度体系,进一步完善生态文明制度体系内容,多方面推进主体功能区建设和生态文明体制建设;最终目标是要建立起科学的决策和责任制度、有效的执行和管理制度、内化的道德和自律制度。

2013 年 12 月,中央城镇化工作会议第一次提出了建立统一的空间规划体系。2014 年 8 月,国家发展改革委、国土部、环保部、住建部联合下发《关于开展市县"多规合一"试点工作的通知》(发改规划〔2014〕1971 号)。2017 年 1 月,国家开展省级空间规划试点工作,将 7 个省加入试点之列,标志着我国国土空间规划体制改革进入从中央到省区到市县不同层面、不同阶段、不同区域的深入推进阶段。2015 年 9 月,中共中央、国务院印发《生态文明体制改革总体方案》(中发〔2015〕25 号)。"多规合一"试点工作积极、科学、有序、稳步推进。试点实践中出现的诸多矛盾其本质在于自然资源管理体制呈现的横向适度分离、纵向相对统一的特点,要将"多规合一"做到位,就需要从资源权属入手,彻底厘清其中的关系。2018 年 3 月,中共中央印发《深化党和国家机构改革方案》,决定组建自然资源部,要求对自然资源开发利用和保护进行监管,建立空间规划体系并监督实施,履行全民所有各类自然资源资产所有者职责,统一调查和确权登记,建立自然资源有偿使用制度,负责测绘和地质勘查行业的管理等。至此,国家空间规划"多规合一"和管理体制改革迈出了关键性、实质性的一步,将彻底解决空间规划"九龙治水"的管理局面,以自然资源管理部门为主的"多规合一"的空间规划新管理体制将全面建立。

五、第五阶段（2019 年以后）：规范发展期

2019 年,是新中国成立的 70 周年,是全面建成小康社会、实现第一个百年奋斗目标的关键之年。为适应国内外的新环境、新形势和新要求,为加快建设现代化经济体系和推动新城镇化发展,"深化市场化改革、扩大高水平开放"仍然是工作的重要内容之一。规划体系作为国家意志和愿景的落实和工作任务的领导,厘清现有规划关系,促进规划事业规范化发展将尤为重要。此外,高新技术日新月异,规划编制、规划管理和规划决策的工作也将进入智能化时代,以求有效推进经济体系现代化,产业发展绿色化,城乡发展互补融合化和居住环境宜人化。至此,我国规划事业进入规范发展期。

2018年12月，随着《中共中央 国务院关于统一规划体系更好发挥国家发展规划战略导向作用的意见》（中发〔2018〕44号）的出台，要求建立制度健全、科学规范、运行有效的规划体制，形成以发展规划为统领，以空间规划为基础，以专项规划和区域规划为支撑，由国家、省、市县各级规划共同组成，定位准确、边界清晰、功能互补、统一衔接的国家规划体系。至此，我国国家层面"三级四类"的规划体系的确立，为各类各级规划确立了总依据、总遵循。

2019年5月，《中共中央 国务院关于建立国土空间规划体系并监督实施的若干意见》（中发〔2019〕18号）正式印发，明确了建立"五级三类四体系"的国土空间规划体系总体框架，制定了到2020年和2035年关于国土空间规划体系建立、实施、完善的总体目标，并明确了国土空间规划编制的主要任务要求及制度保障措施。通过统一规划体系，建立空间规划体系并监督实施，强化国土空间规划对各专项规划的指导约束作用，推进"多规合一"，实现土地利用规划、城乡规划等有机融合，为创新和完善宏观调控、推进国家治理体系和治理能力现代化、建设社会主义现代化强国提供有力支撑。

至此，我国规划事业步入规范发展期，规划深化改革仍在继续。纵观我国规划发展历程，每一阶段取得的成果越来越丰硕，所需时间却越来越短：发展起步期需要30年，调整积淀期20年，多元发展期15年，改革整合期仅5年。在经历改革探索、多轮试点后，快速整合构建出以规范发展为基础的规划体系，充分发挥规划的龙头引领作用，强化空间规划在空间开发保护方面的基础和平台功能，是实现高质量发展的重要手段。通过建立国土空间规划体系，完善新时代中国特色的国土空间开发保护制度，促进经济、社会、文化、生态各项建设在不同地域空间的综合协调，协调不同地域发展与人口、资源、环境的相互关系，把我们的国家建设成全国人民共享的富裕、和谐、文明、安全、宜居的广土乐园，实现"两个一百年"奋斗目标和中华民族伟大复兴中国梦。

第二节　国土空间规划概念内涵

在整个国民经济和社会发展各类规划体系中，空间规划具有基础性作用，缺少空间和土地作为保障，任何美好的规划愿景和宏伟蓝图设计都无法落地。但是，长期以来规划不衔接、不统一等问题突出，导致我国出现一些空间管理混乱、空间开发无序、生态环境恶化、环境污染加重等问题，强化国土空间管控，促进"多规合一"，已经成为我国促进人与自然和谐发展的必要举措。厘清规划发展关系，明确相关概念范畴是解决该类问题的必要过程。

一、国土空间规划提出

(一)现实要求

1. 规划种类繁杂

据不完全统计,我国经法律授权编制的规划至少有80多种,国务院有关部门编制的行业规划有150多个,省、市、县三级地方政府编制的规划纲要、重点专业规划等达7300多个。同时,各类规划不断完善和强化自身体系建设。五年规划按级别分为国家级、省级、市级、县级和乡镇级;城乡规划按功能类别分为城镇体系规划、城市规划、镇规划、乡规划和村庄规划,其中城市规划、镇规划分为总体规划和详细规划,详细规划又分为控制性详细规划和修建性详细规划;村庄规划分为总体规划和建设规划。土地利用规划按功能类别分为总体规划、专项规划、详细规划,土地利用总体规划分为国家、省、市、县、乡镇五级。环境保护规划体系正在探索并逐步充实,除环境保护五年规划外,正推进生态功能区划和生态保护红线划定,探索开展环境功能区划、城市环境总体规划编制等。主体功能区规划分为国家和省级规划,是国土空间开发的战略性、基础性和约束性规划。该规划是非法定性规划,因此规划地位虽高,但是强制性和权威性不足,除生态保护规划外,其他规划并未与之紧密衔接。

2. 规划管理各自为政

首先,规划权力分置有利于形成协调统一的规划体系,但各部门围绕各自的空间管理职责自成一体,形成了类型繁多、相互交织的空间规划体系,且在规划运行管理中各自为政,导致规出多门且难以协调,出现"就城市论城市""就土地谈土地"问题。其次,上级规划应侧重战略性、政策性,下级规划应侧重操作性、适应性,但我国现行规划体系存在上级规划战略性、政策性不足以及下级规划简单模仿上级规划导致操作性、适应性不强等问题。因此,我国现行规划体系整体发展不均衡,规划层级日趋增多,规划职能与政府事权未完全对应,规划实施及监督机制有待健全,影响了国家空间政策的统一性和有效性。

3. 规划内容重叠冲突

当前规划体系下,部门事权界限不清,层级关系模糊是制约空间规划改革的源头和难点问题。各个管理职能部门自成体系,均有组织编制和发布实施规划的相应职责,且各有各的法律依据、技术路径、标准体系和审批管理机制,造成各类规划之间内容冲突、边界重叠或空白。同时规划作为各部门行政权力的载体之一,编制内容和管理也涉及各自部门管理,从而导致了严重的规划不衔接、不统一等问题,甚至许多规划存在着明显的矛盾和冲突。例如陆海分界线的标准长期没有得到统一,林地和草地的划分技术规范和标准长期以来也没有完全统一。

4.技术变革助推规划变革

新时期,计算机技术不断革新,改变了数据获取、整理、分析等的方法,驱使规划发展进入智能化阶段。依托遥感(RS)、全球定位系统(GPS)、地理信息系统(GIS)等信息化技术,自然资源本底数据采集可以实现全域化;依托人工智能(AI)、大数据(Big Data)、城市信息模型(City Information Model)等不断成熟的技术,将促进规划编制智慧化、规划实施合理化和规划管控科学化①。新时代、新技术背景下,建设国家规划综合管理信息平台是系统破解规划事业发展局限的有效方法,将推动规划基础信息互联互通和归集共享、各类规划统一管理和协调衔接,以及规划实施进程跟踪监测和有效管控。技术革命将助推规划事业,实现高质量、跨越式发展。

(二)政策要求

1.践行生态文明要求

党的十八大以来,党中央按照"五位一体"战略布局全面深化改革,强化顶层设计和整体谋划,统筹推进各领域改革。2013年十八届三中全会通过的《中共中央关于全面深化改革若干重大问题的决定》提出全面深化改革的总目标是完善和发展中国特色社会主义制度,推进国家治理体系和治理能力现代化。在生态文明建设专题中,首次提出建立空间规划体系,划定生产、生活、生态空间开发管制界限,落实用途管制的要求,提出要围绕建设美丽中国深化生态文明体制改革,健全国土空间开发、资源节约利用、生态环境保护的体制机制,推动形成人与自然和谐发展现代化建设新格局。站在生态文明体制改革的视角看,空间规划体系改革要将生态文明理念融入国土空间规划各方面和全过程,围绕国土空间开发和保护,构建空间规划体系。从党的十八届三中全会通过《关于全面深化改革若干重大问题的决定》以来,到全面建设小康社会、全面深化改革、全面依法治国、全面从严治党,我国经济社会发展进入了新常态、新阶段,对发展和管理方式提出了新要求,深化推进规划体制改革,建立空间规划新体系,推动规划体系及管理方式创新,确保国土空间规划权威性、严肃性、连续性已成为我国规划领域的迫切任务。

2.空间规划的体制改革要求

---

① 遥感RS、全球定位系统GPS、地理信息系统GIS等信息化技术统称为"3S"技术;人工智能(AI)、大数据(Big Data)、城市信息模型(City Information Model)等(统称为"ABC"技术)。

从 2012 年以来,习近平总书记多次明确要求"政贵有恒",确保"一张蓝图干到底"。随后,以主体功能区为基础,统筹各类空间性规划,推动"多规合一"成为我国确立的一项重大改革事项和重要战略部署。十八届中央全面深化改革领导小组(以下简称"十八届中央深改组")共计召开 38 次会议,其中有 10 余次直接或间接涉及空间体制改革问题。同时,国家先后在城镇化工作会议、生态文明体制建设等一系列会议及文件中 20 多次提出有关推进空间规划,推进"多规合一",其核心就是要按照一本规划、一张蓝图要求,真正建立国土空间规划体系。2018 年 3 月,中共中央印发《深化党和国家机构改革方案》,组建自然资源部,将分散在发改部门、住建部门、国土部门的空间规划事权进行了有效整合,为国土空间规划提供了组织保障。

3. 城乡区域空间的统筹协调

在我国城市化进程快速推进的大潮流中,历史一次次见证了我国发展的奇迹,我国的城市化被誉为 21 世纪对世界影响最深的两大事件之一,但城镇化进程同时也拉大了城乡区域发展差异,使得社会要素在空间配比上严重失衡。因此,亟待进一步深化区域空间协同、资源共享的全局发展思路,并提高空间开发时序与空间结构的适应性。同时,在理论层面,国际经验表明,城镇化率在 30%~70% 是城镇化发展最快的阶段,在 50% 左右是城镇化速度的峰值点。据此,可以把城镇化快速发展时期再细分为两个阶段:30%~50% 为快速发展前期阶段,表现为快速加速增长态势;50%~70% 为快速发展后期阶段,表现为快速减速增长态势。对比主要发达国家的空间规划发展轨迹,通常城镇化水平达到 30% 的时候,会出现城市问题,城市规划会相应产生,而当城镇化水平达到 50% 时,会出现城乡或区域的空间协调、经济发展与环境保护的矛盾等问题,国土空间规划作为促进可持续发展的重要工具被政府所采用。我国在 2016 年的城镇化率已达到 57.35%,预计到 2020 年,我国城镇化率将超过 60%,城乡区域空间协调的矛盾将更加突出,而国土空间规划将是解决这一问题的重要抓手。

4. 各试点地区成功经验的全国性部署和推广

试点是改革的重要内容和重要方法,能发挥试点探路、摸索经验的重要作用。自从我国 28 个市县"多规合一"试点以及 9 个省的省级空间规划试点实施以来,部分试点地区经过探索创新和实践,形成了一批可复制可推广的经验成果,创造了一批典型案例。以宁夏、浙江省开化县、广西、上海、福建省厦门市、广东等地区为代表的省、市、县的试点经验,形成了一本规划、一套技术标准、一张蓝图、一个平台、一套规划机制的试点成果体系,为我国国土空间规划改革提供了有价值的借鉴和示范作用,同时也有利于充分暴露规划落实矛盾问题和试点难点,为进一步开展国土空间规划改革、梳理空间规划体系奠定坚实的实践基础。

5. 国土空间规划正式确立

2019年5月,《中共中央 国务院关于建立国土空间规划体系并监督实施的若干意见》(中发〔2019〕18号)正式印发,明确将主体功能区规划、土地利用规划、城乡规划合一为国土空间规划,并按照"五级三类四体系"的要求建立国土空间规划体系。意味着国土空间规划不是多规协调、多规融合,而是要"多规合一",正名为"国土空间规划"。

二、国土空间规划相关概念及理论方位

(一)相关概念

1. 国土空间

人们对空间的探讨由来已久,物的出现或存在必定与空间和时间有关。从西方的空间学科如(人文)地理学、城市学到我国空间研究的城乡规划、地理学、建筑学领域等,不同学科范畴对空间的定义与理解各有侧重。古希腊时期,哲学家将空间作为一个重要议题讨论,在哲学范畴中,空间指的是与时间相对应的一种物质运动的客观存在形式,存在于意识之外,不依赖于意识而存在。《现代汉语词典》中将"空间"解释为:"物质存在的一种客观形式,由长度、宽度、高度表现出来"。空间是地理学的核心概念之一,二战以后,西方地理学中空间概念的意蕴发生了几次本质性的改变,其中,20世纪70年代兴起的"空间的生产"理论,不但对(人文)地理学产生了深远影响,而且也流行于马克思主义、社会学、政治学、文学艺术、建筑学和城市规划等领域。马克思主义认为,人类生存发展的基本空间,尤其就现代地域和环境空间而言,存在着三大空间(或三个基本维度):即"物理–地理空间""社会–经济空间"和"心理–文化空间"。

本研究所指空间,特指"国土空间",国土空间是国家主权与主权权利管辖下的地域空间,是国民生存的场所和环境,包括陆地、陆上水域、内水、领海、领空等。从空间可提供产品的类别来分类,国土空间可以分为城镇空间、农业空间、生态空间和其他空间四类。

城镇空间:以提供工业品和服务产品为主体,包括城镇建设空间和工矿建设空间。城镇建设空间的特点是人口多,居住集中,开发强度较高,产业结构以工业和服务业为主;工矿建设空间则是独立于城镇建成区之外的独立工矿区。

农业空间:以提供农产品为主体功能,主要包括农业生产空间和农村生活空间。农业生产空间以耕地为主,以园地和其他农用地等为辅;农村生活空间以农村居民点为主,以农村公共设施和公共服务用地为辅。相对于城市空间,农业空间的人口较少,

居住分散,开发强度较少,产业结构以农业为主。

生态空间:以提供生态产品或生态服务为主体功能的空间。根据可提供生态产品的多寡又可将生态空间分为绿色生态空间和其他生态空间。绿色生态空间主要是指天然草地、林地、水面、湿地、内海,其中有少量是人工建设的如人工林、水库等。其他生态空间主要是指沙地、裸地、盐碱地等自然存在的自然空间。相对农业空间,生态空间人口稀少,开发强度很小,经济规模很小。

其他空间:指除以上三类空间以外的其他国土空间,包括交通设施空间、水利设施空间、特殊用地空间。交通设施空间包括铁路、公路、民用机场、港口码头、管道运输等占用的空间。水利设施空间即水利工程建设占用的空间。特殊用地空间包括居民点以外的国防、宗教等占用的空间等。

2. 空间规划

在20世纪80年代之前,"空间规划"并不是一个专用的名词概念,其一般含义泛指与物质形体空间相关的规划设计,如外部空间规划设计、城市空间规划设计、城市开敞空间规划设计等。从这个意义上讲,空间规划主要是城市设计的内涵。空间规划作为一个特定含义的专用概念和名词正式出现是在20世纪80年代开始。

1) 1983年《欧洲区域/空间规划宪章》中区域/空间规划的定义

欧洲联合会欧洲区域规划部长会议通过的《欧洲区域/空间规划宪章》首次使用"空间规划"一词,成为空间规划的里程碑。文中将空间规划定义为"经济、社会、文化和生态等政策的地理表达",同时,它是一门跨学科的综合性科学学科、管理技术和政策,旨在依据总体战略形成区域的均衡发展和物质组织。欧洲联合会的欧洲空间规划是世界上最早的跨国空间规划实践,其宗旨是实现欧洲更紧密的联合以促进各成员国的经济和社会进步、维护民主和人权。把这些目标落实到空间领土上,就是要达到地区和城乡协调发展,避免重复建设、恶性竞争和环境污染,保护欧洲文化和生态环境的多样性。

2) 1997年《欧盟空间规划制度概要》中空间规划的定义

该文指出,空间规划主要是由公共部门使用的影响未来活动空间分布的方法,旨在形成一个更合理的土地利用和功能关系的领土组织,平衡保护环境和发展两个需求,以达成社会和经济发展总目标。空间规划包括协调其他行业政策的空间影响,在区域之间形成一个比单纯由市场力量创造的更均匀的经济发展分布,规范土地和财产使用的转换。

3) 欧洲区域间计划中空间规划的定义

欧洲区域间计划之一的西北欧洲区域空间规划项目中,将空间规划定义为"通过管理领土开发和协调行业政策的空间影响,影响空间结构的行动"等。在这个定义中,突出了对行业政策空间影响的协调以及与行业规划的关系。

以上各种定义的共通之处在于将空间规划看成是协调空间发展、整合目标、对空间要素进行综合或专项安排的技术手段和政策方法,空间规划的职能不再局限于用地空间的安排,而被视为整合各类政策的重要空间手段。

4) 我国对空间规划的定位

在我国规划界,"空间规划"是一个舶来的专业术语,但是在其概念的界定上,既没有采用"城市和区域规划"的统称,也没有强调它对各类具有空间影响的政策的"协调作用",而是赋予了新的定义。

我国在《生态文明体制改革总体方案》中指出"空间规划是国家空间发展的指南、可持续发展的空间蓝图,是各类开发建设活动的基本依据。"我国空间规划的对象是国土空间,具有唯一性。从具体内容上来说,是对城镇、农业和生态布局进行统筹优化,对土地、水体、林木、矿产、能源、生物等空间资源进行合理安排的战略手段,也可以理解为对国土空间格局的综合优化。从性质上来说,空间规划是政府部门一种公共政策,是政府实施空间治理的手段和方法,通过健全空间规划运行体系、行政体系以及法规体系等,达到简政放权、实施空间管控的目的(见图1-1)。因此,可以说我国的空间规划,应当是在管理体制改革基础上对相关部门规划进行衔接、协同和整合所构建出的体系。

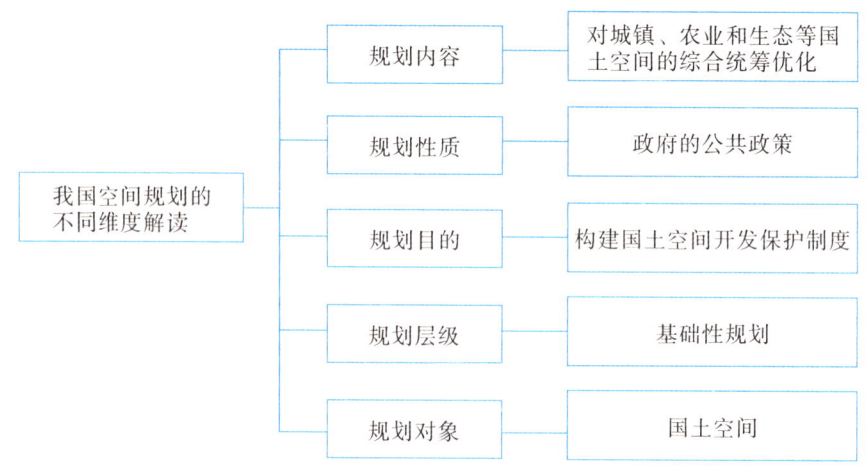

图1-1 我国空间规划的不同维度解读

3. 国土空间规划体系

从国际规划领域的使用方式看,国土空间规划体系是一系列规划管理工具的总称,不是一个具体的类型,更不是一个具体的同城乡规划并列的新类型。国土空间规划体系是以国土空间资源的合理保护和有效利用为核心,以空间资源(土地、海洋、生态等)保护、空间要素统筹、空间结构优化、空间效率提升、空间权利公平等方面为突破,探索"多规合一"模式下的规划编制、实施、管理与监督机制。空间规划体系也是厘清各层级政府的空间管理事权,打破部门藩篱和整合各部门空间责权,从社会经济协调、国土资源合理开发利用、生态环境保护有效监管、新型城镇化有序推进、跨区域重大设施统筹、规划管理制度建设等方面着手建立的空间规划。因此,国土空间规划体系具体包括法规政策体系、编制审批体系、实施监督体系和技术标准体系,分别构成规划编制与实施的依据、载体和内容。

结合现存规划、政府文件和学术研究中对空间规划和空间规划体系的描述,国土空间规划的内涵可归结为:为满足经济社会总体发展要求,适应重要战略机遇期特点,国土空间规划体系聚焦于空间治理和空间结构优化,在延续原有各空间规划核心要素及其管控要求的基础上,建立形成全域覆盖、层级分明、事权清晰、协调管控的规划体系,为落实国家发展规划中确定的重大战略任务提供空间保障,对其他规划提出的基础设施、城镇建设、资源能源、生态环保等开发保护活动提供约束和指导,推进国家国土空间用途管制。

(二)理论方位

1. 政策方位

国土空间规划在"统筹'五位一体'总体布局,贯彻落实十八届三中全会关于深化生态文明体制改革,坚定不移实施主体功能区制度和战略,建立生态文明制度体系,实现生态文明领域国家治理体系和治理能力现代化,推进国家治理体系和治理能力现代化"进程中,是四梁八柱的重要支柱和重要承载与基础(见图1-2)。

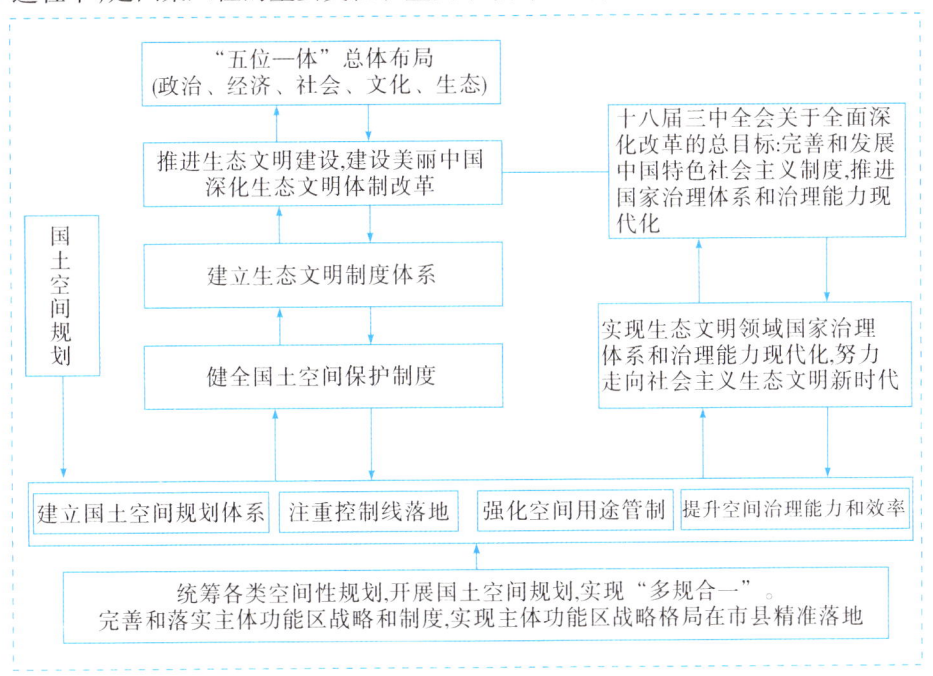

图1-2 空间规划政策方位图

2. 理论路线

围绕完善和落实主体功能区战略、建立国土空间规划体系和健全国土用途保护制度的核心任务,以优化国土空间、提升空间治理能力和效率为工作目标,推进生态文明建设和美丽中国建设工作。将国土空间规划理论路线(见图1-3)叙述为：

第一,注重控制线落地。以主体功能区为基础,依托双评价,划定"三区三线",实现主体功能区在市县精准落地。

第二,建立国土空间规划体系。通过构建全国一张图实现全国统一;通过规划期限统一、基础数据统一、指标目标统一、用地分类统一、空间分区统一"五个统一"实现相互衔接;通过国家、省、市、县、乡镇五级管理实现分级管理;最终建立健全全国统一、相互衔接、分级管理的空间规划体系。

第三,强化空间用途管制。按照统一用地分类标准,通过开发强度管控、建设用地总量约束,确保用地性质一致、土地权属唯一,达到空间用途的有效管控。

第四,提升空间治理能力和效率。通过法规标准建立,空间规划信息平台建设及体制机制创新等,实现空间治理能力现代化。

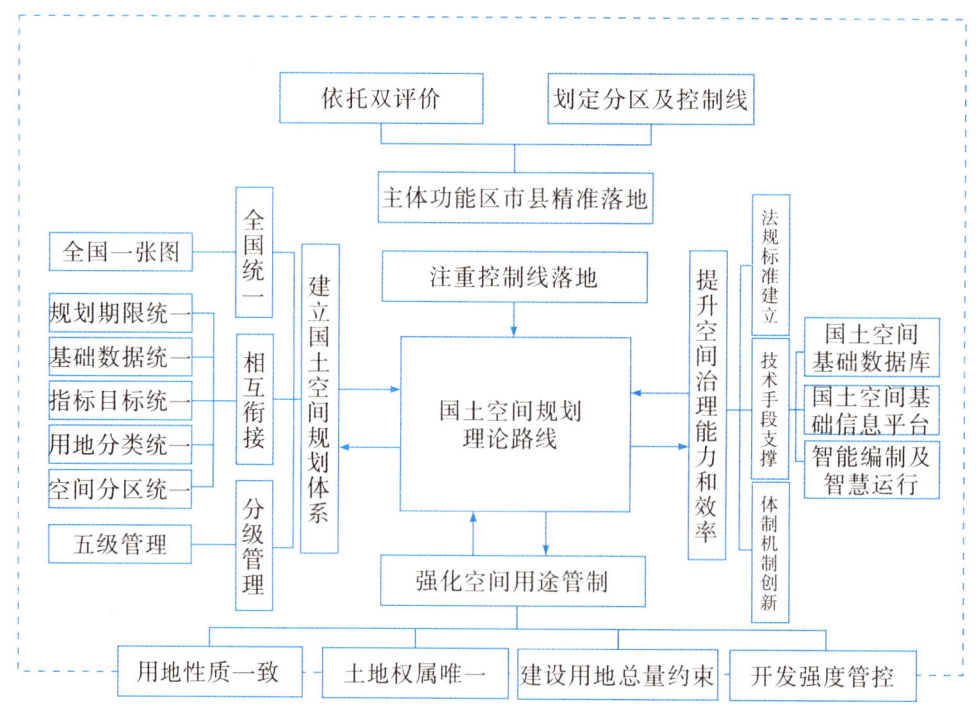

图1-3　空间规划理论路线图

第三节 国土空间规划试点推进

在探索编制国土空间规划的过程中,试点工作的开展和推进尤其重要。从"两规""三规合一""多规合一"到"空间规划",再到"国土空间规划",试点推进与规划实践的联系越来越紧密;从小范围试点到大范围推广,实践经验逐渐丰富;从基本概念提出到编制理论摸索,技术理论逐渐完善。总结我国国土空间规划试点历程,大致经历了探索试点、正式试点和深化试点三个阶段,并为国土空间规划体系改革奠定了坚实的基础。

一、探索试点阶段(2003—2012年)

21世纪初,国家规划的发展进入"多规"并行阶段,空间规划迅速发展,同时也激发出各类矛盾冲突,催生了我国探索"多规合一"工作的必要性。自2003年至2012年,国家启动6个市县规划体制改革试点,将三个规划落实到一个共同平台上,提高了区域开发利用的综合效益。在这个阶段,试点范围较小,多集中在中东部经济发展较好的市县;"两规合一"(土地利用规划和城市建设规划)是这一时段的工作重点。着重考虑的是战略布局和用地管控,红线划定、技术平台搭建等尚未提出。

2003年10月,国家在江苏省苏州市、福建省安溪县、四川省宜宾市、广西壮族自治区钦州市、浙江省宁波市和辽宁省庄河市6个市县试点国民经济和社会发展规划与土地利用总体规划相衔接。

2008年6月,国土部和城乡建设部在浙江召开了"两规协调"推广会。同时,广西、浙江、山东、广东等省(自治区)已经开始"两规协调"(土地利用规划和城市建设规划)的试验。

2008年10月,上海市以土地利用规划编制为契机,由合并后的市规划国土资源管理局开展"两规合一"的规划编制工作,在嘉定、青浦两区进行试点,后续又开展了"三规合一"试点工作。

2010年12月,国务院印发《全国主体功能区规划》,成为推进形成主体功能区的基本依据，是科学开发国土空间的行动纲领和远景蓝图，是国土空间开发的战略性、基础性和约束性规划。同月，国土部、农业部印发《关于加强和完善永久基本农田划定有关工作的通知》，要求各地"切实加强和完善永久基本农田划定工作"，并明确了基本农田划定的工作任务、工作程序、工作要求。

2011年10月，国务院印发《关于加强环境保护重点工作的意见》，提出国家编制环境功能区划，在重要生态功能区、陆地和海洋生态环境敏感区、脆弱区等区域划定生态红线，对各类主体功能区分别制定相应的环境标准和环境政策。这是我国在政府文件中最早正式提出划定生态保护红线。

2012年3月，广东省广州市在不打破部门行政架构的背景下，率先在全国特大城市中开展"三规合一"探索工作。

2012年7月，国土部办公厅印发《关于加快推进国土资源遥感监测"一张图"和综合监管平台建设与应用的通知》，部署国土资源遥感监测"一张图"和综合监管平台建设与应用工作，并提出具体时间要求。

2012年11月，党的十八大报告将生态文明建设纳入中国特色社会主义事业"五位一体"总体布局，首次把"美丽中国"作为生态文明建设的宏伟目标。同时，提出加快实施主体功能区战略，推动各地区严格按照主体功能定位发展，构建科学合理的城市化格局、农业发展格局、生态安全格局。

二、正式试点阶段（2013—2015年）

自2012年底至2015年上半年，国家正式提出"一张蓝图"干到底。同时，国家发展改革委、国土部、环保部、住建部联合确定"多规合一"试点。坚定实施主体功能区制度，落实生态空间用途管制，突出资源环境承载能力，建立规划协调机制，为形成一本规划、一张蓝图奠定基础。突出生态环境的基本制约和保障作用，建立控制线体系，这是空间规划正式试点阶段。对比探索试点阶段，正式试点阶段开展试点以市县为主，并且纳入了省级"多规合一"试点，并将生态文明建设和环境保护视为首要的考虑问题。

2013年11月，十八届三中全会通过的《关于全面深化改革若干重大问题的决定》指出，要"建立空间规划体系，划定生产、生活、生态空间开发管制界限，落实用途管制。"

2013年12月,习近平总书记在中央城镇化工作会议上指出,积极推进市县规划体制改革,探索能够实现"多规合一"的方式方法,实现一个市县一本规划、一张蓝图,并以这个为基础,把一张蓝图干到底。

2014年1月,环保部印发《国家生态保护红线—生态功能红线划定技术指南(试行)》,标志着环保部将全面开展生态保护红线划定工作,体现了环保部推进主体功能区规划、实行最严格的源头保护制度、改革生态环境保护管理体制的行动导向。

2014年2月,习近平总书记在北京考察时指出,"考察一个城市首先看规划,规划科学是最大的效益,规划失误是最大的浪费,规划折腾是最大的忌讳"。这更加体现了一张蓝图干到底的重要性。

2014年2月,国土部印发《关于强化管控落实最严格耕地保护制度的通知》,要求合理调整土地利用总体规划,严格划定"三线",控制城市建设用地规模,强化土地利用规划的基础性、约束性作用。

2014年3月,《国家新型城镇化规划(2014—2020年)》发布,强调加强城市规划与经济社会发展、主体功能区建设、国土资源利用、生态环境保护、基础设施建设等规划的相互衔接。推动有条件地区的经济社会发展总体规划、城市规划、土地利用规划等"多规合一"。

2014年5月,国务院批转国家发展改革委《关于2014年深化经济体制改革重点任务意见》,要求落实国家新型城镇化规划,推动经济社会发展规划、土地利用规划、城乡发展规划、生态环境保护规划等"多规合一",开展市县空间规划改革试点,促进城乡经济社会一体化发展。

2014年8月,国家发展改革委、国土部、环保部、住建部联合下发《关于开展市县"多规合一"试点工作的通知》,明确了开展试点的主要任务及措施,并提出在全国28个市县开展"多规合一"试点。

2014年10月,国土部、农业部印发《关于进一步做好永久基本农田划定工作的通知》,提出了永久基本农田划定工作方案,以及土地利用总体规划和用地报国务院审批的106个重点城市名单,并要求2016年底前全面完成全国永久基本农田划定和成果完善工作。

2015年5月,国务院印发《关于加快推进生态文明建设的意见》强调要强化主体功能定位,优化国土空间开发格局,健全空间规划体系,科学合理布局和整治生产、生活、生态空间。特别提出,要积极实施主体功能区战略,推动经济社会发展、城乡、土地利用、生态环境保护等规划"多规合一"。

2015年6月,十八届中央全面深化改革领导小组第十三次会议召开,会上同意海南省就统筹经济社会发展规划、城乡规划、土地利用规划等开展省域"多规合一"改革试点。

2015年7月,环保部、国家发展改革委印发《关于贯彻实施国家主体功能区环境政策的若干意见》,要求"划定并严守生态保护红线。在重点生态功能区、生态环境敏感区和脆弱区等区域划定生态保护红线,实行严格保护,确保生态功能不降低、面积不减少、性质不改变;科学划定森林、草原、湿地、海洋等领域生态保护红线。"

2015年9月,国务院颁发的《生态文明体制改革总体方案》进一步要求,"构建以空间治理和空间结构优化为主要内容,全国统一、相互衔接、分级管理的空间规划体系,着力解决空间性规划重叠冲突、部门职责交叉重复、地方规划朝令夕改等问题"。同时指出,要整合目前各部门分头编制的各类空间性规划,编制统一的空间规划,实现规划全覆盖。

2015年9月,国家测绘局与国家发展改革委联合编制并印发《市县经济社会发展总体规划技术规范与编制导则(试行)》,为推动市县经济社会发展规划、城乡规划、土地利用规划、生态环境保护规划"多规合一",形成一个市县一本规划、一张蓝图奠定基础。

2015年10月,中国共产党第十八届中央委员会第五次全体会议通过《中共中央关于制定国民经济和社会发展第十三个五年规划的建议》,指出"……,推动各地区宜居主体功能定位发展。以主体功能区规划为基础统筹各类空间性规划,推进'多规合一'"。

2015年11月,环保部办公厅印发《关于开展生态保护红线管控试点工作的通知》,拟在江苏省、湖北省、重庆市、海南省、沈阳市开展生态保护红线管控试点。

2015年12月,中央城市工作会议指出,提高城市发展持续性,以主体功能区规划为基础统筹各类空间性规划,推进"多规合一"。

三、深化试点阶段（2016—2018年）

自2016年至2018年，"多规合一"试点范围逐步扩大，空间规划改革逐步铺开，改革内容不断深化。尤其在海南、宁夏试点基础上，综合考虑地方现有工作基础和相关条件，将吉林、浙江、福建、江西、河南、广西、贵州等纳入试点范围，共形成9个省级空间规划试点。标志着我国"多规合一"工作从局部到全面，从市县级到省级，进入深化试点阶段。该阶段，我国"多规合一"试点由市县级试点扩大到省级试点，基本形成了国土空间规划的技术体系。2018年4月，自然资源部正式挂牌，标志着"多规合一"试点工作顺利结束，国土空间规划作为自然资源管理的核心抓手进入了实施阶段。

2016年2月，中共中央国务院《关于进一步加强城市规划建设管理工作的若干意见》中指出，要强化城市规划工作。创新规划理念，改进规划方法，把以人为本、尊重自然、传承历史、绿色低碳等理念融入城市规划全过程，增强规划的前瞻性、严肃性和连续性，实现一张蓝图干到底。

2016年2月，十八届中央深改组第二十一次会议上，浙江省开化县汇报关于"多规合一"试点情况，习近平总书记给予肯定。

2016年4月，十八届中央深改组第二十三次会议研究通过《宁夏回族自治区空间规划（多规合一）试点方案》，并同意宁夏开展空间规划省级试点。

2016年6月，全国106个重点城市周边永久基本农田划定任务论证审核工作全部完成，永久基本农田划定取得阶段性成果。

2016年7月，北京市规划和国土资源管理委员会正式挂牌。规划和国土两个职能部门的合并，意味着北京市土地利用总体规划将和城市总体规划更加协调统一，从体制上为"多规合一"树立了良好的示范。

2016年8月，中共中央办公厅（以下简称"中办"）、国务院办公厅（以下简称"国办"）印发《关于设立统一规范的国家生态文明试验区的意见》，要求各地区各部门结合实际落实生态文明体制改革要求，推进"多规合一"，实现自然生态空间的统一规划、有序开发、合理利用等。

2016年8月，国土部办公厅印发《国土资源环境承载力评价技术要求（试行）》，为全国、区域和省级资源环境承载能力宏观性评价与监测预警，及市县级资源环境承载能力细致性评价提供了参考。

2016年12月，中办、国办印发《省级空间规划试点方案》，要求各地区深化规划体制改革创新,建立健全统一衔接的空间规划体系,提升国家国土空间治理能力和效率。同时将吉林、浙江、福建、江西、河南、广西、贵州等省(自治区)纳入试点范围,至此,形成了9个省级空间规划试点。

2017年1月,国土部、国家发展改革委联合发布《全国土地整治规划(2016—2020年)》,这是开展土地整治活动的基本依据和行动指南。

2017年2月,中办、国办联合印发《关于划定并严守生态保护红线的若干意见》,要求2017年年底前,完成京津冀区域、长江经济带沿线省(市)生态保护红线划定;2018年年底前,其他省完成划定,形成生态保护红线全国"一张图";2020年年底前,全面完成全国生态保护红线划定,勘界定标和监管体系建设,基本建立生态保护红线制度。

2017年3月,国土部印发《自然生态空间用途管制办法(试行)》,指出市县级及以上地方人民政府在系统开展资源环境承载能力和国土空间开发适宜性评价的基础上,确定城镇、农业、生态空间,划定生态保护红线、永久基本农田、城镇开发边界,科学合理编制空间规划,作为生态空间用途管制的依据。

2017年6月,国土部永久基本农田划定任务落实情况会审会召开,至此全国永久基本农田上图入库、落地到户各项任务全部完成。

2017年7月,环保部办公厅、国家发展改革委办公厅印发《生态保护红线划定指南》,进一步指导生态保护红线划定工作。

2017年8月,十八届中央深改组第三十八次会议审议了《宁夏回族自治区关于空间规划(多规合一)试点工作情况的报告》,并就主体功能区战略和制度的完善、生态环境损害赔偿制度改革等做出明确工作部署,肯定了宁夏"多规合一"试点经验。

2017年9月,中办、国办印发《关于建立资源环境承载能力监测预警长效机制的若干意见》,提出"编制空间规划,要先行开展资源环境承载能力评价,根据监测预警评价结论,科学划定空间格局、设定空间开发目标任务、设计空间管控措施,并注重开发强度管控和用途管制。"

2017年10月,党的十九大报告在"加快生态文明体制改革,建设美丽中国"篇章中,就"三区三线"划定、国土空间用途管制、国土空间开发保护制度构建等提出明确的任务要求。可见空间规划体系构建在我国下一阶段生态文明建设中意义重大。

2017年11月,生态保护红线部际协调领导小组会议召开,北京、天津、河北、上海、江苏、浙江、安徽、江西、湖北、湖南、重庆、四川、贵州、云南、宁夏等15省(区、市)生态保护红线划定方案通过审核。

2017年12月,中办、国办印发《生态环境损害赔偿制度改革试点方案》,通过试点逐步明确生态环境损害赔偿范围、责任主体、索赔主体和损害赔偿解决途径等,加快推进生态文明建设。

2018年2月,国土部印发《关于全面实行永久基本农田特殊保护的通知》,要求巩固永久基本农田划定成果,完善保护措施,提高监管水平,确保到2020年,全国永久基本农田保护面积不少于15.46亿亩(1亩≈667平方米),基本形成保护有力、建设有效、管理有序的永久基本农田特殊保护格局。同月,全国环境保护工作会议召开,会上要求2018年完成所有省份生态保护红线划定,研究制定生态保护红线管理暂行办法,开展国家生态保护红线监管平台试运行。

2018年3月,国办印发《跨省域补充耕地国家统筹管理办法》,要求坚持耕地数量、质量、生态"三位一体"保护,以土地利用总体规划及相关规划为依据,以土地整治和高标准农田建设新增耕地为主要来源,确保统筹补充耕地数量不减少、质量不降低。

2018年3月,中共中央印发的《深化党和国家机构改革方案》明确将国土部的职责、住建部城乡规划管理职责、国家发展改革委组织编制主体功能区规划职责等整合,组建自然资源部,统一行使全民所有自然资源资产所有者职责,统一行使所有国土空间用途管制和生态保护修复职责,着力解决自然资源所有者不到位、空间规划重叠等问题。

2018年4月,自然资源部正式挂牌。作为统一管理山水林田湖草等全民所有自然资源资产的部门,自然资源部将承担自然资源开发利用和保护进行监管,空间规划体系建立及监督实施,履行全民所有各类自然资源资产所有者职责,统一调查和确权登记,建立自然资源有偿使用制度,测绘和地质勘查行业管理等职责。

2018年7月,自然资源部全面启用2000国家大地坐标系。2018年6月底前完成全系统各类国土资源空间数据向2000国家大地坐标系转换,7月1日后自然资源系统将全面使用2000国家大地坐标系。涉及间坐标的报部审查和备案项目,全部采用2000国家大地坐标系。

2018年9月,中央机构编制委员会办公室发布《自然资源部职能配置、内设机构和人员编制规定》,明确了自然资源部的主要职责。其中一项是:拟订国土空间规划相关政策,承担建立空间规划体系工作并监督实施。组织编制全国国土空间规划和相关专项规划并监督实施。承担报国务院审批的地方国土空间规划的审核、报批工作,指导和审核涉及国土空间开发利用的国家重大专项规划。开展国土空间开发适宜性评价,建立国土空间规划实施监测、评估和预警体系。

2018年9月，习近平总书记主持召开中央全面深化改革委员会第四次会议并发表重要讲话。会议强调，科学编制并有效实施国家发展规划，引导公共资源配置方向，规范市场主体行为，有利于保持国家战略连续性、稳定性，确保一张蓝图绘到底。要加强党的领导，落实高质量发展要求，加快统一规划体系建设，理顺规划关系，完善规划管理，提高规划质量，强化政策协同，健全实施机制，加快建立制度健全、科学规范、运行有效的规划体制，构建发展规划与财政、金融等政策协调机制，更好发挥国家发展规划的战略导向作用。

2018年11月，自然资源部发布《自然资源科技创新发展规划纲要》，提出要建立自然资源调查监测、国土空间优化管控、生态保护修复技术体系（"三系"），构建现代化自然资源科技创新体系，推进自然资源治理体系和治理能力现代化。

2018年11月，生态环境部、自然资源部在北京联合发布生态保护红线标识。生态红线标识的揭晓，标志着生态保护红线工作已由制定省级划定方案逐步转入落地勘界定标和制定配套政策的阶段。通过划定生态保护红线，能够将国土空间内生态状况最好、生态系统功能最强、生物多样性最丰富、生态环境最重要的区域保护起来，构建生态安全格局，加快美丽中国建设。

2018年11月，中共中央国务院发布《关于统一规划体系更好发挥国家发展规划战略导向作用的意见》（中发〔2018〕44号），《意见》指出要理顺国家发展规划和国家级专项规划、区域规划、空间规划的相互关系，避免交叉重复和矛盾冲突。《意见》强调，国家级空间规划在空间开发保护方面具有基础和平台功能，为国家发展规划确定的重大战略任务落地实施提供空间保障，对其他规划提出的基础设施、城镇建设、资源能源、生态环保等开发保护活动提供指导和约束。

2019年1月，中央全面深化改革委员会第六次会议审议通过了《关于建立国土空间规划体系并监督实施的若干意见》。会议指出，将主体功能区规划、土地利用规划、城乡规划等空间规划融合为统一的国土空间规划，实现"多规合一"，是党中央做出的重大决策部署。要科学布局生产空间、生活空间、生态空间，体现战略性、提高科学性、加强协调性，强化规划权威，改进规划审批，健全用途管制，监督规划实施，强化国土空间规划对各专项规划的指导约束作用。

2019年5月，《中共中央 国务院关于建立国土空间规划体系并监督实施的若干意见》（中发〔2019〕18号）印发，围绕形成新时代国土空间开发保护格局，提出了建立国家、省、市、县、乡镇，包含总体规划、详细规划和相关专项规划的"五级三类四体系"国土空间规划体系总体框架。分别制定了到2020年、2025年、2035年关于国土空间规划体系建立、实施、完善的目标要求,并明确了国土空间规划编制的主要任务及制度保障措施。

经历10余年的探索,4年多的正式试点,国家机构改革方案落地,自然资源部正式成立,国土空间规划顶层设计完成、体系正式确立,空间规划体制改革,"多规合一"试点任务基本完成并取得了积极重大成果,为全面开展并实施国土空间规划,构建国土空间规划体系,加强用途管制,建立健全国土空间开发保护制度探索了路径、积累了经验,奠定了坚实的基础。

第四节 国土空间规划体系构建

一、规划体系构建

2018年11月,《中共中央 国务院关于统一规划体系更好发挥国家发展规划战略导向作用的意见》(中发〔2018〕44号)发布。该《意见》要求,坚持以人民为中心的发展思想,牢固树立新发展理念,落实高质量发展要求,理顺规划关系,统一规划体系,完善规划管理,提高规划质量,强化政策协同,健全实施机制,加快建立制度健全、科学规范、运行有效的规划体制,更好发挥国家发展规划的战略导向作用,为创新和完善宏观调控、推进国家治理体系和治理能力现代化、建设社会主义现代化强国提供有力支撑。

(一)理顺规划关系

立足新形势新任务新要求,明确各类规划功能定位,理顺国家发展规划和国家级专项规划、区域规划、空间规划的相互关系,避免交叉重复和矛盾冲突。建立以发展规划为统领,以空间规划为基础,以专项规划和区域规划为支撑,由国家、省、市、县各级规划共同组成,定位准确、边界清晰、功能互补、统一衔接的国家规划体系。

国家发展规划,即中华人民共和国国民经济和社会发展五年规划纲要,是社会主义现代化战略在规划期内的阶段性部署和安排,主要是阐明国家战略意图、明确政府工作重点、引导规范市场主体行为,是经济社会发展的宏伟蓝图,是全国各族人民共同的行动纲领,是政府履行经济调节、市场监管、社会管理、公共服务、生态环境保护职能的重要依据。国家级专项规划是指导特定领域发展、布局重大工程项目、合理配置公共资源、引导社会资本投向、制定相关政策的重要依据。国家级区域规划是指导特定区域发展和制定相关政策的重要依据。国家级空间规划以空间治理和空间结构优化为主要内容，是实施国土空间用途管制和生态保护修复的重要依据。国家发展规划居于规划体系最上位，是其他各级各类规划的总遵循。国家级专项规划、区域规划、空间规划，均须依据国家发展规划编制（见图1-4）。

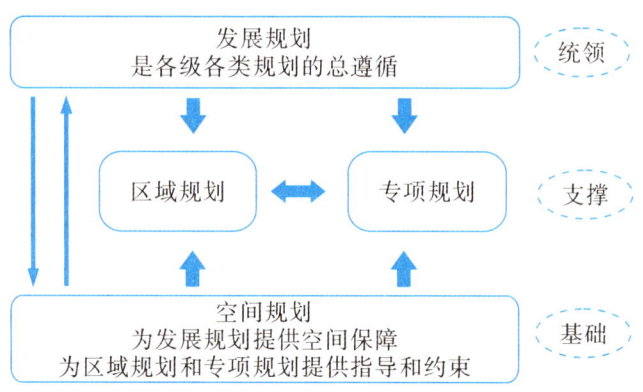

图1-4 各级各项规划关系图

（二）强化空间规划的基础作用

国家级空间规划要聚焦空间开发强度管控和主要控制线落地，全面摸清并分析国土空间本底条件，划定城镇、农业、生态空间以及生态保护红线、永久基本农田、城镇开发边界，以此为载体统筹协调各类空间管控手段，整合形成"多规合一"的空间规划，并对国家级专项规划空间指导和约束。

强化国家级空间规划在空间开发保护方面的基础和平台功能，为国家发展规划确定的重大战略任务落地实施提供空间保障，对其他规划提出的基础设施、城镇建设、资源能源、生态环保等开发保护活动提供指导和约束。

二、国土空间规划体系构建

（一）国土空间规划体系构建任务要求

2015年，中共中央 国务院印发的《生态文明体制改革总体方案》提出，构建以优化空间治理和空间结构优化为主要内容，形成全国统一、相互衔接、分级管理的空间规划体系,着力解决空间性规划重叠冲突、部门职责交叉重复、地方规划朝令夕改等问题。同时,整合目前各部门分头编制的各类空间性规划,编制统一的空间规划,实现规划全覆盖。全国统一,就是要进行空间规划全覆盖,形成全国一张图,主要路径就是按照党的十九大报告提出的完成全国三线划定,以主导功能定位划定规划分区,注重开发强度管控和控制线精准落地,进行用途管控。相互衔接,就是要进行横向和纵向的衔接,核心是技术数据的衔接,达到规划期限、目标指标、坐标格式、用地分类、规划分区、边界规模等的衔接协调,真正实现"多规合一"。分级管理,就是按照国家、省、市、县、乡镇级管理体系,明确各级管理职责、权限、法律地位,达到依法有据、科学有效的空间管理。

从我国空间规划体系构建的任务要求可以看出,空间规划首先是要在手段方式上实现多类空间性规划合一,编制一本规划,而不是加一,其次是按"全国统一、相互衔接、分级管理"要求,在技术上实现基础数据和技术路线相互衔接,在管理上实现分级管理,全国统一一张蓝图管理。

(二)国土空间规划的技术实践

在市县"多规合一"试点基础上,围绕《省级空间规划试点方案》技术路线要求,我们通过试点实践并深入研究形成了"四阶段、十二步骤"的空间规划技术体系。其中,第一阶段是布底图:收集并对各类规划空间数据进行整理,绘制数字工作底图、开展专题研究和规划评估,形成空间用地底数底图;第二阶段是落用途:在形成空间规划底图基础上,研究空间战略,构建空间格局,合理配置空间要素,建立空间管控体系,完成《国土空间总体规划》编制;第三阶段是严管控:在空间规划成果的基础上,对成果进行数据标准化处理,建立国土空间基础数据库,搭建空间基础信息平台;第四阶段是强保障:研究国土空间规划相关的技术规范和国土空间法律法规,推进国土空间规划在国土空间开发保护中更好地发挥引领和管控作用。

从我国空间规划的技术实践可以看出,依据以上技术路线和具体技术路径完成编制的空间规划,进行了规划期限、用地分类、基础数据、分区管控、规划目标指标统一,解决了空间规划的差异矛盾,从技术上完全实现了空间性一本规划、一张蓝图管控,为构建"全国统一、相互衔接、分级管理"的空间规划体系提供了成熟的技术支撑。

(三)国土空间管理体制及机构改革要求

2018年3月,中央印发《深化党和国家机构改革方案》,将分散在发展改革部门、住建部门、国土部门的空间规划事权进行了有效整合,组建自然资源部,统一行使全民所有自然资源资产管理,统一行使所有国土空间用途管制和生态保护修复,统一行使所有自然资源的调查和确权登记,对自然资源开发利用和保护进行监管,建立空间规划体系并监督实施。整合各部门各类空间规划职责,将彻底解决空间规划"九龙治水"的管理局面,以自然资源管理部门为主的国土空间规划的新管理体制将全面建立,为国土空间规划提供组织保障。

从我国机构改革方案可以看出,我国自然资源及国土空间将由多个部门共治转变为一个部门统一管理,形成调查、登记、确权、规划、管理、考核、监管的制度管理体系,各类空间规划编制必然进行整合优化,化繁为简、规划合一、管制统一。

(四)国土空间规划体系建立

1.坚持原则

一是规范技术、统一标准。要构建全国统一且相互衔接的空间规划体系,必须规范技术,统一标准,构建完整的规划编制审批、实施监管、法规政策和技术标准体系,进一步细化统一各项办法和技术规程。近年的"多规合一"和空间规划试点所形成的技术路径为规范统一技术标准奠定了良好的基础。

二是对应事权、分级管理。遵照我国现行行政体系和机构改革要求,对应各级政府事权,充分发挥国家统管作用和各级政府的主体功能,按照国家、省、市(地州)、县(区)、乡镇分级管理体系,围绕一本规划、一张蓝图,明确各级管理职责,最终形成规划编制、实施、修改、评估、监督的管理体系,进行科学有效的国土空间管控。

三是区别功能、明确分类。一个国土空间不可能一个规划纵向管到底,一个规划不可能解决所有管控要素和管控问题。因此在中央明确的"三级四类"规划体系中,进一步明确细化空间规划的分类和职能,充分吸收原城乡规划、土地利用规划的规划分类办法,将国土空间规划分为总体规划、专项规划和详细规划,分层分类,分功能职能实施国土空间用途管控。

2.体系框架

围绕国土空间规划体系(法规政策体系、编制审批体系、实施监督体系和技术标准体系)建设总体目标,结合试点总结、政策要求,按照以上原则,在侧重编审、管理和技术体系上应分级分类建立国土空间规划体系框架。

分级编制国土空间规划。与我国现行行政管理体系相对应,编制国家、省、市、县(区)、乡镇级国土空间规划,对应事权实施分级管理。全国国土空间总体规划,是对全国国土空间格局做出的全局安排,是全国国土空间保护、开发、利用、修复、治理等政策和总纲,侧重战略性;省级国土空间总体规划是对全国国土空间规划的落实,侧重协调性;市县和乡镇国土空间规划是本级政府对上级国土空间规划要求的细化落实和具体安排,兼顾管控与引导,侧重实施性。

划分三类国土空间规划。国土空间总体规划,是综合性、基础性和约束性的规划,是国土空间所有要素空间布局规划的统筹;专项规划是在特定区域、流域或特定行业,体现特定功能涉及空间的专门安排,是国土空间总体规划的重要分项支撑和必要组成部分,各级管理部门可以根据本区域国土现状及实际需要开展专项规划;详细规划是在总体规划指导约束下,根据国土空间局部保护、开发、利用需要,而开展的项目详细落实。通过总体规划统筹、专项规划支撑、详细规划落实,既可以兼顾现有相关国土空间规划的基本体系,也可以完全达到各级政府履行空间管理职责的具体要求。

其中:国土空间规划体系中的总体规划包含了主体功能区规划、城乡总体规划、国土及土地利用规划,也就意味着这几项主要空间类规划取消编制,合为国土空间总体规划。专项规划应根据国土空间的管理要求、具体支撑等进行编制,可分为行政辖区的交通体系专项规划、基础设施专项规划、生态环境保护专项规划、城镇体系专项规划;建设区域的人口与城乡建设用地专项规划、公共服务设施专项规划、市政设施专项规划、绿地系统专项规划、历史文化名城保护规划、地下空间利用专项规划、综合防灾减灾专项规划等。土地保护利用的如基本农田保护规划、土地整理规划、土地复垦规划、土地开发规划、土地储备规划等。详细规划在国土空间总体规划的约束下,分为城镇开发边界内外,城镇开发边界内编制控制性详细规划和修建性详细规划,城镇开发边界外的可根据开发建设需要进行局部细化落实编制详细规划,针对乡村地区,应编制修建性详细规划,深度满足建设规划要求的村庄规划。

3. 用途管制

以国土空间规划为依据,对所有国土空间按照"空间用途和地类用途两层"统一实施用途管制。在城镇开发边界内的建设,实行"详细规划+规划许可"的管制方式;在城镇开发边界外的建设,按照主导用途分区,实行"详细规划+规划许可"或"约束指标+分区准入"的管制方式,严格保护生态保护红线和永久基本农田,对特定区域实行特殊保护制度。

三、国土空间规划功能作用

以国家发展规划为统领,空间规划为基础,专项规划和区域规划为支撑的国家规划体系建立,准确定性了各类规划的职能性质和功能作用。为进一步理解国土空间规划基础作用,需从以下几点入手:

(一)思想上:贯彻落实国家发展战略导向

国土空间规划要以新思想为指导,落实发展新理念,着力落实践行新时代生态文明思想,重点在"五位一体"总体布局中生态文明建设领域发挥关键作用。五年发展规划纲要是社会主义现代化战略在规划期内的阶段性部署和安排,主要阐明国家战略意图,是经济和社会发展的宏伟蓝图;国土空间规划要以发展规划为统领,服务落实国家战略导向,重点在国土空间治理和国土空间结构优化方面发挥主导作用,为落实新思想新理念和国家新发展战略提供空间保障。

(二)战略上:坚持实施主体功能区战略和制度

从党中央和国务院要求及基于我国国情的区域发展实践证明,推进主体功能区建设是我国经济社会发展和生态环境保护的大战略,实施主体功能区制度是我国空间治理的重大创举,国土空间规划要始终坚持实施主体功能区战略和制度,发挥好主体功能区的空间宏观管控重要导向功能。同时以主体功能区规划为基础,实现空间类规划"多规合一",推动主体功能区战略格局在市县层面精准落地,形成不同主体功能区差异化协同发展长效机制。

(三)目标上:努力实现建设美丽中国

落实新时代生态文明思想,建设美丽中国是"两个一百年"奋斗目标的重要组成部分。通过加快构建生态文明体系,确保到2035年,生态环境质量实现根本好转,美丽中国目标基本实现。到21世纪中叶,物质文明、政治文明、精神文明、社会文明、生态文明全面提升,绿色发展方式和生活方式全面形成,人与自然和谐共生,生态环境领域国家治理体系和治理能力现代化全面实现,建成美丽中国。国土空间规划要紧紧围绕生态文明建设两步走目标,聚焦建设美丽空间体现空间科学有效管控,在建成美丽中国奋斗目标中发挥重要作用,为实现"两个一百年"奋斗目标提供良好空间秩序和美丽空间保障。

(四)重点上:指导约束国土空间开发保护

坚持"底线约束、绿色发展,全域覆盖、全要素管控"基本原则,优先划定不能开发建设的范围,严守生态安全底线、国土安全底线、粮食安全底线等,推动形成绿色发展方式和生活方式。全面摸清国土空间本底条件,开展资源环境承载能力评价和国土开发适宜性评价,陆海统筹、区域协同、上下联动,科学划定生态保护红线、永久基本农田和城镇开发边界,依据主体功能定位科学划定国土空间规划分区,并进一步落实空间要素管控底线,形成"主体功能区+管控底线"的空间管控形式。空间规划的重点及核心就是实现对国土空间的科学有效管控,并为国土空间开发保护活动、部门发展和专项规划等提供空间指导和约束。

(五)手段上:实施国土空间用途管制和强度管控

实施国土空间用途管制和强度管控是建立并完善国土空间开发保护制度的主要手段,是有效解决因无序开发、过度开发、分散开发导致的优质耕地、生态空间占用过多、生态破坏、环境污染等问题的主要方法。空间规划就是要在主体功能区确立并精准落地、三线及各种控制线划定的基础上,强化并将用途管制扩大到所有空间,通过空间用途管制和地类用途分层管制,确保各类空间用地性质、功能和用途不改变。同时合理确定各类空间规模边界、开发强度,实施总量和强度双管控。

(六)技术上:提升国土空间治理能力

落实空间开发保护要求,坚持科技支撑,充分运用现代信息网络、大数据云平台、天地一体监测、遥感卫星、智能智慧等技术,着力构建网格化管理、信息化支撑的空间信息及各类动态监测服务平台,发挥国土空间规划在空间开发保护方面的基础和平台功能,形成技术先进、手段先进的治理体系。以国土空间基础信息平台为基础,同步搭建国土空间规划"一张图"实施监督信息系统,确保"发展目标、用地指标、空间坐标"

一致，形成国土空间规划管理"一张图"，建立市县总体规划编制、审批、实施、监督、评估、预警新方法、新模式。最终以现代信息技术提升空间治理能力和效率，基本实现国土空间治理能力现代化。

（七）制度上：建立国土空间开发保护制度

《中共中央 国务院关于加快推进生态文明建设的意见》提出以健全生态文明制度体系为重点，优化国土空间开发格局，开创社会主义生态文明新时代。生态文明体制改革总体方案，明确要通过建立生态文明八项制度，形成制度体系，推进生态文明领域国家治理体系和治理能力现代化。其中，以空间规划为基础，落实国土空间用途管制制度，建立健全空间规划体系、完善国土空间开发保护制度是生态文明八项制度的重要内容。目前，国土空间开发保护法已纳入十三届全国人大常委会立法规划，同时，以生态文明八项制度体系为重点，加强国土空间规划法及相关法规重构，形成依法有据的治理制度框架，使得空间规划的管控底线、技术、手段通过国土空间开发保护制度予以依法确立和保障，并确保顺利实施。

总之，通过"多规合一"的国土空间规划，达到优化国土空间，提升空间治理能力，建立健全国土空间保护制度、推进生态文明建设，助推建设美丽中国为实现"两个一百年"奋斗目标提供良好空间秩序和美丽空间保障。因此，空间规划在落实国家战略意图，坚持实施主体功能区战略和制度方面发挥着空间保障和平台功能的基础性作用，在生态文明建设领域发挥着关键重要作用，进一步在国土开发保护方面起着战略指引、刚性控制的指导约束作用。

第二章

国内空间规划试点案例研究

第一节 省级试点实践

2015年6月5日,十八届中央深改组第十三次会议同意海南省在全国率先开展省域"多规合一"改革试点。2016年4月18日,十八届中央深改组第二十三次会议同意宁夏回族自治区开展空间规划(多规合一)试点,作为全国最早的省级空间规划改革试点省区,按照中央要求率先开展省域空间规划"多规合一"改革,已取得阶段性成果。2016年12月27日,中办、国办印发了《省级空间规划试点方案》(厅字〔2016〕51号),标志着省级空间规划试点工作正式全面开展。其中确定了7个试点省份,包括吉林、浙江、福建、江西、河南、广西、贵州。上述7个省的国土面积、资源本底、地形地貌、发展水平、陆海统筹等方面情况各不相同,具有一定代表性,有利于丰富试点探索经验、校验试点成效并向全国复制推广。目前,各试点省份经过不断努力探索,已取得了一系列可借鉴推广的经验。

一、海南省

(一)试点背景

2015年6月5日,十八届中央深改组召开第十三次会议。同意海南省就统筹经济社会发展规划、城乡规划、土地利用规划等开展省域"多规合一"改革试点。2016年6月,习近平总书记主持召开十八届中央深改组第二十五次会议,审议通过《关于海南省域"多规合一"改革试点情况的报告》。会议充分肯定了海南省"多规合一"改革工作,指出"海南在推动形成全省统一空间规划体系上迈出了步子、探索了经验"。《海南省人民代表大会常务委员会关于实施海南省总体规划的决定》已由海南省第六届人民代表大会常务委员会第三次会议于2018年4月3日通过。

(二)技术路径

以省域空间规划为纲领,对省域空间在发展目标、生态保护、开发布局、资源利用、设施布局等方面做出战略性和全局性的总体安排和部署。从省域空间资源统筹布局、制定空间保护与发展总体结构、划定生态保护红线、明确开发边界、确定资源利用底线等几个方面,进行探索实践,纲举目张地"管控、约束和指导"各类规划,形成统一的空间规划体系。

(三)成果体系

省级规划层面,包含《海南省总体规划》和《部门专篇》。其中,《海南省总体规划》为全省管总的规划,是构建全省统一的空间规划体系的宪法和总框架。以《海南省总体规划》为纲,编制部门专篇包括:《主体功能区专篇》《生态保护红线专篇》《城镇体系专篇》《土地利用专篇》《林地保护专篇》和《海洋功能区划专篇》。

(四)经验总结

海南省成为全国第一个开展省域"多规合一"改革试点的省份。在海南省的实践过程中,形成了以下可供推广借鉴的经验。

编制方法上,通过部省合作、省委省政府直接领导、住房城乡建设厅牵头、各部门和市县深度参与,形成了良好的合作机制。

规划内容上,落实了中央"多规合一"改革精神,以空间布局为主体,按照"发展战略、空间布局、实施策略"的思路,通过"定性、定量、定形、定界、定策"综合集成,统一"发展目标、技术指标、空间坐标、图例标准、实施平台",形成引领海南科学发展的一张蓝图。

工作效果上,坚持守住生态底线、优化功能结构、实现各类规划有机衔接、致力于行政审批提速,取得了初步成效。

立法立规方面,推动《海南省总体规划(空间类2015—2030)》上升为法定性规划,启动修订城乡规划、土地和林地管理、海域使用管理等法规。出台了《海南省总体规划督查办法》,树立总体规划权威,确保一张蓝图干到底。

二、宁夏回族自治区

(一)试点背景

2016年4月18日,习近平总书记主持召开的十八届中央深改组第二十三次会议同意宁夏回族自治区(以下简称"宁夏")开展空间规划(多规合一)试点。作为全国第二个省级空间规划改革试点省区,宁夏努力推进"多规合一"绘就一张蓝图,完成了规划编制、信息平台建设、立法立规、体制机制改革、行政审批改革五项任务。2017年8月召开的十八届中央深改组第三十八次会议指出,党中央授权宁夏开展"多规合一"试点以来,在编制空间规划、明确保护开发格局、建设规划管理信息平台、探索空间规划管控体系、推进空间规划管理体制改革等方面,探索了一批可复制可推广的经验。下一步,要继续编制完善空间规划,深化体制机制改革,保障空间规划落地实施。

(二)工作路线

实施"一个目标、两个成果、五项任务"的工作路线。

"一个目标",是构建以空间治理和空间结构优化为主要内容,全区统一、相互衔接、分级管理的空间规划体系。

"两个成果",一是形成宁夏、市县一个规划、一张蓝图,科学布局生态、农业、城镇空间,解决空间性规划重叠冲突的问题,实现经济发展与生态保护相互统一、相互促进;二是建立空间规划编制、管理、实施、监督的制度规范,解决规划实施执行不力、部门职责交叉重叠、地方规划朝令夕改等问题。

"五项任务",一是科学编制空间规划;二是创新空间规划管理体制;三是搭建规划管理信息平台;四是改革建设项目审批制度;五是探索完善空间规划政策法规。在宁夏省级空间规划试点的基础上,在银川、石嘴山、吴忠、固原、中卫五个地级市和平罗、中宁、泾源三个县开展试点。

（三）技术路线

在开展资源环境承载能力和国土空间开发适宜性评价基础上，划定生态、农业、城镇三类空间，生态保护红线、永久基本农田、城镇开发边界三条控制线，形成了发展与保护、开发与管控为一体的"一张蓝图"。

（四）成果体系

宁夏空间规划试点形成了"构建5个体系，完成10项任务，形成5个方面的示范"的成果体系，形成了可复制、可推广的"宁夏经验"。构建5个体系是构建科学完善的空间规划体系、衔接顺畅的规划管理体系、全域覆盖的规划信息化体系、高效便捷的建设项目行政审批体系、行之有效的空间规划配套政策法规体系；完成10项任务即"多规合一"成果深化、空间规划编制体系建设、编制标准统一、编制制度创新、规划管理体制改革、规划信息平台搭建、简政放权、行政审批体制改革、实施保障机制建立、配套法规调整等。争取为国家在统一规划标准、建立空间规划体系，健全规划管理体制、提高空间管控能力，统筹规划信息、规范城乡规划建设管理，简政放权、推进行政审批改革，完善规划法规体系、创新规划法治保障等5个方面形成示范。同时，修订出台《宁夏回族自治区空间规划条例》，赋予空间规划法律地位。条例的出台为宁夏开展空间规划（多规合一）试点工作提供了法律保障，对依法编制和保障空间规划有效实施具有重要意义。

（五）经验总结

自2016年启动以来，规划编制工作取得了一系列阶段性成果，着重在以下方面进行了探索，形成"特色"。

1. 生态文明，全面贯彻落实国家战略

从源头出发，对每一寸国土开展基础评价，确保将国土空间开发行为限制在资源环境承载能力之内。紧紧围绕"宁夏作为西北地区重要的生态安全屏障，承担着维护西北乃至全国生态安全的重要使命""发展不足仍是宁夏最大的实际"的科学论断，明确发展目标与战略，引领空间开发和利用布局。最大程度保护生态环境，划定生态空间，严守生态保护红线和永久基本农田保护红线；在确保生态安全、粮食安全的基础上，规范各类国土空间开发行为。

2. 事权对应,构建两级空间规划体系

联动统筹,按照一级政府、一级事权,在梳理横向省级各职能部门、纵向宁夏与市县政府事权的基础上,构建从宏观到微观、从统筹协调到具体布局的两级空间规划体系,对各级空间规划编制的核心内容进行设置。自治区级空间规划更加体现空间政策,重在统一空间战略、统一发展目标、统一指标体系、统一政策分区、统一要素配置。市县空间规划更加强调用途管制,与事权对应,进行土地用途的规划。

3. 顶层设计,统筹引导空间资源配置

宁夏空间规划是宁夏空间发展的纲领性文件,是指导宁夏各部门规划建设实施、指导市县空间规划编制的基本依据,是保证宁夏可持续发展的蓝图。规划围绕发展理念、目标任务、技术路径、规划内容、机制体制、法律法规、部门协作和上下联动等方面进行了合理的顶层设计。

4. 路径创新,形成宁夏全域用途管制方案

探索了从整体到局部、从宏观到微观、从基础评价到空间管控布局的方法,从技术路径上改变了过去各类空间性规划条块分割、各自为政的局面。根据区域主体功能定位、资源环境承载能力、现有开发基础和发展潜力,合理划定"三区三线",围绕各职能部门的核心管控要求,形成空间管控共识。

5. 上下联动,创新省级空间规划编制工作方法

规划以市县为单元,以基础评价成果为依据,科学测算宁夏空间开发管控指标,开展"三区三线"的初步划定。市县根据发展实际,对自治区下达的内容进行论证、校核和反馈。通过上下联动、相互校验,叠加形成宁夏空间开发与保护管制的一张总图。

6. 源头控制,提出空间规划技术保障

在理顺体制机制的基础上,从规划打架的源头抓起,制定10项技术标准,形成了一整套宁夏"空间规划技术规程",从规划编制指引、用地差异处理、资源环境承载能力评价、开发强度测算、空间规划指标体系等诸多方面进行系统控制,丰富了空间规划理论方法,强力推动试点工作。

资料来源:《省级空间规划的宁夏实践》(见中国城市中心规划院微信公众号)

三、吉林省

(一)试点背景

2018年4月20日,吉林省委、省政府印发了《关于贯彻<中共中央国务院关于完

善主体功能区战略和制度的若干意见》的实施方案》，就吉林省如何开展空间规划编制工作，进行了总体部署安排，明确了时间进度和各地、各部门责任分工。并提出到2020年，编制形成统一的省级和市县空间规划，推进实现"多规合一"，构建省、市县两级空间规划体系。吉林省空间规划工作全面启动。

（二）总结经验

吉林省积极推进省级空间规划试点工作，实现一张蓝图干到底，工作过程中，取得了一些可借鉴推广的经验。

一是工作方法上，确立了差异协调的原则和方法，形成了全域统筹、联动调整的"多规"衔接协调机制。吉林省通过科学划分试点市县城镇、农业、生态三类空间，细化提出了城镇发展、产业发展、基础设施建设、公共服务资源配置、生态环境保护等任务空间布局。每个试点县市均形成了由规划文本和配套规划图集组成的规划成果。

二是规划理念上，在现行发展规划"干什么"和"怎么干"线性思维基础上，实现了突破。系统考虑空间要素，努力实现两者在时间和空间上的协同统一、多维统筹，将发展与布局、开发与保护融为一体，探索推进市县经济发展规划、城乡规划、土地利用规划、生态环境保护规划"多规合一"，形成一个市县一本规划、一张蓝图。

三是宏观规划上，推动三大主体功能区建设。吉林省以主体功能区规划为基础统筹各类空间性规划，科学划定全省、市（县）的城镇、农业、生态空间，推动城市化地区集聚创新要素，提升生态功能区生态产品供应能力，不断推进"多规合一"，在协调发展中释放动能，在加强薄弱领域中增强发展后劲。

在全省东部，吉林省提出建设绿色转型发展区。围绕绿色发展主题，实施内联外通、生态恢复保育、绿色产业、沿边开放、大旅游等五项先导工程。

在全省中部，吉林省提出建设创新转型核心区。围绕创新发展主题，引导创新资源、创新成果向企业和园区集聚转化，重点打造国家级长春新区，完善提升长春、吉林等国家级开发区创新功能，加快建设长吉产业创新发展示范区等创新载体。推动工业向高端智能绿色转型、农业向规模优质高效转型、服务业向现代集聚协同转型、城市向绿色智慧人文转型。

在全省西部，吉林省提出建设生态经济区。围绕生态建设主题，大力推进河湖连通、绿化造林、草原和湿地修复等重大生态工程建设，保护查干湖、向海、莫莫格等重要生态功能水域，根治西部缺水"痼疾"，再现草原秀美风光。

资料来源：李己平的《吉林：让规划不"打架"实现一个市县一本规划》（见经济日报）

四、浙江省

（一）试点背景

浙江省是全国第二批开展省域空间规划改革试点的省份。早在2014年，浙江省部署编制浙江省域国土空间总体规划，提出省域国土空间利用战略和总体布局，强化"点、线、面"的空间界限管制和开发强度、基本农田、建设用地等空间指标管控，实现生产、生活、生态空间的布局优化和科学利用。2016年3月，浙江与国家发展改革委、国家测绘与地理信息局签订《省级空间性规划"多规合一"试点合作协议》，形成了省级空间性规划"多规合一"研究报告和工作方案，为全力推进省级空间试点规划，构建结构合理、生态文明、功能优化、产城融合的空间格局，打下了坚实基础。

（二）技术路径

按照中办、国办印发的《省级空间规划试点方案》，结合浙江实际，以主体功能区规划为基础，以全省域为对象，"先布棋盘"，落实生态、农业、城镇"三类空间"和生态保护红线、永久基本农田、城镇开发边界"三条红线"（以下简称"三区三线"）；"后落棋子"，以"三区三线"为基础，对各类空间性规划核心内容进行整合与创新，编制形成"一本规划"。

（三）经验总结

1. 率先探索"多规合一"

2014年8月26日，国家发展改革委等部委确定了28个"多规合一"试点市县，浙江嘉兴市、开化县、德清县位列其中。其中，开化县的试点，坚持以主体功能规划为基础，统筹各类空间性规划，边探索、边推进、边完善，通过构建空间规划体系、落实分区管控、破除技术壁垒、建设信息化管理平台、强化规划实施等手段，编制统筹全县发展全局的"一本规划、一张蓝图"，为省级空间规划试点提供了有益借鉴。

2. 直面问题聚焦目标

浙江省推进省级空间规划试点，"直面三大问题、聚焦三大目标"。补顶层规划之缺位，形成一本省域空间全覆盖的战略性总体规划，解决全省空间一盘棋统筹规划布局问题。以信息技术为依托，形成一张集各类规划要素为一体的数字化蓝图，解决现行规划有机衔接协调不够的问题。以体制创新为保障,形成一套务实管用、依法高效的规划管控和实施机制,解决规划编制实施中存在的各自为政、矛盾冲突等问题。

3.挂图作战稳步推进

在前期工作基础上,浙江省按照《省级空间规划试点方案》要求,进一步细化工作任务和工作目标,深化改革举措,实行挂图作战,有序稳步推进。坚持自上而下,提出全省空间开发保护的战略布局,明确各市县的主体功能定位和空间管制原则方向;同时选择部分市县先行开展空间规划编制,探索"三类空间"和"三条红线"落地,自下而上逐步形成全省空间管控"一本规划、一张蓝图"。在开化等国家级"多规合一"试点的基础上,根据各地意愿和条件,选择了部分市县先行开展空间规划工作。这些先行试点市县为全省空间规划"三区三线"落地,以及今后不同主体功能定位、不同资源环境条件、不同经济发展阶段的市县空间规划工作先行探路,为完善省级空间规划技术路线和编制方法提供了借鉴。

(四)成果体系

编制了《浙江省空间规划》《浙江省国土空间基础评价技术规程》《浙江省空间性规划数据库建库技术规程》《浙江省空间规划管理平台技术规程》等标准规范,形成了一本省域空间全覆盖的战略性总体规划,形成了一张集各类规划要素为一体的数字化蓝图,形成了一套务实管用、依法高效的规划管控和实施机制。

资料来源:《浙江省如何开展省级空间规划试点》(见浙江在线网站)

五、福建省

(一)试点背景

2016年8月,《国家生态文明试验区(福建)实施方案》为福建建设国家生态文明试验区确立了四大战略定位,其中之一即形成国土空间科学开发的先导区,要求福建省以主体功能区规划为基础统筹各类空间性规划,推进"多规合一"。2017年1月9日,《省级空间规划试点方案》正式发布,福建正式被纳入全国9个省级空间规划试点地区序列。福建省成立了由省发展和改革委员会、国土资源厅、住房和建设厅、环境保护厅等12个省直部门和试点市县组成的省级空间规划试点工作联席会议制度,开展资源环境承载能力和国土空间开发适宜性评价,划定"三区三线",逐步形成融合开发与保护规划为一体的"一本规划、一张蓝图"。

（二）技术路线

落实省政府与国家发展改革委、国家测绘地理信息局共同签订的《开展省级空间规划试点的合作协议》，以县级行政区为基本单元，坚持自下而上和自上而下相结合，充分应用测绘地理信息技术，科学进行资源环境承载能力和国土空间开发适宜性评价，合理划定城镇开发边界、永久基本农田、生态保护三条红线和城镇、农业、生态三类空间，制定差异化空间综合功能管控措施，有机整合各类空间性规划核心内容和空间要素，统筹布局城镇发展、土地利用、海洋开发、基础设施建设、产业发展、人口集聚、公共服务、生态环境保护、社会管理等任务，形成融发展与布局、开发与保护为一体的"一本规划、一张蓝图"。

（三）试点工作

从2016年底开始，福建省从以下方面启动试点工作：一是开展空间规划试点重大技术专题研究。完成全省统一的空间规划目标指标体系，全省统一的空间规划用地分类标准，县域城镇、农业、生态三类空间比例测算指标体系等重大技术专题应用攻关；二是编制试点市（县）空间规划。形成了县级"一本规划、一张蓝图"，编制了试点市空间规划；三是研究制定省级空间规划编制办法。完成了省域"一本空间规划、一张布局总图"的路径和方法研究编制，总结形成了省级空间规划编制办法；四是研究制定空间规划基础信息平台总体框架及软件开发，推进规划数据坐标系统、用地分类标准、规划制图标准等方面的统一；五是总结空间规划试点经验。在试点市县空间规划编制工作经验基础上，总结形成福建省开展省级空间规划的总体思路和对策建议；六是编制省域空间规划。指导推动全省所有市县开展空间规划试点工作，探索完善上下结合的空间规划层级叠合路径。与此同时，福建省吸收借鉴浙江省开化县在空间规划方面成功的做法和经验，结合本省实际，探索出更加成熟的路径和模式。

（四）成果体系

《福建省级空间规划》系列成果认真贯彻落实了国家《省级空间规划试点方案》的要求，形成了一份规划方案、一套规划研究报告、一套技术规程、一个信息平台设计方案和一套改革建议。《福建省试点市县"多规合一"编制技术导则》明确福建省12个试点市县开展"多规合一"编制工作的基本原则、责任主体、编制流程等关键内容的技术性要求和详细的指导意见,明晰基础资料收集、整理和入库、差异比对处理、控制线体系划定、信息化工程建设等关键环节的操作细则。2016年5月1日,厦门正式颁布实施《厦门经济特区多规合一管理若干规定》,成为我国首部对"多规合一"管理进行立法的地方性法规。厦门以"多规合一"为工作切入点,把城乡规划工作融入空间治理体系的构建中,构建了"规划—实施—管理"的体系,搭建了信息平台,深化了体制机制改革。为我国国土空间开发保护制度建设积累了经验,对其他省区开展空间规划工作具有示范借鉴意义。

资料来源:《科学划定"三区三线"福建省级空间规划试点有序推进》(见经济日报)

六、江西省

(一)试点背景

2016年江西省被列为国家层面的省级空间规划试点省份,江西省空间规划也是《国家生态文明试验区(江西)实施方案》的重要改革事项。2017年10月,江西省政府和住建部签订省部合作框架协议,共同推进江西省空间规划编制工作。

(二)主要内容及做法

一是对省级空间规划改革的认识。江西省空间规划的改革内容包括建立健全规划编制—审批—实施—督查—考核—评估等一系列制度性安排;建立省—市—县空间规划相互衔接的规划标准、规范;完善规划实施相关配套管理办法及制度保障;建立推动许可行政审批流程简化的空间规划信息平台等。

二是建立以"山水林田湖草"和城乡有序发展协调的规划内容。①加强全域统筹,构筑开发与保护相协调的蓝图与棋盘。三区统筹。在资源环境承载力预警评价和国土开发适宜性评价的基础上,根据社会经济与城镇化发展趋势判断,划定生态空间、农业空间和城镇空间。坚持生态优先,以主体功能区划为基础,省城镇体系为主体,构建"一群、两带、多区"的区域发展总体格局,形成全省发展的"一盘棋",促使"山水林田湖草"空间资源的分区分类保护与可持续利用。②加强全域管控,建立管控边界清晰、管控规则明晰的空间管控体系。构建"三线一区一廊一点"的空间管控体系。"三线"为生态保护红线、永久基本农田、城镇开发边界;"一区"为需要省政府重点调控与监督的重要产业功能区控制线,包括省级以上各类产业园区(工业园区、综合保税区)、重点旅游开发地区、大型矿产开采地区;"一廊"为重大基础设施与安全防护廊道;"一点"为历史文化遗产保护控制线。

三是建立省-市-县衔接的分区管理与用途管制。建立各层级相互衔接的分区管理单元及用途管制制度。省级层面上确定四类省级功能区(次区域)为纲领,主体功能区划、城镇化分区为基础指导各类空间规划,立足"生态、农业、城镇"三类空间,指导市县空间规划和其他下位规划。市县层面上落实上述功能分区要求,以土地利用功能区、"三线"为重点,具体指导详细地块图斑的调整。统一全域的用地分类标准与空间划分规则。立足于土地用途管制,将现行的《土地利用现状分类标准》(GB/T 21010—2007)和《城市用地分类与规划建设用地标准》(GB 50137—2011)进行融合,形成基于生态、农业和城镇空间统筹的用地分类标准。

四是立足"开发与保护台账"建立政府绩效考核机制。①台账内容。以省级空间规划确定的总体目标和指标为依据,建立以市辖区、县(市)域为单元的空间开发与保护台账系统。②建立全域范围的开发建设双控体系。全省范围内采用开发建设用地的总量规模调控与城镇开发边界管控的"双控"体系来引导各城镇和园区空间的合理拓展。③立足开发绩效推进各类园区用地的合理增长。对于省级以上工业园区以五年为周期进行绩效评估,建立双控指标体系的供地机制。④政府绩效考核。在现有的政府绩效考核机制基础上,立足开发与保护的台账系统管理,对空间规划确定的指标体系、分区引导、管控体系等落实情况实行年度绩效考核(见表2-1)。

表2-1 江西省开发与保护台账

台账类别	重点内容	考核方式
保护类台账	永久基本农田、生态保护红线的面积比重	约束型
	"山水林田湖草"各类资源保护的现状与规划规模,包括公益林、天然林、湿地面积指标等	约束型
开发类台账	人口与城镇化规模预测指标	预期性
	各类建设用地现状及规划的规模、开发强度	约束型
	城镇开发边界的面积比重、具体开发建设规模	约束型
	土地开发的集约绩效目标,包括人均GDP、亩(1亩≈667m^2)均工业增加值	预期性

五是建立动态实时跟踪的信息管理平台。空间规划综合数据库整合了空间规划成果数据、部门规划成果数据、业务审批数据和基础地理数据,形成"多规合一"基础上的一张图。实现多终端的"一张图"与"一本账"共享服务,满足跨部门数据共享需求,解决

各部门数据资源"各自为政"、其他部门数据资源"获取难、共享难"的问题(见图2-1)。

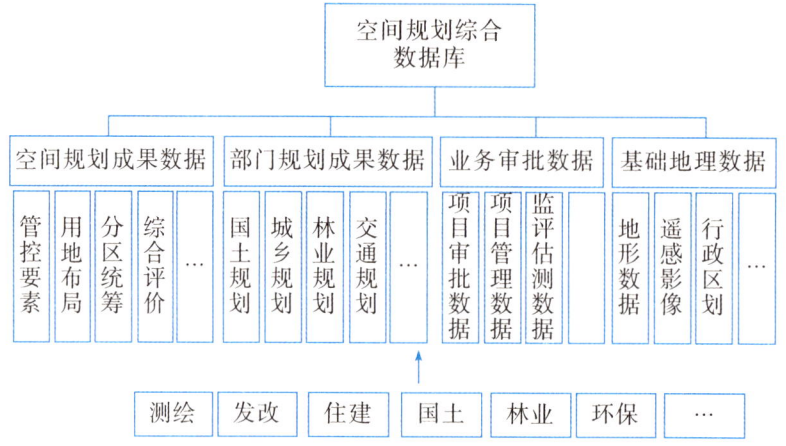

图2-1 江西省空间规划综合数据库

六是完善规划实施制度保障。①出台《江西省空间规划管理办法》。《办法》明确了省、市层面的空间规划管理机构与职责;明确了省、市-县(市)空间规划的编制、审查、实施、评估、监督等内容,各级政府的责权,以及规划修改的程序性要求;明确了各行业空间类规划的定位和衔接关系,发展目标、指标落实的责任清单;重点明确了省级空间管控内容的修改程序、实施办法、监督检查等内容,以及下位规划中不符合本规划内容的修改与审批程序。②建立一套指导省、市县开展空间规划编制的技术导则。主要包括:江西省市县空间规划编制技术导则(试行)、资源环境承载力评估技术导则、江西省全域用地分类统一标准、空间规划实施评估技术导则、"三线"矛盾消除技术指导意见、"三区三线"划定技术规程、气候对空间开发的影响评估技术导则、"美丽中国"江西样板的可持续开发建设导则、省空间规划信息平台数据库标准规范等。③推动督察管理体制改革。整合分散在城乡、土地、环保、水利、安全等各部门关于空间及要素的督察职责,重点聚焦全省范围内各类空间规划实施、重大开发建设许可与"山水林田湖草"一体化管理的监督督察。

(三)成果体系

目前已经完成了"一本规划、一份建议、一套导则、一个平台、一笔台账"的改革试点方案成果,规划成果已上报待批。

资料来源:《省级空间规划怎么做、如何管——〈江西省空间规划(2016—2030)〉为例》

七、河南省

（一）试点背景

2017年1月,国务院印发《全国国土规划纲要》,要求开展省级国土规划编制工作。作为全国9个试点省份之一,由国土部指导河南省开展空间规划试点工作。河南省将空间规划与国土规划合并编制,融合《全国国土规划纲要》的要求,整合各类空间性规划,实现"多规合一",在规划编制的针对性、协调性、操作性、实施性等方面,充分实现空间规划试点的要求。

（二）技术路线

贯彻落实《省级空间规划试点方案》要求,以主体功能区规划为基础,围绕河南省第十次党代会"决胜全面小康、让中原更加出彩"的总体要求和"建设经济强省、打造三个高地、实现三大提升"的主要目标,全面摸清并分析国土空间本底条件,坚持空间开发与承载能力相匹配、集聚开发与均衡发展相协调、分类保护与综合整治相促进、资源节约与环境友好相统一的原则,划定"三区三线",注重开发强度管控和主要控制线落地,统筹省域空间开发、利用、保护和整治,形成可持续发展的美丽河南目标蓝图,为实现"多规合一"、建立健全国土空间开发保护制度积累经验、提供示范。

（三）成果体系

河南省空间规划形成了"四个一"（一套规划成果、一套技术规程、一个信息平台、一套改革建议）和14项专题研究等系列阶段性重要成果。

在编制规划成果方面,河南省以新理念为指导,以主体功能区规划为基础,围绕河南省发展目标,统筹各类规划,以资源环境承载力和国土空间开发适宜性评价为基础,确定了全省国土空间保护开发格局,建立了国土空间开发保护目标指标体系,构建了国土空间开发基础支撑体系,形成了包含文本、说明、图件、专题研究的一套规划成果。

在确立技术规程方面,河南省建立了空间规划用地分类标准、资源承载力评价技术规程、国土空间开发适宜性评价技术规程、国土空间"三区三线"划定技术规程和省级空间规划编制办法。

在建立信息平台方面,河南省以国家2000大地坐标系为统一的基准,建立空间规划大数据库,包括空间规划、专项规划、空间资源、空间管控、社会经济、地理国情监测、规划实施等七个子库,整合空间管控数据、空间资源数据和专项规划数据,实现跨部门数据共享,确保规划实用好用,为平台提供标准统一的空间数据。

在提出改革建议方面,河南省以实现"多规合一",提升空间治理能力,整合相关部门改革创新需求,聚焦体制机制政策机制等为主题,提出了产业投资政策、土地政策创新、省级和市县空间规划职责边界划分等新机制。

(四)工作特点

河南省作为全国9个省级空间规划试点省份之一,目前试点工作取得积极进展,呈现出以下特点:

一是河南省委、省政府高度重视,各部门密切协调配合,准确把握河南在全国发展大局中的战略定位,坚持问题导向、目标导向和治理导向,在改革时间紧、要求高的情况下,高起点谋划,高效率推进。

二是体现了自上而下管控的要求,严格落实国家约束性指标,层层分解,维护了国家意志,体现了省域发展战略要求。

三是统筹安排各类要素,充分考虑了自然、生态、产业等要素的禀赋、特征、状态、条件,使各要素在空间上合理布局,做到了结构优化。

四是融合《全国国土规划纲要》的要求,整合各类空间性规划,实现了"多规合一",在规划编制的针对性、协调性、操作性、实施性等方面,充分实现了空间规划试点的要求。

总体来看,河南省在开展省级空间规划试点过程中,同步落实《全国国土规划纲要》要求,实现了规划期限、基础数据、用地分类、目标指标、管控分区"五统一",体现了改革精神,强化了规划的针对性、操作性和自上而下的约束性,为建立健全国土空间开发保护制度积累了经验、提供了示范。

资料来源:焦思颖,张永强的《河南省级空间规划试点取得阶段性成果》(见中国国土资源报)

八、广西壮族自治区

(一)试点背景

2014年8月,国家发展改革委、国土部、环保部、住建部四部委在全国选择了28个市县,开展"多规合一"试点,广西壮族自治区(以下简称"广西")贺州市是试点市县之一,取得了较好成绩,得到了国家的认可。2015年开始,广西对111个县级行政区进行了空间划分,每个市县区都划分出了城镇空间、农业空间、生态空间三类空间,形成了"一个市县一张空间功能区划图",并把"十三五"的建设任务落到空间布局上,明确空间落地导向。2017年5月,广西壮族自治区党委办公厅、广西壮族自治区政府办公厅印发《广西壮族自治区空间规划试点工作方案》;同年,广西召开空间规划试点工作领导小组第一次会议,对试点工作进行部署。

(二)技术路线

切实发挥主体功能区作为国土空间开发保护基础制度的作用,按照点面结合、上下联动的原则,以县级行政区为基本单元,科学测算各县(市、区)城镇、农业、生态三类空间比例,精准划定三类空间边界,在三类空间基础上优化整合城市规划、土地利用规划、生态环保规划、林业规划、水利规划、交通规划等各类空间性规划,形成既有空间顶层设计,又有具体地块用途统一的空间规划总图,建立健全相互协调、充分衔接的规划编制和项目布局等工作机制,提升各级政府空间管控能力和效率。

(三)成果体系

2017年底前广西通过试点探索形成"四个一"成果体系:形成一套规划成果、研究一套技术规程、建设一个信息平台、提出一套改革建议。

(四)经验总结

广西起草形成了《广西壮族自治区空间规划试点工作方案》,提出"布棋盘、落棋子、编规划、建平台"四部曲的工作思路,形成了以下可推广的经验。

一是以主体功能区规划为基础,区别对待。《省级空间规划试点方案》明确提出,要以主体功能区规划为基础,统筹各类空间性规划,推进"多规合一",建立健全统一衔接的空间规划体系。广西有111个县市区,各地的条件千差万别,主体功能定位各不相同,既有城区,又有重点开发区、农产品主产区、重点生态功能区,按照一种模式搞空间规划既不科学、又很难行得通。因此,开展空间规划试点,就必须以主体功能定位为基础,因地制宜,科学划分"三区三线"。城区和重点开发地区,城镇空间和城镇开发边界比例、开发强度要适当高一些,农产品主产区适当预留一些,重点生态功能区则要适当控制,充分体现各地区主体功能定位发展的要求。

二是打破各自为政局面,通盘考虑。现有的城市规划、国土规划、林业规划等都属于空间规划,目前各类规划数量庞杂,衔接不够、相互"打架",致使规划权威性不足、实施管控不力等问题突出。例如,在城镇建设用地规模方面,贺州市城市规划安排 386km²,土地规划安排 186km²,相差 200km²;人口规模方面,柳州市和各县区的城市规划汇总数据达到 612 万,而按正常的人口增长趋势预测为 463 万,两者相差近 150 万。林业、环保、水利等规划的数据不一致。同时,一些规划的布局较少考虑资源环境承载能力和国土空间开发适宜性,甚至一些建设用地、基本农田布局在自然保护区、水源保护区和林地保护区。相对于现有的各类空间规划来说,此次试点的空间规划就是从全自治区角度,通盘考虑、统筹兼顾,弥补之前顶层设计的缺失。

三是贺州"多规合一"实践获国家认可。贺州市自 2014 年 8 月启动国家市县"多规合一"试点工作之后,大胆创新、扎实推进,目前,已经编制完成《贺州市空间规划(2016—2030 年)》,于 2016 年 7 月获得广西壮族自治区人民政府的批准。贺州市创新"六模式一平台",形成了"贺州经验":多规联动编制模式,空间性规划协同落地目标模式,"多规合一"接口设计模式,"以产定地"空间发展模式,"规模刚性、布局弹性"空间管控模式,城市开发"白地"管理模式,以及统一高效的行政审批平台。贺州市以主体功能区规划为基础,摸清"家底"、认清"市情",划定城市开发边界、永久基本农田红线、生态保护红线"三大控制线"及城镇、农业、生态"三类空间",然后依次叠入交通布局、生态保护、重大基础设施、公共服务和产业布局等各类空间要素,形成了发展与布局、开发与保护为一体的市域空间"一张蓝图"。通过管控原则,让资源环境、经济发展、城镇建设、耕地保护等规划要求在三类空间和三大控制线的框架下得到科学落实。这些都是开展空间规划试点的成功举措,在构筑空间规划体系、增强政府空间治理能力、提高政府效能等方面,都取得了较好成效。

四是试点形成"四个一"的成果体系。广西通过试点探索形成了"四个一"成果体系。形成了一套规划成果。广西研究制定全区三类空间比例、开发强度方案并分解到市县,明确全区空间发展战略和格局,提出差异化空间综合管控措施,形成广西空间规划基本框架。研究了一套技术规程。研究提出省级空间规划编制办法,形成以国土空间网格化为基础单元的资源环境承载能力、开发适宜性评价、开发强度测算、"三区三线"划定等技术规程等技术规范;建设了一个信息平台。研究提出基于 2000 国家大地坐标系的规划基础数据转换办法,建立试点市集空间开发数字化管控、投资项目布局审批核准并联运行的信息管理平台了;提出了一套改革建议,研究提出规划管理体制机制改革创新和相关法律法规立改废释的具体建议。

九、贵州省

（一）试点背景

贵州省入选省级空间规划试点范围，主要是因为贵州是我国设立的首批国家生态文明试验区之一，开展空间规划改革是国家生态文明试验区建设的重点内容之一。2016年7月，贵州省政府办公厅印发《贵州省省级空间性规划"多规合一"试点工作方案》，明确六盘水市和三都县、雷山县为省级"多规合一"试点。建立了工作推进机制，成立了试点工作领导小组；同时，积极开展前期专题研究和资源环境承载能力评价等工作，为试点工作提供了坚实的工作基础。

（二）技术路线（以六盘水市为例）

以主体功能区规划为基础。一是开展基础评价：资源环境承载能力评价和国土空间开发适宜性评价；二是确定开发强度：以人定地，以产定地；三是划定"三区三线"：划定城镇开发边界、永久基本农田、生态保护红线三条红线，划定城镇、农业、生态三类空间；四是制定综合空间管控原则：一级管控有三类空间管控（城镇、农业、生态三类空间），二级管控有六类分区管控（城镇开发边界、城镇开发缓冲区、永久基本农田、农业缓冲区、生态保护红线、生态缓冲区），三级管控即土地用途管控，形成各类规划要素叠入的空间规划底图，统筹各类空间性规划。在空间规划底图的基础上有机整合各类空间性规划的核心内容，有机叠入涉及国土空间开发的各类空间要素（确定叠入规则和次序），最终形成一系列成果，即编制一本规划、绘制一套蓝图、建设一个平台、制定一套技术规程、创新一套体制机制。

（三）经验总结（以六盘水市为例）

一是夯实基础工作，确保稳步推进。六盘水市相关工作人员多次到国家部委、省直部门汇报对接相关工作，争取相关前期工作经费；成立工作专班，统筹组织到各县（市、特区、区）调研15次，召开各级各部门座谈会20余次，收集整理各类规划成果、相关图文数据200余份，梳理汇总各项成果的200余条意见建议；会同国家顶尖专家团队探索技术路径方法、编制技术导则、研究战略发展思路、提出废改立释建议，初步形成试点成果。

二是统一规划标准，实现上下贯通。以2030年为规划目标年，构建六盘水市大地2000坐标体系，划分7个一级类型、26个二级类型、78个三级类型的用地分类标准体系，提出7类40项目标指标，确定开发强度阈值和增幅双重开发管控标准，实现规划

期限、基础数据、用地分类、目标指标和管控分区五个统一,从技术标准上解决各行业部门制定的互不统一、相互矛盾的差异化问题。

三是统领空间规划,强化纲领指导。按照"先主后次、从上而下"的原则,坚持问题导向,进行顶层设计,深化空间规划法律、技术、管理体系研究,有机整合城镇体系、土地利用、生态环保、基础设施等空间性规划核心内容,确定空间战略总体布局,从生态环境、综合基础设施、公共服务、城镇、人口、产业6大方面提出了功能定位和发展方向,初步构建了"1+4"的市县空间规划体系;并通过与全国主体功能区规划、全国土地规划、国家新型城镇化规划等空间性规划以及对应政策和相关法律法规的对比分析,提出体制机制改革创新和相关法律法规立改废释建议22条。

四是优化"三区三线",统筹开发保护。结合《贵州省主体功能区规划》对六盘水市的功能定位和实际开发情况,通过多次研究讨论,按照"守住区域生态安全、保障优质耕地农田,满足后发赶超需求"的原则,初步划定符合六盘水市发展的"三区三线",并以"三区三线"为载体,综合考虑城乡建设用地标准、人口集聚趋势、基础设施建设等要素,提出合理的空间开发强度。

五是优化空间布局,力促转型升级。结合大扶贫、大数据、大健康战略要求,发挥钟山—盘州、钟山—六枝两条开发轴带的主体支撑作用,凸显六盘水中心城区、盘州城区、六枝城区三大集聚高地的辐射带动作用,打造"2+1"的基础设施廊道、"3+N"的基础设施枢纽和节点、"两主一副、三区、多基地"公共服务网络体系、"一主两副三组团,双轴拓展多节点"的城镇空间发展格局、"两带、三基地、四中心、五片区"的产业发展格局,构建"一心两翼四区六廊"的市域生态格局,形成"一个生态绿心、两条开发轴带、三块集聚高地、全域绿色发展"的空间发展战略格局,为推进产业转型升级、区域协同发展绘制"一张蓝图"。

六是优化管理平台,提升决策效率。整合发改、国土、规划、环保、生态等部门数据资源,搭建了涵盖数据分析、空间管控、项目选址审批等功能为一体的"多规合一"信息管理平台。在此基础上,以"规划统筹、机制协调、多规一体、市县联动、数字管理、数据共享"为总体工作思路,深入推进市政府安排部署的六盘水市大数据+"多规合一"平台建设,全面提升政府空间管控能力与效率。

资料来源:黄照来,张毓海,邓曜等的《六盘水市空间规划多规合一试点工作思考》(见科技经济导刊)

第二节 市县级试点实践

开展市县空间规划改革试点,是2014年中央全面深化改革工作中确定的一项重要任务。发改规划〔2014〕1971号文件决定在全国28个市县(见表2-2)开展以经济社会发展规划、城乡规划、土地利用规划、生态环境保护规划"多规合一",最终形成"一个市县、一本规划、一张蓝图"为主要内容的试点工作,主要任务包括合理确定规划期限、规划目标以及构建市县空间规划衔接协调机制。试点工作开展以来,在规划调整、路径模式、规程规范、体制机制、立法保障、省级试点等方面进展明显,取得一定成效,积累了一些经验。但同时,在规划期限、规划主体、规划层次、规划审批、规划法律等方面仍存在明显的制度性约束,尚未形成全面、统一、明确的解决办法和标准,严重制约下一步试点工作的持续稳步推进。本节选取了开化县、厦门市、贺州市、嘉兴市、南海区、句容市、榆林市为代表性的市县级"多规合一"试点进行案例研究,为市县空间规划和"多规合一"提供可借鉴经验。

表 2-2 "多规合一"试点市县名单

1. 辽宁省大连市旅顺口区	15. 湖北省鄂州市
2. 黑龙江省哈尔滨市阿城区	16. 湖南省临湘市
3. 黑龙江省同江市	17. 广东省广州市增城区
4. 江苏省淮安市	18. 广东省四会市
5. 江苏省句容市	19. 广东省佛山市南海区
6. 江苏省泰州市姜堰区	20. 广西壮族自治区贺州市
7. 浙江省开化县	21. 重庆市江津区
8. 浙江省嘉兴市	22. 四川省宜宾市南溪区
9. 浙江省德清县	23. 四川省绵竹市
10. 安徽省寿县	24. 云南省大理市
11. 福建省厦门市	25. 陕西省富平县
12. 江西省于都县	26. 陕西省榆林市
13. 山东省桓台县	27. 甘肃省敦煌市
14. 河南省获嘉县	28. 甘肃省玉门市

一、浙江省开化县

(一)试点背景

开化县位于浙、皖、赣三省七县交界处,钱塘江发源地,是浙江省生态屏障重要组成部分。近年来,开化县坚持"绿水青山就是金山银山"发展理念,陆续开展省重点生态功能区建设试点、国家主体功能区建设试点、国家公园体制改革试点等工作,国土空间开发不断趋于科学合理。与此同时,在国土空间开发中也存在着开发方式单一、土地利用效率低下、规划互相打架等问题,生态优势尚未转变为经济优势。基于此,按照全国市县"多规合一"试点要求,开化县于2014年启动试点工作。

（二）技术路线

以主体功能区规划为基础，对全县开展精细化资源环境承载能力和国土空间开发适宜性评价，结合人口变动趋势和经济社会发展需求，科学划定城镇空间、农业空间和生态空间；科学划定城镇开发边界、永久基本农田和生态保护红线，制定空间管控原则，形成空间规划底图。在此基础上，按照叠入次序和规则，有机叠入基础设施网络、城镇建设、乡村发展、生态保护、产业布局、公共服务等空间要素，形成融发展与布局、开发与保护为一体的全县域空间管控"一张图"。组织编制《开化县空间规划（2016—2030年）》，替代了原有的开化县总体规划、土地利用总体规划和环境功能规划。整合原有地理信息平台和政务服务平台，建设由基础、管控和审批"三大模块"并联运行的"多规合一"管理信息平台，实现项目审批流程再造，大大提高了政务工作效率。

（三）成果体系

开化县在开展"多规合一"试点工作过程中，形成了以"生态优先、全域美化、资源整合、城乡统筹"为特色，"五个一"（一本规划、一张蓝图、一个平台、一套技术规程、一套机制体制）（见图2-2）为核心的成果体系。

图2-2 开化县"多规合一"总体技术路线图

（四）主要成效

开化县"多规合一"试点取得五大阶段性成效：

1. 实现粗放发展向科学布局转变

明晰产业布局,严格红线管理,在不同空间分区布局与之相适应的产业项目,优先发展生态旅游、生态农业、生态工业等"生态+"产业。2014—2016 年,开化县淘汰搬迁产能落后企业 123 家,实施生态移民 1 万余人,盘活存量土地 1307 亩(1 亩 ≈ 667m^2),新增建设用地指标 3050 亩(含低丘缓坡盘活存量 1234 亩);民宿产业快速发展,2016 年旅游接待量达到 848 万人次。

2. 实现多头规划向统一规划转变

彻底解决空间规划打架问题,用"一本规划"和"一张蓝图"替代原有"多本总规"和"多张蓝图",构建了"1+X"空间规划体系,"1"是以主体功能区规划为基础,对现有多个空间性总体规划核心内容进行有机整合与创新,编制了统领全县经济社会科学发展和国土空间合理布局的顶层规划、综合规划和空间管制规划——《开化县空间规划(2016—2030 年)》(见图 2-3)。"X"是以整合后的空间规划优化编制控制性详细规划、土地利用规划以及其他实施性方案或行动计划。

图 2-3 开化县"三区三线"

资料来源:《开化县空间规划(2016—2030)》

3. 实现各自审批向同步审批转变

开化县通过"多规合一"试点再造审批流程,实现了审批事项、审批环节、审批时间"三减少",审批速度、审批效率和办事效率"三提升",优化了投资环境。

4. 实现单项试点向多改联动转变

以"多规合一"试点为契机,深化大部制改革,实现政府职能转变。通过以减村并镇调整规划、减员增效调整功能为改革要求,19个乡镇、园区撤并整合成14个乡镇;全县各类机构设置进一步精简优化,精简比例达到41.3%;其中政府工作部门机构数由25个减少到20个,构建了"大发改、大经贸、大文旅、大卫生、大市场、大执法"为重点的大部制运行体系,实现管理机构的扁平化和运行的高效化(见图2-4)。

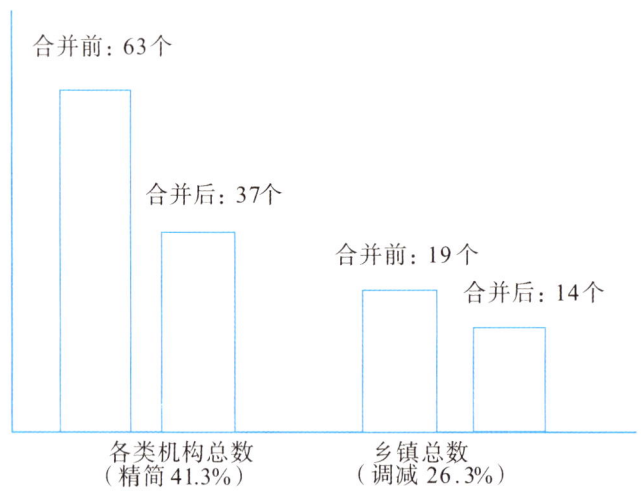

图2-4 开化县体制改革成果

5. 实现蓝图指引向落地见效转变

开化县生态环境持续向好,出境水Ⅰ、Ⅱ类水质占比和空气优良率长期保持在90%以上,PM2.5控制在30 μg/m³以下,被国家评为首批"中国天然氧吧",授予全国第四个国家公园体制试点。生态项目接连落地,良好的生态环境吸引众多投资商,借助"多规合一"成果进行科学选址,旅游商业综合体、钱江源水湖枫楼旅游景区、裸心源度假区和白石尖景区等5亿元以上特大项目顺利落地。

二、福建省厦门市

(一)试点背景

厦门市是我国首批对外开放的经济特区。2013年厦门市委、市政府基于新的发展阶段的判断编制出台了《美丽厦门战略规划》(见图2-5)。"多规合一"试点是在《美丽厦门战略规划》引领下推进的,为落实《美丽厦门战略规划》空间战略性部署提供了重要手段。厦门市开展"多规合一"主要诉求是解决空间规划冲突、审批效率低下等突出问题以推动城市转型发展。

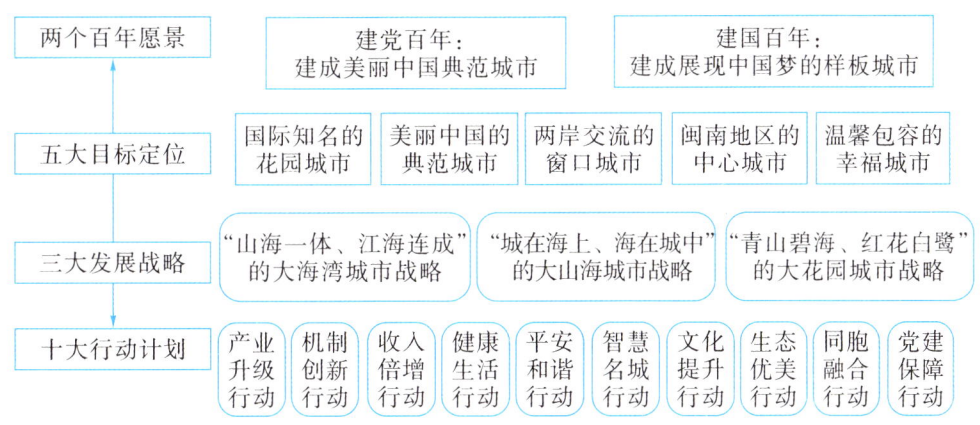

图2-5 《美丽厦门战略规划》内容

(二)技术路线

首先,以《美丽厦门战略规划》为引领,形成厦门市空间布局"一张蓝图"。第一个阶段,通过《美丽厦门战略规划》明确城市发展定位,确定重点战略目标和方向,谋划了基本空间规模和格局,强调底线约束;第二阶段,协调矛盾,明确控制线体系;第三阶段,将全域空间划分为开发边界、生态控制线、海域、承载力四大板块,进行纵向专项体系和横向分区单元的系统对比,与具体的管控部门及各区政府对接。最后,将二维平面的空间规划深化到三维的管控,计划推进地下空间、市政管线、城市设计纳入"一张蓝图"。

其次,在"一张蓝图"基础上,搭建部门业务协同平台,并与发改、国土、环保、海洋、林业、水利、交通、农业等部门业务管理信息系统进行联通,实现信息共享。同时,依托业务协同平台,开展项目生成和审批协同,提高政务效率。

再次,利用"一张蓝图"和"一个平台"成果,推行"一张表"审批受理,将 100 余项审批环节重新整合为 5 个阶段,各阶段均实行"统一收件、同时受理、并联审批、同步出件"的运行模式(图 2-6)。

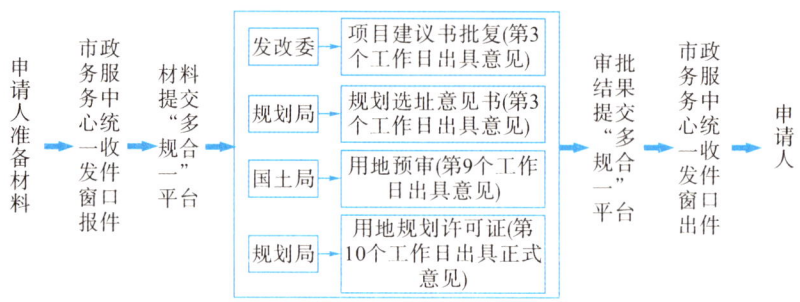

图 2-6　厦门市"一张表"审批流程图

最后,完善"多规合一"保障机制。将"多规合一"划定的生态保护红线、城市开发边界等控制线纳入地方立法,形成条例;以政府规章的形式明确"多规合一"控制线管理主体、管理规则、修改条件和程序等,强化规划的严肃性、权威性。

(三)成果体系

厦门市通过"多规合一"最终形成全市全域空间规划体系,从宏观功能区管控、中观系统体系布局、微观用地属性和选址边界划定三个层次实现人地和谐的国土优化开发(见图 2-7)。

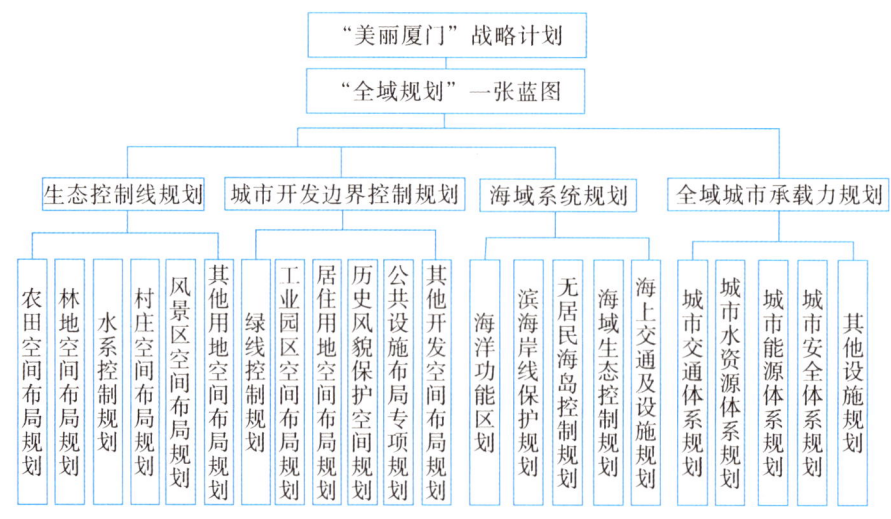

图 2-7　厦门市全域空间规划体系

资料来源:《总规改革探索"美丽厦门"战略规划》(见城市规划网)

三、陕西省榆林市

(一)试点背景

榆林市是陕北国家级能源化工基地和资源型城市,近年来经济社会快速发展,城乡面貌发生巨变,但同时也面临着产业结构、南北区域发展、城乡发展"三大失衡"等问题。2015年,榆林市委1号文件把"多规合一"试点提高到依法治市的高度,并视为"落后地区"的破题之举、深化改革的重大机遇、规划立市的关键举措、优化空间的重要抓手,举全市之力予以推进。

(二)技术路径

在"多规合一"试点工作中,榆林市通过"统"(统一标准)、"分"(分项研究)、"衔"(规划衔接)、"合"(多规合一)四大步骤实现试点目标。

一是统一标准。针对多规差异的主要特点,统一规划数据标准、编制年限、目标指标、技术参数等,形成"五线"划定标准,制定差异协调准则,明确市、县(区)"多规合一"的技术要求和标准,出台《榆林市"多规合一"规划编制导则》。将市域各类规划分为总体规划、空间规划、专项规划和区域规划四大类,构建以经济社会发展总体规划为龙头、国土空间规划为基础、专项规划为支撑的市级规划体系,明确各个规划的功能定位和相互关系,解决规划自成体系的问题。

二是分项研究。开展现行规划对比分析、经济社会发展总体思路、生态红线划定、水资源承载、人口与用地规模、综合交通体系、林地保护利用、矿产资源开发、资源环境综合承载力、国土空间开发格局、国土综合利用和整治、规划体系构建及法制化等专题研究。

三是规划衔接。成立榆林市规划委员会,对规划实行"立项、编制、衔接、论证、报批、发布、实施、评估、调整"全过程管理。编制《榆林市国土空间综合规划(2016—2030年)》,划定"三区三线",明确生态环境保护、农业生产、城镇化、工业化建设空间布局、范围和边界。利用"多规合一"试点成果和"一张图工程",编制统领区域发展全局的《榆林市经济和社会发展总体规划(2016—2030年)》。依据《榆林市经济和社会发展总体规划(2016—2030年)》和《榆林市国土空间综合规划(2016—2030年)》,编制市级专项规划。在整个规划体系中,强调市县联动、部门互动,实现规划精准衔接。

四是多规合一。将经济社会发展、国土、城建、环保、文物、园区、农业、林业、水务、交通、电力、能源等"多规"所涉及用地边界、空间信息、建设项目参数等多元化信息融合到1∶10000比例尺的一张图上。在此基数上,编制中心城区及县城至少1∶2000比例尺的一张图。同时,以"一张图工程"为基础,系统整合各层次、各行业规划和基础地理信息、项目审批信息、用地现状信息等,构建动态更新、市县共享共用的"多规合一"业务平台。

(三)成果体系

榆林市在"多规合一"试点中,编制了"一本规划",绘制了"一张蓝图",搭建了"一个平台",建立了"一套机制"。

1. 一本规划

将"十三五"规划纲要调整为《榆林市经济社会发展总体规划(2016—2030年)》,调整规划体系,统一规划期限,编制《榆林市国土空间综合规划(2015—2030年)》,使得"多规合一"既有战略引领、更有落地基础,有效解决了规划过多、过滥的问题。

总体开发格局:一主三副多点、一轴两带三区。即构建以榆林中心城区为核心,神木、靖边、绥德县城为副中心,府谷、定边等县城和大柳塔、锦界、东坑、镇川等重点镇为支撑点。以长城沿线为重点发展轴,以无定河川道发展带、沿黄生态经济带为发展带,以北部煤电化工发展区、西部油气综合利用区、南部特色生态产业为主要发展区域(见图2-8)。

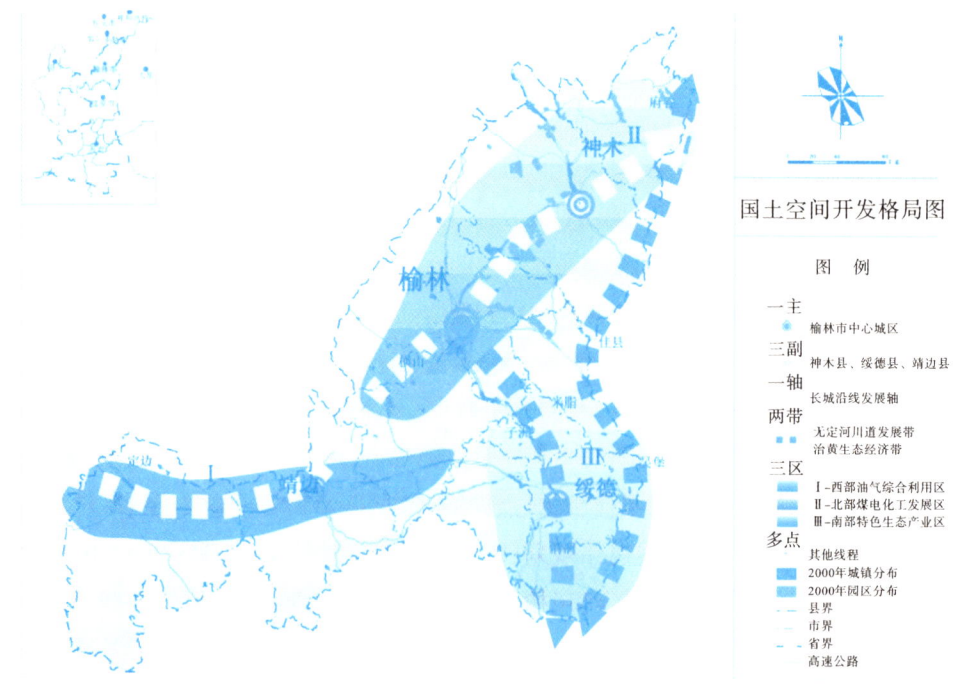

图2-8 榆林市国土空间开发格局图

资料来源:《榆林市国土空间综合规划(2015—2030)》

总体保护格局:三廊三带四片多点。即以秃尾河、无定河、榆溪河为生态廊道;以北部防风固沙生态屏障、南部黄土高原水土流失防治带和东部黄河沿岸水土流失防治带为生态保护带;以4片优质耕地集中连片区域为基本农田保护区;以重要文物古迹为镶嵌点(见图2-9)。

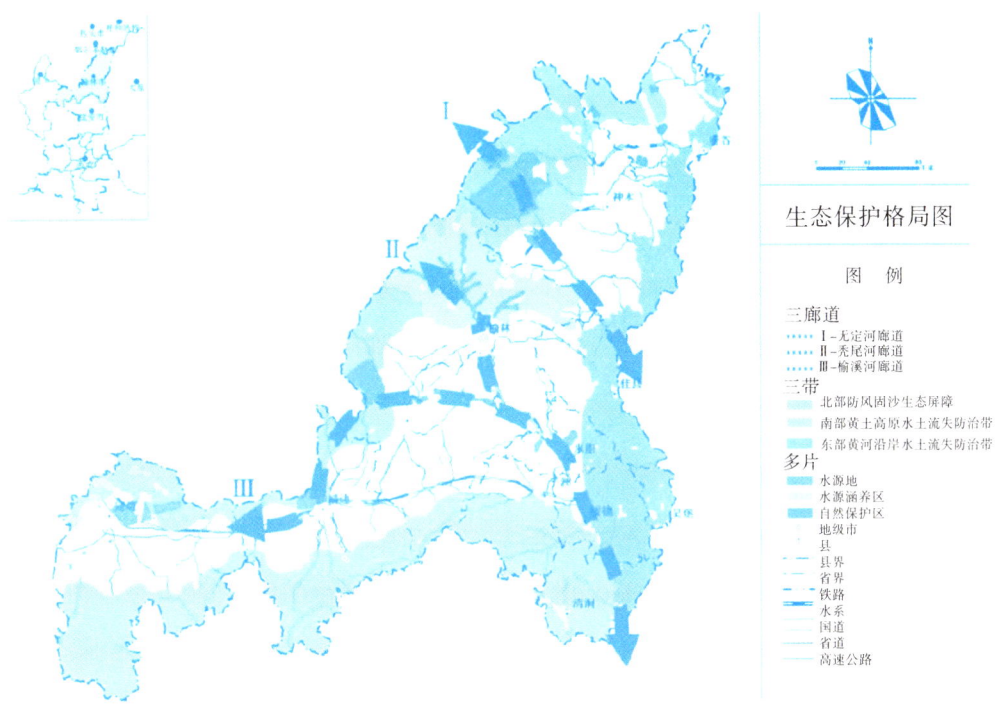

图2-9 榆林市国土空间保护格局图

资料来源:《榆林市国土空间综合规划(2015—2030)》

2. 一张蓝图

根据主体功能定位和国土开发适宜性评价,划定生态保护、基本农田保护、文物保护、城镇开发、产业开发、基础设施廊道等控制线,是市域空间规划总图和各类空间规划编制、投资项目审批的重要依据。

在国土空间综合规划有关生态环境保护、农业生产、城镇化、工业化等总体布局指导下,划定生态保护红线、基本农田保护红线、文物保护线、城镇开发边界、产业开发边界、基础设施廊道、建设用地规模等"控制线",明确市域范围内的城镇建设及产业发展空间、生态及基本农田保护线、文物保护线和基础设施廊道控制线,将经济社会发展、国土、城建、环保等"多规"所涉及用地边界、空间信息、建设项目参数等多元化信息融合到一张图上(见图2-10)。

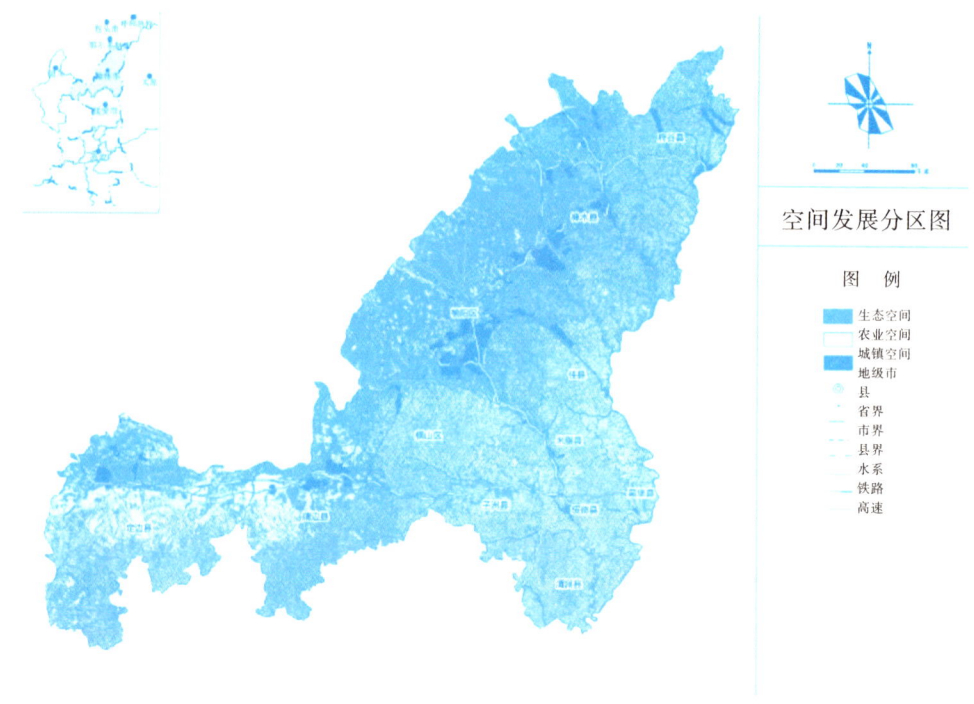

图 2-10　榆林市空间发展分区图

资料来源：《榆林市国土空间综合规划（2015—2030）》

3. 一个平台

建立包含统一坐标、基础图件、规划图件、参考数据和编制标准，可共享、可协同、可分析的榆林市"多规合一"业务平台以及配套的榆林市投资项目在线并联审批平台，从技术层面解决了各类规划特别是空间规划衔接、各类数据共享共用等问题。

基于"一张图"的业务平台实现成果展示、信息查询、项目管理、数据质量检查、多规冲突分析、数据共享和交换、统计汇总分析、控制线检测、项目辅助选址等功能。投资项目在线并联审批平台将投资项目审批全过程氛围项目立项、项目报建、项目施工、项目验收等阶段，实行分阶段"一口受理、内部流转、并联审批、同步出件"的运行机制。

4. 一套机制

榆林市在试点工作基础上，全面构建了市级规划体系、"一张图"及其管控、投资项目并联审批、"多规合一"工作制度等"多规合一"工作的体制机制，法制化工作走在了全国前列，并受到国土部"多规合一"督查的肯定（见图 2-11）。

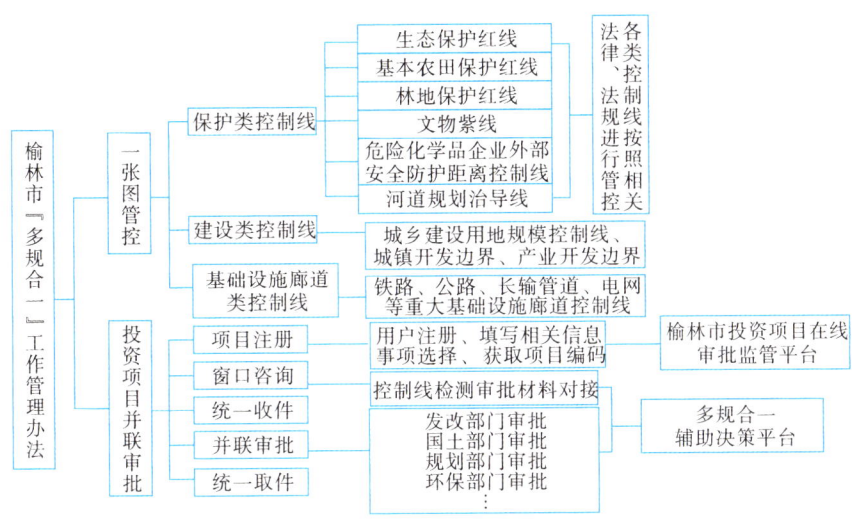

图 2-11　榆林市"多规合一"管理机制

四、陕西省富平县

（一）试点背景

2014年8月,富平县被列为全国28个"多规合一"试点市县之一。承担试点工作以来,在陕西省、渭南市两级政府关心重视和陕西省住建厅、渭南市规划局的全程指导下,富平县委、县政府强化组织领导精心安排实施,强化调查研究,积极沟通衔接,试点工作取得阶段性成果,目前已构建了县域"一张蓝图",在富平县便民服务中心搭建了规划信息管理平台,民生工程项目在平台选址阶段实现了并联审批。

（二）技术路径

融合各类规划,深化法定城乡规划,确保"多规"在发展目标、主要指标、保护性空间、开发边界、建设用地等空间管控内容上的一致性。同时研究人口流动,促进城乡发展一体化,合理调整县域城镇发展规模,深化镇村改革,促进城乡发展一体化。建设生态文明,划定城乡空间管控体系。统一基础数据,形成各类规划"一张底图"。并紧扣改革规划体制这一重点,增强富平县规划委员会职责,统筹管理审核"多规"事权,形成了统一的规划编制管理协调机制。

（三）成果体系

富平县的试点工作取得了"三个一"的成果体系。

"一张蓝图"实现全域规划管控。形成了县域空间发展战略"全域管控、三级布局、五区统筹、七线控制、风貌塑造"的"一张蓝图",实现规划横向到边,纵向到底的三维空间规划体系,为县域内城乡建设行为自上而下统一管理创造条件。并优化了城乡建设用地布局,协调了城市和土地规划用地差异。

"一个信息管理平台"提升管理水平。在统一的全县空间坐标体系和数据标准下,实现信息共享和业务协同审批,并利用陕西省测绘地信局的三维城市景观数据,直观反映建设项目与周边城市环境关系。开发了城市移动服务平台,可随时登录系统平台进行会商决策、项目审批,同时积极拓展平台在数字化城管、智慧城市、地下管线、公众参与和"互联网+"等方面的多元化应用,构筑复合型应用平台。

"一套管理机制"缩短审批时限。富平县规划委员会统筹编制、统一管理"一张蓝图",明确各部门的职责,使一张蓝图与信息平台形成动态更新机制。同时推动并联审批工作创新,再造项目审批流程,变"被动式""串联式"审批为"主动式""并联式"服务。按照项目报建程序分为项目选址、用地规划、工程许可、施工许可四个阶段,在每个阶段实行"一张表"申请和一个办事流程,仅在项目选址阶段,通过减少13项互相重复、互为前置的申请资料,避免了重复审核,大大提高了工作效率。

(四)经验总结

一是综合划定城市边界。按照"合规模、定边界、调规划"的思路,将省级城市开发边界划定试点与国家"多规合一"试点有机结合,把城镇开发边界融入"多规合一"控制线体系建设,确定富平县县城城市开发边界,形成了《富平县县城城市开发边界划定工作技术报告》。

二是精心编绘"一张蓝图"。建立"四统一"用地标准,构建协调统一的用地分类标准体系、统一的图件和数据规定、统一的规划年限和目标、统一的多规技术成果标准。

三是统筹建立信息平台。制定了《富平县"多规合一"信息管理平台总体设计方案》,建立"多规合一"空间规划信息管理平台,整合规范国土、规划、经发、环保、水土保持和林业等各部门空间信息数据库,形成全县空间信息"一张图"、规划信息"多规合一"、业务学习"互联互通"等,实现各部门信息共享和业务协同。

四是创新规划体制机制。扩展规划委职责,成立"多规合一"办公室,作为综合协调机构,与规划委合署办公,统筹指导经济社会发展、土地利用、环境保护、城乡建设等规划编制和实施,加强顶层设计,形成动态更新机制。建立健全相关规章制度,保障后期各部门规划数据和业务审批信息及时更新。以"多规合一"蓝图为依据,以信息管理平台为手段,建立联合审批机制,实行集中办公、一个窗口对外的并联审批程序,精简资料、减少环节、压缩时限,提高行政运行效率和公共服务水平。

资料来源:《富平县"多规合一"改革试点扎实开展》(见富平县人民政府网站)

五、广西壮族自治区贺州市

(一)试点背景

贺州市位于广西东部,处于桂湘粤三省区结合部,是全国生态保护与建设示范区,也是国家森林城市。作为欠发达地区,贺州市开展"多规合一"的主要诉求是通过国土空间优化,打造"广西对接东部和中部地区的重要门户和枢纽",同时保护生态环境,建设"生态贺州",打造"粤港澳后花园"和"华南生态休闲度假养生旅游目的地"。

(二)技术路线

贺州市在推进过程中,提出了"六模式一平台"试点思路。

一是"1+3+X"规划同步编制模式,即形成以《贺州市发展总体规划(2016—2030年)》为统领,包含贺州市城市总体规划、土地利用总体规划和环境保护总体规划以及交通、林业、水利、旅游、教育等其他空间专项规划的规划体系。

二是目标管理模式,即将《贺州市发展总体规划(2016—2030年)》提出的定位目标"全面化、指标化、坐标化"。

三是"接口"设计模式,即将总体规划中确定的土地、环保等最核心的内容作为"接口",实现各空间规划衔接协调。

四是"以产定地"空间发展模式,即根据经济发展目标、产业地均产出水平测算土地需求,合理确定城镇空间。

五是城镇空间"规模刚性、布局弹性"模式,即在规划期内保持城镇空间总规模不变的前提下,允许布局进行不大于城镇空间总规模15%的幅度弹性调整,使规划对各种不确定因素具有更好应对能力。

六是"白地"管理模式,即在城镇空间以外、城市开发边界以内,划定相应规模的"白地",并将其纳入"多规合一"的二级控制线体系,作为城镇空间进行布局弹性调整时的优先备选地。"一个平台"即"多规合一"规划信息管理平台,满足信息共享以及项目协同生产和并联审批。

(三)试点经验

1. 形成"一本规划"

贺州市以主体功能区规划为基础,依托经济社会发展规划,统筹各类规划,编制形成贺州市发展总体规划,即"一本规划"。构建以发展总体规划为龙头,城乡、土地利用、环境保护为3个主要空间性规划,以及交通、林业、水利等多个规划组成的"1+3+X"规划体系,并同步开展多个规划的编制工作。在编制阶段直接统一了各类规划的规划期限、基础数据、技术标准等内容。

2.统一绘制"一张蓝图"

成立市县两级"多规合一"试点工作领导小组,同步推进两区三县的试点工作。市县明确各自的职责任务,制定切实可行的试点工作推进计划。同时,发布全市试点工作指南和统一技术规定,对基础数据、坐标系、三类空间和三大控制线的划定方法等内容进行了详细的规定,市县按照统一的技术要求绘制"一张蓝图"。

3.探索将发展目标任务落实到三类空间

在发展总规中确定统一的规划目标任务,将资源环境、经济发展、城镇建设、耕地保护等规划要求,通过定量、定线、定政策的方式有效落实到三类空间,探索以产定地,解决长期以来经济社会发展规划和空间类规划各自为政的问题。

4.探索合理的规划弹性调整机制

提出了城镇用地"规模刚性、布局弹性"的创新模式。在规划期内保持城镇用地总规模不变的前提下,允许布局进行规定幅度以内的弹性调整,以增强规划应对发展不确定性的弹性应对能力。在城市开发边界以内划定相应规模的"白地",作为城镇用地进行布局弹性调整时的优先备选地,避免弹性走向随意性。

5.建立统一的规划信息管理平台提升政府现代治理能力

通过建立统一的规划信息管理平台,统一全市各类规划的空间坐标体系和数据标准,保障空间信息的共享;并通过政务网络接入三县两区和各职能部门,实现业务协同。通过优化行政审批流程,提高行政审批效率,提升政府现代治理能力。

6.探索构建规划衔接协调机制

谋划成立贺州市规划委员会,负责指导、审查、协调各类规划,在规划的编制、审批、实施监管等环节建立相应的规划衔接协调机制。

资料来源:《贺州"多规合一"试点经验》(见中国城市中心规划院微信公众号)

六、浙江省嘉兴市

(一)试点背景

嘉兴市不仅是国家"多规合一"试点市,也是新型城镇化综合试点、市县空间规划体制改革试点地区。近年来,嘉兴市在城市建设进程中提出了打造现代化网络型田园城市的发展导向,"多规合一"成了嘉兴建设田园城市的重要抓手。

(二)技术路线

嘉兴市试点探索围绕"七统一、五协同"目标进行。

一是以"互联网+"理念为统领,探索构建"1+4+N"规划编制、实施联动规划体系,达到多规共研共编共管目标。《嘉兴市空间发展与保护总体规划》是基于城规、土规等核心要素,对全市2020年、2030年发展目标与定位、空间结构与布局、"三区四线"(城镇、农业、生态空间和永久基本农田保护红线、自然生态控制红线、城镇规模控制线、产业平台区块控制线)划分、重大平台布局等做出全面规划与布局安排,是指导全市各部门、各县市的纲领性文件,性质为宏观引领的综合性空间规划,目的是实现各规划布局协调一致,优化国土空间格局,突显规划的融合过程和编制方式,不取代任一法定规划。部门规划及其他专项规划根据总体规划进行各自法定规划的修改完善。

二是统一发展目标,构建"多规合一"核心指标体系,包含经济转型、城乡统筹、空间优化、生态保护、资源节约5大类27项指标,其中土地规划约束性和预期性指标共9个。

三是编制一套技术标准,包括信息平台数据入库标准、规划用途三级分类标准、"四线"管控线划定标准。

四是按照"先瘦身再强身、底线思维、总量控制"理念,结合规划调整完善等,划定"三区四线",优化空间布局,统一规划蓝图。

(三)试点经验

1. 重构"一办四组"的组织领导形式

在国家级市县试点工作要求下,嘉兴市委市政府按照时间协同、部门协同、市县协同、技术协同、进度协同"五个协同"的工作要求,建立"多规合一"领导小组。嘉兴市区建立了以市委书记、市长任组长组成的"多规合一"试点工作领导小组,下设"一办四组"。其中,"一办"办公室主任由分管城建副市长兼任,"四组"分别为经济社会发展、城镇建设、土地利用、生态环境保护四个领域专题工作组,分别由发改、城建、国土、环保四个部门负责,主要职能是开展各自领域的专题研究、政策制定、规划衔接、指导县(市)开展工作等。四部门定期召开工作例会,及时沟通衔接协调好"多规合一"工作中存在的问题。各县市也参考市区做法,成立了由党政一把手任组长,分管城建副市(县)长任办公室主任,发改、建设、国土、环保"四组"的工作机制,确保上下联动,统筹推进实施。

2. 重塑"部门协调、上下联动"的整合机制

在深入研究领会中央新型城镇化工作会议精神的基础上,编制完成嘉兴市"多规合一"试点方案与工作大纲。在注重部门横向联动和县市纵向联动的基础上,按照"总—分—总—分—总"的工作步骤开展"多规合一"工作。其中第一个"总"即是以全市"多规办"为主体,共同研究统一的规划标准、摸清家底、做好底图。第一个"分"即是在充分发挥"多规合一"领导小组办公室统筹协调的作用下,各部门、各县(市)分别做好战略目标研究、控制线划定、差异图斑比对与消除等技术工作。第二个"总"即是根据各部门、各县市统一协调的内容进行整合,确保规划在发展理念、目标方向、重大战略、重大布局等方面的整体协调一致,形成一张蓝图。第二个"分"即是各部门以一张蓝图为基础进行各自规划修改。最后一个"总"即是形成最终的上报成果,同时确定围绕"战略引领、底线控制、资源整合、平台支撑、机制保障"五项重点工作内容开展了八项专题研究,为"多规合一"改革工作提供强有力的理论与技术支撑。

3. 构建"1+4+N"的全新空间规划体系

紧紧围绕党的十八届三中全会"社会治理体系和社会治理能力现代化"的要求,形成"一条路径、六项内容、三项保障"的"163"整体改革方案,嘉兴市全市共同以"现代化网络型田园城市"及"江南水乡典范城市"为战略要求,以重新构建层次清晰的规划体系为突破口,以明确与新规划体系相一致的审批、监管体制为支撑,以建立完善与新规划体系相一致的规划编制管理及协调职能机构为抓手,确保规划的编制、审批、实施、监管职责边界明确。在此基础上,按照"以大定小、以远定近"的原则构建"1+4+N"的全新空间规划体系(见图2-12)。

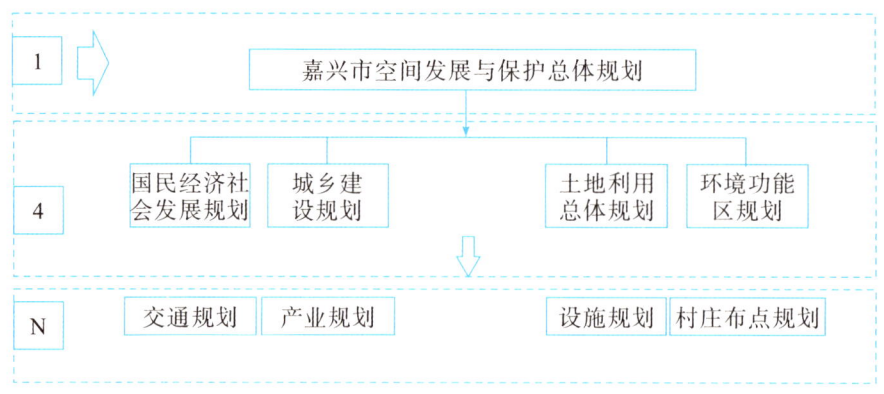

图2-12 嘉兴市"1+4+N"空间规划体系

资料来源:詹国彬的《"多规合一"改革的成效、挑战与路径选择——以嘉兴市为例》

4.明确管控"三区四线"空间体系

通过各类的梳理与入库工作,对全市国民经济与社会发展规划、城乡规划、土地利用总体规划和生态环境功能区规划进行全面梳理,统一数据来源、数据标准、底图母本,纳入统一的"多规合一"数据库,并消除差异图斑,形成一张图,在此基础上进一步划定了"三区四线",科学确定全市"生态、农业、城镇"三大空间,并制定相应的空间管控措施。同时,国土部门通过划定永久基本农田,着力保障好耕地红线,确保粮食生产安全;环保部门通过划定基本生态控制线,着力保障好生态红线,确保生态安全格局;发改部门结合重大平台研究,划定产业区块控制线;住建部门结合市域总体规划的预测,划定城市增长边界。

七、四川省宜宾市南溪区

(一)试点背景

四川省宜宾市南溪区于2014年8月被国家发展改革委、国土部、环保部、住建部等四部委列为全国28个"多规合一"试点市县之一,也是国土部牵头的7个试点市县之一,试点工作得到了国土部、省市国土资源部门的高度重视和大力支持。"多规合一"试点工作组针对区域规划自成体系、内容冲突、缺乏协调等突出问题进行了积极探索研究,突破了众多工作难题和试点瓶颈,进行了具有南溪特色的"多规"融合,最终形成了《宜宾市南溪区"多规合一"国土空间综合规划(2014—2030)》,初步建立起了统一衔接、功能互补、相互协调的空间规划体系。

(二)技术路径

南溪区"多规合一"工作基于"战略+管制+政策"三个维度构建实施激励机制,包括建立战略共识性的行动纲领、构建空间管控和引导体系、制定功能区块引导政策,形成了基于激励发展实施机制的"多规合一"路径。

一是建立战略共识性的行动纲领,并落实到部门计划。明确空间发展战略共识,统一城市发展战略目标、指标体系和国土空间格局,明确南溪区"仙源南溪、翡翠江城"的发展战略目标,建立"经济繁荣、生态优美、节约集约、民生共享"四大类指标体系。通过对国土空间开发趋势、资源环境承载力评价等的研究,构建"江山相伴、田园相通、产城相融"的国土空间格局。制定行动纲领,并落实到部门计划。落实空间发展战略共识,针对四大类指标体系,分别提出"繁荣南溪""翡翠南溪""集约南溪""共享南溪"四大行动纲领(见图2-13)。

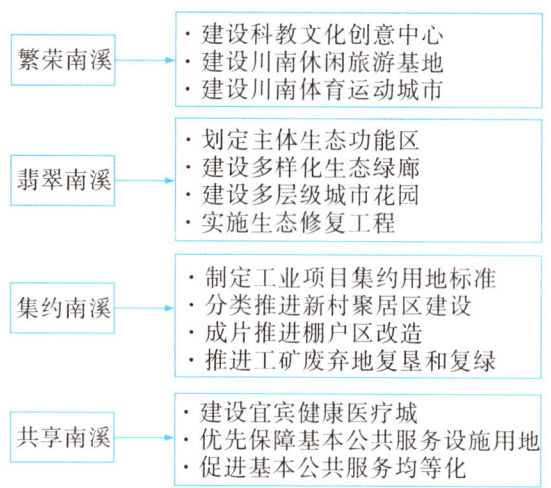

图2-13　南溪区四大行动纲领示意图

资料来源:姚江春,袁媛,许宏福的《基于激励发展实施机制的"多规合一"路径探索——以四川省宜宾市南溪区为例》

二是构建空间管控和引导体系,推动统筹管理。构建"控制线+功能区块"的两级管控引导体系(见图2-14、图2-15)。在刚性底线管控方面,划定2030年的基本农田保护线、生态保护红线和城镇开发边界三条控制线。在弹性发展引导方面,在城镇开发边界内划定城镇功能、产业发展和预留发展三类功能区块。建立统筹型的空间规划管理机制。加强对空间管控的统筹,建立南溪区统筹规划委员会+联席工作坊的机制,推动"多规"统管统编、部门协同的工作。

三是制定功能区块引导政策,推动差异化绩效考核。针对三类功能区块,制定区块引导政策。为加强空间政策引导和对城镇建设用地的精细化管控,推动城镇和产业功能的集聚,针对城镇开发边界内的城镇功能、产业发展和预留发展三类功能区块,统筹制定差异化的区块引导政策,提出产业引导、规划建设、土地调控和资源环境等方面的政策指引,指导发改、规划、国土和环保等部门的政策制定。建立差异化的区块绩效考核机制。针对三类功能区块不同的目标导向,建立差异化的指标考核体系。

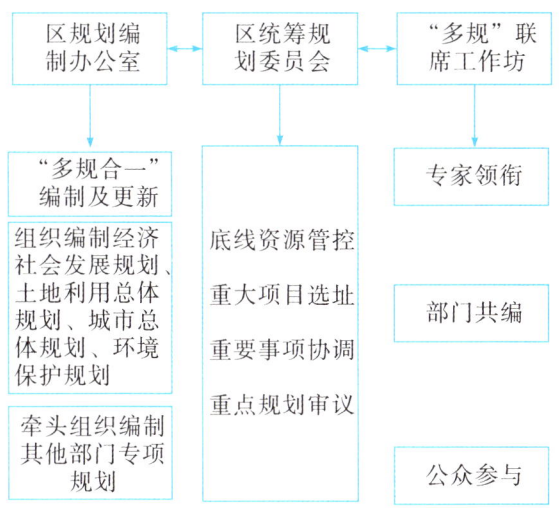

图 2-14 "控制线+功能区块"的两级管控引导体系示意图

资料来源:姚江春,袁媛,许宏福的《基于激励发展实施机制的"多规合一"路径探索——以四川省宜宾市南溪区为例》

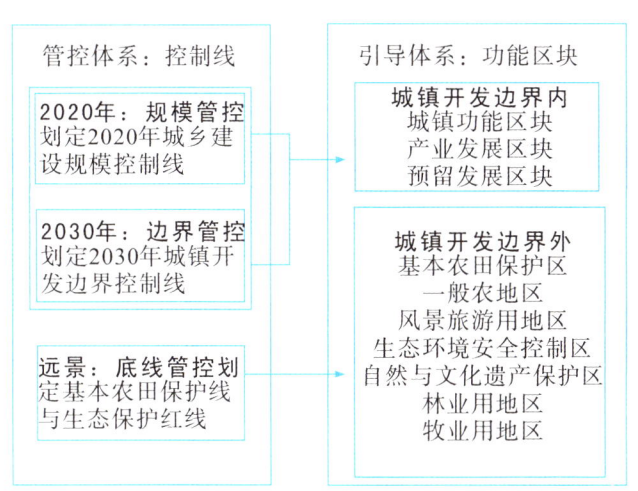

图 2-15 南溪区统筹型规划的管理和编制架构图

资料来源:姚江春,袁媛,许宏福的《基于激励发展实施机制的"多规合一"路径探索——以四川省宜宾市南溪区为例》

(三)成果体系

南溪区本次试点工作取得的系列成果主要包括两项纲领性成果和三个辅助性成果:一本国土空间综合规划、一张规划蓝图、一套管理体系、一个信息平台、一批改革建议。

八、广东省佛山市南海区

(一)试点背景

佛山市南海区是全国农村改革试验区、全国农村土地制度改革试点。2015年初,国土部批复佛山市南海区为国土部门牵头组织的"多规合一"试点单位。试点以"品质南海、精细管理"为战略目标,探索编制《佛山市南海区国土空间综合规划》,通过机制创新建立城市发展"从增量向存量"转型的示范,形成"一张蓝图"编到底、管到底。

(二)试点经验

1. 顶层设计

南海区构建了以国土空间综合规划为核心的"多规共遵"的空间规划体系,用于指导空间规划编制和实施,并逐步取代现有规划,真正做到"一个规划、一张蓝图"。国土空间综合规划包括3个层次,宏观层面为底线型规划,突出远景谋划,着重划定极限边界;中观层面是发展型规划(2021—2030年),强化空间管控和政策分区,重点划定开发边界;微观层次是协调型规划(2014—2020年),统筹现有法定规划,重点划定规模边界。

2. 空间管控

构建"多规统一"的规划管控体系。管控体系包括空间管控和用途管制,分别通过划定控制线体系和制定四级土地用途分类来实现。控制线体系包括生态红线、基本农田控制线、建设用地开发边界、产业集聚引导区界,前三条为刚性管控线,第四条为弹性引导线(图2-16)。四级土地用途分类是基于现有的规范性引用文件,综合城乡用地分类标准、土地规划分类标准、城市绿地规划分类标准等并借鉴国外优秀用地分类标准制定,其中一级、二级、三级面向政策分区与空间管控,对应土地利用规划分类,四级分类面向具体的土地用途,对应城乡规划分类,实现"编到底、管到底"。

3. 制度保障

试点构建了分层级的空间管控审批权限,明确控制线体系的调整和审批由省政府或者省政府委托市政府批准;土地用途四级地类的调整和审批,由市政府或者市政府委托区政府审批(图2-17)。同时,构建控制线联动审查制度、控制线及土地用途调整程序及档案归档监督机制等规划运行动态维护机制;制定"利益平衡"的空间集聚与优化政策,将广东省"三旧"改造、全国农村土地制度改革等试点政策要求与空间管控相结合,落实国家"三生"融合发展目标,建立了土地利用和存量土地开发的利益平衡机制,从目标规划转向路径规划。

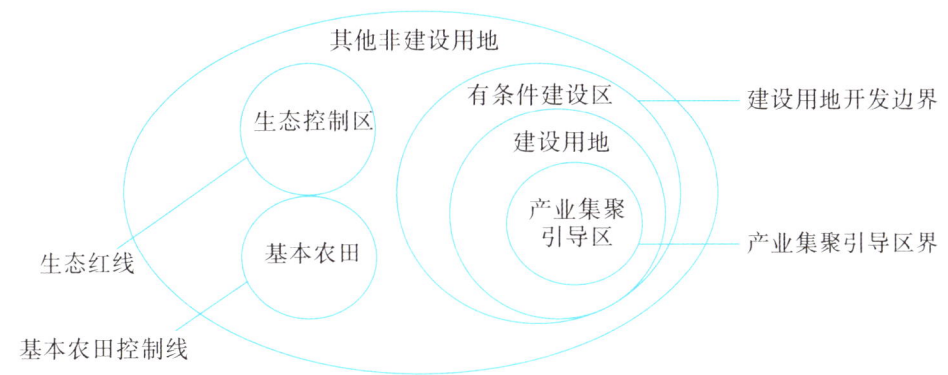

图 2-16 南海区空间规划控制线体系示意图

资料来源:《佛山市南海区国土空间规划试点成果报告》

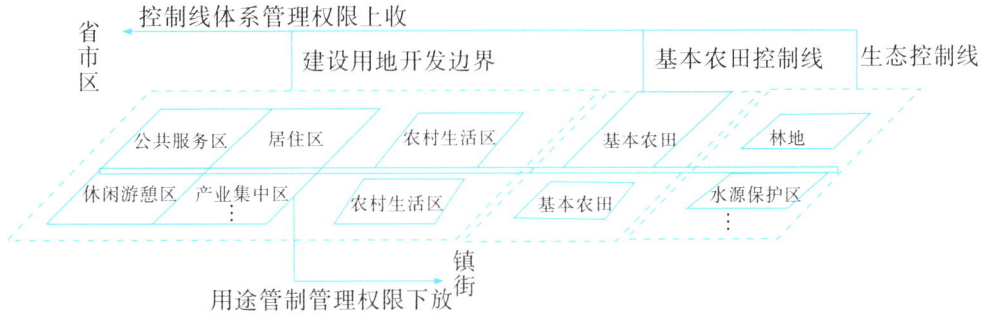

图 2-17 南海区分层级空间管控权限示意图

资料来源:《多方博弈下的佛山市南海区"多规合一"空间管制实施路径》《见规划师杂志》

4. 平台建设

建立"用户优先、全程服务、共享共用"的"多规合一"信息联动平台,平台涵盖成果质量检测、数据共享等"5+2"子系统,为国土空间综合规划提供"建设、维护、使用、评价"全过程联动服务支撑。同时,按照审批提效、从串联审批到并联审批的思路,搭建发改、国土、土地管理与制度改革等多部门业务协同工作管理平台,进行审批流程再造,简化审批。

九、广东省四会市

(一)试点背景

四会市成为 28 个市县"多规合一"试点之一,也是住建部和广东省唯一的县级市试点。在国家住建部、广东省住建厅、肇庆市委市政府的大力支持下,四会市委市政府紧紧围绕着空间规划体系改革和管理审批机制改革两大任务,进行了全面系统的探索与实践,形成了市县空间规划的样本和可复制、可推广的"广东经验"。

(二)主要做法

1. 确定总体工作思路

基于城乡规划在编制体系、编制思路、技术方法等方面较其他部门规划更精准、更科学、更全面的特点,四会市"多规合一"试点工作确定了以城乡总体规划为统领,以控制线体系为原则,以近期建设规划为抓手的城乡全域空间管控体系;形成了以战略定布局、以用途优空间、以界线理事权、以平台促融合的整体工作思路。

2. 分阶段持续探索

四会市具有市县行政层级的代表性,存在以下特点:一是生态保护要素的属地管理与发展指标的层级分解,面临严格生态保护与加快经济发展的双重诉求;二是建设项目的行政许可由市县实施,面临精准空间管控与优化用地布局的双重需求;三是作为上位规划执行者与行政条块分割,面临法定规划冲突与部门信息壁垒的双重矛盾;四是空间管控体制机制缺失,面临效率提升、效果优化的双重问题。因此,结合四会市的实际情况,试点工作的探索历经了四个阶段。

第一阶段(2014 年 9 月至 2015 年 8 月):科学谋划全域规划一张蓝图,解决规划空间重叠、内容冲突等问题。

针对各类规划内容冲突、边界重叠等问题,统一规划目标、边界、空间布局,保障城市集约发展所需、项目落地所需。四会市试点工作提出建设经济持续发展、四化同步推进的"活力四会",空间布局有序、资源配置合理的"高效四会",生态环境优美、文化特色彰显的"美丽四会"的统一发展目标;确立了市域"两轴三片、双心四节点"城乡空间格局;将全域用地空间布局与发改、国土、规划、环保、林业等部门管理事权相结合,划定"两级"控制线体系,制定了全地域、全领域覆盖的城乡总体规划,强化了市域空间管控,描绘出四会市域空间规划"一张蓝图"。

第二阶段(2015年9月至2016年6月):积极构建市县空间规划一套体系,解决规划部门分制、缺乏衔接等问题。

针对经济社会发展规划、土地利用规划、生态功能规划等不衔接、不统一等问题,从完善地方治理体系、增强发展统筹性出发,探索推动多规合一的方式方法。第二阶段的关注重点已经从解决规划冲突,向构建长远发展格局、提高政府空间治理能力转变,将"多规合一"向"空间规划"延伸成为迫切需求。宁夏、海南的国家空间规划试点代表了省级空间规划的方向,而市县作为我国基础行政管理单元,开展空间规划探索也迫在眉睫。因此,四会市试点积极探索构建以城乡总体规划为统领,各部门法定规划为支撑的"1+N"市县级空间规划体系。

第三阶段(2016年7月至2017年7月):搭建空间信息平台,解决资讯相对分散、难以共享问题。

针对发改、住建、国土等多个部门资讯平台不对接、审批信息不共享等问题,试点工作以共享、精准、高效的理念,通过统一部门规划的空间坐标和数据标准,建立了"数据一致性更新、图文一体化管理、审批渐进式联动"的空间信息平台;为提升行政审批效率,改善营商环境,试点工作再造了四会市建设项目审批流程,科学地提出了"1+4"的流程优化架构,即1个服务阶段和4个(立项、规划报建、施工报建、竣工验收)审批阶段,项目审批时间将大幅缩减。

第四阶段(2017年8月至2018年1月):建立一套保障实施机制,解决规划约束不力、执行不严等问题。

针对规划刚性不足、法定性不强等问题,从立法监督、机构监督、群众监督等入手,建章立制,明确规划的修改权、审批权,加快地方政府法治化进程。

一是建立"规划法定"机制。《四会市城乡总体规划》经市人大审议通过后,不得擅自调整。确需调整的须提交市人大常委会审议通过后方可调整,确保"一张蓝图管到底"。

二是优化"多规合一"组织体制。整合原城乡规划委员会职能,成立四会市空间规划委员会,统筹规划立项管理、战略定位、指标体系、空间管控等重大问题;成立四会市"多规合一"指导中心,负责"多规合一"的后续实施以及日常维护管理工作。

三是建立"体外监督"机制。利用政府网站、新兴媒体等渠道公布《四会市城乡总体规划》和项目审批查询办法,普通群众可通过信息平台对规划执行情况和项目行政审批情况进行全面监督,增强透明度。

四是完善配套政策和制度。制定并出台《四会市城镇开发边界管理实施细则》《四会市生态控制线管理实施细则》《四会市"多规合一"空间信息平台运行管理办法》等政策法规文件。

(三)实施成效

1. 精心试点、大胆探索,形成市县空间规划的新样本

四会市委市政府高度重视,试点工作由市长负责,常务副市长主抓,发展改革委、国土、环保等多部门参加的试点工作领导机构,根据各自的技术基础和资源禀赋,积极探索具有地方特色的技术路径,扎实开展"一张图"编制和信息平台建设工作。在全省率先探索了县市"多规合一"的路径与经验,部分探索经验已被写入《广东省县市域空间规划政策与标准制定》,为全省其他市县推进"多规合一"工作打下了坚实基础。

2. 集约节约用地资源,保障重点项目落地

试点工作运用资源承载力评价、城市发展模拟等技术方法,科学预测人口和建设容量,识别近 $10km^2$ 的存量建设用地、$3.69km^2$ 的农村闲置边角建设用地、$19.5km^2$ 的低效农村居民点建设用地,促进土地高效利用。确保城规、土规新增建设用地两规合一,并结合重点项目、重点平台优化增量用地布局,推动四会市"一区两城三基地"重大发展平台建设,保障多个"十三五"重点民生和产业项目的落地实施。

3. 加强试点成果统筹应用,实现经济、社会、环境三大效益

一是充分发挥土地利用总体规划作为"多规合一"成果应用的基础和载体,推动法定规划的联动修改。二是通过新技术利用,持续挖潜"多规合一"试点成果的应用价值,在辅助规划编制、辅助政府决策、辅助行政审批、招商引资服务、征地拆迁、项目选址、数字规划管理等领域广泛应用。

4. 提速审批行政效能,力促改善营商环境

"多规合一"让行政审批进一步"瘦身"成为可能,四会市"多规合一"充分对接市行政服务中心"一门式一网式"政府服务模式改革,科学地提出了"1+4"的流程优化架构,即1个服务阶段和4个由立项、规划报建、施工报建、竣工验收组成的审批阶段。目前,平台汇集了20个部门182个规划的数据,打通了部门规划数据孤岛,实现"汇集、展示、共享、协同"等四大数据功能,以信息化手段助力审批提速。

5. 拓展乡村地区"多规合一",助力乡村振兴发展

党的十九大报告提出实施乡村振兴战略的要求,广东省提出改善农村人居环境的部署,四会市提出建设省级社会主义新农村建设示范县的目标。以试点成果为基础,推动开展《市域乡村建设规划(含村庄建设规划)》工作,指导市域乡村建设规划编制、确定村庄建设规划建设用地规模、对接村庄规划成果完善数据库建设,促进城乡统筹和一张蓝图的构建,实现乡村地区多规合一。

资料来源:《四会市"多规合一"试点工作总结》

十、江苏省句容市

(一)试点背景

江苏省句容市是全国28个"多规合一"试点市县之一,由国家发展改革委牵头组织开展。试点主要通过建立组织协调机制、构建规划衔接机制、统筹整合方案编制、健全工作管理机制等推进工作。

(二)技术路径

句容市"多规合一"试点以"十三五"规划为引领,从规划思路合一、目标合一、空间合一、项目合一、政策合一等方面对规划内容重整,在发展规划数量指标的基础上,新融入"三区三线"等空间发展战略内容。强化土地规划的"底板"管控作用,坚持市域统筹与突出重点并行、"一张蓝图"与"一本规划"并行、规划编制方式与编制手段创新并行,从规划内容、信息平台、协调机制、行政管理等方面理顺关系,增强规划的系统性和权威性。

(三)成果体系

句容市"多规合一"作为规划协调的一种工作方式,没有编制专门规划文本及说明,成果落脚点为《句容市发展总体规划》,纳入经济社会发展规划系列,并以此统领全局规划,其他各类空间规划和部门规划为支撑。《句容市发展总体规划》作为本市"十三五"规划纲要,报人大审批后具有法定地位。此外,试点积极探索管理制度的改革,建议将现有规划管理部门的规划编制职能剥离出来,建立规划编制的组织协调机构,探索建立规划委员会审议制度,并由独立的规划监督部门执行规划。

十一、云南省大理白族自治州大理市

（一）试点背景

大理市于2013年9月，在云南省住房和城乡建设厅的指导下，率先开展"多规合一"研究工作，2014年8月被列为全国28个"多规合一"试点市县之一。2015年以来，大理市深入贯彻落实习近平总书记考察云南考察大理重要讲话精神和云南省委、省政府领导调研大理指示精神，坚持问题和目标导向，围绕"城乡一体化、全域景区化、建设特色化、管理精细化"的目标，以"统筹城乡、全域管控"为原则，扎实推进"多规合一"试点工作，实现了"规划一张图、建设一盘棋、管理一张网"，全面提升规划建设水平，有力助推洱海保护和城乡一体化发展。

（二）技术路线

1. 以问题为导向，明晰工作目标

针对城乡规划建设管理中的诸多问题，提出城乡发展的战略，明确目标任务，通过"多规合一"方法，实现各行业规划整合协调，推进新型城镇化进程。

2. 以城乡总体规划为统领，构建"一张蓝图"

科学编制覆盖全市域的《大理市城乡总体规划（2015—2030）》，建立了以"四区九线"为基础的空间管理体系，划定建设用地增长边界、生态保护红线等重要规划控制线，并对全市城乡规划体系进行完善。

3. 以信息化建设为基础，搭建"一个平台"

组织开展"多规合一"信息平台建设，初步建成了由基础地理信息、原始规划、"多规合一"组成的规划信息数据库。组建成立了大理市规划编制与信息中心，加快规划展览馆建设。

4. 以行政协调制度为保障，形成"一套机制"

建立完善各项行政协调制度，强化市规委对城乡战略发展和规划建设重大问题的统领，制定《大理市城乡统筹规划管理暂行办法》，进一步明晰了规划协调、部门事权、空间管理及冲突协调的方法措施。

（三）试点经验

（1）高位推动，形成共识。大理市成立了工作领导组，统筹推进试点工作，全市各部门形成共识和合力。国家住建部、云南省、大理白族自治州党委政府高度重视和关心大理市"多规合一"试点工作,省住建厅全程指导帮助,使大理市的试点工作得以有效推进。

(2)重点突出,树立城乡总体规划的核心地位。形成了以城乡规划为统领,以空间管控为核心,通过定性、定量、定形、定界、定策,实现统一发展目标、统一技术指标、统一空间坐标、统一图例标准、统一实施平台和各类规划有机衔接,逐步健全覆盖城乡、事权清晰、上下衔接的空间规划体系。

(3)筑牢基础,强化信息平台的基础作用。通过实施规划信息平台建设,初步建成了基础地理信息规划空间数据库,为实现全域规划管理"一张图"和"智慧城市"建设、现代城市运营管理奠定了良好基础。

(4)协同推进,健全完善规划管理机制。有针对性地制定相应的制度和办法,明晰部门职责,形成了全市统一的协调机制与平台,在规划编制、实施及管理过程中真正实现"多规合一"。

(5)源头管理,实现规划统一协调。制定了规划编制评估论证、事前指导和统一审查制度,从源头上有效消除规划编制多头组织、互不衔接的问题。

资料来源:《大理市"多规合一"试点工作情况》(见云南网)

第三节 非试点省市县实践

一、青海省河南蒙古族自治县

(一)工作背景

根据国家鼓励开展市县级"多规合一"试点工作的精神,2015 年,《青海省发展改革委省测绘地理信息局转发国家发展改革委国家测绘地信局关于印发市县经济社会发展总体规划技术规范与编制导则的通知》发布,明确要加快河南县、格尔木市、祁连县、贵德县等四个县市"多规合一"试点工作,探索建立从总体到局部、上下衔接有机统一的空间规划体系,标志着河南县空间规划进入实践探索阶段。目前,试点工作已基本完成。

(二)总体思路

围绕"一张蓝图干到底"总体要求,坚持生态保护优先理念,以主体功能区规划为基础,以空间战略规划为统领,以生态红线为底线,以"一张蓝图"为中心,以数据库为支撑,以信息平台为载体,以机制为保障,着力构建"五个一"的空间规划(多规合一)体系,创新推动空间规划体系改革,加强国土空间边界管控,提高政府治理能力和治理水平。

(三)成果体系

河南县空间规划(多规合一)试点工作形成了空间规划(多规合一)"五个一"的成果体系:包括一个空间发展战略规划(含专题研究)、"一张图工程"技术报告、生态保护红线划定技术报告、一套数据库和一个信息管理平台。

《河南县"多规合一"空间发展战略规划》及相关专题研究。分析县域现状及外部环境情况,制定河南县统一的发展战略、定位、发展目标和指标,形成统一的发展目标和指标体系,同时依据主体功能区规划,开展河南县县域资源环境承载能力评价和国土空间开发适宜性评价(见图2-18),科学划定城镇、农业、生态三类空间。并结合三类空间进行空间规划的落实、布局及管控。

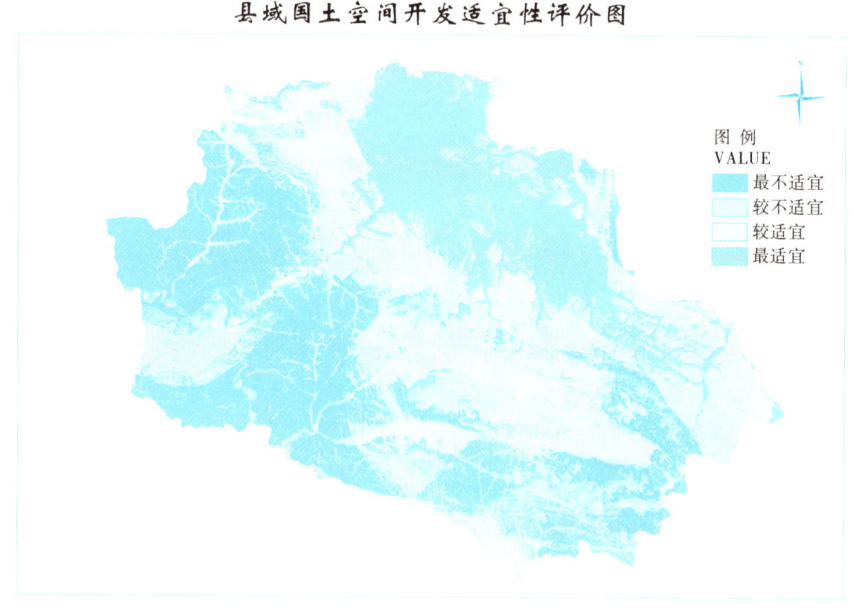

图2-18 河南县县域国土空间开发适宜性评价图

资料来源:《河南蒙古族自治县空间规划(2016—2030年)》

《河南县"多规合一"生态保护红线划定技术报告》。依据《生态保护红线划定指南》以及《关于划定并严守生态保护红线的若干意见》,识别河南县重要生态功能区、生态敏感区以及禁止开发区,划定河南县生物多样性维护生态保护红线、土地沙化敏感性生态保护红线、江河湖库敏感性生态保护红线、森林生态保护红线、禁止开发区生态保护红线,实施永久性保护,保障全县生态安全。

《河南县"多规合一""一张图工程"技术报告》。进行多规"合一"各类空间规划之间的差异分析以及差异协调处理;进行"合一"之后的五条用地控制线(建设用地控制线、产业区块控制线、生态安全控制线、文物古迹保护控制线和基础设施廊道控制线)的划定和管控,形成河南县"多规合一""一张图工程"。

《河南县"多规合一"数据库建设》。通过建立"多规合一"空间数据库,最终实现对前期红线划定、差异分析等数据成果进行集中、规范化管理,避免数据冗余、混乱,同时为前端平台提供具有规范格式的数据,便于前端平台调用相关多规合一成果数据进行展示和分析。

《河南县"多规合一"信息管理平台技术方案》及平台开发运行。河南县"多规合一"信息管理平台主要包括"成果质量检测子系统、成果数据管理子系统、冲突智能检测子系统、辅助决策支持子系统、数据共享交换子系统"等五大子系统。主要是基于统一的标准与规范,以"一张图工程"数据库为基础,完善空间规划体系,系统整合各层次、各行业规划和基础地理信息、项目审批信息、用地现状信息等,建立一个基础数据共享、监督管理同步、审批流程协同、统计评估分析、决策咨询服务,具备动态更新机制、共享共用的"多规合一"业务管理平台。

(四)工作成效

(1)突出生态优先理念。始终突出以生态为先导,推进"多规合一"工作,在生态红线约束下,划定控制线体系,形成全县域"一张图"。充分结合了河南县生态优先、保护为主的县情实际,成果具有较强的应用价值和操作性。

(2)规划技术手段先进。借鉴国内"多规合一"和空间规划经验模式,形成了河南县"多规合一"技术规范体系和技术标准,规划思路清晰、数据翔实、方法得当、技术手段先进,符合国家和地方关于开展"多规合一"、空间规划试点等相关要求。

(3)规划成果体系完善。规划在"多规"矛盾差异分析、基础评价、"三区三线"划定、空间要素布局、空间管控措施、平台建设等方面做了积极的探索,最终形成了河南县一本规划、一张蓝图、一个平台等成果,具有前瞻性及很强的推广价值。

二、广东省广州市

(一)工作背景

广州市已于2014年完成了全市"三规合一"工作,形成了"三规合一""一张图"、一个信息联动平台、一个协调机制、一套技术标准和一个管理规定的"五个一"成果,划定了建设用地规模控制线、建设用地增长边界控制线、产业区块控制线和生态用地控制线,统领全市城乡发展和用地布局。基于"三规合一"工作,广州市政府于2016年启动了"多规合一"工作,制定了《广州市"多规合一"工作方案》,明确由市政府组织,市相关职能部门和区政府共同参与,在广州市"三规合一"工作领导小组的基础上,补充、调整成立广州市"多规合一"工作领导小组,推进环保、教育、体育、卫生、林业、交通、市政、水务和环卫等多个部门的"多规合一"工作,实现城乡空间资源的统一协调。

(二)经验总结

1. 建立以"市区联动"为核心的专项规划整合机制

由于我国政府实行分级管理体制,一级政府一级事权,按照"条块结合,以块为主"的原则,大部分专项服务职能分属市、区两级政府管辖,市、区两级政府也相应编制各自层级的专项规划。因此,"多规合一"首先是职能部门内部的"一规合一"。具体而言,建议市层面的专项规划和区层面的专项规划同步编制,各有侧重。

市层面的专项规划重点落实城市总体规划的相应发展要求,明确专项设施发展总体策略、设施体系和建设标准,统筹全市专项设施布局,通过体系、总量和标准将建设要求向区层面传递。各区职能部门同步开展本辖区内的专项规划编制工作,明确具体用地选址。最后,再由市层面进行汇总整合,形成全市各专项"一规合一""一张图"。例如,广州市中小学教育设施专项规划采用市、区同步开展成果编制的形式,最终形成全市"1+11"的专项规划成果体系,其中"1"为全市成果,包括总报告和全市布点图,"11"为各区分报告和建设导则。

区层面的专项规划直接指导专项设施落地,是保障"多规合一"落地的重要抓手。广州市"多规合一"整合工作充分发挥区层面的整合作用,如花都区等先后开展了区层面专项规划的探索,形成了专项成果编制、校核、整合、上报法定化"四步走"的工作流程(见表2-3)。

表2-3 以"市区联动"为核心的"多规合一"专项规划整合工作阶段和重点

工作阶段	工作主体	统筹协调重点工作
成果编制阶段	职能部门	"多规"各自空间诉求"多规合一"工作理念、原则和标准
成果校核阶段	国土规划部门、职能部门	"多规"与"两规"校核
成果整合阶段	国土规划部门、各镇街、各区职能部门	"多规"具体冲突地块协调,明确具体选址,形成全区专项设施"一张图"
成果上报法定化阶段	市、区两级国土规划部门,市、区两级职能部门	控制性详细规划、土地利用总体规划调整;区层面专项规划纳入市层面专项规划成果

2. 以建立"四个校核"为重点的内容协调体系

针对上文提及的"多规"内容成果体系不一的问题,提出了目标、标准、布点和用地四大重点校核内容。在目标方面,发挥城市总体规划的引领作用,重点核查专项规划的发展目标及各项指标是否落实城市总体规划相关专项的发展要求;在标准方面,促进土地集约节约利用,重点核查专项设施用地规模是否符合城乡规划配套设施规范及相关标准的要求;在布点方面,促进基本服务均等化布局,重点核查专项设施布点覆盖是否合理;在用地方面,落实规划的刚性管控要求,重点核查专项设施选址或专项控制线是否与现行城乡规划及土地利用总体规划相冲突(见图2-19)。

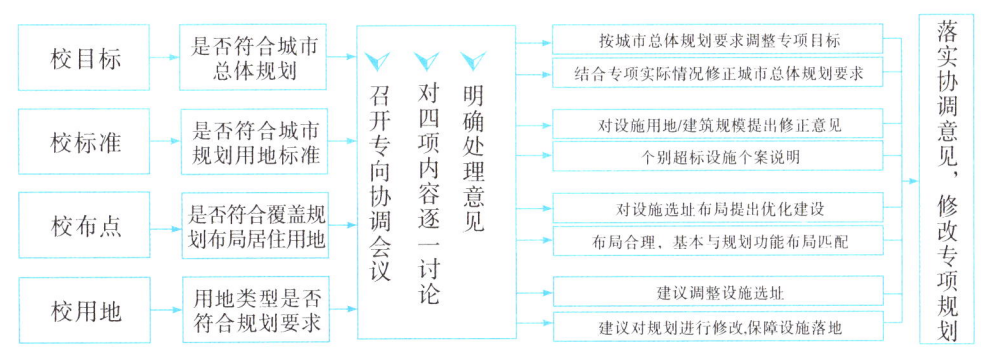

图2-19 广州市"四个校核"工作内容示意图

在进行以"四个校核"为重点的内容核查后,由国土规划部门形成校核结论和调整修改意见,反馈给相关部门逐一协调落实,最终实现各个专项规划成果内容均符合相关标准、设施选址与城乡规划统一的目标。

3. 基于规划管理单元分片、分批推进的成果法定化手段

城乡规划是统领空间规划体系的核心要素。专项设施"一张图"最终应该落实到控制性详细规划"一张图"上。针对规划调整个案多、压力大的问题,笔者提出由国土规划部门牵头,基于规划管理单元对需要调整规划的专项设施进行整合,通过 ArcGIS 叠加分析,识别出专项设施"一张图"中与现行控制性详细规划冲突最集中的地区,以一个或多个控制性详细规划管理单元进行整合,分片、分批启动控制性详细规划调整,提升规划调整效率,发挥城乡规划在"多规合一"工作中的引领作用。

资料来源:黄慧明、陈嘉平、陈晓明的《面向专项规划整合的空间规划方案探索——以广州市"多规合一"工作为例》(见规划师杂志)

三、安徽省

(一)工作背景

2017 年,安徽省启动了《安徽省空间规划(2017—2035 年)》编制工作;同年 11 月 24 日,《安徽省空间规划(2017—2035 年)》通过了住建部主持召开的专家评议会审议;12 月底,规划草案上报安徽省人民政府。同时,安徽省内各市县空间规划均已通过专家评议,由地方政府报送所在地人大审议,初步形成较为完善的省、市县空间规划体系。

(二)技术路线

按照《省级空间规划试点方案》要求,结合安徽地方特点,《安徽省空间规划》的总体技术思路,包括摸清家底、战略引领、全域统筹、刚性控制、规划实施、考核评价六大部分(见图 2-20)。

(三)实施成效

安徽省省级空间规划是推进空间规划体制改革、建立国家-省-市-县联动的空间规划体系的重要一环,具有三大作用:

(1)全面系统梳理省域空间资源家底,优化省域空间布局。安徽省省级空间规划摸清全省各类保护性、开发性空间的规模与分布,统筹谋划空间资源要素分配,优化全省的保护-开发空间布局。

(2)落实国家和省级发展战略,促进全省绿色转型发展。安徽省省级空间规划落

实国家和区域重大发展战略,实施因地制宜的地方战略,促进省域发展由外延扩张向内涵提升转变,实现绿色转型发展。

(3)统筹各类空间性规划,提升省级空间治理能力。安徽省省级空间规划梳理、协调、统筹各类空间性规划之间的矛盾,构建全域、全要素的空间规划管控体系,结合空间信息数据平台建设,提升省级空间治理能力。

图 2-20　安徽省空间规划技术路线示意图

资料来源:中国城市规划设计研究院上海分院编制组林辰辉、吴乘月等的《战略引领与刚性管控 ——＜安徽省空间规划(2017—2035年)＞的探索》

四、安徽省灵璧县

(一)编制背景

为贯彻中共中央、国务院加快生态文明建设、建立空间规划体系的总体要求,落实安徽省空间规划工作统一部署,优化灵璧县国土空间开发与保护格局,推进灵璧县

"多规合一"工作,灵璧县规划管理局组织编制了《灵璧县空间规划(2017—2030)》。

(二)技术路径

采用"开展前期工作—进行基础评价—分析多规差异—明确规划底图—编制空间规划—保障规划实施""六位一体"的总体框架和"先基础层(三区三线)—再网络层(基础设施网络)—后应用层(空间要素配置)"的技术路径,以精细化县域资源环境承载能力和国土空间开发适宜性评价为基础,划定"三区三线",形成以"三区三线"为基础的各类规划要素叠入的空间规划底图,在此基础上统筹各类空间性规划,将各类空间性规划的核心内容和空间要素,按照一定的规则和次序,有机整合落入规划底图中,构建全域统一、相互衔接、分类管控的空间规划体系,形成覆盖全域的"一本规划、一张蓝图"。

(三)成果体系

一是编制"一张蓝图",即"多规合一"的空间规划信息管理总图,按照"田园都市、生态之城"的目标定位,以国民经济与社会发展规划、城乡规划、土地利用总体规划、生态环境保护规划为基础,协调农业、林业、水利、住建、交通等部门规划,梳理各类规划差异矛盾,在一张底图上共同划定各类控制线,形成无缝对接的"一张蓝图"。

二是建立"一个平台",即多部门统一的空间规划信息管理协同平台,统一各部门的空间坐标体系、数据标准、系统接口标准,通过政务网络对接,建立业务协同平台,实现部门间信息的共享和审批信息的实时联动,为政府决策和部门管理提供及时、全面的信息和依据。

三是优化"一张表格",即形成统一的建设项目申报和审批表,作为"一张蓝图"和"一个平台"的应用拓展,在启动审批制度改革之后,通过优化审批流程、减少审批环节、精简审批材料、压缩审批时限,实现建设项目申报和审批方式的新转变。

四是建立"一套机制",即改革建立一套保障"多规合一"实施应用的体制机制,包括政策支撑和规范指引的运行机制、项目生成机制等,为"一张表格"审批提速创造条件。

五、内蒙古自治区准格尔旗

(一)试点背景

2015年2月6日,内蒙古自治区发改委下发了《关于开展旗市"多规合一"试点工作的通知》(内发改规划〔2015〕154号)文件,确定在鄂尔多斯市准格尔旗、巴彦淖尔市杭锦后旗和呼伦贝尔市扎兰屯市3个旗市启动试点。试点的主要任务是:探索经济社会发展规划、城乡规划、生态环境保护等规划"多规合一"的具体思路,研究提出可复制可推广的"多规合一"试点方案,形成一个旗市一本规划、一张蓝图。同时,探索完善旗市空间规划体系,建立相关规划协调机制。

(二)主要做法

领导高度重视。成立由旗长担任组长的准格尔旗"多规合一"综合规划编制工作领导小组,督促协调各部门开展相关规划编制、调整工作,由发改委牵头向政府及时通报试点进展情况,推动旗政府常务会议、旗委常委会多次专题研究"多规合一"工作,解决试点中遇到的各类问题。

各相关部门通力配合。在旗"多规合一"综合规划编制工作领导小组的领导下,由领导小组办公室牵头组织相关部门就"多规合一"进行部署协调。由旗"多规合一"综合规划编制工作领导小组成员和南京设计院技术团队组成工作组,各部门通力合作,旗直部门与各苏木乡镇相关部门上下联动,最终实现20余类型57部规划合一,分析各项规划图斑18.2万个,形成了土地利用总体规划与城乡规划的协调方案,以及各规划的调整方案。

构建"4+1+N"规划体系。针对原有规划数量偏多、定位不清、功能重叠、体系不全等问题,统筹构建了"4+1+N"规划体系,形成"一套体系"。"4"即以经济社会发展、土地利用、城乡建设、环境保护四大规划为基础;"1"是指多规合一总体规划;"N"即逐步延伸融合农业、林业、水务、交通、电力、能源等其他专业规划。

形成"5+1+N"模式的"多规合一"控制线体系。"5"即国土空间采用五条控制线划分,分别为建设用地控制线、建设用地增长控制线、产业区块控制线、生态控制线、基本农田控制线;"1"即为和谐有序开发煤炭资源,划定煤炭开发控制线;实现五线制、一线相关的控制线体系。在"5+1"基础上划定N条二级控制线,如城镇增长边界控制线、城市生态绿地控制线、核心生态控制线、基本草原控制线、煤炭开发增长控制线、煤炭开发减弱控制线等。

构建科学高效的规划协调管理机制。积极打造"多规合一"智慧政务平台,与多规数据收集整理、规划编制、"一张图"绘制等工作同步进行,将"多规合一""一张图"成果和规划、国土、环保、林业、水利、园林等部门的规划成果以及审批数据,体现到平台上,发挥"多规合一"业务数据共享平台作用,对"多规合一"总体规划、各专项规划及"全旗一张图"实现动态数据管理,同时实行发改、规划、国土、环保、林业、水务等部门项目并联审批制,推进业务联动、监管同步,对项目实行全程动态调度管理。同时在此基础上加快智慧政务平台及智慧城市的建设。进一步科学规范规划编制工作,形成"总体以多规合一总体规划为龙头,城镇建设以城乡规划为基础,新农村建设以国土规划为基础,发挥好专项规划的支撑作用"的旗级规划体系,强化总体规划的统领性、空间规划的约束性、专项规划的针对性。

(三)成果体系

(1)编制完成"一本规划",形成统一技术标准。编制了《准格尔旗多规融合总体发展规划》,形成了准格尔旗"多规合一"技术报告、项目指导书、规划成果数据标准。

(2)对规划进行了分析与调整。共完成经济规划、土地利用总体规划、城乡总体规划、环境保护规划、林业规划、农牧业规划、煤炭规划、电力规划、交通规划等57个各类规划的叠加对比分析,共分析各项规划图斑18.2万个,形成了土地利用总体规划与城乡规划的协调方案,以及各规划的调整方案。对未来用地进行了减量调整,其中至2020年,共"减量"用地89.61km^2,占国土面积比例1.18%;至2030年,共"减量"用地127.77km^2,占国土面积比例1.7%。

(3)绘制全旗"一张图"。共形成"两规"建设用地差异分析图、城乡规划与其他规划差异分析图、土地利用总体规划修改建议图、城乡规划修改建议图、建设项目用地与城乡规划差异分析图、建设项目用地与土地利用总体规划差异分析图、露天矿与其他规划差异分析图、基本农田与其他规划差异分析图、林业保护规划与其他规划差异分析图等9张分析图;"多规合一"控制线规划图、产业区块分布图、建设项目分布图、建设用地增长边界图、城镇规划一张图、煤炭开发控制线规划图、煤炭增长线规划图、煤炭减弱线规划图、生态区分布图、核心生态保护区分布图、交通设施分布图、电力设施分布图、农牧旅游产业规划图等13张成果图。

(4)搭建"多规合一"数据共享平台。准格尔旗"多规合一"智慧政务平台已正式上线开始运行。2017年3月21日至23日,准格尔旗举办了"多规合一"智慧政务平台应用第一期培训班,平台登录账号已陆续下发,每月平台登录次数达千余次。各单位通过平台的智能选址功能对新建项目进行辅助选址,通过多规控制线检测功能了解新建项目是否与各相关规划有冲突,有效促进了建设项目落地建设。以"多规合一"智慧政务平台为基础的准格尔大数据中心正在加紧建设中,建成后将成为搭载平台的有效载体。

六、山东省青岛市

(一)工作背景

为贯彻落实习总书记系列讲话、中央相关会议和文件精神,充分发挥城乡规划的引领作用,建立健全统一衔接的空间规划体系,提升空间治理能力和效率,2016年2月,青岛市委、市政府印发了《关于建立健全工作体制加快推进"多规合一"工作的通知》,调整市城乡规划委员会职能,在市规划局设立市城乡规划委员会办公室(挂市推进"多规合一"工作领导小组办公室牌子),统筹协调全市"多规合一"(空间规划)工作。

(二)主要内容

2017年将"多规合一"写入青岛市政府工作报告。青岛市"多规合一"(空间规划)工作结合自身特点,积极探索,完成以下工作:印发《青岛市"多规合一"(空间规划)工作方案》,明确"1+X+N"覆盖全域的空间规划体系;统一工作基础,研究制定一系列技术规程,确定城市发展指标体系;初步完成"多规合一"(空间规划)信息平台搭建和全市空间类规划数据入库;分析整理中心城区城乡规划、土地利用总体规划差异图斑。

(三)主要经验

1. 健全"多规合一"工作机构

2015年12月中央城市工作会议召开以后,青岛市委、市政府高度重视城乡规划和"多规合一"工作,确定在市城乡规划委员会加挂市推进"多规合一"工作领导小组牌子,由市长任主任委员,分管副市长、副秘书长、规划局局长任副主任委员,市直18个部门主要负责人、各区区长、各县级市市长和市高新区管委会负责同志为成员,统筹协调推进"多规合一"工作。在市规划局城乡规划委员会办公室加挂市推进"多规合一"工作领导小组办公室牌子,规划局局长兼任办公室主任,发改、建设、国土、环保、海洋主管部门分管负责同志兼任副主任,核定专职副主任1名。通过健全机构,保证了"多规合一"工作的统筹协调、扎实推进。

2. 落实责任,明确职责分工

青岛市"多规合一"工作领导小组下设工作专责小组和技术专责小组,人员分别由相关部门的分管负责同志和业务骨干组成,负责"多规合一"工作的督查调度和技术审查指导。同时健全了市规委会专家咨询委员会组成人员,充分发挥委员会的作用,广泛征求和吸纳专家学者、社会各界的意见建议,增强了"多规合一"工作的科学性。

3. 创新完善"多规合一"工作机制

青岛市充分利用"多规合一"领导小组平台,统筹规划、建设、管理各环节,提升了城市工作的系统性,实现了城乡规划、重大项目、土地海洋资源、环境保护、交通运输、历史文化资源等空间要素的有效叠加和部门间信息资源的联动共享。通过整合"多规合一"地理信息平台,协调消除各规划间存在的矛盾,加大审批制度改革和政府简政放权力度,优化审批流程,建立了"一张图纸"规划管理、建设项目并联审批、"多规合一"落实跟踪督查等工作机制,行政效能明显提高。

七、吉林省长春市

(一)工作背景

长春市全面推进"多规合一"工作,主要从三个层面考虑。国家层面:"多规合一"是全面深化改革的一项重要任务,党的十八大以来,中央就深入推进"多规合一"做出了一系列重大决策。省级层面:吉林省是国家推进"多规合一"9个试点省份之一,省委省政府对此项工作高度重视,省"十三五"规划、省第十一次党代会都对稳步推进"多规合一"工作做出明确部署。市级层面:长春作为省会城市,当前正处于改革发展的关键时期,承接好新一轮东北振兴、长吉图开发开放、中部创新转型核心区建设、长春新区建设、新型城镇化试点等一系列国家战略,需要一个完善的规划去指导。

(二)技术路线

以建设东北亚区域性中心城市为目标,以主体功能区规划为基础,全面摸清并分析国土空间本底条件,划定城镇、农业、生态三类空间以及生态保护红线、永久基本农田、城镇开发三种边界,注重开发强度管控和主要控制线落地,统筹各类空间性规划,编制统一的空间规划,构建覆盖全域、融发展与布局、开发与保护为一体的"一张蓝图",切实提升政府空间管控能力和效率(见图2-21)。

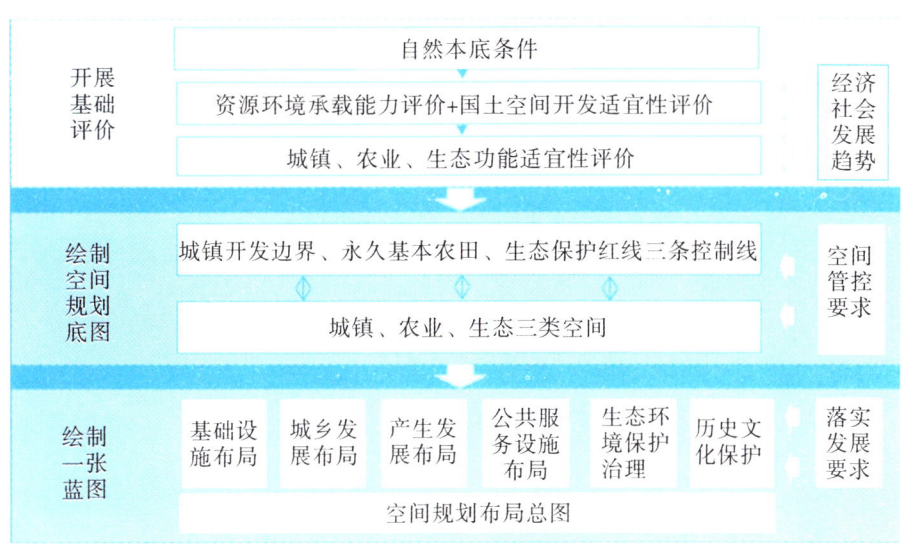

图 2-21　长春市空间规划编制技术路线示意图

资料来源：长春市城乡规划设计研究院,《长春市空间规划试点工作总结系列：机构改革视角下空间规划试点工作再思考》

(三) 成果体系

试点工作启动以来,取得了初步成效,实现了"六个一"成果：

(1) 形成了"一张蓝图"。结合国家空间规划体系构建,突出长春市特色,建立了以"多规合一"的远景空间发展规划、五年空间实施规划、空间利用导则三个层次规划为核心,专业专项规划和空间区域规划为补充,数据调查与研究为基础,规划评估为动态反馈平台的规划成果体系,形成了"一张蓝图"。

(2) 建设了"一个平台"。按照"提升已有、创建未有、链接所有"的原则,整合长春市现有各部门数据及管理平台,搭建了公共信息平台体系。

(3) 明确了"一个标准"。建立"多规合一"技术标准,统一了规划基础,建立了基础数据、用地分类、空间管控相统一的技术标准,为试点工作的开展提供了技术支撑。

(4) 建立了"一个机构"。建立了执行有力的组织机构协调体系,成立了市"多规合一"工作领导小组,负责指导全市"多规合一"工作,协调解决工作中的重大问题,决策重大事项。

(5) 再造了"一个流程"。依托"多规合一"综合平台,再造了高效透明的项目管理审批流程。实现了项目审批统一窗口受理,发展改革、规划、国土、环保等多个审批部门可在同一平台同时操作,实时共享审批信息,变串联审批为并联协同审批,缩短审批时间,提高了行政运行效率和公共服务水平。

(6)建立了"一套制度"。完善法律法规体系,编制了《长春市多规合一管理若干规定》,从源头上将"多规合一"纳入法制化轨道。

八、甘肃省正宁县

(一)工作背景

在国家加快推进市县规划体制改革的背景下,正宁县作为甘肃省首批"多规合一"改革试点,要求在规划体制改革上加大力度,勇于创新,大胆改革,先行先试。试点工作以规划体系、空间布局、数据标准、管理机制"四个统一"为目标,以评估摸底、发展规划、底线管控、信息平台"四大任务"为核心,破解城市发展中国土、规划、经济、生态建设相互掣肘的难题,实现了粗放发展向科学布局转变,多头规划向统一共识转变,各自审批向同步审批转变,是应对总体规划改革的一项具有创新性的改革实践。

(二)规划特色

《甘肃省正宁县多规合一城乡统筹总体规划(2016—2030)》立足于解决正宁县面临实际问题,结合规划改革的要求,在技术内容、工作方法和规划成果等三个方面创新形成以下特色:

1. 技术内容特色

建立从县域全覆盖到县城总规修编－乡镇规划两个层次的规划体系,改变常规的城市总体规划技术内容形式,直接应对技术升级和机制改革,形成"一张蓝图、一个数据库、一个平台"的技术成果(见图2-22)。

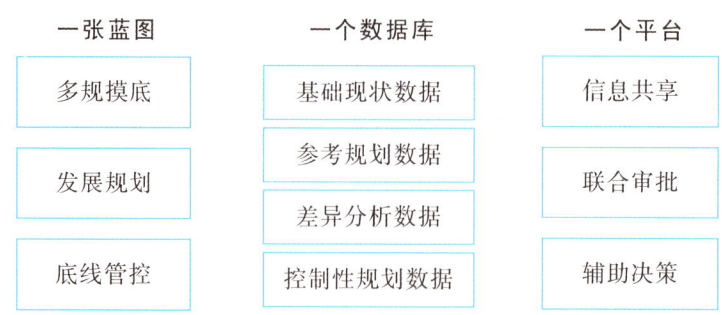

图2-22　正宁县"多规合一"成果体系

（1）一张蓝图。多规摸底，实现"资源整合，差异协调"。多规摸底的思路是针对各项规划的不同特点，建立问题导向的协调机制。强调在统一的发展目标下进行多规协调。发展规划，实现"战略引领，结构引导"。在协调"多规"发展目标的基础上，结合正宁发展的新形势、新要求和新机遇，确定发展目标为"全面建成小康社会，建设陇东生态文明示范区"，并分解为经济、生态、社会、空间分目标指导各部门专项规划。选取"多规"共性指标纳入指标体系引导全域发展，专项规划在落实本指标体系的同时可进一步细化专业性指标。制定统领发展的全域战略性框架。空间管控，实现"底线控制，刚弹并济"。通过划定空间管制区和控制线进行全域空间管控，形成各方共识下的空间边界划定和发展指标分解，既可守住底线边界，又科学有效支撑发展。

（2）一个数据库。应对规划管理智慧化的规划信息载体转变。从静态图纸转变为可动态维护可联动更新的数据库，规划形成了基础现状、参考规划、差异分析、控制性规划等四个子数据库，为智慧化规划管理奠定了数据基础。

（3）一个平台。应对规划管理机制改革的管理工具转变。通过建设"多规合一"规划管理信息平台，实现信息共享，辅助决策，为提高行政效能提供了技术支撑。

2. 规划方法特色

采取了协调式规划的工作方法，针对各部门进行专项对接与协调，通过协商机制设计，达成全程多部门有效沟通。同时，结合规划编制对甘肃省"多规合一"技术导则提出了优化完善的建议。

3. 规划成果特色

规划成果包括1份规划文本、1份说明书、1份专题研究报告、1套数据库、1个平台和9份镇（乡）城乡统筹纲要。对传统总规文本内容进行了局部调整，重点增加了全域空间管控、控制线规划、中心城区空间管控等章节，对附表内容进行了完善优化。

（三）实施成效

首先，规划解决了已有规划相互冲突和开发管理的混乱问题，形成以"多规合一"为引领，多位一体、"多规融合"的空间规划体系，为各专项规划、中心城区控规、乡镇规划编制提供了依据。

第二，通过多规协调技术手段优化空间布局，科学有效地保障了县域"十三五"及重大项目的落地实施。

第三，"多规合一"信息平台已通过验收，加快推进行政审批方式改革、流程再造、制度创新，切实有效形成业务配合、环节契合、信息共享、协同审批的协调机制，有效配置土地资源，提高政府行政效能。

资料来源：《市县规划改革探索与实践——甘肃省正宁县多规合一城乡统筹总体规划》（见清华同衡规划播报）

九、甘肃省敦煌市

（一）背景介绍

甘肃省市县"多规合一"试点是全省新型城镇化试点工作的核心内容之一。2015年4月，敦煌市作为国家级试点开展"多规合一"工作。敦煌市是世界四大文化体系交汇地，古丝绸之路的重要枢纽城市。敦煌是一座历史悠久的城市，但受限于西北地区独特的气候和人员物资分配情况，它在人地关系上比较特殊，其市域面积3万多km^2，全市20万人口高度集中在仅占市域面积1%的绿洲区域；再者是环境承载能力有限，荒漠、半荒漠地区，生态脆弱，水资源短缺，年均降水量39.9mm，蒸发量2486mm；最主要的是水的限制，其主要依靠祁连山积雪和冰川融水，祁连山雪线上移、冰川退缩，疏勒河流量减少。

（二）经验总结

一是统一了空间资源管理的"话语体系"，解决了面临的多个矛盾和问题。敦煌现有的资源是其发展的主要动力，同时也是其保护的重点，此次以问题导向切入，建立了统一空间规划平台，构建了全市空间资源管理的框架，解决了城乡规划、国民经济和社会发展规划、土地利用总体规划、生态环境保护规划等多个规划之间存在的8000多个差异图斑，盘活了土地资源，保障了城乡发展空间的合理利用。

在中心城区范围内，消除城市总体规划确定但不在土地利用规划范围内的建设用地图斑面积585hm^2；消除土地利用规划确定但不在城市总体规划范围内的建设用地图斑面积1070hm^2；削减与"国际文化旅游名城、绿洲田园城市"总目标冲突的工业园区24km^2。通过"多规合一"工作，使得丝绸之路文化博览会永久会址等国家项目的建设获得突破性进展，有效推进了重大项目落地。

二是强化了规划的刚性控制作用，有效保护了自然和历史文化资源。城乡规划、土地利用规划"两图合一"，集中消除对莫高窟、鸣沙山月牙泉风景区、墓葬群等生态文化资源保护不利的威胁图斑。建立了由生态文化控制线和基本农田控制线构成的禁建区、开发边界控制线构成的适建区、特定功能控制线和自然基底控制线构成的限建区等共同组成的"三区"综合空间管制体系。在维持较好的生态环境前提下，考虑现状发展条件，预测到2030年规划期末，全市常住人口规模达到24万。其中，中心城区建设用地规模控制在39.5km^2以内，中心城区人均建设用地指标由目前的200m^2

下降到150m² 以内,实现了土地资源的集约和节约利用。

三是优化全域空间布局和城镇形态功能,提升了城乡人居环境。优化调整城乡建设用地布局,指导城市总体规划调整,补充完善各乡镇规划成果,制订了覆盖全域的城乡空间规划"一张蓝图",实现城乡一体化管理。向下通过控规编制落实用地管控,完善镇村规划体系,实现全域覆盖。实现镇域发展管控、镇区总体规划、村庄发展管控等三个层次管控,规划成果独立分册,便于各镇使用。

四是明确了空间资源管理的部门事权责任,提升政府空间管理效能。进行了全域控制线的划定,将所有的城区、工业园区和小城镇范围统一纳入了开发边界之中,且与人均挂钩。守住"基本农田控制线"、把好"生态文化控制线"、严守"开发边界控制线"、用好"特定功能控制线",管好"自然基底控制线",在可建设区域范围覆盖城乡、预留弹性;实现区域基础设施、新能源区域预控。

五是通过法定规划体系落实"多规合一"成果,指导控规等下位规划编制,同时实现集中建设区控规的全覆盖。

替代城市总体规划、统筹协调各部门专项规划、全面覆盖乡镇规划。2017年4月,甘肃省政府批复同意敦煌市"多规合一"试点规划成果。省政府在批复中明确,敦煌市要按照总体规划确定的城乡空间布局,优化提升集中建设区功能。同时,要加强城乡结合部的规划建设管理,统筹安排城乡基础设施、公共服务设施,推进城乡一体化。禁止在总体规划确定的建设用地范围之外设立各类开发区和城市新区。

与"多规合一"试点同步开展集中建设区的控规全覆盖工作,现已形成控制性详细规划成果。在"多规合一"试点成果的指导下,敦煌市编制完善了历史文化名城保护规划、城乡风貌规划、重点地段城市设计、景观大道修建性详细规划等专项规划,正在编制的市域乡村建设规划、基础设施专项规划、村庄规划等法定规划都是以"多规合一"试点成果为法定依据,对其规划目标进行分解、细化、落实。

资料来源:陈卓的《甘肃省县(市)空间规划研究——城镇化视角下的"多规合一"工作探索》

第四节　经验总结

从全国省级空间规划试点实践、市县级"多规合一"试点实践和其他非试点省市县实践案例的经验来看,大致存在以下共性特征,为全国和地方开展空间规划提供了可复制、可推广的经验。

一、重视顶层设计是先导

试点地区的党委、政府高度重视空间规划工作,大多成立了空间规划领导小组或规划管理委员会,全面协调、统筹管理各类规划,有效解决了谁牵头、谁配合的问题。依托"多规合一"消除规划差异后搭建的部门联动平台和形成的工作基础,以建设项目业主的服务需求为导向,全面再造建设项目行政审批流程,变按部门收件为按流程收件,推行一门受理,并联审批,减少审批环节,精简审批材料,压缩审批时限,提高审批效率,提高政府行政审批效能。为做好"区级空间规划"提供了强有力的组织保障。

二、开展基础评价是前提

目前采用"资源环境承载能力评价"和"国土空间开发适宜性评价"来开展空间资源基础评价,并在浙江省开化县、宁夏回族自治区等多地的空间规划("多规合一")项目中进行了实践。空间资源基础评价是空间规划的基础关键层,是科学规划的第一步,旨在实现对空间资源的准确把控和最优判断。空间规划的重要目标之一是解决国家各部门规划分立、难以对接甚至相互矛盾的问题,探索一个能够有效统筹空间全局的统领性规划,相对应地从技术层面需要一套标准的编制方法。空间资源基础评价作为标准编制方法的基础层,需要统一不同部门主体、不同专业领域对现状空间资源的认知。这就要求空间资源基础评价至少要做到"客观""全面"和"适宜","客观"即不能带有不同利益主体的主观认知;"全面"即需要覆盖全部相关资源;"适宜"即能够体现地方资源特色、反映地方问题。

三、坚持问题导向是基础

所有启动空间发展战略规划编制工作的地区,都经历过一个深入扎实的前期调研过程,如宁夏回族自治区规划管理委员会办公室对全区规划编制、管理和实施情况进行了全面调研,发现了一系列问题。诸如,全区规划层级不清,空间规划体系混乱,各市县在产业定位上难以形成差异,各类规划在生态、生产、生活空间上不能统一,城乡规划没有实现全域覆盖,基层规划管理方式粗放,行政审批改革难以实现突破等。在找准问题认真梳理的基础上,做了大量前期研究工作,产生了一批具有实际应用价值的成果,为"空间规划"的编制提供了符合实际的科学依据。

四、明晰编制体系是关键

结合省市县空间规划"多规合一"试点案例分析,国土空间规划编制体系可分为"五级三类"规划体系。其中五级指的是国家、省、市、县、乡镇,三类指国土空间规划、专项规划、详细规划。国家和省级空间规划是对国家和省域范围内国土空间开发、保护、整治和修复的统筹部署,是各类空间资源要素配置和国土空间用途管制的基本依据,具有战略性、基础性和约束性,因此主要编制国土空间规划。市县级主要编制国土空间总体规划、专项规划、详细规划。国土空间规划则是对市县域范围内国土空间开发保护做出的总体安排和综合部署,各专项规划和详细规划则是对总体规划的具体落实,重点明确开发、保护、整治行为的具体项目和要求。

五、落实用途管制是核心

组建自然资源部,统一管理国土范围内的自然资源,彻底终结了过去涉及国土空间的多头调查、多头规划、多头管理,部门之间相互矛盾、相互掣肘、相互摩擦的局面,为在市场经济条件下更好地发挥政府作用,奠定了坚实的组织和制度基础。尽管各地的空间战略规划形式不同,但都在引领空间管控体系方面做了大量工作。如,开展人口与用地、产业、生态、基础设施等专题研究,算好人口、用地、产业和生态"四笔账",合理确定城市功能和定位,科学预测人口规模、建设用地规模、产业发展趋势和基础设施布局方向等,在明确各类规划"底线"和"红线"基础上,统一生态、生产和生活空间,构建全区空间管理体系。制定一套管理流程,规范各类规划修改过程,设定动态更新维护准则,保障工作成果的运行实施,实现"三规合一"和"多规融合"进入政府部门常态化使用与管理。

六、统一技术标准是支撑

空间规划先行的各省(市)区,均制定了"多规合一"编制技术指引和成果数据标准,建立了土地利用总体规划和城乡规划用地分类对照关系,规范了基础数据的采用标准,统一了工作的坐标系统,有效解决了规划标准不一致的问题。并按照全域"一张蓝图、一套标准、一个平台"的思路,启动了规划信息化建设工作,借助建设全区政务公共云平台的机会,搭建纵向连接省、市、县、镇(乡)四级,横向覆盖同级各相关部门的空间规划信息联动平台,实现城乡规划、重大项目、土地资源、环境保护、交通运输、水利设施、林业资源等要素的有效叠加和部门间信息的联动共享。

七、依法编制规划是保障

"多规合一"解决了空间规划科学编制的制度障碍。在"多规合一"背景下的空间规划,如何得以有效的实施,在管理制度上,要通过立法建立国土空间开发保护制度。宁夏在这方面比较突出,及时出台了《宁夏回族自治区空间规划条例》,明确了《宁夏空间规划》在城乡功能定位、产业发展、基础设施建设、生态环境保护等方面的基础性、宏观性、战略性地位,使其成为宁夏经济社会发展规划、城乡规划、土地规划等规划的编制依据,为宁夏推进"多规合一"提供了战略引领和法律保障。目前,国土空间开发保护法已纳入十三届全国人大常委会立法规划,必将为加强国土空间规划编制实施提供法治依据,使得空间规划的管控底线、技术、手段等,通过国土空间开发保护法予以确立和保障,并得以顺利实施。

第三章

国外空间规划借鉴研究

第一节 德国

一、要素基础

德国,全称德意志联邦共和国,地处欧洲中部,位于北纬47°~55°,东经5°~15°之间,国土面积357022km²。该国由16个联邦州组成,首都柏林,以温带气候为主,人口约8267万[①],是欧洲联盟中人口最多的国家,以德意志人为主体民族。德国是一个高度发达的资本主义国家,是欧洲四大经济体之一,其社会保障制度完善,国民具有极高的生活水平。以汽车和精密机床为代表的高端制造业,是德国的重要象征。

(一)人口分布

德国是世界上高度城市化的国家之一,城镇化率高达90%以上,且多分散在中小城市,而非聚集在像柏林、汉堡这样的大城市中;另有13%的居民分布在乡村。人口老龄化程度欧洲第一。2017年统计数据显示,65岁及以上的常住人口占总人口的

---

① 数据来源于德国联邦统计局:https://www.destatis.de/DE/Home/_inhalt.html。

21.4%①。人口多集中在德国西部,东部除了柏林和莱比锡之外,人口居住分散。东疏西密的人口分布特点对德国区域经济的发展造成了深刻影响。

(二) 交通区位

德国被誉为欧洲的"十字路口",东邻波兰、捷克,南接奥地利、瑞士,西接荷兰、比利时、卢森堡、法国,北接丹麦,是欧洲邻国最多的国家。德国交通路网发达,系统完善。德国的高速公路网总长度居世界第3位。德国铁路网总长度约达48215km。远程铁路行运的范围约达2000km之长。高速铁路网由多中心构成,德国的高速铁路即城际特快列车由德国铁路营运,营运速度为300km/h,联络德国各大城市及周边国家。[3]另有上百座机场支撑德国成为欧洲主要空中枢纽之一。

(三) 气候地形

德国地势北低南高,可分为四个地形区:北德平原,平均海拔不到100m;中德山地,由东西走向的高地块构成;西南部莱茵断裂谷地区,两旁是山地,谷壁陡峭;南部的巴伐利亚高原和阿尔卑斯山区,其间拜恩阿尔卑斯山脉的主峰祖格峰海拔2963m。德国处于大西洋东部大陆性气候之间的凉爽的西风带,降雨分布在一年四季。因各地区地理条件的不同,北部相对于南部较暖和。西北部海洋性气候较明显,往东、南部逐渐向大陆性气候过渡。

(四) 资源禀赋

德国不是能源富集国家,但是全球最大的能源消耗国家之一。主导资源是化石燃料、核能、生物燃料,以及风、电和太阳能等可循环清洁能源。主要矿物资源包括煤、褐煤、天然气和铁矿石,但较为贫乏,除硬煤、褐煤和盐的储量丰富外,在原料供应和能源方面很大程度上依赖进口,2/3的初级能源需进口。其他矿藏的探明储量为:钾盐矿石16亿t,石油5000万t,天然气约5000亿m³②。东南部有少量铀矿。德国森林覆盖面积为1076.6万hm²,占全国总面积约30%。水域面积86万hm²,占全国总面积2.4%。

---

① 数据来源于德国联邦统计局:https://service.destatis.de/bevoelkerungspyramide/.
② 数据来源于百度百科:https://baike.baidu.com/item/%E5%BE%B7%E5%9B%BD/147953?fr=aladdin#3.

二、行政基础

德国是联邦制的国家,由 13 个联邦州和 3 个城市州(柏林、汉堡和不来梅)组成。基于三权分立,行政机构分为立法、行政和司法三方面,分为联邦、联邦州和县/社区(地方政府层级)三种不同的管理层次,各自拥有不同的管理权限(见图 3-1)。在德国,行政区划不是界定空间规划基础单元的划分标准,按照实地需求,基础单元可以是一个县、一个直辖市,也可以是县和直辖市下面所划分的部分区域,也就是说空间规划政策落地十分灵活。[4]

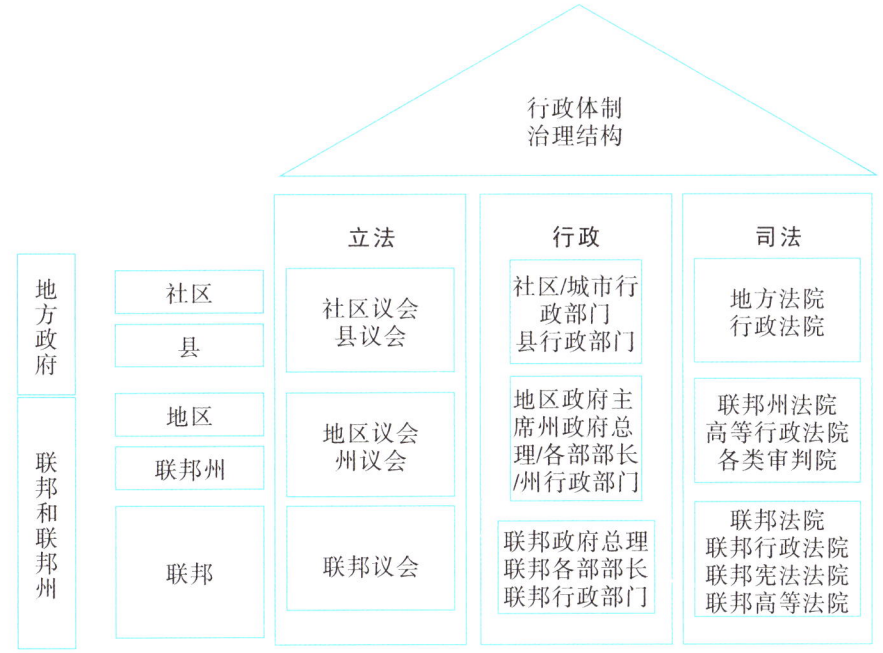

图 3-1 德国的行政体制和治理结构

三、空间规划[5-6]

德国采用了与联邦、州、区域和地方四个行政层级相适应的规划层级,各层级之间联系紧密但职能区分清晰,且具有垂直连贯性;既能从区域的整体角度进行空间规划,又能根据专业规划、负责机构及公共利益等方面的要求进行调整和反馈,形成了一个有主有次、完整灵活的空间规划体系。德国联邦层面的规划比较宏观,底层的规划尤其是社区层级的规划比较具体。德国允许利益相关方参与区域规划制定的各个阶段。

不仅重视加强联邦机构之间的沟通,也重视不同的利益集团之间的沟通,空间规划生效和实施的前提就是各利益相关方都参与规划编制。德国成立了联邦建设和空间规划办公室,注重空间规划引领,不断完善空间规划体系。

(一)空间规划法规体系

基于宪法的规定,城市规划属于地方自治事务管理范畴,由各个城市根据自身需要独立负责制定,上级政府监督地方制定相关规划的权限受到一定限制,因此,德国的城市规划又称"地方性规划",主要法律依据为《建设法典》。

在城市规划的层次上,还存在一系列区域规划、州域规划乃至空间秩序规划来引导国家、联邦州和各个区域层面的空间发展事务,它们被统称为"跨地区规划"。主要法律依据为《联邦空间秩序规划法》和各个州制定的《州国土空间规划法》(见图3-2)。

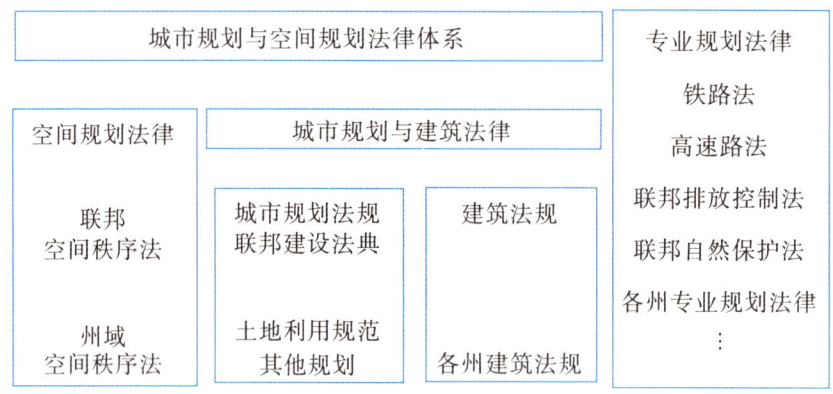

图3-2 德国的空间规划法规体系

(二)空间规划的结构与层次

空间规划体系基于三个层级的互动构建起来。联邦州政府和地方政府分别在"跨地区规划"和"地方性规划"中发挥主导作用,而联邦政府则通过立法优先对整个空间规划的制度和体系进行调控。由此看出,德国的空间规划自上而下与自下而上并行,遵循对流性原则(互动原则)(见图3-3)。

联邦层面:空间秩序规划以联邦地域内的国土发展为工作对象,由联邦政府和各州政府共同完成。主要任务是为了保障联邦各个地区生活方式的公正平等而提出的具体空间发展目标。受联邦分权制度的限制,空间秩序规划发挥影响主要通过以下三种形式:①联邦在立法层面的制度建设;②财政方面和交通发展等专业规划领域的激励措施;③空间秩序规划部长会议的定期沟通。

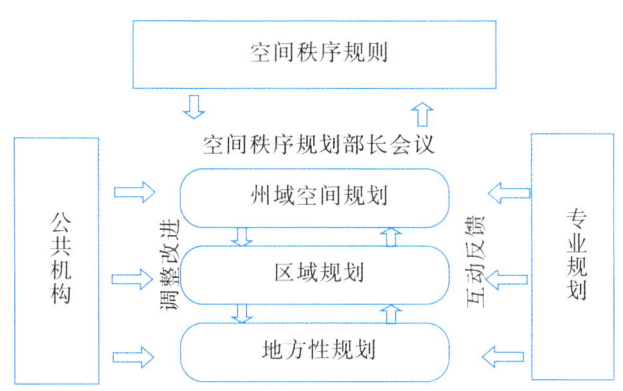

图 3-3 空间规划体系的对流原则(互动)

联邦州层面:与空间秩序规划相衔接的是各联邦州负责的州域规划,主要负责协调整个州行政范围内的空间发展问题。州域主要任务是确定整个联邦州范围的空间发展结构,确定中心地的体系,安排跨地区的基础设施发展规划,制定居民点和开放空间发展计划。州域规划的进一步落实主要是依靠下一级的区域规划和基础设施发展规划。为了使空间发展更加具有时效性和针对性,联邦州(巴伐利亚州除外)在各自的州域规划法中确定次区域的数量和范围,并在每个次区域成立正式的区域规划协会。

地方社区层面:充分考虑公民参与,将公共和私人建设项目同时纳入城市功能建设的整体设想和城市整体形势的基本框架。

第二节 法国

一、要素基础

法国,全称法兰西共和国,是一个本土位于西欧的半总统共和制国家,位于北纬 48~51°,西经 5°~东经 9°,国土面积 672834 km²,是欧洲国土面积第三大、西欧面积最大的国家。2018 年,人口总量为 6523 万人,平均人口密度为 118.24 人/km²。法国是一个高度发达的资本主义国家,欧洲四大经济体之一,其国民拥有较高的生活水平和良好的社会保障制度。法国是联合国安全理事会五大常任理事国之一,也是欧盟和北约创始会员国、申根公约和八国集团成员国,以及欧洲大陆主要的政治实体之一。

（一）人口分布

法国人口结构老龄化程度较轻,65 岁及以上人口占总人口的 19.2%,且 20 岁以下人口占总人口的近 1/4。人口空间分布上,巴黎是法国人口最密集的地区;南部沿海的里昂、图卢兹、蒙彼利埃和马赛,以及北部的里尔人口分布相对密集,中部人口分布较少。①

（二）交通区位

法国三面临海、三面靠陆,与比利时、卢森堡、瑞士、德国、意大利、西班牙、安道尔、摩纳哥接壤,西北隔拉芒什海峡,与英国相望,濒临北海、英吉利海峡、大西洋和地中海四大海域,地中海上的科西嘉岛是法国最大岛屿。法国交通发达,已经形成现代化的运输网络。其公路网是世界上最密集的,长度居欧盟第一。除科西嘉岛外,国家铁路网密集。高速火车技术居世界领先地位。巴黎戴高乐机场是世界最繁忙的国际机场之一,尼斯、马赛、里昂、里尔等城市均有重要的国际空港。

（三）气候地形

法国本土西部属海洋性温带阔叶林气候,特点是夏季凉爽、冬季温和、降水较多、季节分配均匀;南部属亚热带地中海气候,特点是夏季高温少雨、冬季低温多雨;中部和东部属大陆性气候。平均降水量从西北往东南由 600mm 递增至 1000mm 以上。地形以平原和丘陵为主,全国地势呈东南高、西北低。平原广袤,占总面积的三分之二;主要山脉有阿尔卑斯山脉、比利牛斯山脉、汝拉山脉等。法意边境的勃朗峰海拔 4810m,为欧洲第二高峰。

（四）资源禀赋

河流资源孕育法国主导产业。现有农业用地占欧盟所有农业用地的三分之一。如今,法国是全球第六大农业生产国、欧盟主要的农业强国。法国矿藏以铁矿为主,铝矾土和钾盐矿次之。铁矿蕴藏量高,但品位低、开采成本高;煤炭储量几近枯竭,所有铁矿、煤矿均已关闭,所需矿石完全依赖进口。78% 的电力能源供给依靠核能(全球能源巨头阿海珐、法国电力和法国燃气苏伊士集团的总部均在法国);水力和地热资源的开发利用比较充分。因为能源使用的特点,法国是世界上 7 个工业化国家中二氧化碳排放量最小的国家。②

---

① 分析结论基于法国国家统计局 2017 年人口分布数据。
② 整理自维基百科"法兰西共和国"词条:https://baike. tw. wjbk. site/wiki/% E6% B3% 95% E5% 9B% BD.

二、行政基础

法国是半总统共和制国家,行政区划分为国家、大区、省和市镇4个等级(见图3-4)。其中,大区和市镇是分别拥有特定自治权利的地方行政单位,而市镇则是最基本的行政单位。此外,为了更好地促进不同地区的整合发展,法国政府还鼓励大区、省、市镇之间采取多种形式建立地方联盟,开展地方合作①。

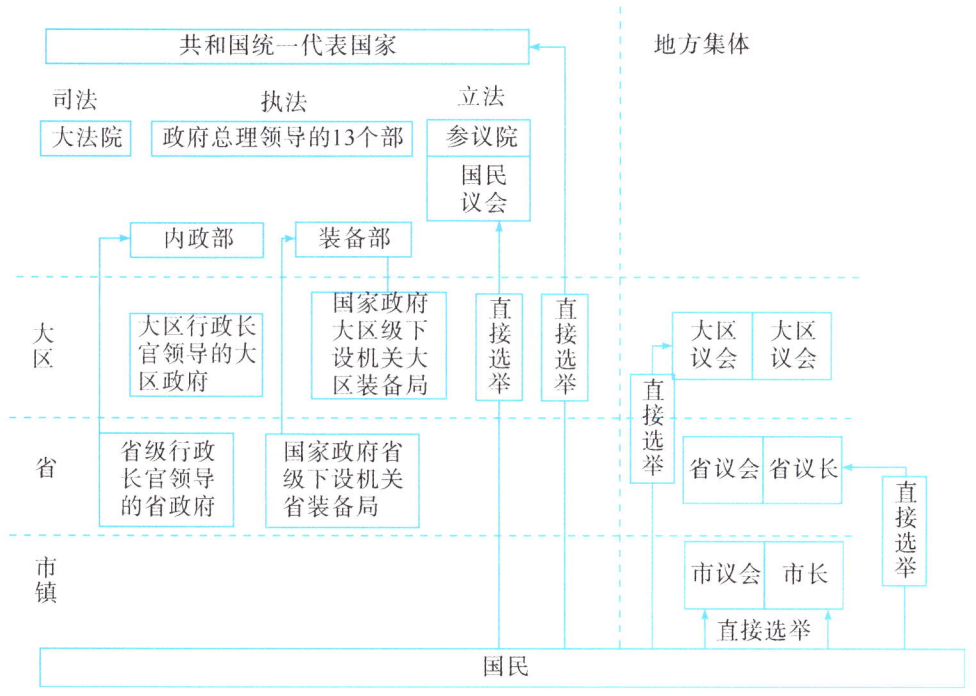

图3-4 法国行政体系结构图[7]

三、空间规划

法国没有统一意义上的全国空间规划,国家通过部门导则即《公共服务发展纲要》管理全国性规划政策,通过《国家—大区规划协议》协调公共投资。空间规划体系分为国家、大区、市镇群共同体和市镇4级(见表3-1)。

---

① 整理自百度百科"法国行政区"词条:https://baike.baidu.com/item/%E6%B3%95%E5%9B%BD%E8%A1%8C%E6%94%BF%E5%8C%BA/8221766?fr=aladdin。

表 3-1 法国空间规划体系

行政级别	行政体系	运行体系	法规体系
国家	国土规划和竞争力委员会 国土规划和竞争力部级委员会 国家国土规划和发展委员会	公共服务纲要	居住和城市规划法 土地开发指导法 社会团结与城市更新法
大区	大区委员会	国土规划指令	
	大区市镇厅、文化事务厅、 大区环境厅	大区国土规划纲要	
市镇群 共同体	市政联合委员会	国土协调纲要	
市镇	市政	地方城市规划	

（一）空间规划法规体系

法国的空间规划法律体系建构在核心法基础之上。"二战"以后，城市快速发展，塑造了中央集权主导的规划体系，满足大规模开发的需求。20世纪80年代新自由主义思想导致了中央和地方的分权，法国空间规划制度也发生了变化，其主要特征就是规划权力逐渐向地方政府倾斜。21世纪以后，法国已进入后工业化社会，社会化和环境问题凸显，中央与地方政府达成了共识，进一步加强不同地域和部门的协商，国土规划和城市规划中将"可持续发展"理念纳入其中，而在欧盟层面的合作，使得法国行政体系逐渐与欧洲对接，大大影响了法国空间规划制度和行政体系的开放性。

（二）空间规划结构与层次

法国空间规划运作体系是：公共服务纲要—大区国土规划纲要/国土规划指令—国土协调纲要—地方城市规划（见表3-2）。

国家层面：公共服务纲要（SSC）。公共服务纲要是对国家总体发展和设施空间布局的框架性规划，用来确定国家总体公共政策，并对大型设施的空间布局做出了安排，是国家层面统一的空间规划。

大区层面：《大区国土规划与发展纲要》以及《国土规划指令》。《大区国土规划与发展纲要》是针对大区的综合性空间规划文件，以安排公共投资为主，对地方的规划文件不具约束力;《国土规划指令》是针对特殊战略地区①编制的综合性规划文件。

市镇群共同体层面:《国土协调纲要》。该纲要是用来确定规划区的空间规划,对市镇土地利用规划具有约束力,其作用是:①调节建成区域与自然区域、耕地和林地之间的平衡;②通过整合城市规划、住宅、交通设施和商业设施等相关的专项规划政策,以协调多规之间的关系;③确定管辖区域内的住宅平衡、公共交通、商业和企业基础设施的建设目标。

市镇层面:《地方城市规划》。该规划是地方发展的战略性、实施性方案,负责具体实施中的多规协调和规划落地②。

表3-2 法国《社会团结与城市更新法》后的规划体系简表[8]

地域尺度	规划文件③	编审人
全国	《公共服务纲要》(SSC)	国家政府
大区	《国土规划指令》(DTA)	国家政府
	《大区国土规划与发展纲要》(SRADT)	大区议会
城市群或聚集区	《国土协调纲要》(SCOT)	市际合作管理公共机构(EPCI)
市镇	《地方城市规划》(PLU)	市镇

第三节 荷兰

一、要素基础

荷兰是由尼德兰、阿鲁巴、库拉索和荷属圣马丁4个构成国组成的君主立宪制的复合国,是以尼德兰本土为核心的主权国家。位于东经3°21′~7°13′、北纬50°45′~

---

① 特殊战略地区,一是指重点交通设施和社会服务设施选址困难的区域,二是指人口压力较大、土地资源匮乏或生态环境面临危机的地区(如滨海地区、山区、城市边缘地区等)。
② 根据《社会团结与城市更新法》,《地区城市规划》只能对局部地区规划进行修改。
③ 不同文献中规划文件的译名不同,其中《国土规划指令》(DTA)也被译作《城市规划地域指令》《空间规划指令》等,《大区国土规划与发展纲要》(SRADT)也被译作《大区国土规划纲要》《国土开发与规划大区计划》等,《国土协调纲要》(SCOT)也被译作《国土协调纲要规划》《地域协调发展纲要》等。

53°52′。南北最远相距约 300km,东西最远相距约 200km,国土总面积达 41864km²。荷兰是世界有名的低地国家,本土设 12 个省,下设 443 个市镇。首都设在阿姆斯特丹,但是其中央政府、国王居住办公地、所有的政府机关与外国使馆、最高法院和许多组织都在海牙。

(一)人口分布

荷兰城镇化水平高、程度深,2017 年居住在城市的人口占总人口的 91.08%。人口空间分布不均,北荷兰省和南荷兰省人口密度最高,经济也最发达。荷兰人口老龄化程度略轻于法国。人口最多的 5 个城市分别为:阿姆斯特丹、鹿特丹、海牙、乌特勒支、埃因霍温。

(二)交通区位

荷兰位于欧洲西部,东与德国为邻,南接比利时,西、北濒临北海,地处莱茵河、马斯河和斯凯尔特河三角洲。16~17 世纪,荷兰是世界的海上霸主,被誉为"海上马车夫",海运基础尤其扎实。首都阿姆斯特丹有大小水道 160 多条,桥梁 1000 多座。鹿特丹港是世界第一大港。自然条件优越,地势平坦;位置适中,正位于莱茵河与马斯河出海口,是第二条欧亚大陆桥终点,河海联运便利;港阔水深,不淤不冻。阿姆斯特丹机场是荷兰和欧洲主要航空港之一,曾多次获世界最佳机场称号。荷兰人充分利用地理条件,发展交通运输业,其陆海空各类运输占欧盟交通市场总额的 30%。[①]

(三)气候地形

受大西洋暖流影响,荷兰属温带海洋性气候,冬暖夏凉。沿海地区夏季平均气温为 16℃,冬季平均气温为 3℃。内陆地区夏季平均气温为 17℃,冬季为 2℃,冬季阴雨多风。降雨基本均匀分布于四季。荷兰绝大部分地势低平。除南部和东部有一些丘陵外,四分之一的土地海拔不到 1m,四分之一的土地低于海面,部分地区甚至是由围海造地形成的,比如弗莱沃兰省的大部分地区。

(四)资源禀赋

荷兰自然资源比较贫乏,拥有的矿产资源中仅天然气和石油储量比较丰富,天然

---

① 整理自维基百科"荷兰"词条:https://baike.tw.wjbk.site/wiki/%E8%8D%B7%E5%85%B0。

气开发仅次于俄罗斯、美国和加拿大,居世界第四位。生态保护水平高,全境有 20 个国家公园和成百上千个自然保护区,包括湖泊、石南、森林、沙丘和其他栖息地等。

二、行政基础

从纵向上说,荷兰国家行政体制分"核心政府"、省政府(议会)和市政府(议会)三级①。其中"核心政府"由国家行政管理部门(类似中国的中央政府)和国家议会组成。从横向上说,最高行政机关是内阁,并以总理②为内阁首长统辖各部会,因荷兰的特殊国情,获胜执政党经常会联合两到三个其他政党联合执政。最高立法机关是两院制的国会,由一院和二院组成。二院拥有立法权;一院有权同意或拒绝批准法案,但不能提出或修改法案。司法方面,共设 62 个基层人民法院(市镇人民法院),19 个中级人民法院(地区人民法院),5 个上诉法院和 1 个最高法院。此外还设有军事法庭、行政法庭等若干特别法庭。

三、空间规划

(一)空间规划法规体系

荷兰空间规划分为国家、省、市三级,每一级都有权利(义务)编制"建设愿景"。国家与省政府的空间政策主要由一个或多个建设愿景决定。国家建设愿景约束国家政府本身,省级建设愿景对各省本身都具有约束力,市级层面的建设愿景是市政府首要的空间政策框架,是联结不同建设项目的空间关联工具。市级编制和实施的空间规划由建设愿景、土地利用规划和管理条例组成。2008 年修订的《空间规划法》对已有的法定规划文件进行一定程度的增减,形成三层政府和对应使用的规划工具框架(见表 3 - 3)。

---

① 国家行政体制分王室和执政政府两部分,但王室仅是一种象征,国家的实际管理者是执政政府。

② 荷兰政府的政府首脑的正式称呼是"Minister‑President",该称呼来自荷兰议会通过的 1945 年宪法。正确的翻译方法是"部长会议主席",或"政府总理"。"首相"是常见的错误说法,因为荷兰首相(Premire)这一职位早在 1848 年便被废除了。

表3-3 荷兰国家空间规划体系框架图及三个层级的主要规划工具[9]

	主要规划文件			法定性质	
	1965—2007年	2008—2017年	2018年以后	1965—2007年	2008—2017年
国家级	国家重大规划决策报告（包含国家空间规划报告）	结构规划	环境愿景	选择性编制；指导性；部分非法定	硬性；非法定
	总投行政条例	介入性用地规划或项目规划		选择性；法定	选择性；法定
	国家水资源管理规划			硬性；法定	
省级	战略空间规划	结构规划	环境规划	选择性；非法定	硬性；非法定
	管理条例	环境条例；环境政策规划		选择性；法定	硬性；法定
	水资源管理条例	水资源规划		硬性；法定	硬性；法定
	乡村土地调整规划	介入性用地规划或项目规划		硬性；法定	选择性；法定
市级	结构规划	结构规划	环境愿景	选择性；非法定	硬性；非法定
	土地利用规划	土地利用规划	环境规划	硬性；法定	硬性；法定
	重大项目豁免权	项目规划		选择性；法定	选择性；法定
	水评估规划 2003—至今	—		硬性；非法定	—
水务管理局①	水资源管理规划；防洪涝灾规划			硬性；非法定	—

（二）空间规划结构与层次

荷兰自1960年就开始编制全国空间政策（规划），是最早开展空间规划的国家之一。空间规划的主要工作由荷兰空间规划部（2010年以后的基础设施和环境部）来负责。从荷兰的国家空间战略规划看，规划将空间分为基础层、网络层、使用层三个层次。基础层主要是对自然环境，特别是对水的问题的考虑。作为"低地之国"的荷兰，"治水"一直以来是重要议题。[10]很多涉及水系治理的大型工程项目城市和区域无法独立完成，必须从国家层面自上而下进行整体管理与协调，这也是基础层空间规划首要解决的议题。网络层包括全部的公路、铁路、水路、管道、下水道、港口、机场、中转

---

① 由于荷兰是低地国家，长期受到海水倒灌等水灾的威胁，水务管理具有保卫国土安全的重要意义，是荷兰最早出现的区域管理机构之一。目前该机构是根据地理条件划分的管辖范围划分，管理权也相对独立。

站,以及数字网络。规划突出网络层发展带来的环境问题,主要是空气污染和噪声污染,强调发挥蓄能作用,加强对可再生能源,特别是风能、太阳能的利用。使用层包括城市与乡村,是指人们的生活、工作和休闲场所。在使用层中,城市与乡村之间、发达地区和欠发达地区之间差别非常显著。空间规划用红线标出城市与乡村地区,用绿线标出景观区、自然保护区和历史文化遗产区,红绿线之间则为过渡地带。规划强调要在保证社会公平的前提下,保持城市和乡村之间、城市与城市之间、乡村与乡村之间的空间差异性,提高空间质量。

荷兰空间规划的一个重要出发点,就是在整体考虑空间各要素的基础上聚焦核心战略要素,让政府和市场各自发挥作用。如荷兰新一轮发展意向是构建"城市网络",各个城市之间互补增援,平衡区域发展,增强荷兰在欧洲的核心竞争力。其中,高效的交通与基础设施网络是关键。国家层面将经济危机背景下缩减的财政资源重点用于区域性基础设施建设,而把其他空间发展要素留给市场完成,并在规划中相应地为地方政府和市场角色留出足够的空间和弹性,在国家层面实现了资源配置的最优化。

在实行了三轮严格的区域轮廓线(红线)政策以后,荷兰最新的国家空间战略取消了这一政策,认为通过长期的空间规划实践表明,过于严格的红线划定,并不利于空间的发展并可能导致城乡空间的隔离,因此不再划定严格的红线和绿线界限,而以更战略、灵活的示意性图示代替。最新的荷兰国家空间战略规划提出了具有发展优先级的 6 个"国家城市网络"和 13 个"经济核心区",大多数经济核心区都坐落在城市网络内。每个城市网络内,以"集中(城市化)区"来取代之前的过于严格的红轮廓线,加强地方政府空间的扩大以及城乡一体的融合发展。[11]

第四节　美国

一、要素基础

美国全称"美利坚合众国",是由华盛顿哥伦比亚特区、50 个州和关岛等众多海外领土组成的联邦共和立宪制国家,国土总面积是 983.4 万 km^2,人口 3.2 亿,是一个典型的移民国家。美国是美洲第二大的国家,本土的 48 个州常被划分为九大区域,即新英格兰、中大西洋地区、东南地区、南方地区、中西部地区、上密西西比 – 五大湖区、落基山区、太平洋沿岸地区及西南地区。

（一）人口分布

美国是世界发达国家中唯一人口数量仍在以较快速度增长的国家,这使美国得以在较长的时期内保持生产和消费较快增长的势头,使美国国力在数量方面呈现持续发展和上升的趋势。[12]20世纪20年代,美国的城市化水平就达到了50%,2016年城市化水平达80%以上,有80%~90%的居民居住在城市,并且人口老龄化水平较低。美国人口分布主要集中在太平洋和大西洋的沿岸地区、五大湖区。具体来说,即美国东岸（大西洋的西岸）北部政治经济中心的华盛顿、纽约、费城等城市,南部新兴工业中心的休斯敦等城市,美国西岸（太平洋东岸）的加利福尼亚州、旧金山等城市和地区,五大湖区的一些大型城市如芝加哥、底特律等。

（二）交通区位

美国拥有完整而便捷的交通运输网络,运输工具和手段多种多样。公路和高速公路系统覆盖全国。铁路网横贯大陆,但铁路客运发展不及欧洲,主要原因在于国土辽阔,若要赶赴数千米之外的城市,搭乘飞机远比火车方便得多。水运方面,加利福尼亚州的洛杉矶港和长堤港,以及纽约港是世界上最繁忙的港口;五大湖区（苏必利尔湖、密歇根湖、伊利湖、休伦湖、安大略湖）均与密西西比河的河运网络广泛连接,当年第一个连接五大湖与大西洋的伊利运河促成了美国中西部的快速农业和工业发展,并使得纽约市成为美国的经济中心。

（三）气候地形

美国地处北温带,东西两面濒临大西洋和太平洋,气候温暖湿润。地势西高东低。东海岸沿海地区有着海岸平原,南宽北窄,一直延伸到新泽西州,在长岛等地也有一些冰川沉积平原。在海岸平原后方的是地形起伏的山麓地带,延伸到位于北卡罗来纳州和新罕布什尔州的阿巴拉契亚山脉为止。

（四）资源禀赋

美国拥有的淡水资源总量可达164160亿 m^3 ,约占全世界淡水湖总量的15%。矿产资源总探明储量居世界首位。金矿主要位于加利福尼亚州;煤矿产主要聚集于西部怀俄明州的东北部和蒙大拿州东南部的粉河盆地;石油富集区在从阿拉斯加州到得克萨斯州,从加利福尼亚州到宾夕法尼亚州一带;铁矿主要位于密歇根;岩石和木材主要聚集与美国东部的阿帕拉契亚山脉,为纽约的建筑成就提供了原料。除此以外,还富含各类金属矿物质。①

二、行政基础

美国政治体制为联邦共和立宪制。各州相互独立,有自己的州法律和自己的立法、司法、行政体系。地方政府则为郡,相当于部分国家的县,通常各郡会再下设不同层级的区划,在中西部最常见的是设镇区。在某些州,市独立于乡镇,且有时也独立于郡,如弗吉尼亚州全部的市。在州以下,人口聚集的地方投票同意建制,然后州授权成立"建制地区"或者称居民点;具体专名则根据州法律和居民意愿综合决定,包括市、镇、个别州的村和"区公所"等,这一体系的权力理论上来自居民联合和州特许授予,不同部门采取不同的权利联合方式,例如,单独由居民联合的形式、单独由市镇管理的模式,或者居民联合与市镇的联合模式。现行的政府结构(见图3-5)。

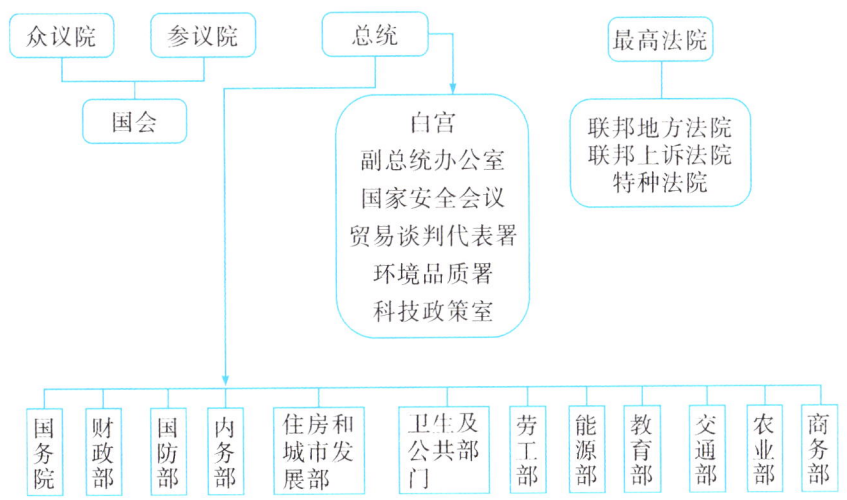

图3-5　美国现行政府结构图

三、空间规划

美国南北战争之后,城市发展迅速,城市规划也得到政府的逐步重视。1909年召

---

① 整理自维基百科"美利坚合众国"词条:https://baike.tw.wjbk.site/wiki/%E7%BE%8E%E5%9B%BD.

开第一届全国城市规划会议,丹尼尔·伯姆罕完成美国第一个综合性的城市规划——《芝加哥城市规划》,被称为城市规划的转折年。从这一年开始,根据不同层级规划出现的时间将美国的规划体系形成与演变历程划分为起步、形成、发展和稳定4个阶段。1909—1930年:全面编制城市规划,空间规划体系开始起步。1930—1960年:州和区域规划兴起,空间规划体系逐步形成。1960—1980年:各类社区规划不断增加,空间规划体系向下延伸。1980—2015年,美国人口由2.27亿增加到3.22亿,城市化水平由73.7%增加到81.6%。这一时期,里根开启了新自由主义时代,联邦政府主张发展自由经济,由地方政府决定发展目标,政府的规划资助减少,与市场相关的城市设计得到更多重视。经过百年城市化发展,大都市区逐步形成,国家空间格局基本稳定,规划体系趋于稳定空间发展由物质规划走向技术性、社会性和艺术性等相结合的精细化规划,新城市主义、可持续城市等思想成为城市设计的主导。[13]

1. 空间规划法规体系

美国法规体系共分为联邦规划法和州规划法两级。因为采用联邦政府与各州分权而治的政体,地方政府依据州立法而非联邦宪法产生,这使得州政府对地方的影响比联邦政府更多。因此,地方政府的规划法规基本上建立在州立法框架之内,联邦规划立法比较薄弱。

联邦规划法:伴随美国南北战争之后城市化的迅速发展,一些城市开展了规划和区划工作。1922年出台的《州分区规划授权法案标准》和1928年出台的《城市规划授权法案标准》成为美国空间规划的法律依据与基础。前者为各州授权地方政府开展分区规划提供依据;后者为各州授权地方政府进行总体规划建立了参考模式。两个法案在全国范围内推行,但在实施中也出现了总体规划和分区规划衔接不明等问题。为此,1975年,美国法律协会颁布《土地开发规范》,在一定程度上改进了这两个法案。该规范强调了以现状为基础进行预测,制定远期战略和近期用地政策与措施,并提出制定五年一期的计划。2002年,美国规划师协会出版《精明增长立法指南:规划和管理变化的法规示范》,内容包括启动规划法规改革、目的和授权等15章的内容,旨在适应可持续发展的要求,为各州的规划立法提供标准的模式和语言。

州规划法:早在1934年,新泽西州颁布了州规划法。1968年,联邦政府发布《政府间合作法案》,规定地方政府申请联邦基金要有州和区域规划部门的审核与推荐,以保证项目符合全州或区域的总体规划目标。州规划地位的加强导致更多州先后为州规划立法。州规划立法形式多样,主要针对与权益相关的增长管理和环境保护两个主题,个别州没有州域规划法。

2. 空间规划结构与层次

美国从未编制过国家空间规划，《美国 2050 空间展望》是研究性成果，不是联邦政府主导的文件。[14] 美国空间规划的运行体系包括州规划、区域规划、地方规划和社区规划 4 个层级（本研究对社区规划不做阐述）①（见图 3-6）。

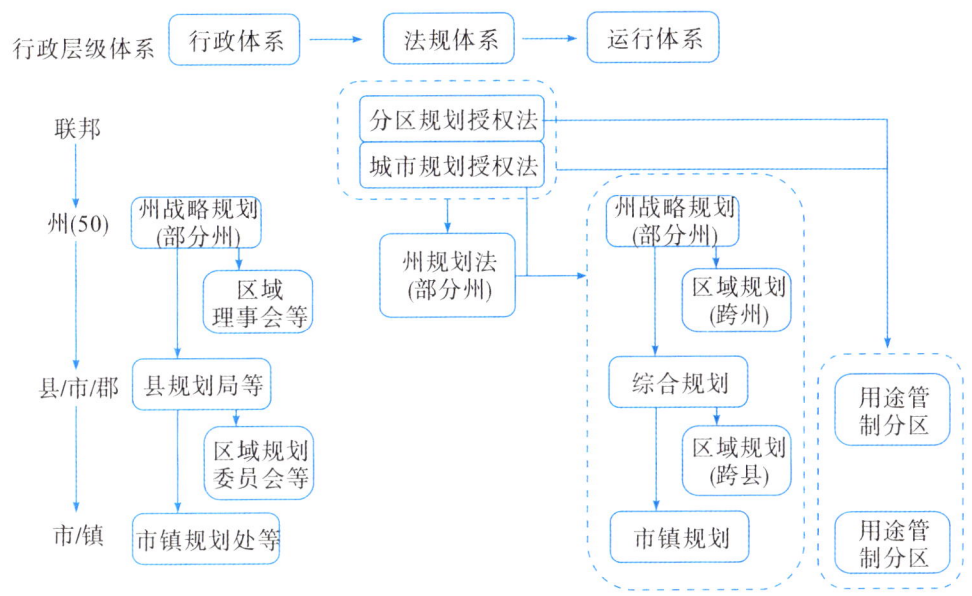

图 3-6 美国空间体系框架图

（1）州规划。美国没有州规划的立法授权，各州通过颁布法规确定是否编制空间规划，总体上 1/3 的州不编制空间规划，1/3 的州通过立法或政府文件的方式确定州目标或规划导则，另外 1/3 的州编制空间规划。州规划的主要任务是制定战略目标和措施，主要内容包括经济发展、土地利用、基础设施建设及环境等方面，旨在建立州域共同目标及开发优先开发地区的共识，控制"外延"模式、提倡紧凑开发，应对环境退化和损毁，或者为已经明确的开发同步提供相应的基础设施和公共服务；有些规划的内容是为了保持州规划、区域规划及地方规划在横向、纵向及内部的一致性。少数州（如新泽西）的规划要求绘制规划图，标注增长区域边界或城市发展等级等，但也只是示意性，不具备法律效应。具体落实到空间上的规划内容由地方规划负责。同时，以州利益相关内容为主的州规划的实施费用主要纳入投资预算中，其实施主要依托投资建设计划来落实（见表 3-4）。

---

① 州规划、区域规划和地方综合规划均整理自参考文献[13]。

表 3-4 美国州空间规划类型

类型	目的	案例
战略性未来规划	通过发现面临的问题、趋势和机会,阐明州发展的"战略愿景",制定达成这一愿景所需要的战略和计划	明尼苏达州
战略性操作规划	指导州机构的运行,与私营部门的战略规划具有相同的意义	得克萨斯州、佛罗里达州
综合规划	协调各级政府之间的政策,集中在经济发展、土地利用、交通、卫生、教育、公共安全和水资源等领域,为州及区域机构和地方政府等其他机构提供目标	佛罗里达州综合规划、罗得岛州规划指南
生物多样性保护规划	对物种进行全方位的考虑,并在图上标出全州重要的保护地区	佛罗里达州、巴里兰州等

(2)区域规划。从内容上看,区域规划主要解决跨界和州际问题,以及具有区域重要性的重点区域、区域基础设施建设问题。对于涉及地方综合规划的相关内容采取审查和监督的方式予以协调,确保州规划、区域规划和地方规划各司其职、相互协调。从区域的重点问题出发,区域规划包括管理增长、保护生态和保护农业遗产等多种类型。以加州旧金山湾区区域规划为例,该湾区包括 9 个市县,拥有 700 多万人口,面积达 7000 多 km^2。为响应 2008 年的《加州可持续社区与气候保护法》中关于实施可持续发展社区战略的要求,18 个都市区均需要编制长期的综合性交通和土地利用/住房战略规划,实现温室气体减排和满足住房需求。规划的主要内容是在职住分布预测的基础上提出交通网络和投资战略。

(3)地方综合规划。县级综合规划一般包括以下方面:健康、公共安全、交通、公共设施、财政健康、经济目标、环境保护及再分配目标。总体规划时限较长,一般是 20 年。地方总体规划通过《土地用途管制分区》和《土地细分》具体实施,这两部法令通常编入地方政府法典,并随着规划的修编而修编。

第五节 日本

一、要素基础

日本位于亚欧大陆东部、太平洋西北部,领土由北海道、本州、四国、九州 4 个大岛和其他7200多个小岛屿组成。东部和南部为太平洋，西临日本海、东海，北接鄂霍次克海，依托沿海优势发展出海洋经济带，其中北海道渔场是世界上最著名的渔场之一。日本隔海分别和朝鲜、韩国、中国、俄罗斯、菲律宾等国相望。日本国土总面积37.8万km^2。日本是一个高度发达的资本主义国家，也是世界第三大经济体。其资源匮乏并极端依赖进口，发达的制造业是国民经济的主要支柱。科研、航天、制造业、教育水平均居世界前列。

（一）人口分布

日本人口总数约1.27亿（2016年），人口老龄化严重。从2011年到2016年，日本人口总数持续减少，5年间人口净减少量为88万。

（二）交通区位

日本交通运输业发达，已形成以海运为主，海、陆、空密切结合的现代化交通运输体系。国际航运中，货运以海运为主；客运以航空为主。国内客运以铁路和公路为主；货运以公路和海运为主。日本拥有庞大的海洋船队，与世界各地都有航线相通。著名的海港有东京、横滨、名古屋、大阪、神户等。首都的羽田机场和成田机场是日本的空中大动脉，函馆、福冈、大阪、关西、北九州、那霸的机场都是日本的空中交通枢纽。日本航空、全日空、北海道国际航空、天马航空是日本四大航空公司，是日本空中交通的重要标志。日本的陆路交通大部分依赖地铁、轻轨、铁路等轨道交通，日本铁路的客运服务始于1872年，包括JR和私铁在内的铁道总运行距离为27929km，新干线是日本的高速铁路客运专线系统，以"子弹列车"闻名。日本为了强化国际竞争力，2005年指定东京港、横滨港、名古屋港、四日市港、大阪港和神户港6个港湾为"超级中枢港湾"。[①]

（三）气候地形

日本以温带和亚热带季风气候为主，夏季炎热多雨，冬季寒冷干燥，全国横跨纬度达25°，南北气温差异十分显著。日本是一个多山岛国，山地成脊状分布于日本的中央，将日本的国土分割为太平洋一侧和日本海一侧，山地和丘陵占总面积的71%；平原主要分布在河流的下游近海一带，规模小，面积少。

---

① 来源于日本国驻华大使馆信息：http://web-japan.org/factsheet/ch/pdf/ch38_transportation.pdf。

（四）资源禀赋

日本海洋资源丰富，此外境内还有信浓川、琵琶湖等水资源。日本的土地资源以山地丘陵为主，平原以冲积平原为主，面积狭小，耕地十分有限。自然资源贫乏，除煤炭、天然气、硫黄等极少量矿产资源外，其他工业生产所需的主要原料、燃料等都要从海外进口。森林和渔业资源丰富，森林覆盖率占日本陆地面积的69%，是世界上森林覆盖率最高的国家之一。北海道和日本海是世界著名的大渔场，盛产700多种鱼类。植物种类繁多，本土生长着4720种被子植物，40种裸子植物，800种蕨类植物，共计约5560种植物，其中被子植物中，约有35%是日本当地的原生植物。①

二、行政基础

日本的政治制度是保留着君主制条件下的三权分立。以第二次世界大战为转折点，日本将原本长期实行的由天皇总揽统治权的君主立宪制改为议会内阁制，天皇作为国家的象征仍保留下来。总体上，宪法三要素为和平主义、国民主权、基本人权[15]。内阁为国家最高行政机关，对国会负责。内阁总理大臣（首相）②为政府首脑，领导内阁行使行政权，并挑选14~17名国务大臣组成内阁。立法权属于国会。司法权属于法院，最高法院为最高司法机构，其中，首席大法官由内阁选出，天皇任命。国会为两院制，包括参议院和众议院，实行少数服从多数原则③。

三、空间规划

（一）空间规划法规体系[14]

日本的国土规划具有明确的法律支撑，每一次规划都经过讨论由国会批准，具有法律约束力并通过详细的配套法律和行政机制确保规划得到强力执行。日本在《国土综合开发法》以后，又陆续制定了三十几部配套法律。法律条文规定得非常详细，

---

① 整理自维基百科"日本"词条：https://baike.tw.wjbk.site/wiki/%E6%97%A5%E6%9C%AC.
② 日本首相非直选产生，而是由政党和国会提名，而在国会中占多数议席的政党党魁（党总裁）一般毫无疑问会出任首相。
③ 特殊议题上必须满足2/3的通过票数（如宪法修改）。

从开发规划的制定、大型项目的决策立项到具体实施、管理等均有涉及。法律体系的建立,使日本的国土开发有法可依,大大减少了开发过程中的人为影响因素。

20世纪60年代,日本经历了工业化和城市化的高潮时期,城市发展过程中涌现出许多弊病,许多城市化地区缺乏最低水准的基础设施、工业与居住用地混杂、城市环境不断恶化、交通拥挤不断加剧。为解决该类问题,1968年出台了《城市规划法》,为新的规划体制提供法律基础。《城市规划法》中明确划分城市化促进地域和城市化控制地域,并实行开发许可制度,以阻止城市的无序蔓延;第二,增加土地使用分区,以提高城市环境质量;第三,土地使用区划的审批权限从中央下放到地方,将公众参与列为规划的法定环节,促使城市规划更地方化和民主化。

进入80年代后,日本经济发展从高速时期转为稳定时期,城市人口膨胀暂时得到缓解、经济繁荣,这促使人们转而追求城市生活的品质,环境治理、城市地区的再开发和城市中心的复兴被提上议程。为此,城市规划法中引入了各种类型街区的规划方案、细化土地使用标准和开发细节要求,以增强地区发展的整体性和独特性。

以《城市规划法》为主干法,结合更高层面的国土规划类相关法律、各类专项法(土地使用类规划、城市开发类规划等)共同构成现行的空间规划法律体系(见图3-7)。

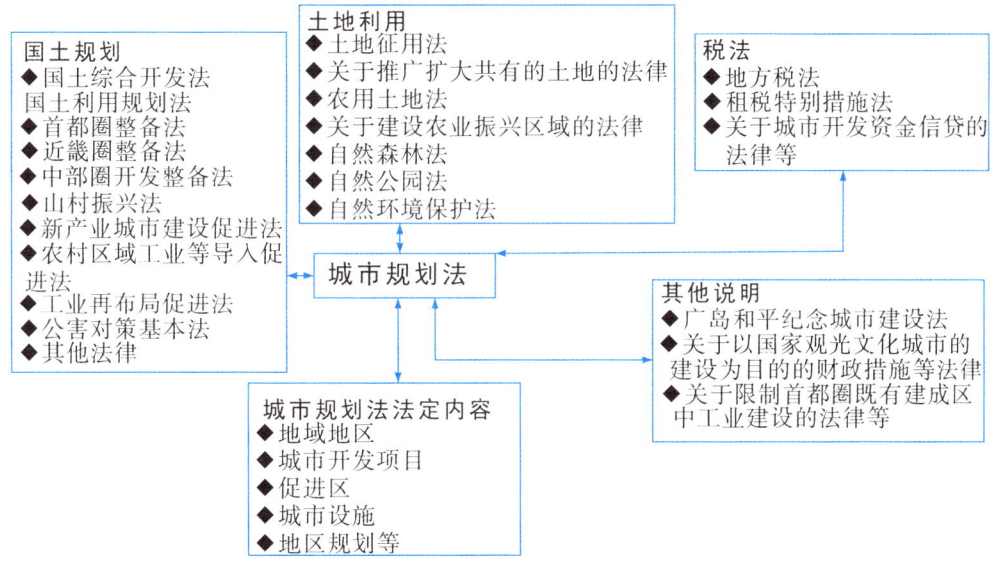

图3-7 日本空间规划法律体系[16]

(二)空间规划结构与层次[15-17]

1950年日本政府颁布《国土综合开发法》,确立了以全国国土综合开发规划为核心的空间规划编制体系,该规划的价值导向是以资源开发为核心,从20世纪60年代初开始,基本上以10年为一个规划期,总共经过了5轮"全国国土综合开发"。日本的前5次国土综合开发都是以"开发"为基调的,积极地促进了日本的经济社会发展。进入21世纪,随着日本所处的国内外形势的变化,原有以规模化增长为核心的规划理念已经不能适应,同时从90年代末就开始的各种法律体系和行政体系的改革,也不断要求将规划事权下放。实际上,"四全综"和"五全综"在规划的理念、内容和编制方式上都已经出现了明显的改革趋势。2005年,日本将《国土综合开发法》修改为《国土形成规划法》,将传统的三级国土空间规划调整为二级,简化了网络型空间规划体系,向垂直型转化。国土综合开发计划确立了全国、大经济区、都道府县及特定区域四个层级,特定区域是内阁总理大臣指定的(如能登半岛、南九州),具体由当地的都府县政府负责编制;国土利用计划和日本三级行政体系相对应,按全国、都道府县、市町村三级编制;土地利用基本计划包括全域和某一类地区两种,全域层面一般在都府县层面编制,具体的某一类地区(如城市地域)的专项规划,都府县、市町村均可编制(见图3-8)。

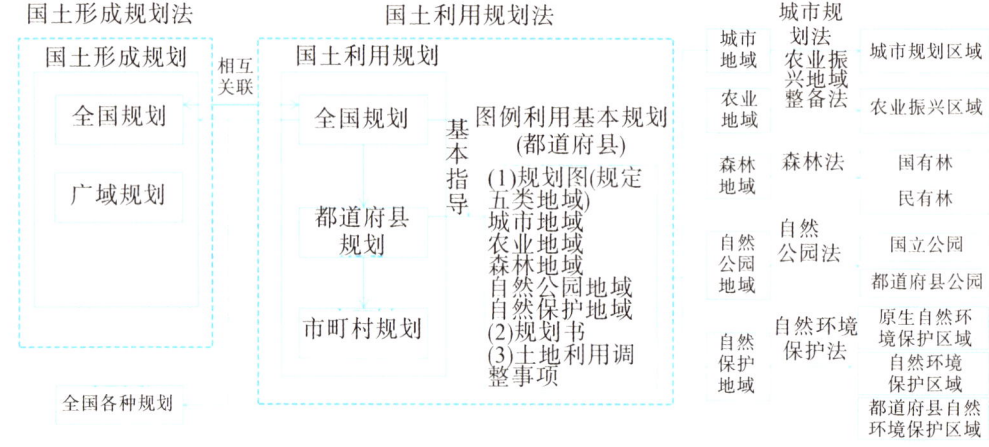

图3-8 日本空间规划法律体系

为了以更好体现可持续发展的理念,从2005年开始,日本不再编制"国土开发规划",改为编制《国土形成规划》,这标志着日本的国土规划正式从"量的增长"走向"质的提升"。日本国土形成规划更具全球视角,更关注全球化对经济社会发展和国土空间格局的影响,通过跨境交通基础设施的建设实现国际化的区域协作,扩大国土"软空间"。在内部空间发展中,将更大的区域(广域圈)作为空间战略发展单元,强调各个单元的独立化、个性化发展,并通过单元之间的协作实现整个国土空间发展的提升。同时在具体内容中,新的规划减少了数量控制的指标,而更多地引入了制度建设内容。

新一轮国土形成规划在编制机制层面,一方面推进地方分权化,强调中央与地方的合作,并且突出社会各界参与的重要性;另一方面,中央政府职能机构的调整,将空间规划所涉及的所有规划运行的职能从原来的多个部门统筹到国土交通省中统一执行,同时强调国土交通省与其他相关的职能机构之间横向的协调合作。

第六节 借鉴启示

虽然国外空间规划形成的背景与我国不同,各个国家政治制度、国情、管理体制各异,同时部分国家空间规划也呈现"多规"并行的特点,但其空间规划构建的基本规律仍然有可借鉴启示之处。

一、规划体系明确

构建空间规划体系的关键是解决各类规划横向和纵向之间的关系,国外空间规划体系相对较为简单,规划层级较短、分类较少。行政管理的职能或权责体系是空间规划体系的载体,国外空间规划主导部门明确,通过主导机构协调各部门的利益,避免部门之间诉求多端、多头规划的问题,空间规划变"多头管理"为"统一管理",可有效提高治理能力。同时,国土空间利用规划管理地域互不重叠,各部门各司其职,在其管辖范围内开展规划建设或资源保护。

二、规划法定约束

法治的基础、法治的体系及法治习惯是国外空间规划得以执行的根本保障,依法规划和管理国土空间是基本遵循。首先从国家到州县,国家和地方均有立法保护,严肃规范约束空间规划的行为;其次,法律的执行手段是强硬法定程序化的,任何规划行为必须符合法定程序;第三,法律的全民基础和习惯较好,在规划的执行过程中,各相关方均能按照法定约束自己的行为;第四,法律的惩戒性严厉,违法的成本高昂,大大提高了规划的严肃性和约束性。

三、地方自主管理

由于国家政体和管理制度不同,国外空间规划在国家层面基本上以原则性指引为主,区域层面的规划偏重战略性,而操作性和管制性的政策基本由地方层面的规划解决,国家对地方规划提出意见或劝告,但并不过多插手地方规划管理,给地方较大的自主权。事权管理架构清晰,并有完善的规划协调机制。从国家到地方,一级政府一级事权,同一层级的各部门事权清晰,各司其职,统筹协调专业规划和需求,通过协商取得共识,以便统一决策、高效执行,确保规划意图的落实。

四、图则法定管控

空间规划管控的层次和内容是国土空间规划执行是否有效有力的关键。管控总体规划,关注战略、理念、目标、布局等;管控详细规划,关注图则边界及指标约定等,呈现不同的规划执行和管理效果。国外空间规划普遍会关注图则细节约束,将图则法定化,提高图则的强制性和约束性,而战略作为政策指引,注重建设行为是否符合法定图则约束,而且法定图则具有独立性,任何个人或部门不可能随意更改图则约定。

五、动态监测有力

几个典型国家的空间规划,无一例外都十分重视规划的可持续评估和实施监测反馈机制,可以说,空间规划的评估体系已经渗透到几个代表性国家空间规划的编制和运作的全过程,形成了良好的动态循环。规划制定时,首先进行预评估和战略环境影响评价,讨论规划的可行性及对环境的影响,以帮助公众和决策者做出正确的政策选择;规划执行后进行定期的过程监测和实施后评估,动态考察规划的结果绩效、反映实施中出现的问题,并即时反馈给决策者进行必要的规划调整,这使得所有空间利益相关者都能参与到规划过程中,并合力改进、完善规划。

第四章

国土空间规划技术体系研究

第一节 国土空间规划技术路径试点分析

从市县"多规合一"到省级空间规划,我国经过了较长的空间规划探索阶段,各个阶段在当时背景下,针对面临的实际问题,均形成了一定的经验模式。本章重点分析2014年市县级"多规合一"试点和2016年年底的省级空间规划试点的成果,总结试点地区经验教训与技术路径。

一、"多规合一"试点技术路径

2014年8月,国家发展改革委、国土部、环保部、住建部四部委联合下发《关于开展市县"多规合一"试点工作的通知》,明确了开展试点的主要任务及措施,并提出在全国28个市县开展"多规合一"试点。各试点市县重点通过试点工作,探索经济社会发展规划、城乡规划、土地利用规划、生态环境保护规划等规划"多规合一"的具体思路,研究提出可复制可推广的试点方案,形成一个市县"一本规划、一张蓝图",同时探索完善市县空间规划体系,建立相关衔接机制。

(一)技术路径

1. 理念思路

当时开展市县"多规合一"试点的理念认识和出发点更多的是侧重解决市县规划

自成体系、内容冲突、缺乏衔接等突出问题,保障市县规划有效实施;强化政府空间管控能力,实现国土空间集约、高效、可持续利用;改革政府规划体制,建立统一衔接、功能互补、相互协调的空间规划体系,最终实现一张蓝图干到底。

2. 技术路线

经统计,因各地具体情况不同,主导"多规合一"的部门不同,工作思路不同,在同样的目标和理念下,28个"多规合一"市县试点技术路径各有差异。但总体上"多规合一"的技术路径可以概括为:

第一,梳理规划,摸清差异。全面分析现有城乡规划、土地利用总体规划、国民经济和社会发展规划、环境保护规划等各类规划之间差异,找出差异原因,同时会同各部门制定规划差异协调处理办法,进行矛盾处理;

第二,战略研究,明确目标。分析区域发展现状,研究全域发展定位,发展战略,明确发展目标;

第三,划定边界,形成蓝图。划定生态保护红线、永久基本农田、建设用地规模控制线、基础设施廊道控制线、文物古迹保护线等,形成了全域覆盖的"一张蓝图";

第四,搭建平台,智慧管理。搭建一个信息管理平台,进行规划管理、用地报批、项目审批等,实现智慧管理。

3. 具体路径

"多规合一"具体路径主要分为以下几个方面:

第一步:进行前期准备

明确工作思路、确定工作目标和计划,制定编制方案,以国土、发改、住建、环保、林业等部门为重点,进行全面调研和资料收集,通过部门访谈、现场踏勘等方式,全面了解市县基本情况及部门管理情况。

第二步:统一数据标准

针对多规差异的主要特征,统一规划数据标准、编制年限、目标指标、基础参数等,形成各类控制线划定标准,制定差异准则,明确市县"多规合一"的技术要求和标准。

第三步:进行多规差异分析

全面分析对比各级各类规划,找出经济社会发展、土地利用、城乡建设、环境保护、林业发展等规划在发展定位、规划目标、用地规模、空间布局、空间管控等方面的异同,分析造成差异的原因,并制定差异协调处理办法。

第四步:开展专题研究

开展现行规划对比分析、生态保护红线划定、人口与建设用地规模、经济社会发展总体思路、产业发展布局、基础设施廊道建设、文化旅游、生态环境保护等专题研究。

第五步:进行控制线划定

落实生态用地布局,划定生态保护红线;落实耕地和基本农田保护布局,划定永久基本农田保护线;落实城市用地规模布局,划定城镇建设控制边界和开发边界;落实产业用地布局,划定产业开发边界;落实基础设施布局,形成统一的区域基础设施布局体系;落实文物遗迹,划定文物保护线等。

第六步:绘制一张蓝图

研究统一的用地分类标准,建立统一的规划用地分类体系,将城乡规划、土地利用规划、环境保护规划、林业规划、水利规划、电力规划等"多规"所涉及用地边界、性质等融合到统一的图上,结合城乡规划、土地利用规划等规划差异协调处理结果,最终确定市(县)域土地唯一的用地属性,形成一张蓝图。

第七步:编制一本规划

编制覆盖全域的国土空间发展战略规划,明确国土空间总体格局、经济社会发展战略、城镇化布局、范围及边界、产业发展空间布局及基础设施布局等,并提出保障规划顺利实施的配套措施。

第八步:搭建信息管理平台

以"多规合一"数据库为基础,系统整合分层次、各行业规划和基础地理信息,账目审批信息、用地现状信息等,形成具备动态更新机制、共享共用的"多规合一"业务平台。

(二)"多规合一"成果

通过分析,各试点市县在"多规合一"探索过程中既有共识,又有差异化内容。

1. 差异情况

由于缺乏国家统一的技术导则约束,各试点市县"多规合一"成果内容各不相同,但各试点市县以自身情况为依据,均形成了具有地方特色的成果内容。如开化县形成了"一套规划体系(1+3+X)、一张空间布局蓝图、一套基础数据、一套技术标准、一个规划信息管理平台、一套规划管理机制"的成果体系;榆林市形成了"一本规划、一张图纸、一个平台、一套机制"的成果体系;厦门市则形成"一张蓝图、一个信息平台、一张表格、一套运行机制"的"四个一"成果体系等。

2. 共识方面

一是各试点市县依据自身情况形成了一套技术标准,在探索过程中,均比较重视对基础数据、规划期限、坐标系、用地分类、工作流程和内容、控制线体系等技术方法的规范和衔接；二是均进行了城乡规划、土地利用规划等规划之间的"多规"差异分析，并提出了协调差异的处理办法，最终形成了一张蓝图；三是划定了生态保护红线、永久基本农田保护线以及城镇开发边界；四是搭建了一个信息管理平台，实现智慧化管理。

（三）经验与不足

1. 经验

"多规合一"阶段，总体技术路径符合当时实际情况，工作全面分析了各类规划之间的问题，运用GIS现代地理信息技术，进行"多规"叠加，找出了各类规划之间的矛盾冲突问题，为"一张蓝图"形成奠定了基础，其思路框架、技术体系趋于成熟，能有效并快速找到市县实际问题。

2. 不足

"多规合一"技术路径更多基于各类规划现状，对于规划本身是否合理考虑不足，"多规"内容涵盖国民经济和社会发展等发展类规划，规划体系较为杂乱；对国土空间本底条件关注不够，没有从全域角度分析国土空间适宜性，因此成果具有局限性。

就试点情况而言，试点有一定的成效，但也存在很多问题：

一是试点经验难以推广。各部委均以各自负责的空间规划为主，进行"多规合一"的试点，导致规划的标准和流程无法统一；

二是技术路径存在缺陷。由于对空间研究分析谋划不足，过于迁就现状，导致现状的不合理性延续。

三是"一张蓝图"难以形成。从理论上能合一形成一张图，但由于技术标准差异、法律地位缺失等问题，难以形成真正的一张图，往往是为合一张图而合一张图。

四是协调难度大。很多矛盾冲突牵扯历史问题和背后法制机制问题（空间规划事权划分存在问题），导致工作陷入了僵局。

二、空间规划技术路径

2016年12月，中办、国办印发《省级空间规划试点方案》，要求各地区深化规划体制改革创新，建立健全统一衔接的空间规划体系，提升国家国土空间治理能力和效率。同时将吉林、浙江、福建、江西、河南、广西、贵州等省纳入试点范围，至此，形成了9个省级空间规划试点。《省级空间规划试点方案》明确了要贯彻落实党的十八届五中全会关于以主体功能区规划为基础,统筹各类空间性规划、推进"多规合一"的战略部署,深化规划体制改革创新,建立健全统一衔接的空间规划体系,提升国家国土空间治理能力和效率。

(一)技术路径

1.理念思路

根据《省级空间规划试点方案》要求,空间规划避免过度涉及技术细节,从宏观、全局的角度,严格按照中央关于"以主体功能区规划为基础统筹各类空间性规划,推进'多规合一'"的要求,科学设计了"先布棋盘、后落棋子"的技术路线。

先布棋盘:以主体功能区规划为基础,开展基础评价,划定"三区三线"(生态空间、农业空间、城镇空间和生态保护红线、永久基本农田、城镇开发边界),构建一个区域的空间管控底图,形成空间管控基本格局。

再落棋子:以空间规划"三区三线"底图为基础,系统叠加其他各类空间性规划核心内容,形成"一张蓝图",实现国土空间内各种规划的衔接、协调和统一。

2.技术路线

空间规划总体技术路径可以总结为四步走:一是依据主体功能区规划要求,开展全覆盖的资源环境承载能力评价和国土空间开发适宜性评价,按照基础评价结果和开发强度控制要求,科学划定生态空间、城镇空间、农业空间,生态保护红线、永久基本农田和城镇开发边界,形成空间规划底图;二是在空间规划底图上叠加生态保护层、城镇建设层、产业发展层、乡村建设层、基础设施层等,形成空间布局总图。在空间布局总图基础上,系统整合各类空间性规划核心内容,编制空间规划;三是整合各部门现有空间管控信息管理平台,搭建基础数据、目标指标、空间坐标、技术规范统一衔接共享的空间规划信息管理平台;四是通过研究提出规划管理体制机制改革创新和相关法律法规立改废的具体建议,推进空间规划在区域发挥更好的引领和管控作用。

3.具体路径

第一步:工作部署

针对市县实际情况,制定国土空间规划工作方案,明确工作目标、工作范围、总体思路、工作内容、职责分工、进度安排、实施保障及实施步骤等内容,以规范并保障空间规划编制工作的顺利实施。

第二步:部门调研

以国土、发展和改革、住建、环保、林业、农业、水利、交通、电力等部门为重点,进行全面调研,通过部门访谈、现场踏勘等方式,了解市县国土空间本底条件,并掌握市县国土空间规划开展情况及部门管理情况。

第三步:统一规划基础

统一规划期限,市县国土空间规划期限设定为2030年,统一基础数据,完成各类空间基础数据坐标转换、建立空间基础数据库;统一用地分类,系统整合《土地利用现状分类》《城市用地分类与规划建设用地标准》等,形成空间规划用地分类。统一目标指标,综合各类空间性规划核心管控要求,科学设计空间规划目标指标体系。

第四步:开展基础研究

基于市县实际,进行国土现状分析、经济社会发展研究、产业发展与布局研究、国土空间发展战略研究等基础分析;进行建设用地规模分析、开发建设强度分析、文物保护与旅游发展、基础设施廊道建设、环境保护等专项研究,为空间规划开展提供基础依据。

第五步:进行底图编制

依据《空间规划底图编制技术规范》,收集市县全域和相邻县区的国土调查成果、基础测绘成果,以及规划、各类保护区、经济、人口等资料;以国土调查成果和地理空间基础数据为基础,综合集成人口、经济、空间开发负面清单、行业数据等资料,进行数据预处理、数据分类与提取、外业核查、数据整合集成等,形成统一的空间规划数字工作底图。

第六步:开展基础评价

开展全域覆盖的资源环境承载能力评价和针对不同主体功能定位的差异化专项评价,划定资源环境承载力综合等级和专项评价结果等级,开展国土空间开发适宜性评价,确定全域空间建设开发适宜性评价结果等级。基础评价为国土空间规划开展奠定基础。

第七步:划定"三区三线"

以基础评价为依据,综合考虑市县经济社会发展、产业布局、人口聚集度,以及永久基本农田、各类自然保护区、重点生态功能区、生态环境敏感区和脆弱区保护等底线要求,科学测算城镇、农业、生态三类空间比例和国土空间开发强度指标,同时划定生态保护红线、永久基本农田以及城镇开发边界。以"三区三线"为载体,合理整合协调各部门空间管控手段,绘制形成国土空间规划底图。

第八步:构建"一张蓝图"

以空间规划底图为基础,按照"先网络层,后应用层"的顺序,将重大基础设施、城镇建设、乡村发展、生态保护、产业发展、公共服务、文物古迹等专项空间规划要素落入底图,形成有机整合的空间规划布局总图。

在空间布局总图基础上,系统整合城乡规划、林业规划、交通规划、水利规划等各类空间性规划核心内容,进行土地利用结构和布局调整,划定生态用地、耕地、基本农田、基础设施、城乡建设、农业生产等用地,最终确定各类土地规划属性,形成国土"一张蓝图"。

第九步:建设业务平台

(1)构建数据库。以市县现有的地理信息数据为支撑,以现有编制成果为基础,整合发改、国土、环保、林业等部门的空间数据,构建空间规划基础地理信息数据库、规划编制成果数据库、相关业务审批数据库和其他相关资料数据库。数据库图层组织和格式应该以 CGCS2000 坐标系为准,采用 ArcGIS shp 的格式管理。

(2)建设业务平台。按照"以数据为核心、以集成为重点、以共享为前提、以应用为目标、以服务为宗旨"的设计思路,坚持标准化、便捷化、精准化、协同化原则,紧紧围绕国土空间规划技术路线,以"规划管理更直观、空间管控更精准、政务服务更高效"为总体要求,建设集"规划分析、智能评价、规划编制、规划管理、规划应用"等功能于一体的国土空间规划信息平台。

(二)空间规划成果

《省级空间规划试点方案》是在市县"多规合一"试点工作基础上提出的,省级空间规划工作以此为指导,其工作思路清晰、试点目标明确,因此各省空间规划成果内容也基本一致。主要包含"2+5"的成果体系,"2"即双评价:资源环境承载能力评价和国土空间开发适宜性评价;"5"即五个一:一套研究报告、一本规划、一张蓝图、一个平台、一套机制。

(三)经验与不足

1. 经验

空间规划总体技术路径吸纳了"多规合一"的优点,同时规避了缺点。空间规划认识到了"多规"矛盾的根源问题,从顶层设计出发,技术上首先统一了规划期限、坐标数据、基础数据、管控分区、技术标准等规划基础,为空间规划开展奠定了基础;其次,技术路径上避免过度涉及技术细节问题,从宏观、全局角度出发,以主体功能区规划为基础,摸清国土空间本底条件,开展资源环境承载能力评价和国土空间开发适宜性评价,划定"三区三线",科学绘制了空间规划底图,为统筹各类空间性规划构建基础框架;最后,采用"先布棋盘、后落棋子"的技术路线推进"多规合一",与直接从现有规划成果出发、叠加比对形成空间布局图的做法相比,更具有科学性和合理性。

2. 不足

首先,空间规划过于注重宏观、注重战略和顶层设计,比较理想,对于实际差异问题考虑不足。从目前的情形来看,空间规划的试点工作难度很大;其次,空间技术上虽能够实现各类基础数据统一,但由于体制机制、法律地位等问题,空间规划用地分类、目标指标、管控分区等实际较难统一;最后,采用"先布棋盘、后落棋子"的技术路径站位较高,方法科学,但技术衔接上难度较大(如基础评价工作与"三区三线"划定的衔接),用途管制层面难以落地。

三、技术路径总结

"多规合一"试点阶段,28个试点市县均按照要求形成了"一个市县、一本规划、一张蓝图",探索完善了市县空间规划体系、标准体系等,建立了相关规划的衔接协调机制,部分试点市县还建立了信息管理平台,实现了数字化管理。但由于受不同部委委托,未能形成完整的全域空间规划体系架构。

省级空间规划试点阶段,总结了"多规合一"的经验,从顶层设计、空间规划体系构建、信息化建设、规划管理体制机制改革创新等方面进行了全面探索,科学设计了"先布棋盘、后落棋子"的空间规划技术路径,为国土空间规划体系的建立提供了坚实的基础,对下一步国土空间规划技术体系的建立指明了方向。

第二节　国土空间规划技术路径确立

从市县"多规合一"到省级空间规划,再到当前的国土空间规划,我国国土空间规划技术体系经过十余年的探索已经摸索出了较为成熟的路径。随着国家机构改革方案落地,以及国家相应政策文件的指导,国土空间规划国家标准体系也将形成,指导全国国土空间规划的开展。

一、国土空间规划新形势

(一)机构改革

2018年3月,中共中央印发的《深化党和国家机构改革方案》明确将国土部的职责、住建部城乡规划管理职责、国家发展改革委组织编制主体功能区规划职责等整合,组建自然资源部,统一行使全民所有自然资源资产所有者职责,统一行使所有国土空间用途管制和生态保护修复职责,着力解决自然资源所有者不到位、空间规划重叠等问题。

至此,经历10余年的探索,4年多的正式试点,国家机构改革方案落地,自然资源部正式成立,空间规划体制改革,"多规合一"试点任务基本完成,为全面开展国土空间规划,构建国土空间规划体系,加强用途管制,建立健全国土空间开发保护制度探索了路径、积累了经验,奠定了坚实的基础。

自然资源部成立后,"多规合一"体制问题得以解决,在新的制度框架下,重构统一的国家空间规划治理体系成为当务之急。随之而来的国土空间规划技术路径也将随着新的空间规划体制改革而发生变化。

(二)政策文件

1.《关于统一规划体系更好发挥国家发展规划战略导向作用的意见》

为加快统一规划体系建设,构建发展规划与财政、金融等政策协调机制,更好发挥国家发展规划战略导向作用,2018年11月18日,中共中央、国务院发布《关于统一规划体系更好发挥国家发展规划战略导向作用的意见》(中发〔2018〕44号),要求牢固树立新发展理念,落实高质量发展要求,理顺规划关系,统一规划体系,完善规划管理,提高规划质量,强化政策协同,健全实施机制,加快建立制度健全、科学规范、运行有效的规划体制,更好发挥国家发展规划的战略导向作用。

具体内容为:一是立足新形势新任务新要求,明确各类规划功能定位,理顺国家发展规划和国家级专项规划、区域规划、空间规划的相互关系,避免交叉重复和矛盾冲突;二是坚持下位规划服从上位规划、下级规划服务上级规划、等位规划相互协调,建立以国家发展规划为统领,以空间规划为基础,以专项规划、区域规划为支撑,由国家、省、市县各级规划共同组成,定位准确、边界清晰、功能互补、统一衔接的国家规划体系;三是强化国家级空间规划在空间开发保护方面的基础和平台功能,为国家发展规划确定的重大战略任务落地实施提供空间保障,对其他规划提出的基础设施、城镇建设、资源能源、生态环保等开发保护活动提供指导和约束。

此文件的出台基本明确了我国规划体系的基本内容以及国土空间规划在国家规划体系中的地位,也为国土空间规划编制指明了方向,使得空间规划技术路径更加清晰。国土空间规划是基础性规划,要依据发展规划制定,既要加强与国家级专项规划、区域规划、空间规划的衔接,形成全国"一盘棋",又要因地制宜,符合地方实际,突出特色。

2.《关于建立国土空间规划体系并监督实施的若干意见》

2019年5月9日,中共中央、国务院印发《关于建立国土空间规划体系并监督实施的若干意见》(中发〔2019〕18号,以下简称《若干意见》),明确到2020年,我国基本建立国土空间规划体系,逐步建立"多规合一"的规划编制审批体系、实施监督体系、法规政策体系和技术标准体系;基本完成市县以上各级国土空间总体规划编制,初步形成全国国土空间开发保护"一张图"。到2025年,健全国土空间规划法规政策和技术标准体系;全面实施国土空间监测预警和绩效考核机制;形成以国土空间规划为基础,以统一用途管制为手段的国土空间开发保护制度。到2035年,全面提升国土空间治理体系和治理能力现代化水平,基本形成生产空间集约高效、生活空间宜居适度、生态空间山清水秀,安全和谐、富有竞争力和可持续发展的国土空间格局。

依据《若干意见》,我国将形成国家、省、市县级国土空间规划。全国国土空间规划是对全国国土空间做出的全局安排,是全国国土空间保护、开发、利用、修复的政策和总纲,侧重战略性。省级国土空间规划是对全国国土空间规划的落实,指导市县国土空间规划编制,侧重协调性。市县和乡镇国土空间规划是本级政府对上级国土空间规划要求的细化落实,是对本行政区域开发保护做出的具体安排,侧重实施性。

同时,《若干意见》还提出要高质量编制空间规划。一是体现战略性。自上而下编制各级国土空间规划,对空间发展做出战略性系统性安排。落实国家安全战略、区域协调发展战略和主体功能区战略,明确空间发展目标,优化城镇化格局、农业生产格局、生态保护格局,确定空间发展策略,转变国土空间开发保护方式,提升国土空间开发保护质量和效率。二是提高科学性。坚持生态优先、绿色发展,尊重自然规律、经济规律、社会规律和城乡发展规律,因地制宜开展规划编制工作;坚持节约优先、保护优先、自然恢复为主的方针,在资源环境承载能力和国土空间开发适宜性评价的基础上,科学有序统筹布局生态、农业、城镇等功能空间,划定生态保护红线、永久基本农田、城镇开发边界等空间管控边界以及各类海域保护线,强化底线约束,为可持续发展预留空间。坚持山水林田湖草生命共同体理念,加强生态环境分区管治,量水而行,保护生态屏障,构建生态廊道和生态网络,推进生态系统保护和修复,依法开展环境影响评价。坚持陆海统筹、区域协调、城乡融合,优化国土空间结构和布局,统筹地上地下空间综合利用,着力完善交通、水利等基础设施和公共服务设施,延续历史文脉,加强风貌管控,突出地域特色。坚持上下结合、社会协同,完善公众参与制度,发挥不同领域专家的作用。运用城市设计、乡村营造、大数据等手段,改进规划方法,提高规划编制水平。三是加强协调性。强化国家发展规划的统领作用,强化国土空间规划的基础作用。国土空间总体规划要统筹和综合平衡各相关专项领域的空间需求。详细规划要依据批准的国土空间总体规划进行编制和修改。相关专项规划要遵循国土空间总体规划,不得违背总体规划强制性内容,其主要内容要纳入详细规划。四是注重操作性。按照谁组织编制、谁负责实施的原则,明确各级各类国土空间规划编制和管理的要点。

《若干意见》关于国土空间规划体系建立进行了详细的说明,并明确了开展国土空间规划的编制主要任务:要落实国家战略定位,明确空间发展目标;优化国土空间格局,开展资源环境承载能力评价和国土空间开发适宜性评价,划定生态保护红线、永久基本农田、城镇开发边界等空间管控边界。《若干意见》的发布,标志着国土空间规划体系顶层设计和"四梁八柱"基本形成。

二、国土空间规划技术体系构建

《若干意见》明确了我国将建立新的国土空间规划体系,国土空间规划体系分为四个子体系:规划编制审批体系、规划实施监督体系、法规政策体系、技术标准体系。国土空间规划的技术标准体系构建是规划从业者今后的重点工作,也是当前亟需解决的重点任务之一。以下将重点研究国土空间规划技术体系的主要内容。

(一)总体考虑

国土空间规划技术体系是以生态文明为顶层设计,以《中共中央国务院关于统一规划体系更好发挥国家发展规划战略导向作用的意见》(中发〔2018〕44号)、《中共中央国务院关于建立国土空间规划体系并监督的实施意见》(中发〔2019〕18号)以及其他政策文件为指导,在总结了市县"多规合一"试点和省级空间规划试点经验和继承主体功能区规划、城乡规划等原有规划编制技术路径的基础上提出来的。因此,国土空间规划技术体系是多方研究成果的集成,是各方智慧的融合。

（二）指导思想

以习近平新时代中国特色社会主义思想为指导，全面贯彻党的十九大和十九届三中全会精神。落实新发展理念，统筹推进"五位一体"总体布局，协调推进"四个全面"战略布局，以绿色发展和高质量发展为主线，坚持以人民为中心、坚持可持续发展、坚持从实际出发、坚持依法行政，发挥国土空间规划在规划体系中的基础性作用，在国土开发保护领域的刚性控制作用，以及对专项规划和区域规划的指导约束作用，体现战略性、提高科学性、强化权威性、加强协调性、注重操作性，加强统筹协调性，兼顾开发与保护，注重规划的传导落实，为实现"两个一百年"奋斗目标营造高效有序的空间秩序和山明水秀的美丽国土。

（三）总体思路

按照国土空间规划体系，遵循上位规划、落实上级规划，"能用、管用、好用"的规划要求，坚持"战略引领、空间优化，统一分类、分层传导，对应事权、分级管控"的理念，以"双评价"为基础，以国土空间总体规划为统领，以专项规划和详细规划为支撑，以国土空间用途管制为重点，以信息平台为保障，以主导功能定位划定规划分区，建立国土空间用途分区分类分级管制体系；落实重大空间布局，统筹各类资源要素配置，优化国土空间格局，整合形成"多规合一"的国土空间规划，促进区域可持续发展。

（四）主要任务

综上所述，国土空间主要任务可概括为战略定位—优化格局—要素配置—空间整治—实施策略五部分。

第一，落实战略定位。衔接国家、省级空间规划、发展规划等上层次相关规划，科学研判当地经济社会发展趋势、国土空间开发保护现状问题和挑战，明确空间发展目标和发展愿景，确定各项指导性、约束性指标和管控要求。

第二，优化空间格局。开展资源环境承载能力评价和国土空间开发适宜性评价，根据主体功能定位，确定全域国土空间规划分区及准入规则，划定永久基本农田、生态保护红线和城镇开发边界三条控制线，明确管控要求，优化全域空间结构、功能布局，完善城乡居民点体系，明确基础设施、产业布局要求。

第三，进行要素配置。按照国土空间总体布局，实行全域全要素规划管理，统筹耕地、林地、草地、海洋、矿产等各类要素布局；保护生态廊道，延续历史文脉，加强风貌管理,统筹重大基础设施和公共服务设施配置,改善人居环境,提升空间品质。

第四,实施空间整治。明确国土空间生态修复的目标、任务和重点区域,安排国土综合整治和生态保护修复重点工程的规模、布局和时序,明确各类自然保护地范围边界,提出生态保护修复要求,提高生态空间完整性和网络化。

第五,制定实施策略。分解落实国土空间规划主要目标任务,明确规划措施,健全实施传导机制。结合规划部署,制定近期建设规划及重大项目的实施计划,合理把握规划实施时序。

(五)技术路径

总体技术路径分为四步走:布底图、落用途、严管控和强保障。

第一步:布底图

1. 完成技术准备

针对实际情况,制定国土空间规划工作方案,明确工作目标、工作范围、工作内容、职责分工、进度安排、实施步骤等内容,以规范并保障空间规划编制工作的顺利实施。

以自然资源、发改、环保、林业、农业、水利、交通等部门为重点,进行全面调研,通过部门访谈、现场踏勘等方式,了解国土空间本底条件;收集测绘资料、各类规划资料以及经济人口、人文历史等其他方面的基础资料。

2. 开展专题研究

基于市县实际,开展国土现状分析、经济社会发展研究、产业发展与布局研究、国土空间发展战略研究等基础研究;开展资源保护、土地集约节约利用、基础设施廊道建设、国土综合整治与生态修复、乡村振兴等专项研究,为国土空间规划开展提供支撑。

3. 绘制一张底图

收集全域和相邻县区第三次全国国土调查(以下简称"国土三调")成果、基础测绘成果,以及规划、各类保护区、经济、人口等资料;以"国土三调"成果为基础,地理国情普查数据为补充,综合集成人口、经济、空间开发负面清单、行业数据等资料,进行数据预处理、数据分类与提取、外业核查、数据整合集成等,形成统一的国土空间规划底图底数。

4. 实施双评估

规划实施评估:全面评估现行城乡规划、土地利用规划以及海洋功能区划的实施情况,总结成效、分析问题,明确本次规划的重点,提出国土空间开发保护格局优化的建议。

国土空间开发保护现状评估:科学评判国土安全、气候安全、生态环境安全、粮食安全、水安全、能源安全等对市县带来的潜在风险和隐患,提出规划应对措施。

5. 开展双评价

开展全域覆盖的资源环境承载能力评价和国土空间开发适宜性评价,通过评价识别资源环境承载能力和关键限制因素,分析国土空间开发潜力;在"三条控制线"统筹划定、国土开发保护格局确定、国土空间用途管制、国土整治与生态修复安排等方面,为规划方案提供技术与策略支撑。

第二步:落用途

1. 研究空间战略

分析国家、省发展政策,以国家、省级空间规划、发展规划为引领,科学研判市县经济社会发展趋势、国土空间开发保护现状问题和挑战,提出市县国土空间发展战略,提出战略定位、战略目标,确定各项指导性、约束性指标和管控要求。

2. 优化空间格局

以规划评估、评价分析为基础,结合国土空间开发保护战略与目标,立足市县域自然资源本底,构建国土空间开发保护总体格局,提出宏观的开发保护总格局、区域协调格局、城乡空间结构、产业发展、乡村振兴等重大格局。

3. 划定三条控制线

严格落实省级国土空间规划相关要求,划定生态保护红线、永久基本农田和城镇开发边界三条控制线,统筹优化"三条控制线"等空间管控边界,制定空间管控措施,合理控制整体开发强度。

4. 划定规划分区

以基础评价为依据,根据市县主体功能定位,划定生态保护、永久基本农田保护、城镇发展、农村农业发展、海洋发展等规划基本分区,明确各分区的管控目标、政策导向和准入规则。

5. 进行要素配置

按照国土空间总体布局,实行全域全要素规划管理,统筹耕地、林地、草地、海洋、矿产等各类要素布局,科学确定水、土地、能源等各类自然资源保护的约束性指标;保护生态廊道,延续历史文脉,加强风貌管理,统筹重大基础设施和公共服务设施配置,改善人居环境,提升空间品质。

6. 落实用途管控

建立"全域—片区—单元"三个层面管控体系,明确各层面管控要素、管控重点和管控要求;制定全域管控规则,确定约束性指标。

第三步:严管控

1. 搭建业务平台

以自然资源调查监测数据为基础,采用国家统一的测绘基准和测绘系统,整合各类空间关联数据,建立国土空间基础信息平台,实现规划分析、智能评价、规划编制、规划管理、规划应用等于一体,提高行政审批与管理效率。

第四步:强保障

2. 建立一套机制

依托国土空间基础信息平台,建立健全国土空间规划动态监测评估预警和实施监管机制;健全资源环境承载能力监测预警长效机制,建立国土空间规划定期评估机制,结合国民经济社会发展实际和规划定期评估结果,对国土空间规划进行动态调整完善。

(六)国土空间规划成果内容

国土空间规划成果最终以《国土空间总体规划》展现,内容包含规划文本、图件、附件、数据库和信息平台,其中附件包括规划说明书、专题研究、其他材料等。

1. 规划文本

(1)总则。阐述规划定位、范围、期限,编制原则等。

(2)战略目标与指标。明确国土空间规划指导思想,基本原则,制定国土空间发展定位、发展战略、发展目标及指标体系。

(3)国土空间格局。明确国土空间总体结构和格局,制定国土空间规划分区和用途管制规则。确定城乡居民点体系安排、农业发展布局、自然保护地体系规划、历史人文体系设想、能源矿产布局,以及公共服务设施、基础设施、减灾防灾设施配置要求。

(4)土地利用规划。明确土地利用结构、数量,山水林田湖草等在土地上的安排,存量建设用地再开发安排,中心城区土地利用控制等。

(5)城镇功能结构。布局城镇开发边界内部功能,明确公共服务设施建设标准和布局要求,构建社区生活圈,确定地下空间规划建设标准和布局要求。

(6)陆海统筹。统筹协调陆海空间,合理安排功能分区与用途分类。

(7)乡村振兴。合理配置公共资源,明确目标任务,分类引导乡村地区发展。

(8)国土空间生态修复。确定各类综合整治和生态修复的重点区域、目标与布局安排,重点工程。

（9）综合交通体系。明确全域交通体系建设目标和模式，合理布局综合交通网络和枢纽体系。明确中心城区综合交通枢纽的功能、布局与用地规模，交通干线道路、场站规划布局和用地控制要求。

（10）城市历史文化与风貌保护。确定全域历史文化遗产保护整体框架、保护目标和保护重点，明确保护范围和要求。确定中心城区总体风貌定位，城市设计重点控制区等内容。

（11）城市安全与重大市政基础设施。提出全域重大市政基础设施的布局和管控要求。确定中心城区各类设施的建设规模、标准、重大设施布局，明确廊道控制要求、地下综合管廊建设要求。

（12）区域统筹。提出跨区域衔接策略，明确下位行政单元的主体功能定位。

（13）规划实施保障。分区管制规划传导，分期实施与行动计划，规划实施措施。

2. 规划图件

（1）必备图件。现状必备图件一般包括：土地利用现状图、生态资源现状分布图、综合交通体系现状图、双评价图（套图）、国土空间开发适宜性评价图等。规划必备图件一般包括：国土空间规划总图、国土空间规划分区、三线划定图、城镇体系规划图、国土综合整治和生态修复布局图、市政基础设施规划图、公共服务设施规划图、综合防灾减灾规划图等。

（2）其他图件。其他图件包括区位图、遥感影像图、矿产资源分布图、产业发展布局图、区域空间协同规划图等。

3. 规划附件

规划附件包括规划说明书和专题研究两部分。

（1）规划说明书。国土空间规划说明主要阐述规划决策的编制基础、技术分析和编制内容，是规划实施中配合规划文本和图件使用的重要参考。

（2）专题研究报告。专题研究报告包括：《规划实施评估报告》《国土空间开发保护现状评估报告》《双评价报告》《规划分区及控制线划定报告》《自然资源保护与利用》《国土空间开发保护战略研究报告》《产业发展布局专题报告》《人口与建设用地规模专题报告》《基础设施廊道建设专题报告》《国土综合整治与生态修复报告》等。

（3）其他材料。包括规划编制过程中形成的工作报告、规划大纲、基础资料、会议纪要、部门意见、专家论证意见、公众参与记录等。

4. 规划数据库

数据库是国土空间规划实现信息化管理平台的重要支撑，是规划成果数据的电子形式。国土空间基础数据库成果包含成果数据标准及数据库成果两方面内容,数据库成果包括各类规划图件的栅格数据和矢量数据、规划文档、规划表格、元数据等。规划数据库内容应与纸质的规划成果内容一致。

5. 基础信息平台

国土空间基础信息平台,包含信息管理平台开发建设和平台技术方案两方面内容。信息平台主要是基于统一的标准与规范,以"一张蓝图"数据库为基础,完善空间规划体系,系统整合各层次、各行业规划和基础地理信息、项目审批信息、用地现状信息等,建立一个基础数据共享、监督管理同步、审批流程协同、统计评估分析、决策咨询服务,具备动态更新机制、共享共用的空间规划业务管理平台。

第三节 国土空间规划技术体系内容

国土空间规划技术体系内容主要包括资源环境承载能力和国土空间开发适宜性评价方法、控制线划定技术方法、规划分区划定技术方法,空间管控,数据库建设与信息化平台建设等内容。

一、资源环境承载能力和国土空间开发适宜性评价

开展"双评价"工作一方面是基于党中央"生态优先"的战略要求,另一方面也是应国土空间规划编制的需求而生。"双评价"应当是国土空间规划的前提和基础,使国土空间规划编制更加系统化、科学化。

(一)基本定义

1. 资源环境承载能力

基于一定发展阶段、经济技术水平和生产生活方式,一定地域范围内资源环境要素能够支撑的农业生产、城镇建设等人类活动的最大规模。

2. 国土空间开发适宜性

在维系生态系统健康前提下,综合考虑资源环境要素和区位条件,特定国土空间进行农业生产、城镇建设等人类活动的适宜程度。

（二）评价目标

分析区域资源环境禀赋条件，研判国土空间开发利用问题和风险，识别生态系统服务功能极重要和生态极敏感空间，明确农业生产、城镇建设的最大合理规模和适宜空间，为完善主体功能区布局，划定生态保护红线、永久基本农田、城镇开发边界，优化国土空间开发保护格局，科学编制国土空间规划，实施国土空间用途管制和生态保护修复提供技术支撑，倒逼形成以生态优先、绿色发展为导向的高质量发展新路子。

（三）评价原则

1. 生态优先

以习近平生态文明思想为指导，突出生态保护功能，识别生态系统服务功能极重要、生态极敏感区域，确保生态系统完整性和连通性。在坚守生态安全底线前提下，综合分析农业生产、城镇建设的合理规模和布局。

2. 科学客观

体现尊重自然、顺应自然、保护自然的理念，充分考虑陆海全域国土空间土地、水、生态、环境、灾害等资源环境要素，加强与相关专项调查评价结果的统筹衔接，定量方法为主、定性方法为辅，客观全面地评价资源环境禀赋条件、开发利用现状及潜力。

3. 因地制宜

在强化资源环境底线约束的同时，充分考虑区域和尺度差异。各地特别是市县开展评价时，可结合本地实际和地域特色，因地制宜适当补充评价功能、要素与指标，优化评价方法，细化分级阈值。

4. 简便实用

在保证科学性的基础上，精选最有代表性的指标。紧密结合国土空间规划编制，强化目标导向、问题导向和操作导向，确保评价成果科学、权威、好用、适用。

（四）技术路线

"双评价"的总体技术流程为"数据准备—单项评价—集成评价—综合分析"，如果涉及海域，还将开展陆海统筹。对不同功能指向和评价尺度，需采用差异化的指标体系（见图4-1）。

1. 数据准备

（1）坐标基准和投影方式。评价统一采用2000国家大地坐标系（CGCS2000），高斯-克吕格投影,陆域部分采用1985国家高程基准,海域部分采用理论深度基准面高程基准。

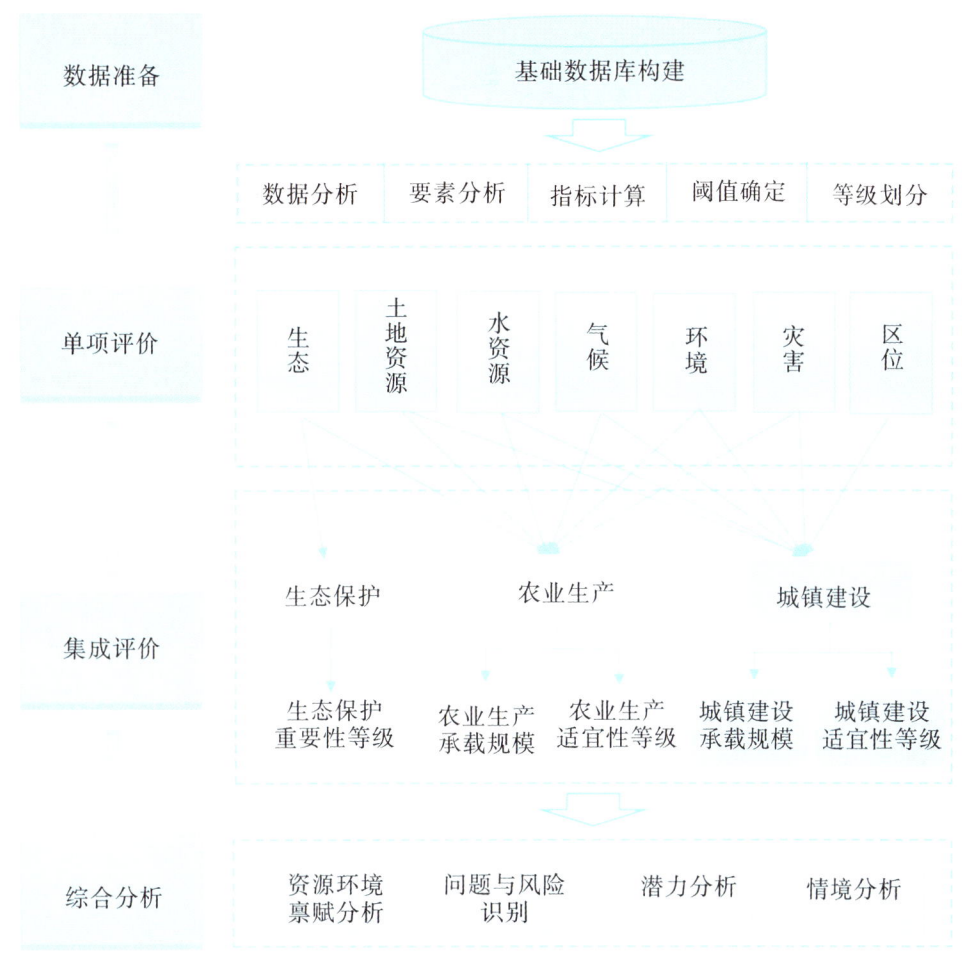

图 4-1 评价技术流程图

(2)评价单元与计算精度。省级(区域)层面,单项评价根据要素特征确定区域、流域、栅格等评价单元。计算精度采用50m×50m栅格,山地丘陵或幅员较小的区域可提高到25m×25m或30m×30m。以县级行政区为评价单元计算可承载农业生产、城镇建设的最大规模。

市县层面,单项评价宜在省级评价基础上进一步细分评价单元。优先使用矢量数据,使用栅格数据的采用25m×25m或30m×30m计算精度。以乡(镇)为评价单元计算可承载农业生产、城镇建设的最大规模。

海域可根据数据获取情况,适当降低计算精度。

（3）数据收集

收集数据时,应保证数据的权威性、准确性、时效性。所需数据包括基础地理、土地资源、水资源、环境、生态、灾害、气候气象等。

2. 单项评价

分别开展生态、土地资源、水资源、气候、环境、灾害、区位等单项评价。

市县层面,不再开展生态评价,直接使用省级生态评价结果,并根据更高精度数据和地方实际进行边界校核和局部修正;若缺乏优于省级精度数据的,可不进行相应要素的单项评价;可立足本地实际增加评价要素和指标;可补充海洋开发利用、文化保护利用、矿产资源开发利用等功能指向评价。

原则上按照本指南推荐的阈值进行评价。当评价结果未充分体现区域内部差异时,可结合实际细分阈值区间,但不得改变阈值划分标准。

3. 集成评价

基于单项评价结果,开展集成评价,优先识别生态系统服务功能极重要和生态极敏感空间,基于一定经济技术水平和生产生活方式,确定农业生产适宜性和承载规模、城镇建设适宜性和承载规模。

（1）适宜性评价

通过集成评价,将生态保护重要性划分为高、较高、中等、较低、低5级,将农业生产、城镇建设适宜性划分为适宜、较适宜、一般适宜、较不适宜、不适宜5级。

生物多样性维护、水源涵养、水土保持、防风固沙、海岸防护等生态系统服务功能越重要,或水土流失、石漠化、土地沙化、海岸侵蚀等生态敏感性越高,且生态斑块的规模和集中程度越高、生态廊道的连通性越好,生态保护重要性等级越高。

地势越平坦,水资源丰度越高,光热越充足,土壤环境容量越高,气象灾害风险越低,且地块规模和连片程度越高,农业生产适宜性等级越高。

地势越低平,水资源越丰富,水气环境容量越高,人居环境条件越好,自然灾害风险越低,且地块规模和集中程度越高,地理及交通区位条件越好,城镇建设适宜性等级越高。

对适宜性等级划分结果进行专家校验,综合判断评价结果与实际状况的相符性。对明显不符合实际的,应开展必要的现场核查校验与优化。

（2）承载规模评价

在水土资源不同的约束条件下,缺水地区重点以水平衡为约束,分别评价各评价单元可承载农业生产、城镇建设的最大规模。

有条件地区可结合环境质量目标及污染物排放标准和总量控制等因素,补充评价环境容量约束下可承载农业生产、城镇建设的最大规模。

按照短板原理,采用各约束条件下的最小值作为可承载的最大规模。

市县层面,数据精度无法支撑以乡(镇)为评价单元的承载规模评价时,可直接采用省级评价结果。

4. 综合分析

(1)资源环境禀赋分析。在单项评价基础上,分析土地、水、矿产、森林、草原、湿地、海洋等自然资源的数量、质量、结构、分布等特征及变化趋势,结合气候、生态、环境、灾害等要素特点,选取国家、省域平均情况或其他对标地区作为参考,总结资源环境比较优势和限制因素。

(2)问题和风险识别。依据评价结果,综合分析资源环境开发利用现状的规模、结构、布局、质量、效率、效益及动态变化趋势,识别因生产生活利用方式不合理、资源过度开发粗放利用引起的水平衡破坏、水土流失、生物多样性下降、湿地侵占、自然岸线萎缩、地下水超采、地面沉降、水污染、土壤污染、大气污染等资源环境问题,预判未来变化趋势和存在风险。

(3)潜力分析。根据农业生产适宜性评价结果,对农业生产适宜区、较适宜区、一般适宜区内且生态系统服务功能极重要和生态极敏感以外区域,分析土地利用现状结构,按照生态优先、绿色发展、经济可行的原则,结合可承载农业生产的最大规模,分析可开发为耕地的潜力规模和空间布局;根据城镇建设适宜性评价结果,对城镇建设适宜区、较适宜区、一般适宜区内且生态系统服务功能极重要和生态极敏感以外区域,分析土地利用现状结构,结合可承载城镇建设的最大规模,综合城镇发展阶段、定位、性质、发展目标和相关管理要求,分析可用于城镇建设的潜力规模和空间布局。

(4)情景分析。分析气候变化、技术进步、生产生活方式等对国土空间开发利用的不同影响。模拟重大工程建设、交通基础设施变化等不同情景,分别给出并比对相应的评价结果,支撑国土空间规划多方案决策。

具体评价内容详见《资源环境承载能力和国土空间开发适宜性评价技术指南》。

二、控制线划定

(一)生态保护红线划定

1. 划定内容

依据《生态保护红线划定技术指南》(2017年),按照定性与定量相结合的原则,通过科学评估,识别具有重要水源涵养、生物多样性维护、水土保持、防风固沙等功能的生态功能重要区域,以及水土流失、土地沙化、盐渍化等生态环境敏感脆弱区域,根据地区特点以及保护要求,合理划定土地沙化敏感区生态保护红线、江河湖库滨岸带敏感区生态保护红线、生物多样性维护功能区生态保护红线、森林生态系统保护红线、禁止开发区生态系统保护红线等,最后按照功能不降低、面积不减少、性质不改变等要求,对生态保护红线进行严格管控。

2. 划定依据

《中华人民共和国环境保护法》
《中华人民共和国国家安全法》
《中华人民共和国水土保持法》
《中共中央 国务院关于加快推进生态文明建设的意见》(中发〔2015〕12号)
《生态文明体制改革总体方案》(中发〔2015〕25号)
《关于划定并严守生态保护红线的若干意见》(厅字〔2017〕2号)
《关于印发全国土地利用总体规划纲要(2006—2020年)调整方案的通知》(国土资发〔2016〕67号)

其他涉及生态环境保护法律法规及技术规范。

3. 技术路线(见图4-2)

第一步:现状资料搜集

收集各红线类型的相关规划/区划资料,基础地理信息数据和资料,以及与生态保护红线划定相关的主体功能区规划、环境功能区划、生态功能区划、所在区域的城市总体规划、林地保护利用规划、资源开发规划及旅游发展规划等资料,作为红线划定过程中的辅助参考文件。

第二步:开展科学评估

按照双评价技术方法,开展生态功能重要性评估和生态环境敏感性评估,确定水源涵养、生物多样性维护、水土保持、防风固沙等生态功能极重要区及极敏感区域,纳入生态保护红线。

第三步:校验划定范围

根据评估结果,将评估得到的生态功能极重要区与生态环境极敏感区进行叠加合并,并与国家级省级禁止开发区和其他各类生态保护地进行校验,进行红线空间叠加图。

第四步:确定红线边界

确定的生态保护红线叠加图,通过边界处理、现状与规划衔接、跨区域协调、上下对接等步骤,最终确定生态保护红线边界。

第五步:划定生态保护红线

通过资料收集、明确划定范围、识别红线内容、确定红线边界等上述步骤,最终划定各条生态保护红线,形成生态保护红线划定成果。

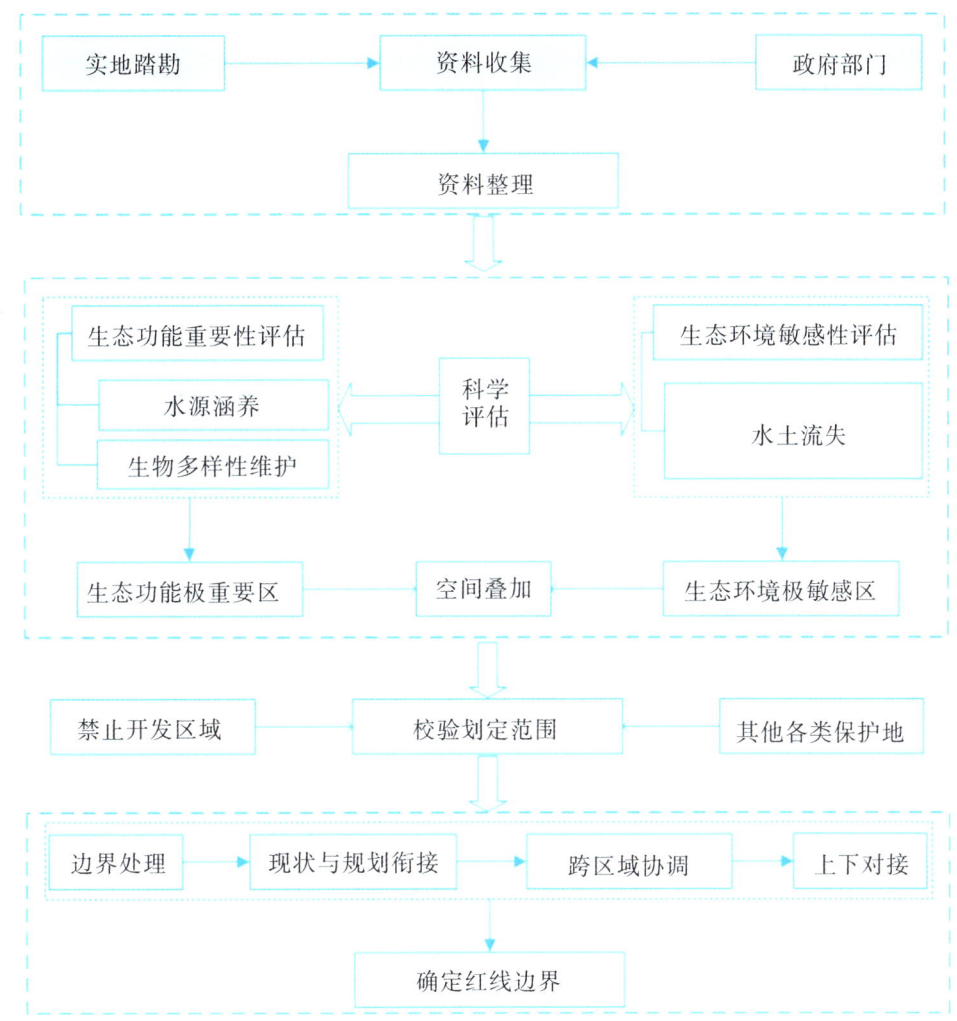

图4-2 生态保护红线划定技术流程图

4. 管控措施

生态保护红线原则上按禁止开发区域的要求进行管理。严禁不符合主体功能定位的各类开发活动,严禁任意改变用途,确保生态功能不降低、面积不减少、性质不改变。

5. 技术要求

(1)数学基础。坐标系统采用2000国家大地坐标系统。矢量数据采用地理坐标,即以"度"为单位;栅格数据采用高斯-克吕格投影3度分带。高程为1985国家高程基准。

(2)数据格式。数据格式为 ArcGIS 软件的 shp 文件或空间数据库 gdb(或 mdb)文件。图件成果为 jpg 格式,以及带数据文件及相对路径的 ArcGIS 的 mxd 文件。

(3)精度要求及工作底图。采用地理国情普查数据作为生态保护红线划定的工作底图,以 1∶10000(0.5m 分辨率)的数字正射影像 DOM 为主,红线采集精度能与其套合。行政区划图采用地理国情普查成果。红线区面积计算投影面积,单位为平方米,保留小数点 2 位。

4. 生态保护红线成果

生态保护红线划定成果包括文本、图件、登记表、台账数据库、技术报告等。涉及的保密数据成果存储及使用应按照国家保密相关规定要求执行。

(二)永久基本农田划定

1. 划定内容

永久基本农田划定主要是根据土地利用变更调查、耕地质量等级评定、耕地地力调查与质量评价等成果数据,以国家、省、市县永久基本农田划定的最终成果为基础,按照《基本农田划定技术规程》,对规划期内需占用基本农田的重点项目进行梳理,按照"数量不减少、质量不降低"原则在区域范围内对基本农田进行调整,划定永久基本农田保护红线。

2. 划定依据

国土三调成果;

《基本农田保护条例》;

《基本农田数据库标准》(TD/T 1019—2009);

《土地利用数据库标准》(TD/T 1016—2007);

《基本农田划定技术规程》(TD/T 1032—2011)等。

3. 划定流程(见图 4-3)

第一步:基础数据收集整理

收集土地利用总体规划资料、土地利用现状调查资料、已有基本农田保护资料、农用地分等级资料、其他土地管理相关资料,整理出划定的永久基本农田、最新的土地利用变更调查、耕地质量等别评定、耕地地力调查与质量评价等成果数据。

第二步:基本农田划出

根据国家、各省重点建设项目占用需求和生态退耕要求等进行基本农田划出。依据土地利用变更调查、耕地质量等别评定、耕地地力调查与质量评价等成果数据,统计分析划出基本农田的数量和质量情况。

第三步：确定基本农田补划潜力

根据最新的土地利用变更调查数据，充分考虑水资源承载力约束因素，明确在已划定基本农田范围外、位于农业空间范围内的现状耕地，作为规划期永久基本农田保护红线的补划潜力空间。依据土地利用变更调查、耕地质量等别评定、耕地地力调查与质量评价等成果数据，明确补划潜力的数量和质量情况。

第四步：形成划定方案

校核划出永久基本农田和可补划耕地的数量和质量情况，按照数量不减少、质量不降低要求，确定 2030 年永久基本农田方案。

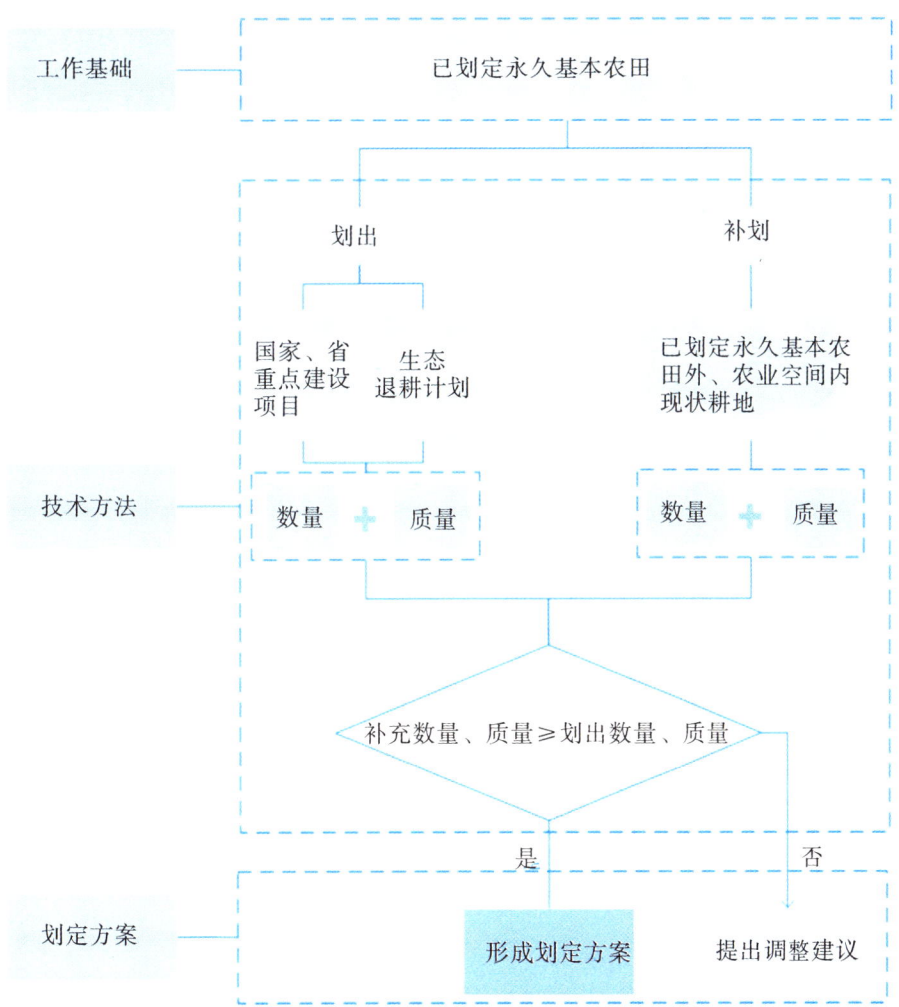

图 4-3　永久基本农田划定技术流程图

(三)城镇开发边界划定

1. 划定内容

依据资源环境承载能力评价、国土空间开发适宜性评价,以生态保护红线、永久基本农田作为限制性依据,明确不能开发建设的国土空间刚性边界,同时提出允许开发建设的国土空间区块;其次,预测人口规模以及控制的城镇人均建设用地指标作为控制性依据,得出满足城镇发展所需的合理建设用地规模。城镇开发边界划定中,以限制性依据、控制性依据为基础,综合考虑城镇发展定位,最终确定城镇开发边界。

2. 划定依据

《城市用地分类与建设用地标准》(GB50137—2011);

《资源环境承载能力和国土空间开发适宜性评价技术指南》;

现有城乡规划和土地利用总体规划等。

3. 划定方法(见图4-4)

第一步:资料收集

收集整理市县行政区划、地表覆盖分类(地理国情普查)、现状地表分区、行政区划单元、道路、水域、地名、人口经济、城镇建成区、坡度带、高程带、地质灾害、永久基本农田、生态红线数据,以及土地利用总体规划、城乡规划、林业规划、产业园区规划等基础数据作为城镇开发边界划定的参考。

第二步:用地条件评价

通过资源环境承载能力评价确定不同区域对城镇扩张及产业布局的承载极限;通过国土空间开发适宜性评价确定不同区域城镇及产业开发建设的适宜程度。以"双评价"结果指导城镇开发边界划定。

第三步:城镇规模确定

依据市县历年城镇人口变化情况、城镇化水平情况与经济发展趋势,科学预测规划期内城镇人口规模,以人定地,明确城镇用地规模;结合产业发展基础、重大项目安排、经济增长水平,科学预测规划期内工业增加值规模。参考相关用地产出水平,以产定地,明确独立产业园区规模。以规划城镇用地和独立产业用地的总用地规模,作为城镇开发边界确定的数量基础。

第四步:城镇开发边界规模确定

依据不同区域的资源禀赋和开发适宜性条件,在城镇建设用地现状规模基础上按照一定的扩展系数确定规划期内城镇开发边界规模,最终形成开发边界总规模。

第五步:进行差异分析

在 GIS 平台上对同一区域的城乡规划与土地利用总体规划建设用地进行对比。通过分析城规与土规建设用地差异,明确"两规"之间建设用地冲突情况,为划定城镇开发边界提供依据。

第六步:城镇开发边界划定

依据"双评价"和"两规"差异分析对比内容,综合考虑城镇建设用地的适宜性、现行城乡规划与土地利用规划建设用地情况、城镇空间发展方向等,最终确定城镇开发边界。

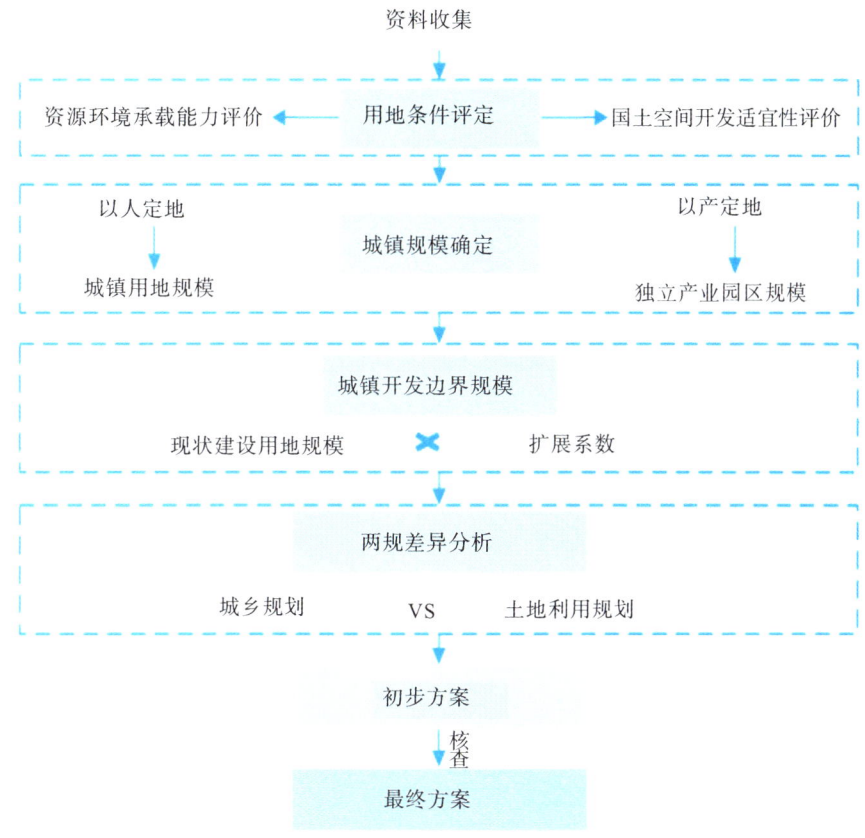

图 4-4 城镇开发边界划定技术流程图

三、规划分区划定

(一)主要内容

规划分区划定是依据资源环境承载能力评价和国土空间开发适宜性评价结果,从土地资源、水资源、环境质量、生态条件等评价因子入手,同时围绕目标战略和开发保护格局,结合地域特征和经济社会发展水平等,识别生态功能适宜性区域、农业功能适宜性区域、城镇功能适宜性区域以及其他功能适宜性区域,从而划定出生态保护与保留区、海洋特殊保护与渔业资源养护区、永久基本农田集中保护区、古迹遗址保护区、城镇发展区、农业农村发展区、海洋利用与保留区、矿产与能源发展区等。

(二)技术路径(见图 4-5)

第一步:规划分区识别

依托市(县)域各类资料情况,开展资源环境承载能力评价和国土空间开发适宜性评价,以综合评价结果为依据识别适宜农业生产、生态保护和城镇建设等区域,形成生态、农业、城镇等功能适宜性评价结果。

第二步:规划分区划定

基于生态功能适宜性评价结果,结合区域生态保护重要性、敏感性和脆弱性评价,考虑水源涵养、水土保持、生物多样性维护、防风固沙等不同功能,依据主体功能区战略、生态功能区划、生态环境保护规划、林地保护利用规划等相关规划,按照最大程度保护生态安全要求,合理划定生态保护区。县及以下层面将生态保护区进行细化,形成核心生态保护区、生态保护修复区和自然保留区。

基于城镇功能适宜性评价结果,结合以城镇和工业建设为主体的城镇优化发展、城镇重点发展功能区、区位比较优势、人口规模等级、产业基础等因素,按照促进城镇建设紧凑布局、集约高效要求,划定城镇发展区。县及以下层面将城镇发展区进行细分,形成城市集中建设区、城镇有条件建设区和特别用途区等区域。

基于农业功能适宜性评价结果,结合永久基本农田、集中连片优质耕地,统筹林、园、牧、渔等各类农业用地,以及农业现代化、农村新产业和新业态、新农村建设要求,合理划定以农业生产和乡村建设为主体的农业发展区以及永久基本农田保护区。

基于海洋开发与利用适宜性评价结果,结合实际情况,划定海洋特殊保护与渔业资源养护区和海洋利用与保留区。县级以下层面可将上述两个区域进行细化,形成海洋特殊保护区、海洋渔业资源养护区、海域利用区和无居民海岛利用区等。

其他如古迹遗址保护区、矿产资源开发区等区域通过现状资料、规划等情况进行直接识别,划定保护区范围。

第三步:分区结果校核

采用数字模型+遥感影像技术,对所划定的各类功能区进行外业校核,同时进行部分核查,最后结合区域主导功能区特点,对各功能区进行人为调整,形成最终成果。

（三）分区划分

市级层面在大的分区下划分二级类别：划定生态保护与保留区、海洋特殊保护与渔业资源养护区、永久基本农田集中保护区、古迹遗址保护区、城镇发展区、农业农村发展区、海洋利用与保留区、矿产与能源发展区等。

县级及以下层面在市级分区下划分三级类别：核心生态保护区、生态保护修复区、自然保留区、海洋特殊保护区、海洋渔业资源养护区、基本农田集中保护区、古迹遗址保护区、城市集中建设区、城镇有条件建设区、特别用途区、农业农村发展区、海洋利用区、无居民海岛利用区、海洋保留区、矿产与能源发展区等。

规划分区划分详见《市县国土空间规划分区与用途分类指南》。

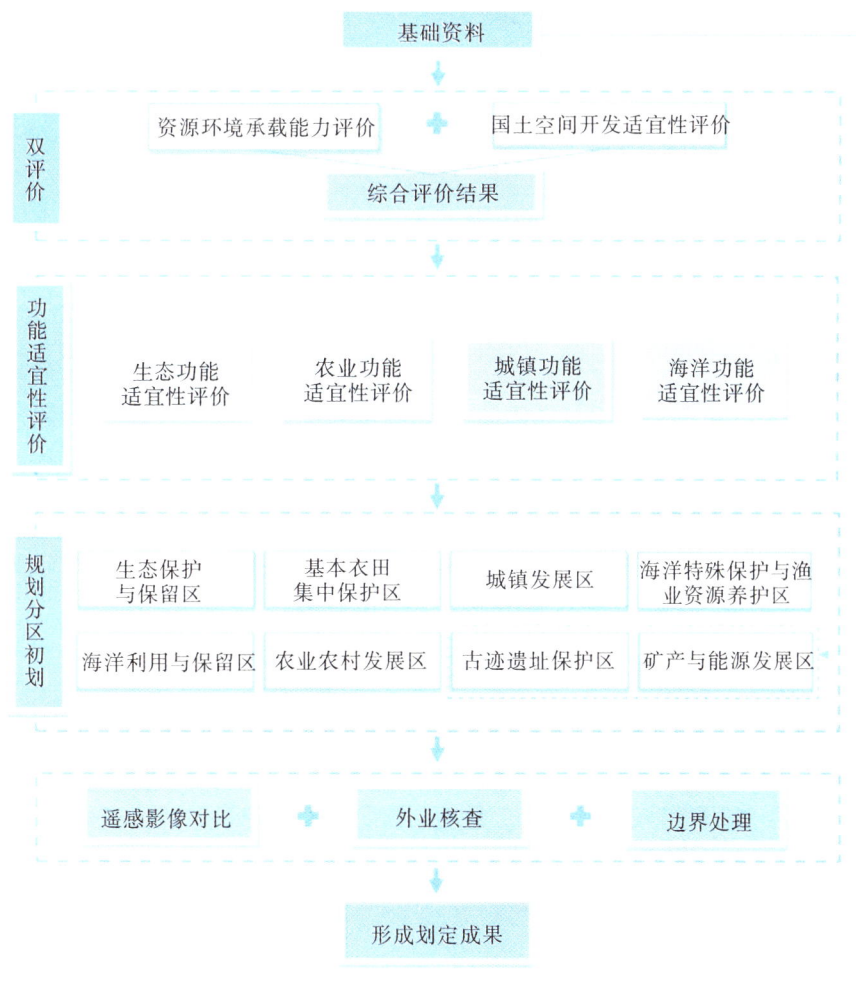

图4-5 规划分区划定技术路线图

四、空间管制

（一）管控体系

国土空间管控体系分全域（城市开发边界外）—片区（城市开发边界内的中心城区、乡镇）—单元（村庄、特殊保护区）三级体系，每个分区下按照用途进行分类。国土空间规划分区与国土空间规划用途分类共同构成国土空间规划管控支撑体系，分级承接传导、细化落实规划意图和管制要求。

（二）管控内容

1. 分区管控

分区管控又分为三级：全域（城市开发边界外）—片区（城市开发边界内的中心城区、乡镇）—单元（村庄、特殊保护区）。

全域（城镇开发边界外），落实上位规划和主体功能区定位要求，在国土空间开发保护格局的基础上，划定国土空间规划基本分区，并分别明确各分区的核心管控目标、政策导向与管制规则。空间分区应做到全域覆盖但不相重叠，一经确定不得随意调整，需受到严格的制度管控，控制线的弹性调整必须在对应的分区空间内进行。城镇开发边界外不得进行城镇集中开发建设，不得设立各类开发区，严格控制边界外政府投资的城镇基础设施资金投入，仅允许交通等线性工程、军事等特殊建设项目，以及直接服务乡村振兴的建设项目等。

片区（城镇开发边界）内实行"详细规划＋规划许可"的管制规则；在城镇开发边界内，建立完善与城市更新、功能转换、混合利用相关的许可制度。

自然保护地、重要海域和海岛、文物等遵循特殊保护制度。

2. 用途管控

按照当前国土空间规划用途分类指南，国土空间用途分类采用三级分类体系，共设置28种一级类、102种二级类及24种三级类。国土空间规划分区对应相应的土地用途。

（1）生态保护与保留区。核心生态保护区对应的国土用途主要有林地、天然牧草地、沼泽草地、其他草地、陆地水域、保护海域海岛、盐碱地、沙地、裸土地、裸岩石砾地、冰川及永久积雪地等及现状村庄；生态保护修复区对应的国土用途主要有林地、天然牧草地、沼泽草地、其他草地、水域、保护海域海岛、现状村庄及其他建设用地等。自然保留地对应的国土用途主要有陆地水域、盐碱地、沙地、裸土地、裸岩石砾地、其他草地、冰川及永久积雪地等。

（2）海洋特殊保护与渔业资源养护区。海洋特殊保护区和海洋渔业资源养护区对应的国土用途主要有海域海岛。

（3）永久基本农田集中保护区。永久基本农田集中保护区对应的国土用途主要有农用地及其配套农业生产服务设施、村庄等用地。

（4）古迹遗址保护区。古迹遗址保护区对应的国土用途主要有耕地、牧草地、园地、林地等。

（5）城镇发展区。城市集中建设区对应的国土用途主要有居住用地、公共管理与公共服务设施用地、商服用地、工业用地、仓储用地、道路与交通设施用地、公用设施用地、绿地与广场用地等各类城镇建设用地，以及村庄建设用地、水域、林地、耕地等用地。城镇有条件建设区对应的国土用途主要有村庄建设用地、区域基础设施用地、特殊用地等建设用地，以及水域、林地、草地等非建设用地。特别用途区对应的国土用途主要有水域、林地、园地、牧草地、文物古迹用地、其他建设用地（风景名胜区、森林公园、自然保护区等的管理及服务设施）等。

（6）农业农村发展区。农业农村发展区对应的国土用途主要有耕地、园地、林地、牧草地、村庄建设用地（农村住宅用地、村庄公共服务设施用地、村庄工业物流用地、村庄基础设施用地、村庄其他建设用地）、设施农用地等农业生产生活用地。

（7）海洋利用与保留区。海域利用区对应的国土用途主要有渔业用海、工业与矿产能源用海、交通运输用海、旅游娱乐用海、特殊用海等。

（8）矿产与能源发展区。矿产与能源发展区对应的国土用途主要有区域公用设施用地（区域性能源设施）、采矿盐田用地等。

用途分类划分详见《市县国土空间规划分区与用途分类指南》。

五、信息管理平台

（一）总体架构

国土空间基础信息平台建设应整合各部门空间性规划成果、全域数字现状等信息资源，实现横向部门协同、纵向信息联动（见图4-6）。

横向部门协同：应依据政务信息化工程相关规划，充分与其他系统进行对接，确保信息共享和功能交互。

纵向信息联动：建立贯穿国家、省、市、县级的国土空间基础信息平台的信息交换体系,利用多级数据交换中心实现信息传输、存储和监控,形成上下互通的业务协同网络。

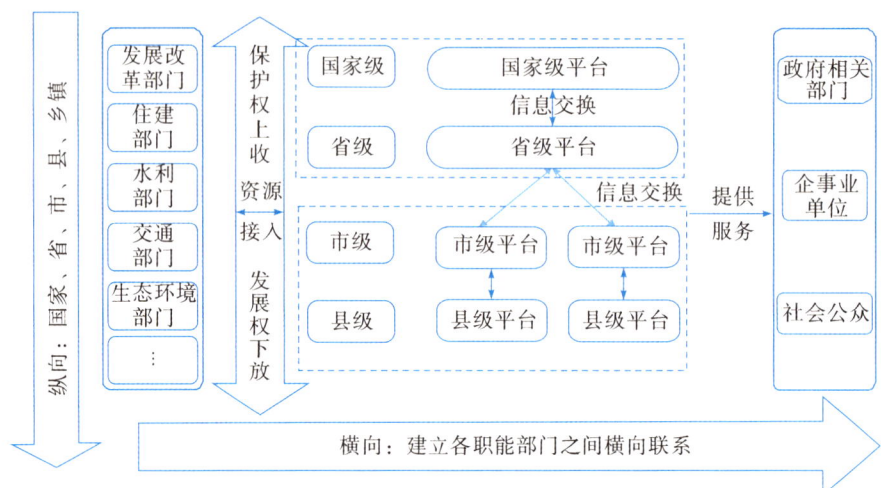

图4-6　国土空间基础信息平台总框架

(二)设计思路

按照"以数据为核心、以集成为重点、以共享为前提、以应用为目标、以服务为宗旨"的设计思路,以国土空间规划总技术路径为主线,以国土空间规划各项成果为基础,坚持标准化、便捷化、精准化、协同化原则,把握以"规划管理更直观、空间管控更精准、政务服务更高效"的总体要求,建设集规划分析、智能评价、规划编制、规划管理、规划应用等功能于一体的国土空间基础信息平台。通过信息平台的统一、衔接、管控作用,建立健全空间规划体系,有力支撑提升国土空间治理能力和效率,推进国家生态文明建设和城市治理能力现代化水平,最终实现智慧化管理(见图4-7)。

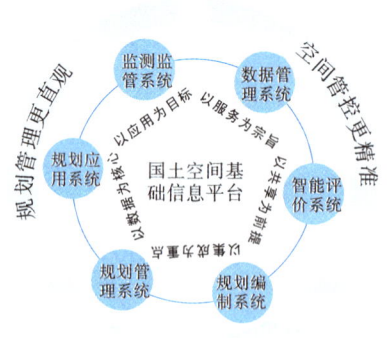

图4-7　国土空间基础信息平台设计思路

(三)数据库建设

1. 建设目的

数据库是信息平台的内容支撑,信息平台的使用要以数据库的调用为前提。因此,数据库的建设是搭建国土空间基础信息的一项基础性也是核心工作,是连接国土空间规划成果与信息平台的纽带。

2. 建库流程

(1)标准规范体系建设。标准规范是信息平台建设和应用的重要依据,国土空间基础信息平台建设涉及的内容众多,各专业所依据的编制标准互不一致,为了保证项目顺利实施及保证项目质量,满足业务管理的实际需求,依据国家、省市有关规章及行业标准规范,根据项目的特点和具体实施要求,制定适用的、开放的、先进的标准化体系,包括《国土空间规划编制成果数据建库规范》等数据建库规范,建立《国土空间规划共享交换管理规定》《国土空间基础信息数据服务接口规范》等数据共享服务规范,建立《国土空间基础信息平台运行管理办法》等运行管理机制和管理办法。

(2)数据库建设。国土空间基础信息数据库的建设包括资料收集、数据转换、数据编辑、数据质检、数据入库(见图4-8)。

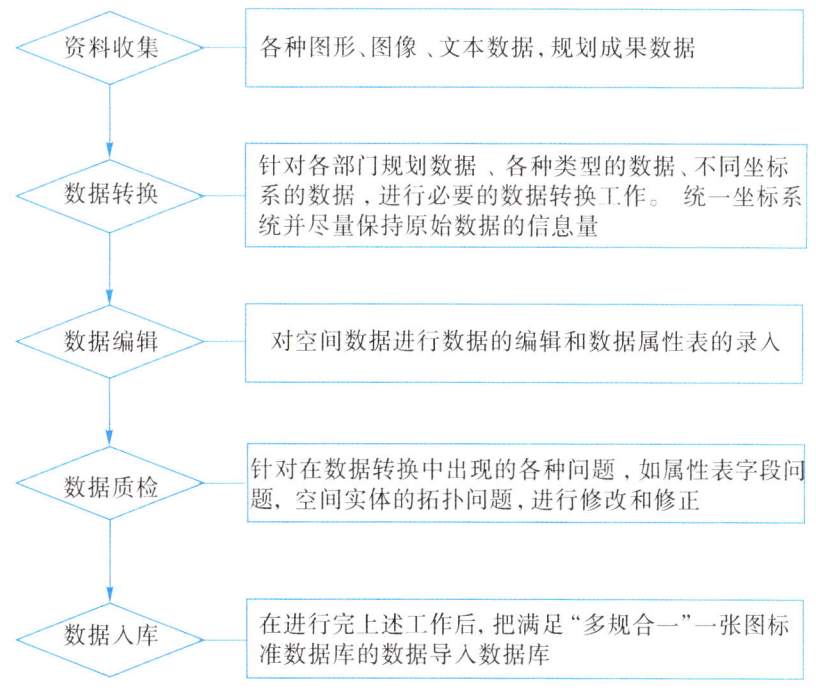

图4-8 国土空间基础信息数据库建库过程

(3)数据库内容。国土空间基础信息数据主要包括四大方面内容:现状数据、规划数据、管理数据、社会经济数据。各数据库包含内容(见图4-9)。

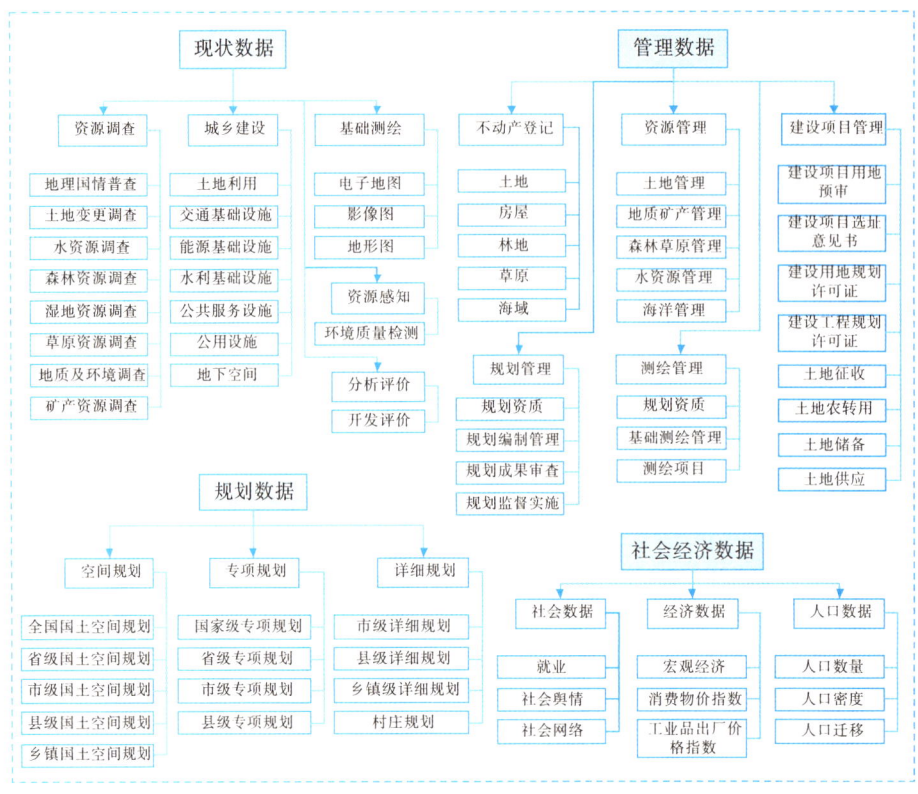

图4-9 国土空间基础信息数据库建设内容

(四)平台功能建设

结合国土空间规划对信息平台的功能需求分析,平台建设主要包括六大系统,即数据管理系统、智能评价系统、规划编制系统、规划管理系统、规划应用系统以及监测监管系统(见图4-10)。

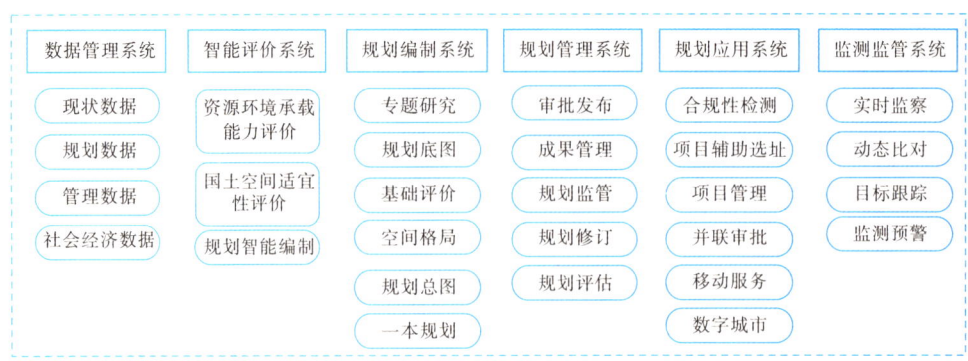

图4-10 国土空间基础信息平台建设内容

1. 规划分析系统

实现对以土地利用现状、矿产资源现状、地理国情普查、基础地质等为主的空间现状数据;以国土空间规划、详细规划、专项规划为主的空间规划数据,以土地审批、土地供应等空间开发管理为主的空间管理数据,以人口、宏观经济等为主的社会经济数据进行实时管理与更新(见图4-11)。

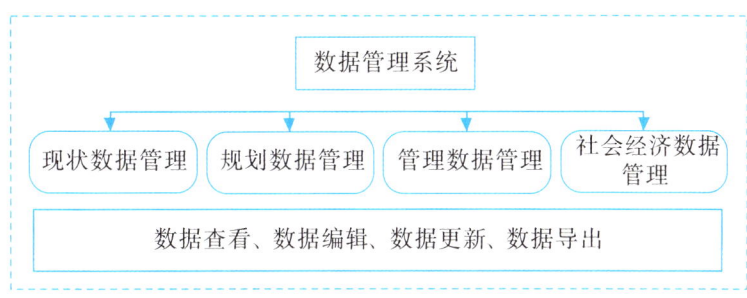

图4-11 规划分析系统建设内容

2. 智能评价系统

利用信息平台,实现智能生成双评价结果,展示各评价条件下的数据图形以及最终评价成果。同时,对国土空间规划的编制过程提供智能化辅助服务,提高规划编制的效率,增强规划的科学性(见图4-12)。

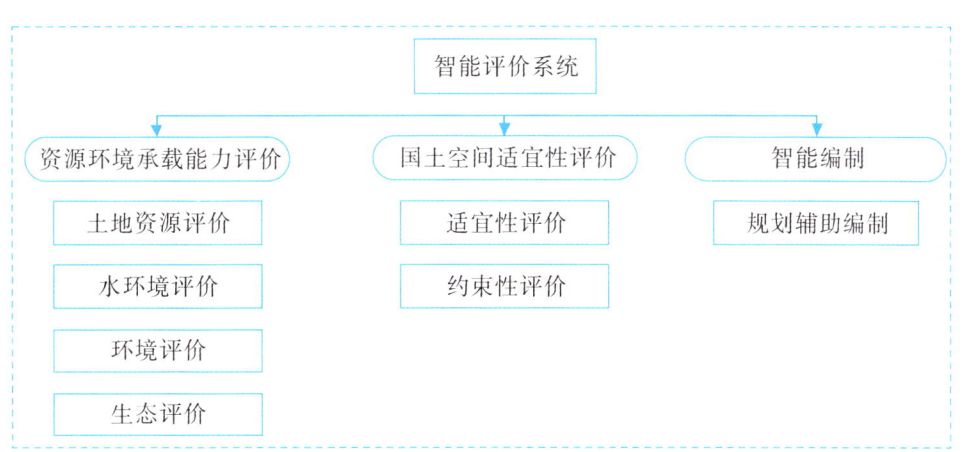

图4-12 智能评价系统建设内容

3. 规划编制系统

展示从工作底图的绘制到最终形成一本规划和一张蓝图,各阶段国土空间规划编制成果图层(见图4-13)。

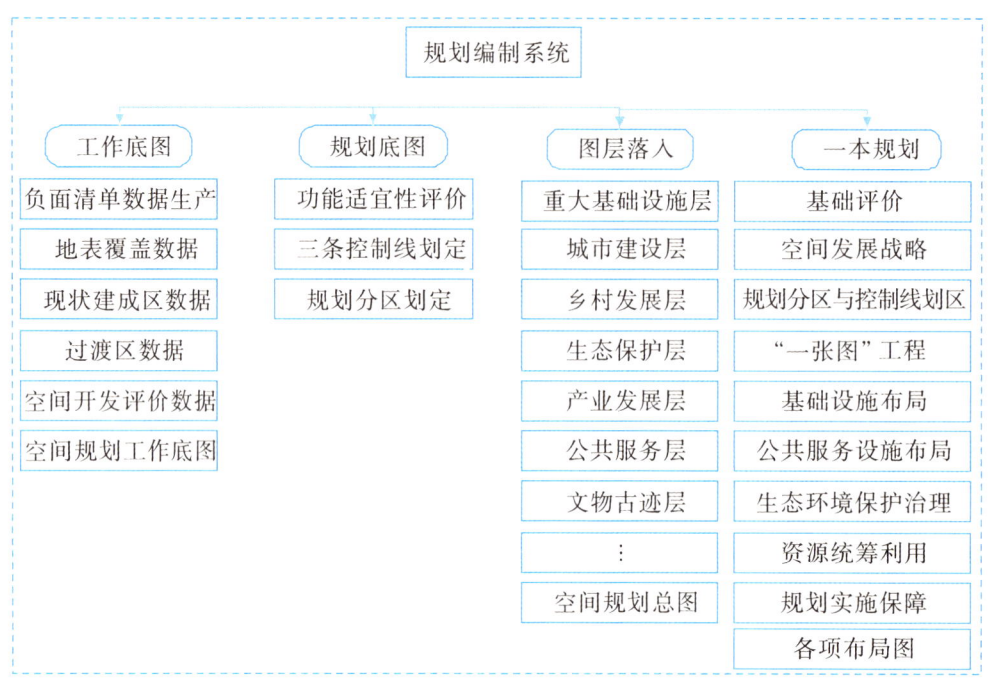

图 4-13 规划编制系统建设内容

4. 规划管理系统

对规划实施到修订、评估各阶段进行在线管理，利用平台实现国土空间规划各阶段流程控制，保障规划的顺利实施（见图 4-14）。

规划管理系统			
成果管理	规划监管	规划修订	规划评估
各类数据检查、修改、入库及动态更新管理等。支持规划成果地图浏览、数据管理、历史数据管理、查询统计、空间分析、地图输出、安全管理、数据交换等功能	规定的权责事项通过审批流程、投资项目审批权限、利用信息平台对业务的并联审批工作、规划指标体系、规划实施情况进行监督、检查	当空间规划或者其他规划需要修订时，通过信息平台，严格执行修订审核流程，实行在线审批	定期对区域发展建设情况与规划进行评估，评估发起部门在信息平台上在线申请评估，各部门按流程审批，组织评估工作

图 4-14 规划管理系统建设内容

5. 监测监管系统

重点是利用卫星遥感、无人机等技术手段对基础地理、土地、矿产、地质等国土空间资源进行实时监察、动态比对、目标跟踪和监测预警（见图 4-15）。

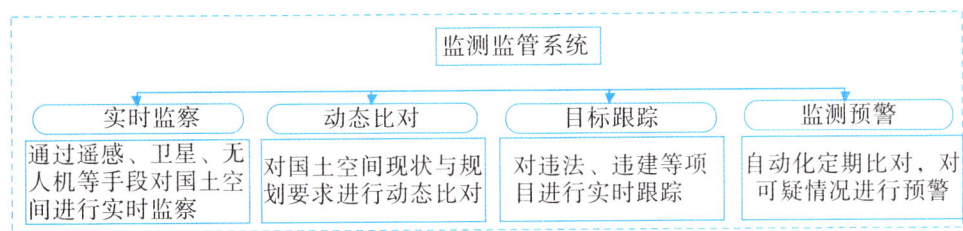

图 4-15　监测监管系统建设内容

6. 规划应用系统

利用平台,实现项目合规检测、辅助选址、项目管理、并联审批等应用功能,提高政府服务效率,同时延伸到移动服务、数字城市,最终实现智慧城市的建设功能(见图4-16)。

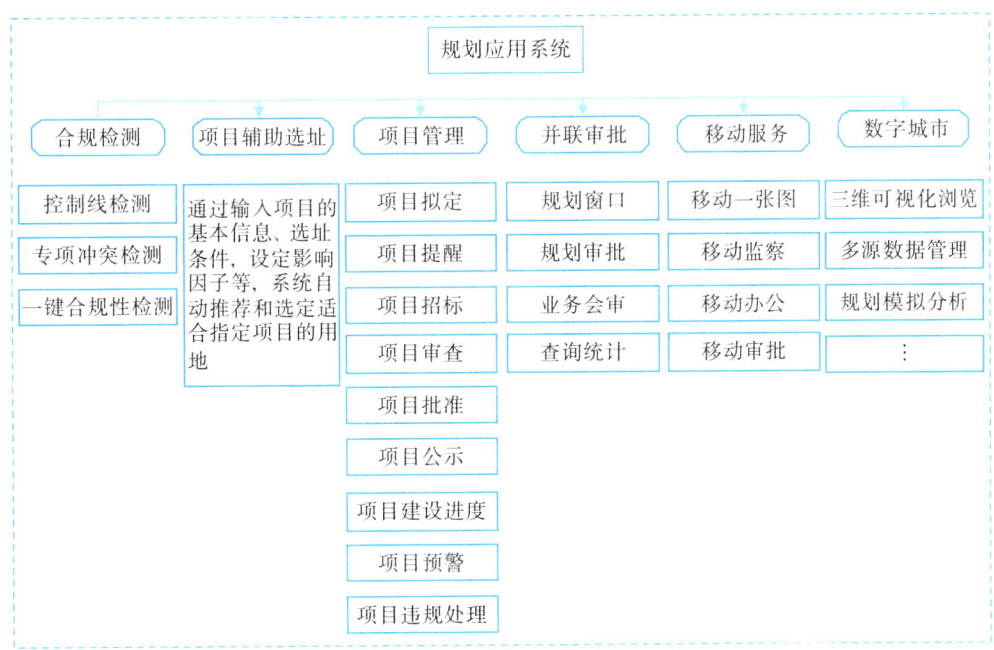

图 4-16　规划应用系统建设内容

第五章

国土空间规划用地分类标准研究

第一节 研究综述

一、研究背景

随着空间规划体制改革深入推进,党和国家机构改革全面完成,以自然资源管理部门为主的国土空间规划管理体制全面建立。其重要职责之一就是统一行使所有国土空间用途管制和生态保护修复职责,着力解决自然资源所有者不到位、空间规划重叠等问题。国土空间规划是自然资源管理的龙头,将在自然资源管理中起到统领的作用,从自然资源部成立、部主管部门主持召开多项座谈会,到调研等一系列活动可以看出,建立统一的空间规划体系、探索"多规合一"模式下的国土空间规划编制已成为自然资源部门开展新工作的重要抓手。

用地分类标准是编制各种空间类规划的重要基础性依据,也是统一空间规划体系的重要技术前提。由于规划体制、法规标准等原因,我国土地规划及城乡规划之前隶属于两个部门,考虑管理需求,两个部门分别制定了不同的用地分类标准,并在各自规划体系下实施。长此以往,导致在同一空间区域中不同规划对于同一用地的属性定义不一,尤其是土地利用规划(以下简称"土规")与城乡规划(以下简称"城规")在土地利用上的诸多矛盾,引起了"两张皮"现象,给规划的实施和管理工作带来极大困难。

同时还削弱了"土规"与"城规"在土地利用和城乡建设发展上的权威性,造成了生态、耕地时有侵扰,城市建设用地规模屡屡突破规划限制,土地用途管制落实不力,土地违法屡禁不止等问题。因此,研究空间规划用地分类标准,建立科学合理的土地利用分类体系,正确划分用地类型,明确用地的唯一属性,是解决空间矛盾的基础前提。

二、研究主旨

用地规划作为传达空间规划管控目标的重要载体,反映了规划控制用地的目标。不同的空间性规划为实现自身的空间规划管控目标,构建了不同的用地分类标准,导致了以城规和土规为主的空间规划之间用地属性、规模及布局不一致,并成为建设用地项目落地难、用地规划频繁调整、生态空间破碎化的重要原因。用地规划的"合一"是推动空间规划改革的关键,而其前提是用地分类标准的统一。本研究报告就我国"两规"用地分类现状、存在问题、本质差异及协调路径进行分析,在此基础上提出我国国土空间规划用地分类标准整合的方案与建议,旨在解决我国国土空间规划中多规冲突及用地差异矛盾问题,确保土地规划属性唯一,为实现"一本规划、一张蓝图"的国土空间规划编制提供技术支持。

三、研究内容

(一)研究范畴

根据规划管理部门设置和职能划分,空间性规划主要以主体功能区规划、城规、土规和环境保护规划等四类规划为主,还涉及农业、林业、水利、交通、工信、文物、旅游、民政、测绘等部门部分空间要素落地的专项规划。而各类空间性规划中涉及用地分类的主要是土规和城规,因此本研究涉及用地分类标准研究的范畴为土规和城规(以下统称为"两规")。

(二)研究内容

本次研究从"两规"标准的制定背景、标准内容、法律依据等表面解析其差异,提出两部门用地分类标准的不协调问题,借鉴相关的研究成果和经验,提出用地分类标准统一的原则、方法及内容,以提高土地分类标准的科学性、系统性和严肃性。

（1）对"两规"用地分类标准的发展演变进行梳理，并对"两规"现行用地分类标准进行解析。

（2）从法定依据、目标和内容等方面对"两规"规划体系下各用地分类标准进行对比研究。

（3）从规划管理、法规体系等多方面探究"两规"用地分类标准产生差异的原因。

（4）综合以上分析内容，梳理出国土空间规划用地分类标准的协调统一思路，并提出具体建议。

第二节 "两规"用地标准解析

一、规划体系

（一）城乡规划

依据《中华人民共和国城乡规划法》，我国的城乡规划体系由城镇体系规划、城市规划、镇规划、乡规划和村庄规划共同组成。城市规划、镇规划分为总体规划和详细规划。详细规划分为控制性详细规划和修建性详细规划。

2019年4月23日第十三届全国人民代表大会常务委员会第十次会议修改的《中华人民共和国城乡规划法》为城乡规划的基本法律，建设部颁发的《城市规划编制办法》是城乡规划实施的依据。

1. 城镇体系规划

城镇体系规划为规划主管部门在调节城市和乡村发展以及统筹各类资源的分配上提供依据，但由于其在实际编制中没有使用到用地分类标准，故本文不予研究。

2. 城市规划

作为城乡规划体系中的重要空间规划，其内容是研究城市未来发展、合理布局城市功能及各项工程，并在规划期限内使城市在各方面达到规划的预期，明确城市总体发展方向、规模和性质。

城市规划技术标准方面，自1991年3月正式实施的《城市用地分类与规划建设用地标准》(GB J137—90)(以下简称《用地标准》)是我国指导城市规划用地分类的第一部国家标准,2008年《城乡规划法》正式实施后,《用地标准》不能适应城市规划的发展,2011年修编了《城市用地分类与规划建设用地标准》(GB 50137—2011)(以下简称《用地标准》修订版),该标准体现了《城乡规划法》中城乡统筹的基本理念,增加了城乡用地分类,并逐步和土地利用规划的相关标准对应。

3. 镇规划

镇是城市和乡村连接的重要节点,在城乡规划体系中起着承上启下的作用。镇规划包括总体规划和详细规划,2007年5月1日施行的《镇规划标准》是镇规划的核心技术标准,其用地分类标准是以1990年版的《城市用地分类与规划建设用地标准》为基础制订,与后来的《用地标准》修订版差异较大。

4. 乡规划和村庄规划

依据《城乡规划法》,两个规划在乡层面和村庄层面是城乡规划体系在农村的主要规划,其主要依据的技术标准为住建部印发的《村庄规划用地分类指南》(以下简称《指南》)。

(二)土地利用规划

土地利用规划是对一定区域未来土地利用的计划和安排,是区域社会经济发展和土地利用的综合经济技术措施。我国现行的土地利用规划体系由土地利用总体规划、详细规划和专项规划三个层次组成。为了便于编制规划和实施规划,总体规划又分为全国—省—市—县—乡五级,近年来,为了更好地统筹村土地利用,协调村庄生产、生活和生态用地需求,国家部委在部分地区试点开展村庄土地利用规划,各级土地利用规划之间存在相互联系和相互补充的错综关系,上一级规划对下一级规划起着指导管控作用,而下一级规划对上一级规划存在反馈作用。现行的主要规划法规依据为2004年修编的《中华人民共和国土地管理法》(以下简称《土地管理法》)和2017年颁布的《全国土地利用总体规划纲要(2016—2030年)》。

二、城乡规划用地分类标准解析

(一)城乡规划用地分类标准

本次研究涉及的城乡规划包括城市规划、镇规划、乡规划和村庄规划,其依据的标准主要有三个：《用地标准》修订版、《镇规划标准》（GB 50188—2007）以及2014年住建部印发的《指南》。

《用地标准》修订版新增城乡用地分类，共分为2大类、9中类、14小类，体现了城乡统筹的理念。

《镇规划标准》在对旧版的《村镇规划标准》进行修订的基础上产生，其适用范围包括全国县级人民政府驻地以外的镇规划，同时乡规划也可按此标准执行。其中规定镇用地按土地使用的主要性质划分为9大类、30小类。

2014年《指南》的印发填补了村庄层面的空缺，住建部规定各地应当依照《指南》要求规范村庄规划编制，加强农村建设规划。编制村庄规划，用地分类一般采用《指南》中类，根据需要可采用小类，可因地制宜采用该《指南》全部或部分用地类别。

（二）《城市用地分类与规划建设用地标准》（GB 50137—2011）解析

1. 成因背景及依据

2007年国务院第199次会议形成了《有关贯彻落实国务院有关促进节约集约用地的通知》，该通知要求从严控制城市用地规模，加快城市规划相关技术标准的制定和修改，以促进城市用地的合理化和科学化，保障城市与乡镇统筹发展。2008年实施的《城乡规划法》明确了城乡规划工作中"城乡统筹"的新要求和"依据标准规范进行规划"的原则，提出覆盖城乡的规划体系，上述这两个方面共同构成了《城市用地分类与规划建设标准》修改背景，并且是《用地标准》修订版修改的推动力和坚实保障。

2. 用地分类简介

为了清晰地表达和反映城市用地使用政策和布局安排，《用地标准》修订版分类基本按土地使用的主要性质进行分类和命名，其用地分类包括了城乡用地分类、城市建设用地分类两个部分，采用大类、中类和小类三级分类体系。其中城乡用地共分为2个大类、9个中类、14个小类，城市建设用地共分为8个大类、35个中类、42个小类。

3. 主要内容变化

《用地标准》修订版对原标准进行了结构性调整，在具体内容方面，着重体现在对相关的概念划分和内涵的改变。在概念方面，增加"城乡用地分类与代码"，包括城乡居民点建设用地、区域其他用地、非建设用地等；在内涵方面，对居住用地、工业用地、市政设施用地、绿地与广场用地等小类进行了调整。除此之外，《用地标准》修订版还考虑到市场性和公益性，对原标准中的"公共设施"重新进行了定义，例如将医院、学校、体育设施等涉及民生设施的用地划为公共管理与公共服务设施用地，而将商业、娱乐、市场等经营性的用地划为商业、商务、娱乐等用地。

4. 优化及问题

(1)《用地标准》修订版适应了当前我国市场经济条件的发展，针对政府职能转变及城市发展转型，在调控城市空间资源、协调各方利益、维护社会公平、促进城乡统筹发展等方面，起到了发挥城市规划公共政策调节的技术支撑作用。

(2)《用地标准》修订版更加强调与《土地利用现状分类》之间的衔接。在对《土地利用现状分类》一级类名称和包含内容进一步甄别的基础之上，《用地标准》修订版在同等含义的地类上尽量与前者相互衔接，以利于城乡规划在基础数据调查时提高统计工作效率。

(3)在"城市建设用地"方面，优化了其指标统计标准。"城乡用地分类和代码"中将服务于比城市更大范围的几类用地从"城市建设用地"中分离出来，这一改变使得《用地标准》修订版更加适用于现今规划发展特点。

《用地标准》修订版提出了分层次控制的方法，即按照规划的空间层次将城市建设用地与镇、乡、村庄的建设用地设为平行类别，以便能与城乡规划体系保持较好的衔接。但是，这也在客观上产生了不同层级用地分类在同一城市空间层面上表达时的衔接和协调问题。

(三)《镇规划标准》(GB 50188—2007)解析

1. 成因背景及依据

随着我国城镇化推进，小城镇快速发展，原有的镇规划理论指导已不能适应村镇快速发展的势头，为了保证镇规划的水平与质量，促进我国城乡经济、社会和环境的协调发展，2007年在原有《村镇规划标准》的基础上，出台了针对小城镇的《镇规划标准》，并于同年5月实施。不同于《用地标准》修订版，《镇规划标准》包含技术标准和编制办法两部分，而用地分类标准是其中的组成内容之一。其具体分类体系延续《村镇规划编制办法》，同时结合旧版地类划分体系进行调整，这就在用地分类上与《用地标准》修订版存在较大差异。

2. 主要内容变化

《镇规划标准》(GB 50188—2007)中与用地相关的内容集中于第四部分的用地分类和计算，由于编制时间关系(《用地标准》修订版修编晚于《镇规划标准》(GB 50188—2007)的制定时间)，镇规划标准中关于镇用地的分类沿用城市用地分类标准修订之前的形式，公益性与商业性公共设施没有分开，均位于C类公共设施用地，其用地共分为9大类30小类,增加有防灾设施用地和保护区用地。

3. 相关问题解读

与《用地标准》修订版专门适用于用地分类的标准不同的是,《镇规划标准》GB 50188—2007涵盖了镇规划编制所需要的技术准则及编制方法,用地分类仅为其中的一部分内容,是在《村镇规划标准》基础上修订的。《用地标准》修订版总则中规定本标准适用于城市、县人民政府所在地镇和其他具备条件的镇的总体规划和控制性详细规划的编制,用地统计和用地管理工作,这就导致对于部分建制镇的规划可适用城市分类标准和镇规划标准,两个标准在适用范围上出现交叉重叠。

(四)《村庄规划用地分类指南》解析

1. 成因背景及依据

2007年《村镇规划标准》废止,2007年版《镇规划标准》(GB 50188—2007)颁布后,其适用范围并不包括村庄,导致在国家层面,一定时期内村庄规划没有明确的用地分类标准指导,部分省市依据相关情况编制了村庄规划技术导则。为了规范乡村规划的编制,进一步加强规划建设管理,促进乡村经济、社会和环境的协调发展,2014年7月,住建部印发了《指南》,用于指导村庄的规划编制、用地统计和用地管理工作。

2. 主要内容解读

《指南》是国家在编制正式的"村庄规划用地分类标准"之前的一个指导性标准文件,旨在弥补村庄规划中缺乏国家用地分类标准的空白。该《指南》将村庄用地划分为村庄建设用地"V"、非村庄建设用地"N"及非建设用地"E"共三大类。其中村庄建设用地V对应"城乡用地分类和代码"中的H14村庄建设用地,非村庄建设用地对应"城乡用地分类和代码"的H类中除村庄建设用地外的建设用地,非建设用地E对应"城乡用地分类和代码"中的非建设用地E。在相似含义的用地分类上,基本与《用地标准》修订版城乡用地分类标准及《土地利用现状分类》相衔接。

三、土地利用规划用地分类标准解析

土地利用规划采用了现状用地统计与规划用地分类分离的方式进行用地类型划分,标准分别为《土地利用现状分类》和"土地规划用途分类及含义"(《市县乡级土地利用总体规划编制指导意见》中提出),两者分类均以《土地管理法》中对于用地划分原则为依据,但《土地利用现状分类》中对于用地的定义、分类更加详细、具体,而"土地规划用途分类及含义"在与城乡规划中的城市、镇及乡村的用地相协调、城乡统筹等方面做得更好,两者之间可按照不同地类级别进行转换。

(一)土地利用现状分类

1. 成因背景

自20世纪80年代起,我国开展了大规模的土地利用分类的系统研究。国土部门先后颁布了《土地利用现状调查技术规程》《城镇地籍调查规程》《全国土地分类(试行)》。伴随着第二次全国土地调查逐渐深入进行,土地利用规划的第一个关于用地分类的国家标准《土地利用现状分类》也随之产生,并于2017年重新修订《土地利用现状分类》(GB/T 21010—2017)。

2. 内容解读

土地利用现状分类严格按照分类学和土地管理的要求进行土地利用现状类型的划分和归纳:一是按照类型的唯一性进行划分;二是按照土地利用方式、土地用途、覆盖特征和经营特点4个主要指标进行土地分类,采用的是单一的分类指标进行各级土地类别的划分。

修编后的《土地利用现状分类》秉持满足生态用地保护需求、明确新兴产业用地类型、兼顾监管部门管理需求的思路,完善了地类含义,细化二级类划分。二级类由57个变为73个,主要增加林地二级类划分,同时对商业、工矿、住宅、公共管理与公共服务等建设用地的二级类细化,与城乡规划的《用地标准》修订版基本建立了一对一或多对一的对应关系,为两规建设用地标准协调奠定了基础。

(二)土地规划用途分类及含义

1. 成因背景

土地规划用途分类及含义不是单独一个规范标准,而是以附录形式出现在乡(镇)级、县级和市级的土地利用总体规划编制规程中,是在参照《全国土地分类(过渡期适用)》和《土地利用现状分类》两个标准的基础上,以《土地管理法》为基本依据分为三个一级类,延续了《土地管理法》中三大类的分类,对于规划而言,更加强调土地管理,同时保持与《土地利用现状分类》的衔接关系。

2. 内容解读

相对于《土地利用现状分类》而言,土地规划用途分类及含义更侧重于对规划层面城乡用地的控制,从土地利用规划的角度出发,加强对建设用地中类的区分,将城乡用地单独设立种类,加强了与城乡规划体系的联系。

土地规划用途分类及含义采用三级分类体系主要有以下特点:一是强调分类的连

续性，该分类标准在于《土地利用现状分类》相互之间的转化中，具有良好的延续性；二是强调基本农田的保护，该分类标准承接了《土地管理法》对于基本农田保护的思想，从大类上可看出农用地在分类标准中的地位，与城乡规划不同的是"土地规划用途分类及含义"中的建设用地划分的本质出发点是对建设用地的控制，而对农用地则分类更为详细。

四、小结

通过对"两规"相关用地分类标准的解析可发现城乡规划体系下现行用地分类标准主要有《用地标准》修订版、《镇规划标准》及《村庄规划用地分类指南》，虽然《用地标准》修订版与《镇规划标准》在适用范围上有部分重叠，但总体而言三个标准可完全覆盖城市、县、镇乡、村庄四个不同层面。

土地利用规划体系下现行主要标准有《土地利用现状分类》和"土地规划用途分类及含义"，前者对于地类的划分和定义更加具体，后者更加体现城乡统筹的思想。两者都依据《土地管理法》作为分类依据，大多数地类定义相同，相互之间转换方便，而《土地利用现状分类》作为国家标准具有很强的实践意义。

城乡规划在城市层面的各项规划均以建设用地的合理布局为主要目的，而在镇、乡和村庄规划中由于非建设用地的增多，地类统计与划分在数据上对应不上成为在实践中与土地利用规划的主要矛盾点之一。

因此，本文在城市层面将《用地标准》修订版的"城乡用地分类和代码"与土地利用规划中更加体现城乡统筹思想的土地规划用途分类及含义进行地类对比；在一般镇乡和村庄层面将《镇规划标准》及《村庄规划用地分类指南》与《土地利用现状分类》进行对比分析。

第三节 "两规"用地分类标准差异分析

一、"两规"规划管理体系

2018年3月之前，"两规"分属于住建部和国土部。2018年3月第十三届全国人民代表大会第一次会议批准的国务院机构改革方案提出设立自然资源部,将原住建部的城乡规划管理职责、国土部的职责归入自然资源部,但新部门对"两规"中的标准差异问题尚未出台明确的办法,因此,本次研究仍然就"两规"各自管理体系下形成的标准体系进行分析。

(一)"两规"标准在管理体系上的差异

由于两部门管理导向等不同,在编制各自规划标准上不仅体现在标准内容的不同,同时也体现在各自规划编制过程中对标准运用的差异,"两规"的相关标准在编制过程中更多考虑各自规划在实际应用中的需要。

(二)各标准的应用范围及内容侧重点不同

"两规"用地分类标准具有不同的应用范围,因而具体地类划分有所不同,这就加大了相互协调的难度。城乡规划体系中《用地标准》修订版和《镇规划标准》(GB 50188—2007)在非县级人民政府所在地镇规划中有所重叠。其规定适用范围中"其他具备条件的镇"体现了因地制宜、视具体情况而定的意图,但是在具体操作时,很难去界定是否具备条件;《指南》则用于指导各地村庄的规划编制、用地统计和用地管理等工作。这几个标准的用地范围涵盖了城乡规划体系所包含的所有范围。

《土地利用现状分类》中规定适用于土地调查、规划、评价、统计、登记及信息化管理等工作,即"所见即所得",反应的是土地的现实状况,而非土地的功能潜力,土地规划用途分类及含义属于《市县乡级土地利用总体规划编制指导意见》中的内容,是为了更好开展现实土地利用总体规划工作,更体现出土地规划与建设管控的思想。

此外,在标准的内容方面,城乡规划体系下各标准是基于城市的建设与发展,因此其在内容上往往对于建设用地的划分更为详细,而在非建设用地,特别是农用地的分类说明上较为简单。而土地利用规划体系下的《土地利用现状分类》则不同,它侧重于土地的综合利用与耕地保护,对类似耕地、林地、园地和草地的非建设用地划分更为细致,土地规划用途分类及含义则兼顾建设用地与非建设用地的划分,对于非建设用地比城乡规划体系下标准更详细,而建设用地划分则从建设控制出发,与城乡规划标准衔接,但仍然不够完善。

二、"两规"用地分类标准的法定依据

(一)法定依据的要求差异

城乡规划和土地利用规划的法规体系均遵循着我国法律、法规的体系标准,虽然各法规中不会直接规定具体的用地分类,但通过分析各层次法规依据中与土地相关的内容可以发现,由于出发点和侧重点不同,从而得到法律、法规、规章及条例等对于不同性质用地的要求不同(见表5-1)。

表5-1 "两规"的主要法定依据及用地相关内容概要一览表

类型	名称	内容
法律	《中华人民共和国城乡规划法》(2008)	城市总体规划、镇总体规划以及乡规划和村庄规划的编制,应当依据国民经济和社会发展规划,并与土地利用总体规划相衔接。在乡、村庄规划区内进行乡镇企业、乡村公共设施和公益事业建设以及农村村民住宅建设,不得占用农用地;确需占用农用地的,应当依照《中华人民共和国土地管理法》有关规定办理农用地转用审批手续后,由城市、县人民政府城乡规划主管部门核发乡村建设规划许可证
	《中华人民共和国土地管理法》(2004)	国家编制土地利用总体规划,规定土地用途,将土地分为农用地、建设用地和未利用地。严格限制农用地转为建设用地,控制建设用地总量,对耕地实行特殊保护
		农用地是指直接用于农业生产的土地,包括耕地、林地、草地、农田水利用地、养殖水面等;建设用地是指建造建筑物、构筑物的土地,包括城乡住宅和公共设施用地、工矿用地、交通水利设施用地、旅游用地、军事设施用地等;未利用地是指农用地和建设用地以外的土地。严格保护基本农田,控制非农业建设占用农用地
		城市总体规划、村庄和集镇规划,应当与土地利用总体规划相衔接,城市总体规划、村庄和集镇规划中建设用地规模不得超过土地利用总体规划确定的城市和村庄、集镇建设用地规模
	《中华人民共和国物权法》(2007)	国家对耕地实行特殊保护,严格限制农用地转为建设用地,控制建设用地总量。不得违反法律规定的权限和程序征收集体所有的土地
		建设用地使用权人应当合理利用土地,不得改变土地用途;需要改变土地用途的,应当依法经有关行政主管部门批准

续表

类型	名称	内容
行政法规	《基本农田保护条例》(2011)	县级和乡(镇)土地利用总体规划应当确定基本农田保护区。根据土地利用总体规划,铁路、公路等交通沿线,城市和村庄、集镇建设用地区周边的耕地,应当优先划入基本农田保护区
	《村庄和集镇规划建设管理条例》(1993)	村庄、集镇规划的编制,应当合理用地,节约用地,各项建设应当相对集中,充分利用原有建设用地,新建、扩建工程及住宅应当尽量不占用耕地和林地
	《中华人民共和国土地管理法实施条例》(1999)	依照《土地管理法》规定,土地利用总体规划应当将土地划分为农用地、建设用地和未利用地 农民集体所有的土地依法用于非农业建设的,由土地使用者向土地所在地的县级人民政府土地行政主管部门提出土地登记申请,由县级人民政府登记造册,核发集体土地使用权证书,确认建设用地使用权

(二)法定依据的内容体现

通过对各法定依据中与用地相关条文的梳理,了解各法定依据对不同的用地类型的侧重,从而理清法定依据方面对各标准地类的划分产生影响(见表 5-2)。

表 5-2　各标准对法定依据的内容体现汇总表

用地分类标准	标准中具体内容对于法规依据的体现	法定依据名称
《城市用地分类与规划建设标准》	总体分类体系体现《城乡规划法》中对于城乡统筹的要求,分为"城乡用地分类"和"城市建设用地分类"两大部分。村庄建设用地指农村居民点的建设用地,与"农林用地"分开,体现出法规中强调的不得占用农用地	《中华人民共和国城乡规划法》(2008)
	"农林用地"与"村庄建设用地"分别设置在 E 类(非建设用地)和 H1 类(城乡建设用地)中,明确规范其不同的概念,在用地标准方面防止非法侵占农田的行为	《基本农田保护条例》(2006)
《镇规划标准》	《镇规划标准》中用地分类部分首先体现出条例中合理节约用地的理念;其次将非建设用地中"农林用地"和"未利用地"单独划类,体现出条例中对新建、扩建工程尽量不占用耕地和林地的要求	《村庄和集镇规划管理条例》(1993)

续表

用地分类标准	标准中具体内容对于法规依据的体现	法定依据名称
《村庄规划用地分类指南》	分类体现城乡统筹思想，与《用地标准》修订版有良好对接。"村庄建设用地"分为五中类，涵盖 2008 年 1 月颁布实施的《中华人民共和国城乡规划法》中所涉及的村庄规划用地类型	《中华人民共和国城乡规划法》（2008）
	按照《中华人民共和国土地管理法》规定，村庄用地既包括农民集体所有，也包括"法律规定属于国家所有"的用地，在实际操作中两种类型用地的管理机制、建设主体不同。为区别非村庄建设用地与村庄集体建设用地实际管理和使用的差异，将"村庄其他建设用地"做一个大类单列	《中华人民共和国土地管理法》（2004）
	"水域"包括"自然水域"、"水库"和"坑塘沟渠"三小类，分别属于《土地管理法》中"三大类"的未利用地、建设用地、农用地，意在突出水域本身在规划中所起到的生态、生产以及防灾方面的作用	
《土地利用现状分类》	分类中将农用地和非农利用地划分详细，体现出《土地管理法》对基本农田保护的要求。各地类的具体内涵与《土地管理法》中相关要求相统一	《中华人民共和国土地管理法》（2004）
	分类标准中体现了对基本农田保护的要求。标准中深度体现了建设用地和非建设用地的划分标准	《中华人民共和国物权法》（2007）
	分类标准体现了《土地承包法》中对于农村用地的定义及保护要求，分别对耕地、草地、林地这几类在法律中确定为农村土地的用地类型进行了详细划分定义	《中华人民共和国农村土地承包法》
	分类标准通过对林地、耕地、园地等地类的详细划分，明确了对基本农田在标准层面的详细定义	《基本农田保护条例》（2006）
《土地规划用途分类及含义》	作为《市县乡级土地利用总体规划编制指导意见》中的一部分内容，其分类采用与《土地管理法》相衔接的三级分类模式	《中华人民共和国土地管理法》（2004）

三、小结

通过对"两规"在规划管理体系上的差异分析，以及对规划法规体系的研究，各用地分类标准存在差异的根本原因在于两个规划体系对土地利用和管理的目的不同,而法律、法规体系依据的差异则是其反应不同目的依据标准之一,也是"两规"用地分类标准存在差异的主要原因。

城乡规划中的三个以《城乡规划法》为主要依据的标准,都是以城乡统筹为基准来对标准中的地类进行划分,同时自身可以做到良好的衔接,只是在各自的应用层面上有所侧重;但由于法规依据的不同,土地利用规划下属的用地分类标准在分类上与城乡规划就有所差异,它并没有划分出城市、镇、乡村和村层面各自的用地分类标准,而是以《土地利用现状分类》标准涵盖了所有土地现状的统计,以土地规划用途分类及含义标准来统筹土地利用规划中对于土地的规划与控制,原因在于土地利用规划的侧重点是对土地资源的合理利用,保证其具备长期的可持续发展性,更多的是对土地使用性质的划分,而不是像城乡规划主要关注建设用地的使用,这主要是由于"两规"对于土地利用目的不同而导致的。

综上所述,由于两个规划体系的法规依据不同,导致了"两规"对土地利用和管理的目的差异,进而形成各用地分类标准不同的编制与应用路径,从而导致"两规"用地分类标准在分类上的差异。

第四节 统一国土空间规划用地分类标准的思路

一、统一用地分类标准的必要性

(一)有利于形成统一的空间规划基础数据平台

规划用地分类是实施土地用途管制和用地规模调控的技术基础。在各地"两规协调""三规合一"或"多规合一"的实践中,首先解决的技术问题应是统一和协调用地分类标准。只有对用地分类标准进行整合,制定统一的空间规划用地分类标准,才能实现真正的信息共享与互通,构建共同的规划话语体系,才能有效解决土地规划和城乡规划的建设用地规模、边界与属性冲突等问题,才能实现空间规划的共同编制与共同管治,从而达到对土地资源的有效调控。

(二)有利于构建完善的空间规划用地指标体系

各类空间性规划基于各自出发点及目的构建起适用于自身的用地调控指标体系。土地利用总体规划侧重总量调控,达到以供给引导需求的目标;城市总体规划重点关注的是城市建设用地内部结构的合理性,指标具有较大的弹性,对城市用地规模的管控力度不严。两类规划各有利弊,而通过整合用地分类标准,打通各类空间规划之间规划调控指标对接的障碍,以构建更完善的用地调控指标体系,有利于协调城乡生态、农业和城镇用地空间布局,增强对建设用地规模及结构的管控。

(三)有利于实现"一本规划、一张蓝图"

通过用地分类标准的整合统一,促进空间规划的编制,形成用地布局和空间管制的"一张蓝图",并通过统一的信息平台,促进各空间规划管理部门的及时沟通与交流,共享基础数据、技术体系和编制信息等,使各类空间规划做到真正地融合,避免用地规划直接冲突,从而减少因空间规划用地布局冲突导致的规划调整,树立空间规划严肃性及权威性。

二、统一用地分类标准的基础条件

(一)相关标准已逐步对接

虽然标准的统一受到法规体系等的制约,但通过分析发现,近年来两个规划主管部门出台的标准修订都是在考虑到对方规划的基础上进行的,如《用地标准》修订版是在相似含义的地类定义上,尽量与《土地利用现状分类》相互衔接;同样土地利用规划主管部门在修订标准时也考虑到城市规划工作的需要。虽然在很多地方仍存在问题,但两个规划主管部门逐渐考虑到标准衔接的问题,并各自采取措施进行修订衔接,仍然相互独立,没有形成编制过程上的统一。

(二)各标准的分类相互联系

"两规"体系下各用地分类标准相互独立,地类划分方面因应用范围和目标而各有特点,但在总体原则上都体现了城乡统筹的概念(见表5-3)。

表5-3 "两规"各标准分类对比表

规划体系	标准名称	分类特点	相通之处
城乡规划	《城市用地分类与规划建设用地标准》(GB 50137—2011)	采用三级分类体系,体现城乡统筹原则,实现空间全覆盖	除《镇规划标准》编制时间较早以外,其他的几个标准都兼顾城乡整体用地,体现城乡统筹的思想。城乡规划中在乡、村级别更多考虑对农用地的保护,这点与《土地利用现状分类》相统一。《城市用地分类与规划建设用地标准》与土地规划用途分类及含义在城乡用地分类上分级一致,更明确统一
	《镇规划标准》(GB 50188—2007)(用地分类部分)	采用旧的二级分类体系,重点用于镇现状用地性质统计及规划用地布局	
	《村庄规划用地分类指南》	采用三级分类体系,与《城市用地分类与规划建设用地标准》(GB 50137—2011)相同,侧重指导村庄用地具体地块的利用布局,同时考虑到《土地现状分类》相关地类划分情况	
土地利用规划	《土地利用现状分类》	采用二级分类体系,地类含义概括性强,重点关注分类的连续性,强调对农用地,特别是耕地的保护,强调对城乡用地的控制	
	"土地规划用途分类及含义"	采用三级分类,相比现状分类,加强对建设用地的分类与表述,同时兼顾非建设用地	

(三)村庄层面标准的关注度相似

无论是城乡规划体系下的《村庄规划用地分类指南》,还是土地利用规划中的《土地利用现状分类》,这两部标准在内容上都体现着对农用地,特别是耕地的保护。因此,在村庄层面两个规划体系下的用地分类标准有着较好的协调基础。

三、统一用地分类标准的基本思路

(一)空间规划体系要求

从"两规"差异探究可知,"两规"用地分类标准的差异原因较为复杂,其目标和内容的差异是直接原因,还有体制原因、法规原因、工作方法原因等。因此,要建立统一的空间规划用地分类标准,除了解决上述原因之外,最重要的是要与之空间规划体系相对应。根据目前空间规划试点及我们实践总结，结合国土空间规划体系及技术路径要求，国土空间规划用地分类标准不可能是多个用地分类标准，而应该是与国土空间规划体系相对应的统一的一个标准体系，即统一空间规划用地分类应与国土空间规划体系相适应，并服务保障空间规划用地定性实施。

（二）空间规划用地分类标准统一思路

"两规"在城市、镇、乡和村庄中不仅相互存在差异，自身规划目标和要求也不尽相同。结合国土空间规划的基本体系要求，"两规"用地分类标准的统一上基本思路为：

基于"两规"现有的各类用地分类标准，立足于解决"两规"用地标准差异的现实问题，围绕构建国土空间规划体系要求，坚持"全域统一、分层协调、分类管控"原则，采取"统一协调、分层对应、衔接合一"方法，构建统一国土空间规划用地分类标准体系，为国土空间规划编制，空间用途管制，实现一本规划一张蓝图奠定基础。

1. 建立全域统一的空间用地分类标准体系

土地利用地类、城乡规划地类是较为成熟的地类体系，两者较好地兼顾了土地的经济社会属性与自然属性，因此，本次研究的统一的国土空间规划用地分类标准体系是以土地利用总体规划编制规程中的"土地规划用途分类及含义"以及城乡规划中的《用地标准》为基础，其他部门地类体系充分衔接，如国土调查土地分类，兼顾管理实际需要，进行统一构建。该用地分类针对规划的全域空间的用地分类与管控，修编完成后可替代《市县乡级土地利用总体规划编制指导意见》中的"土地规划用途分类及含义"以及城乡规划中的《用地标准》及国土调查用地分类等各专项用地分类标准，即一个国土空间内为唯一一个国土用地分类标准。

2. 建立分层对应的空间用地分类标准体系（见图5-1）

在城乡规划体系中，规划分为总体规划—详细规划（控制性详细规划和修建性详细规划）两个层次，国土空间规划既要实现全域管控，又要保证规划的落地实施，其用地分类标准体系应以城乡统筹为基础，将空间规划用地标准以两个层次进行统一。其中第一层次为空间规划用地分类标准（全域空间）；第二层次为城乡建设用地（开发边界以内），包括城市、镇、乡及村庄建设用地的管控，即该层次以衔接城市建设用地分类、镇用地分类及村庄规划用地分类标准为主。

分层对应的用地分类标准，以《用地标准》修订版中表3.3.2"城市建设用地分类和代码"、《镇规划标准》（GB 50188—2007）中的"镇用地的分类和代码"、《村庄规划用地分类指南》中的"村庄规划用地分类和代码"为主，结合《土地利用现状分类》明确部分地类的含义及特征,其重点在城乡规划体系内部的标准衔接与完成。

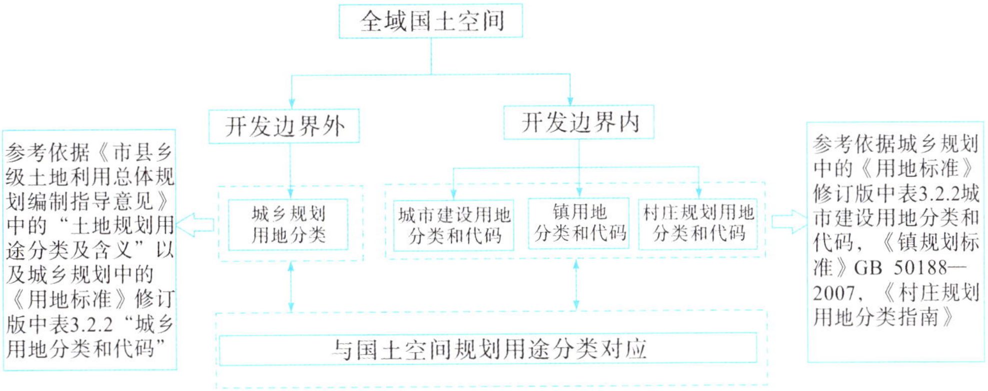

图 5-1　国土空间规划用地分类体系

3. 建立分类管控的空间管控体系

结合国土空间规划用地分类体系,明确土地的唯一属性,考虑主体功能区划、生态功能区划、土地利用总体规划、城市总体规划侧重需求,划定不同的空间管控区域,并依据各个区域的主要用地属性,从保护生态、合理利用、永续利用的原则出发,明确准入的城乡建设、农业生产和资源开发活动规定区域允许的相关规模、强度和环境保护等方面的要求。同时,突出不同层级用地管控要求,建立全域空间的分类管控体系。

四、统一用地分类标准的方法途径

统一用地分类标准应以国土空间规划为契机,通过管理方式、规划体系、法规依据、工作方式等方面实现空间规划用地标准的统一。

(一)管理体系的统一

"两规"规划管理体系的不同,是导致"两规"用地分类标准差异的主要原因之一,自 2018 年 3 月自然资源部成立起,原住建部的城乡规划管理职责,国土部的职责归入自然资源部,标志着"两规"管理体系统一,从根本上消除了因管理体制导致标准差异的问题,使得统一空间规划用地分类标准只是时间问题。

(二)规划体系的统一

国土空间规划是合理利用和保护各类自然资源的载体和前置条件,同时也是国土空间用途管制的依据,未来的空间规划将是以国土空间规划为顶层设计,其他详细规划和专项规划作为补充的空间规划体系,即"五级三类"国土空间规划体系。

(三)法律依据的统一

以国土空间规划体系为基础,确定国土空间规划的法律地位,出台《国土空间规划法》,同时结合规划体系以及结构和职能的调整,对各类规划所涉及的法律法规进行修改、补充和完善,主要表现在:

明确以《国土空间规划法》为最高法律标准,对其他法规与之冲突和重复的内容进行修正、修订、废除。

对与各类规划相关的法规,并对各类规划所依据的法规相冲突的地方以《国土空间规划法》为依据进行修改,同时,对各类规划需要衔接的内容,明确衔接的范围、内容及方式。

(四)工作方式的统一

传统的规划编制工作,"两规"在各自为政的前提下采用不同的工作路径,对规划编制结果也有不同的要求。而3S等新技术的使用,对"两规"编制工作提出了更高的要求,空间规划信息平台的应用,同时也为标准协调内容的落地提供了平台。建议通过新技术的使用,借空间规划的契机,将空间类规划编制的工作方式和技术路径进行统一,结合工作方式和技术路径调整用地分类标准。

第五节 国土空间规划用地标准的建立

一、统一的国土空间规划标准体系

统一的国土空间规划标准体系是全域空间,体现的是国土空间以及城乡规划中共同关注的城乡统筹问题,因此关注的对象不在城市、镇的建设层面,而全域范围的用地分类问题,其确定的标准应该以"土地规划用途分类及含义"《用地标准》修订版中的"城乡用地分类和代码"为参考依据。

《用地标准》修订版在用地分类上分为"城乡用地分类"和"城市建设用地分类"两个部分,其中"城乡用地分类"体现了《城乡规划法》中城乡统筹的基本理念。"土地规划用途分类及含义"涵盖了适用范围内所有土地,重点体现了城乡土地统筹管理。从城乡统筹的角度来看,这两个标准有相同的目的和适用范围,但由于隶属于两个不同的规划体系,而两个规划体系所各自对于城乡用地关注的重点又不同,导致这两个标准在对重点地类的关注和细化程度上有所差异(见表5-4)。

表 5-4 "城乡用地分类和代码"与"土地规划用途分类及含义"关系对比表

城乡用地分类			土地规划用途分类				说明
大类	中类	小类		三级	二级	一级	
H			建设用地	建设用地		2	内涵一致
H	H1		城乡居民点用地	城乡建设用地			城乡建设用地包括采矿及独立建设用地，其内涵大于城乡居民点用地
H	H1	H11	城市建设用地	城镇用地	211	21	城乡建设用地包括采矿及独立建设用地，其内涵大于城乡居民点用地
H	H1	H12	镇建设用地	城镇用地	211	21	城乡建设用地包括采矿及独立建设用地，其内涵大于城乡居民点用地
H	H1	H13	乡建设用地	农村居民点用地	212	21	城乡建设用地包括采矿及独立建设用地，其内涵大于城乡居民点用地
H	H1	H14	村庄建设用地	农村居民点用地	212	21	城乡建设用地包括采矿及独立建设用地，其内涵大于城乡居民点用地
H	H1			采矿用地	213	21	城乡建设用地包括采矿及独立建设用地，其内涵大于城乡居民点用地
H	H1			独立建设用地	214	21	城乡建设用地包括采矿及独立建设用地，其内涵大于城乡居民点用地
H	H2		区域交通设施用地	交通水利用地		22	内涵一致
H	H2	H21	铁路用地	铁路用地	221		交通水利用地包括水库水面、水工建筑用地，其内涵大于区域交通设施用地
H	H2	H22	公路用地	公路用地	222		交通水利用地包括水库水面、水工建筑用地，其内涵大于区域交通设施用地
H	H2	H23	港口用地	港口码头用地	224		交通水利用地包括水库水面、水工建筑用地，其内涵大于区域交通设施用地
H	H2	H24	机场用地	机场用地	223		交通水利用地包括水库水面、水工建筑用地，其内涵大于区域交通设施用地
H	H2	H25	管道运输用地	管道运输用地	225		交通水利用地包括水库水面、水工建筑用地，其内涵大于区域交通设施用地
H	H2			水库水面	226		交通水利用地包括水库水面、水工建筑用地，其内涵大于区域交通设施用地
H	H2			水工建筑用地	227		交通水利用地包括水库水面、水工建筑用地，其内涵大于区域交通设施用地
H	H3		区域公用设施用地				区域公用设施用地主要从用地功能的服务区域角度进行定义，土地规划中没有明确的分类及定义
H	H4		特殊用地	特殊用地	232		两个"特殊用地"分类等级不一致，土规中的特殊用地内涵更广
H	H4	H41	军事用地	特殊用地	232		两个"特殊用地"分类等级不一致，土规中的特殊用地内涵更广
H	H4	H42	安保用地	特殊用地	232		两个"特殊用地"分类等级不一致，土规中的特殊用地内涵更广
H	H5		采矿用地	采矿用地	215		内涵一致，分类等级及划分不一致
H	H9		其他建设用地	其他建设用地		23	两个内涵不一致，土规中其他建设用地内涵更广，交叉包括了城规中的特殊用地
H	H9			风景名胜设施用地	231		两个内涵不一致，土规中其他建设用地内涵更广，交叉包括了城规中的特殊用地
H	H9			特殊用地	232		两个内涵不一致，土规中其他建设用地内涵更广，交叉包括了城规中的特殊用地
H	H9			盐田	233		两个内涵不一致，土规中其他建设用地内涵更广，交叉包括了城规中的特殊用地

续表

城乡用地分类			土地规划用途分类				说明
大类	中类	小类		三级	二级	一级	
E			非建设用地	其他用地、农用地		31	对于非建设用地,两个分类侧重点不一,深度不一,土规中将农用地单独提出,并划分细致,两者最核心的矛盾在于水库在城乡用地分类中为非建设用地,在土规中为建设用地
	E1		水域	水域	31		
		E11	自然水域	河流、湖泊水面	311 312		
		E12	水库	水库水面	226		
		E13	坑塘沟渠				
	E2		农林用地	农用地		1	
	E9		其他非建设用地	自然保留地	33		

(一)城乡规划用地分类标准——建设用地

通过城乡规划《用地标准》修订版中"城乡用地分类和代码"和土地利用规划中"土地规划用途分类及含义"的对比分析可以看出,两个标准中大部分地类可以较好地对应,由于城乡规划《用地标准》修订版中"城乡用地分类和代码"相对于"土地规划用途分类及含义"的地类划分更能体现城乡统筹,同时对建设用地分类也更加详细。因此,国土空间规划用地分类之建设用地以城乡规划《用地标准》修订版中"城乡用地分类和代码"的大类为基准,结合城市土地利用的特点,重构国土空间规划用地分类和代码(见表5-5)。

表5-5 国土空间规划用地分类之建设用地

土地规划分类	城乡用地分类
建设用地	建设用地
指建造构筑物、构筑物的土地。包括居民点用地、独立工矿用地、特殊用地、风景旅游用地、交通用地、水利设施用地	包括城乡居民点建设用地、区域交通设施用地、区域公用设施用地、特殊用地、采矿及其他建设用地等
统一:空间规划技术标准中的建设用地包括城乡居民点建设用地、区域交通设施用地、区域公用设施用地、特殊用地及其他建设用地等	

1. "城乡建设用地"与"城乡居民点建设用地"(见图 5-2、见表 5-6)

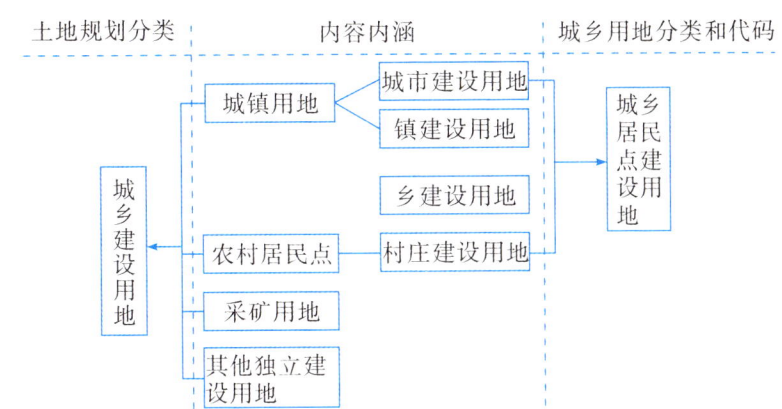

图 5-2　"城乡建设用地"与"城乡居民点建设用地"对比分析图

"土地规划用途分类及含义"中的"城乡建设用地"与《用地标准》修订版中《城乡用地分类和代码》中的"城乡居民点建设用地"有一定的对应关系,但土地规划分类中的内涵更广;《城乡规划法》没有明确乡建设用地属于城镇用地还是属于农村居民点用地,所以乡建设用地可按建设情况划入城镇用地或农村居民点用地。

"土地规划用途分类及含义"中的城乡建设用地与城乡规划《用地标准》修订版中"城乡用地分类和代码"的城乡居民点用地相对应,其中"土地规划用途分类及含义"的城乡建设用地比城乡规划《用地标准》修订版中"城乡用地分类和代码"的城乡居民点用地多了采矿用地和其他独立建设用地,统一该分类建议参考城规的标准,将采矿用地和其他独立建设用地进行调整。同时,为体现《中华人民共和国土地管理法》中非村庄建设用地与村庄集体建设用地实际管理和使用的差异,增加农村集体建设用地(划入村庄建设用地之中)。

表 5-6　国土空间规划用地分类之城乡居民点建设用地

H1	城乡居民点建设用地	城市、镇、乡、村庄建设用地
	H11	城市建设用地	城市内的居住用地、公共管理与公共服务设施用地、商业服务业设施用地、工业用地、物流仓储用地、道路与交通设施用地、公用设施用地、绿地与广场用地
	H12	镇建设用地	镇人民政府驻地的建设用地
	H13	乡建设用地	乡人民政府驻地的建设用地
	H14	村庄建设用地	农村居民点的建设用地及村庄其他建设用地(主要为未利用及其他需要进一步研究的村庄集体建设用地)

2."交通水利用地"与"区域交通设施用地"(见图5-3)

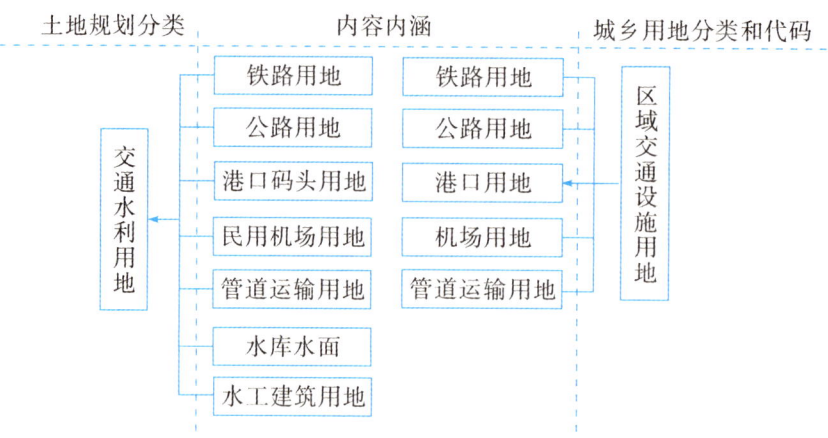

图5-3 "交通水利用地"与"区域交通设施用地"对比分析图

注:两个分类标准中对于该大类的分歧较大,主要体现在水库水面及水工建筑用地,在"城乡用地分类和代码"中将水库水面划为非建设用地,而"土地规划用途分类及含义"中划为建设用地

此部分用地在城乡规划《用地标准》修订版中"城乡用地分类和代码"划分为5个小类,分别对应着"土地规划用途分类及含义"中"交通与水利用地"下属的其中5个小类,除此之外还有两个小类分别是"水库水面"和"水工建筑用地"。从分类的角度,"区域交通设施用地"(见表5-7)要比"交通水利用地"更加具有针对性;从地类含义的角度,大部分都能相互对应,而城乡规划《用地标准》修订版"城乡用地分类和代码"中"机场用地"包含"民用及军民合用的机场用地",其范围要大于"土地规划用途分类及含义"的"民用机场用地"概念。因此,从分类和含义两个角度出发,建议以城乡规划《用地标准》修订版为主,同时调整"水库水面"及水工建筑用地的分类。

表5-7 国土空间规划城乡用地分类之区域交通设施用地

H2		区域交通设施用地	铁路、公路、港口、机场和管道运输等区域交通运输及其附属设施用地、不包括城市建设用地范围内的铁路客货站、公路长途客货运站以及港口客运码头
	H21	铁路用地	铁路编组站、线路等用地
	H22	公路用地	国道、省道、县道和乡道用地及附属设施用地
	H23	港口用地	海港和河港的陆域部分,包括码头作业区、辅助生产区等用地
	H24	机场用地	民用级军民合用的机场用地,包括飞行区、航站区等用地,不包括净空控制范围用地
	H25	管道运输用地	运输煤炭、石油和天然气等地面管道运输用地,地下管道运输规定的地面控制范围内的用地应按其地面实际用途归类

3. 区域公用设施用地

区域公用设施用地(见表5-8)主要从用地功能的服务区域而非用地性质进行定义,由于对"区域性"的判定具有一定的主观性,在土地规划分类中没有与之完全对应的地类。但是区域公用设施用地中的殡葬用地与"土地规划用途分类及含义"中特殊用地的殡葬用地对应。建议国土空间规划用地标准协调中保留城乡规划《用地标准》修订版"城乡用地分类和代码"中区域设施用地,同时将城乡规划《用地标准》修订版"城乡用地分类和代码"中区域设施用地中的殡葬用地调整为特殊用地。

表5-8 国土空间规划用地分类之区域公用设施用地

H3		区域公用设施用地	为区域服务的公用设施用地,包括区域性能源设施、水工设施、通信设施、广播电视设施、环卫设施、排水设施等用地
	H31	区域性能源设施用地	为区域服务的能源性设施用地,包括供水、供电、供燃气和供热等设施用地
	H32	水工设施用地	指人工修建闸、坝、堤路林、水电站、扬水站等常水位岸线以上的水工用地
	H33	其他区域公用设施用地	除以上之外的区域公用设施用地,包括通信设施、广播电视设施、环卫设施、排水设施等用地

注:此处将《用地标准》修订版"城乡用地分类和代码"中的水工设施用地与"土地规划用途分类及含义"中的水工建筑用地对应

4. 特殊用地(见图5-4)

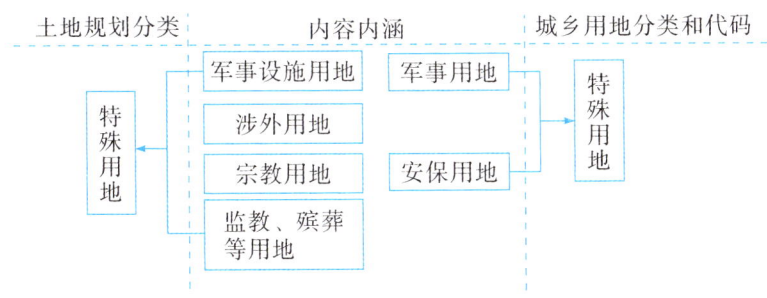

图5-4 "两规"中"特殊用地"对比分析图

注:"土地规划用途分类及含义"中对于特殊用地的分类比《用地标准》修订版"城乡用地分类和代码"中的内容更广,且两个分类对于特殊用地的分类等级不一样,"城乡用地分类和代码"中特殊用地为二级分类,:"土地规划用途分类及含义"中特殊用地为三级分类

对于该地类,两个标准的定义与统计范围均不相同,"土地规划用途分类及含义"的地类含义大于《用地标准》修订版"城乡用地分类和代码"。建议以"土地规划用途分类及含义"中"特殊用地"含义为基础,将两个标准的"特殊用地"定义整合为统一的"特殊用地"(见表5-9)。

表5-9 国土空间规划用地分类之特殊用地

H4		特殊用地	指城乡建设用地范围之外,用于军事设施、安保、涉外、宗教、殡葬等特殊性质的用地
	H41	军事用地	专门用于军事目的的设施用地,不包括部队家属生活区和军民公用设施等用地
	H42	安保用地	监狱、拘留所、劳改场所和安全保卫设施等用地,不包括公安军用地
	H43	涉外用地	用于外国政府及国际组织驻华使、领馆,办事处等用地
	H44	宗教用地	专门用于宗教活动的庙宇、寺院、道观、教堂等宗教自用地
	H45	殡葬用地	陵园、墓地、殡葬场所用地

5. 采矿用地(见表5-10)

"两规"标准中均有采矿用地,定义一样,但分类位置不一样,"土地规划用途分类及含义"中采矿用地位于城乡建设用地下,属三级分类,而《用地标准》修订版"城乡用地分类和代码"中采矿用地属于中类,与城乡居民点用地平级,建议统一分类位置。

表5-10 国土空间规划用地分类之采矿用地

H5	采矿用地	采矿、采石、采沙、砖瓦窑等地面生产用地及尾矿堆放地

6. 独立建设用地(见表5-11)

"土地规划用途分类及含义"中城乡建设用地分类下有其他独立建设用地,其含义定义较为模糊,《用地标准》修订版"城乡用地分类和代码"没有涉及,依据《城乡规划法》第三十条:在城市总体规划、镇总体规划确定的建设用地范围以外,不得设立各类开发区和城市新区。因此,本次的独立建设用地依然以"土地规划用途分类及含义"中的分类为准。

表5-11 国土空间规划用地分类之独立建设用地

H6	独立建设用地	指采矿地以外,对气候、环境、建设有特殊要求及其他不宜在居民点内配置的各类建筑用地

7. 其他建设用地（见图5-5、见表5-12）

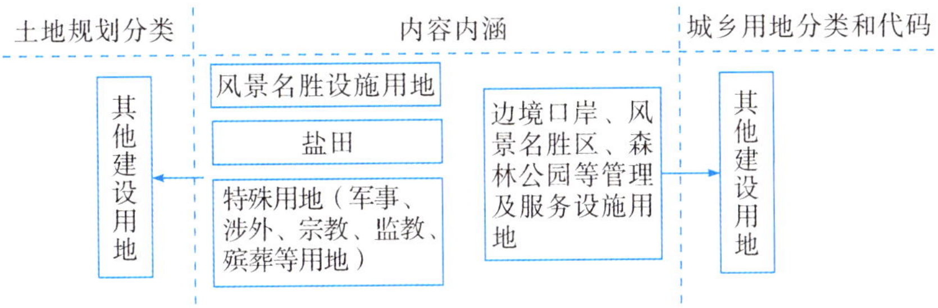

图5-5 两个标准中的"其他建设用地"对比分析图

土地规划分类：其他建设用地
内容内涵：风景名胜设施用地；盐田；特殊用地（军事、涉外、宗教、监教、殡葬等用地）；边境口岸、风景名胜区、森林公园等管理及服务设施用地
城乡用地分类和代码：其他建设用地

注："土地规划用途分类及含义"中的其他建设用地比城乡规划中的内涵要更丰富，内容更广泛。《用地标准》修订版"城乡用地分类和代码"中的其他建设用地基本与土地利用规划分类中的风景名胜设施用地对应，"土地规划用途分类及含义"中其他建设用地包括盐田，而其特殊用地则与《用地标准》修订版"城乡用地分类和代码"中二级分类的特殊用地对应。

《用地标准》修订版"城乡用地分类和代码"中的其他建设用地内涵较单一，为风景名胜区等管理服务用地，"土地规划用途分类及含义"中的其他用地包含内容更广，建议统一用地分类标准时将城规中的特殊用地、采矿用地、其他建设用地与"土地规划用途分类及含义"中的其他建设用地一并考虑并加以细分。

表5-12 国土空间规划用地分类之旅游管理与服务设施、文物古迹及其他建设用地

H9	旅游管理与服务设施、文物古迹及其他建设用地	除以上之外的建设用地，包括边境口岸和风景名胜区、森林公园等的管理及服务设施等用地
	H91	旅游管理与服务设施用地	指风景名胜（包括旅游景点、革命遗址等）景点、森林公园等以及城乡居民点建设用地范围以外的旅游管理及服务设施的用地
	H92	文物古迹用地	指城乡居民点建设用地范围以外的，具有保护价值的古遗址、古墓葬、古建筑、石窟寺、近代代表性建筑、革命纪念建筑等用地（地下文物遗址用地按地上实际用途分类）
	H99	其他建设用地	除以上之外的其他建设用地，包括边境口岸等的管理及服务设施等用地

(二)城乡规划用地分类标准——非建设用地(见图 5-6)

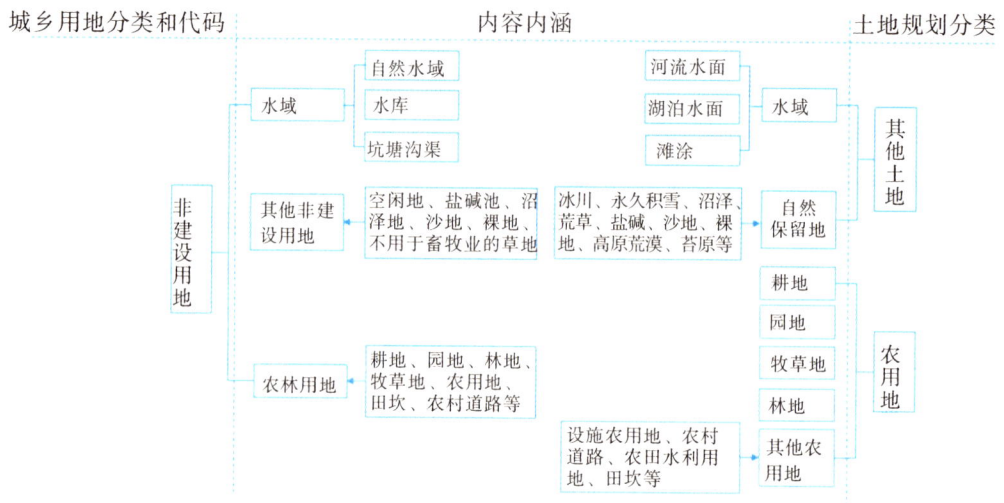

图 5-6 两个标准中的"非建设用地"对比分析图

注:两者在非建设用地上存在较多的交叉对应,但内涵和范围基本一致,最主要的不同是对"水库"的划分上,《用地标准》修订版"城乡用地分类和代码"中是非建设用地,"土地规划用途分类及含义"中则为建设用地。

国土空间规划标准中的非建设用地以"土地规划用途分类及含义"为参考(见表5-13),将水库用地划入非建设用地。

表 5-13 国土空间规划用地分类之非建设用地

E			非建设用地	水域、农林及其他非建设用地
	E1		水域	河流、湖泊、水库、滩涂等用地
		E11	河流水面	指天然形成或人工开挖河流常水位岸线之间的水面,不包括被堤坝拦截后形成的水库水面
		E12	湖泊水面	指天然形成的集水区常水位岸线所围成的水面
		E13	内陆滩涂	指河流、湖泊常水位至洪水位间的滩地;时令湖、河洪水位以下的滩地;水库、坑塘的正常蓄水位与最大洪水位间滩
		E14	水库	人工拦截汇集而成的总库容不小于 10 万 m^3 的水库正常蓄水位岸线所围成的水面
	E2		农林用地	耕地、园地、林地、牧草地、设施农用地、田坎、农村道路及坑塘、沟渠等用地

续表

E		非建设用地		水域、农林及其他非建设用地
	E21		园地	指种植以采集果、叶、根茎等为主的集约经营的多年生木本和草本作物(含苗圃),覆盖度大于50%或每667m²有收益的株数达到合理株数70%的土地
	E22		旱地	指无灌溉设施、主要靠天然降水种植旱生农作物的耕地,包括没有灌溉设施,仅靠引洪淤灌的耕地
	E23		水田	只用于种植水稻、莲藕等水生作物的耕地。包括施行水生、旱生农作物轮种的耕地
	E24		林地	指生长乔木、竹类、灌木、沿海红树林的土地,不包括居民点内绿化用地,以及铁路、公路、河流、沟渠的护路、护岸林
	E25		水浇地	指有水源保证和灌溉设施,在一般年景能正常灌溉,种植旱生农作物的耕地。包括种植蔬菜等的非工厂化的大棚用地
	E26		牧草地	指生长草本职位为主,用于畜牧业的土地
	E27		设施农用地	指直接用于经营性养殖的畜禽舍、工厂化作物栽培或水产养殖的生产设施用地及其相应附属用地,农村宅基地以外的晾晒场等农业设施用地
	E28		沟渠	指人工修建,南方宽度≥1.0m、北方宽度≥2.0m,用于引、排、灌的渠道,包括渠槽、渠堤、取土坑、护堤林
	E29		坑塘水面	指人工开挖或天然形成的需水量<10万m³坑塘常水位岸线所围成的水面
	E9		其他非建设用地	空闲地、盐碱地、沼泽地、沙地、裸地、不用于畜牧业的草地等用地

(三)国土空间规划用地分类

依据"土地规划用途分类及含义"和《用地标准》修订版中的"城乡用地分类和代码",构建的国土空间规划用地分类和代码共分为2大类,10中类,33小类(见表5-14)。

表5-14 国土空间规划用地分类和代码

类别代码			类别名称	内容
大类	中类	小类		
H			建设用地	包括城乡居民点建设用地、区域交通设施用地、区域公用设施用地、特殊用地、独立建设用地及其他建设用地等

续表

类别代码			类别名称	内容
大类	中类	小类		
	H1		城乡居民点建设用地	城市、镇、乡、村庄建设用地
		H11	城市建设用地	城市内的居住用地、公共管理与公共服务设施用地、商业服务业设施用地、工业用地、物流仓储用地、道路与交通设施用地、公用设施用地、绿地与广场用地
		H12	镇建设用地	镇人民政府驻地的建设用地
		H13	乡建设用地	乡人民政府驻地的建设用地
		H14	村庄建设用地	农村居民点的建设用地及村庄其他建设用地（主要为未利用及其他需要进一步研究的村庄集体建设用地）
	H2		区域交通设施用地	铁路、公路、港口、机场和管道运输等区域交通运输及其附属设施用地，不包括城市建设用地范围内的铁路客货站、公路长途客货运站以及港口客运码头
		H21	铁路用地	铁路编组站、线路等用地
		H22	公路用地	国道、省道、县道和乡道用地及附属设施用地
		H23	港口用地	海港和河港的陆域部分，包括码头作业区、辅助生产区等用地
		H24	机场用地	民用级军民合用的机场用地，包括飞行区、航站区等用地，不包括净空控制范围用地
		H25	管道运输用地	运输煤炭、石油和天然气等地面管道运输用地，地下管道运输规定的地面控制范围内的用地应按其地面实际用途归类
	H3		区域公用设施用地	为区域服务的公用设施用地，包括区域性能源设施、水工设施、通信设施、广播电视设施、环卫设施、排水设施等用地
		H31	区域性能源设施用地	为区域服务的能源性设施用地，包括供水、供电、供燃气和供热等设施用地
		H32	水工设施用地	指人工修建闸、坝、堤路林、水电站、扬水站等常水位岸线以上的水工用地
		H33	其他区域公用设施用地	除以上之外的区域公用设施用地，包括通信设施、广播电视设施、环卫设施、排水设施等用地
	H4		特殊用地	指城乡建设用地范围之外，用于军事设施、安保、涉外、宗教、殡葬等特殊性质的用地

续表

类别代码			类别名称	内容
大类	中类	小类		
		H41	军事用地	专门用于军事目的的设施用地,不包括部队家属生活区和军民公用设施等用地
		H42	安保用地	监狱、拘留所、劳改场所和安全保卫设施等用地,不包括公安军用地
		H43	涉外用地	用于外国政府及国际组织驻华使、领馆,办事处等用地
		H44	宗教用地	专门用于宗教活动的庙宇、寺院、道观、教堂等宗教自用地
		H45	殡葬用地	陵园、墓地、殡葬场所用地
	H5		采矿用地	采矿、采石、采沙、盐田、砖瓦窑等地面生产用地及尾矿堆放地
	H6		独立建设用地	指采矿地以外,对气候、环境、建设有特殊要求及其他不宜在居民点内配置的各类建筑用地
	H9		旅游管理与服务设施、文物古迹及其他建设用地	除以上之外的建设用地,包括边境口岸和风景名胜区、森林公园等的管理及服务设施等用地
		H91	旅游管理与服务设施用地	指风景名胜(包括旅游景点、革命遗址等)景点、森林公园等以及城乡居民点建设用地范围以外的旅游管理及服务设施的用地
		H92	文物古迹工地	指城乡居民点建设用地范围以外的,具有保护价值的古遗址、古墓葬、古建筑、石窟寺、近代代表性建筑、革命纪念建筑等用地(地下文物遗址用地按地上实际用途分类)
		H99	其他建设用地	除以上之外的其他建设用地,包括边境口岸等的管理及服务设施等用地
E			非建设用地	水域、农林及其他非建设用地
	E1		水域	河流、湖泊、水库、滩涂等用地
		E11	河流水面	指天然形成或人工开挖河流常水位岸线之间的水面,不包括被堤坝拦截后形成的水库水面
		E12	湖泊水面	指天然形成的集水区常水位岸线所围成的水面
		E13	内陆滩涂	指河流、湖泊常水位至洪水位间的滩地;时令湖、河洪水位以下的滩地;水库、坑塘的正常蓄水位与最大洪水位间滩
		E14	水库	人工拦截汇集而成的总库容不小于10万 m^3 的水库正常蓄水位岸线所围成的水面

续表

类别代码			类别名称	内容
大类	中类	小类		
	E2		农林用地	耕地、园地、林地、牧草地、设施农用地、田坎、农村道路及坑塘、沟渠等用地
		E21	园地	指种植以采集果、叶、根茎等为主的集约经营的多年生木本和草本作物(含苗圃),覆盖度大于50%或每667m² 有收益的株数达到合理株数70%的土地
		E22	旱地	指无灌溉设施、主要靠天然降水种植旱生农作物的耕地,包括没有灌溉设施,仅靠引洪淤灌的耕地
		E23	水田	只用于种植水稻、莲藕等水生农作物的耕地。包括施行水生、旱生农作物轮种的耕地
		E24	林地	指生长乔木、竹类、灌木、沿海红树林的土地,不包括居民点内绿化用地,以及铁路、公路、河流、沟渠的护路、护岸林
		E25	水浇地	指有水源保证和灌溉设施,在一般年景能正常灌溉,种植旱生农作物的耕地。包括种植蔬菜等的非工厂化的大棚用地
		E26	牧草地	指生长草本职位为主,用于畜牧业的土地
		E27	设施农用地	指直接用于经营性养殖的畜禽舍、工厂化作物栽培或水产养殖的生产设施用地及其相应附属用地,农村宅基地以外的晾晒场等农业设施用地
		E28	沟渠	指人工修建,南方宽度≥1.0m、北方宽度≥2.0m,用于引、排、灌的渠道,包括渠槽、渠堤、取土坑、护堤林
		E29	坑塘水面	指人工开挖或天然形成的需水量<10万m³ 坑塘常水位岸线所围成的水面
	E9		其他非建设用地	空闲地、盐碱地、沼泽地、沙地、裸地、不用于畜牧业的草地等用地

二、分层对应国土空间规划标准体系

国土空间规划体系分层聚焦的是城市、镇、乡、村庄的建设与管理层面,包括总体规划、详细规划等,因此,技术标准以原城乡规划制定的镇、村庄用地分类标准为主,结合国土空间规划体系及城乡统筹要求对矛盾地方予以修改,对模糊的地方予以明确。

(一)城市层面

城市层面考虑城市内部建设用地的布局安排,也就是城乡用地分类标准中的 H11 城市建设用地,没有涉及非建设用地,与"土地规划用途分类及含义"没有冲突,用地以《用地标准》修订版中的城市建设用地分类和代码为准。

(二)镇、乡层面

《土地利用现状分类》是土地利用规划在镇层面的现行国家标准。城乡规划体系下,在城市,镇、乡及村庄三个层面对应三个用地分类标准,虽然城乡规划《用地标准》修订版规定适用于"市、县人民政府所在地镇和其他具备条件的镇",这与《镇规划标准》(GB 50188—2007)的适用范围有所冲突。但在具体实施中,除人民政府所在地镇以外,其他镇往往起到衔接城市和乡村的重要纽带作用,《用地标准》修订版并不能完全适用。

因此在镇、乡层面,应当在城乡统筹的前提下,取《用地标准》修订版和《镇规划标准》(GB 50188—2007)中更适用于镇的地类划分与土地利用现状用地分类标准相互协调对接,形成适合于镇规划的用地分类标准。

首先县人民政府所在地镇情况与城市较为接近,因此,对县人民政府所在地镇采用与城市层面相同的用地标准。而县人民政府所在地以外的镇下简称"一般镇"及部分乡,综合了村庄和城市的两种特性,往往很难明确界定建设用地与非建设用地的范围,其本质上更倾向于具有服务功能的乡村社区。

虽然《镇规划标准》(GB 50188—2007)颁布时间较早,采用的是旧的用地分类体系,但在具体地类的划分中比《用地标准》修订版更加适用于一般镇和乡。因此,对一般镇、乡的相关规划应采用以《用地标准》修订版为参考,《土地利用现状分类》的地类划分体系为基准,结合《镇规划标准》(GB 50188—2007),提出建议。

1. 农用地(见图 5-7)

《土地利用现状分类》中分类较为复杂,基本能涵盖《镇规划标准》中相关地类,但部分小类划分有交叉,例如其他土地中的设施农用地应与《镇规划标准》(GB 50188—2007)中农林用地的农业生产建筑对应。《土地利用现状分类》做出了更为细致的地类划分,建议以《土地利用现状分类》为准,将"农用地"划分为"耕地、园地、林地和草地"。

2. 商服用地

《土地利用现状分类》中的"商服用地"包含了《镇规划标准》(GB 50188—2007)中的相关地类,并且有着更加具体的说明,因此,建议以《土地利用现状分类》为准。

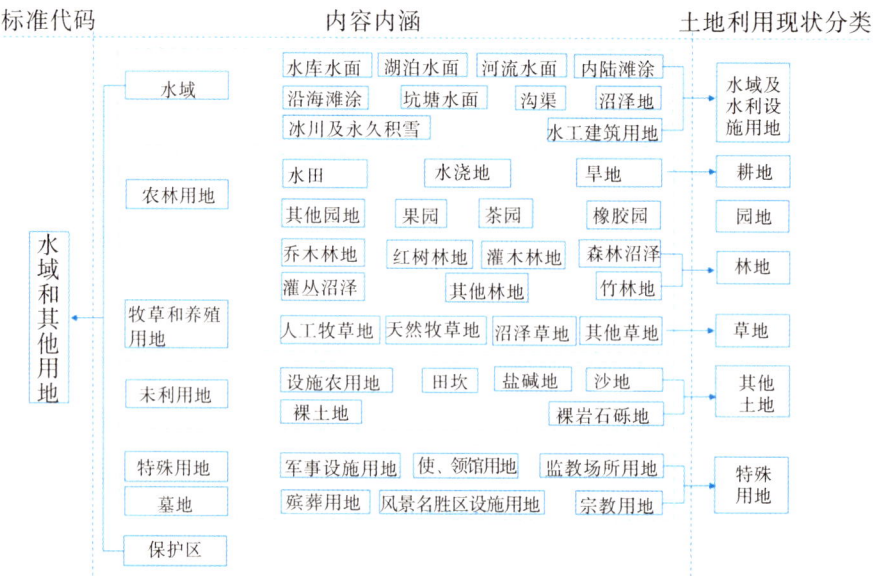

图 5-7 两个标准中的"农用地"对比分析图

3. 工矿仓储用地（见图 5-8）

两类标准对该用地分类的分类标准不一样，《镇规划标准》（GB 50188—2007）的分类中把"工业用地"和"仓储用地"划分得更为详细，但不包括《土地利用现状分类》中的盐田和采矿用地。

结合城乡用地分类标准，盐田和采矿用地不列为城乡居民点建设用地，因此，一般镇的工业及仓储用地以《镇规划标准》为准。

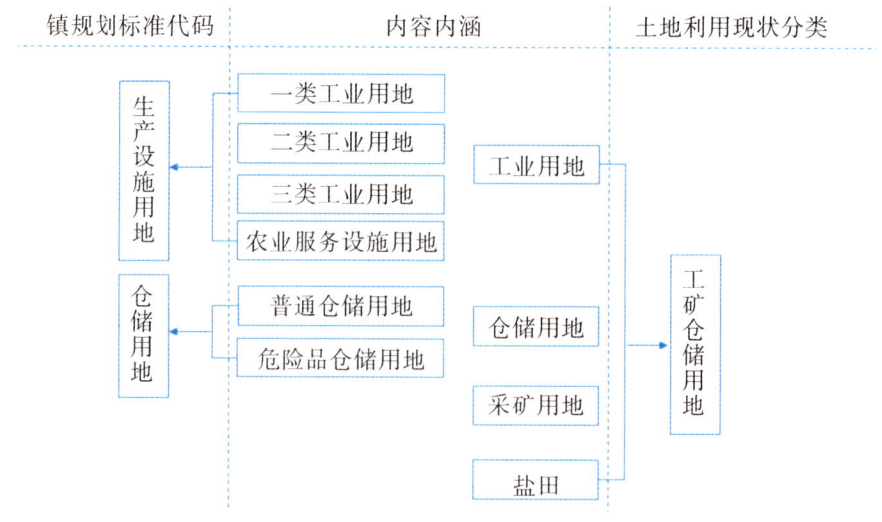

图 5-8 "生产设施用地""仓储用地"与土规中相应用地对比分析图

4. 住宅用地(见图5-9)

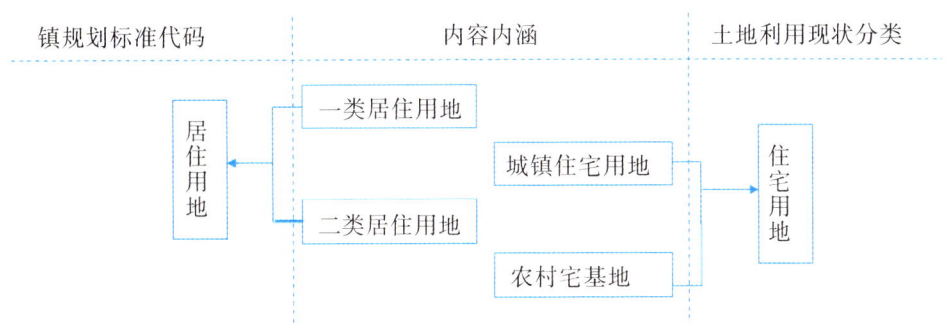

图5-9 "两规"中"居住用地"与"住宅用地"对比分析图

《土地利用现状分类》的住宅用地没有对居住水平进行划分,而是从城乡层面分为城镇住宅用地和农村宅基地,《镇规划标准》(GB 50188—2007)中用地分类对于居住用地是按居住水平分为一类和二类,从《镇规划标准》(GB 50188—2007)适用的范围看,考虑该部分居住用地不包括农村的宅基地。在一般镇层面考虑该类用地以《镇规划标准》中的用地分类为准。

5. 公共管理与公共服务用地(见图5-10)

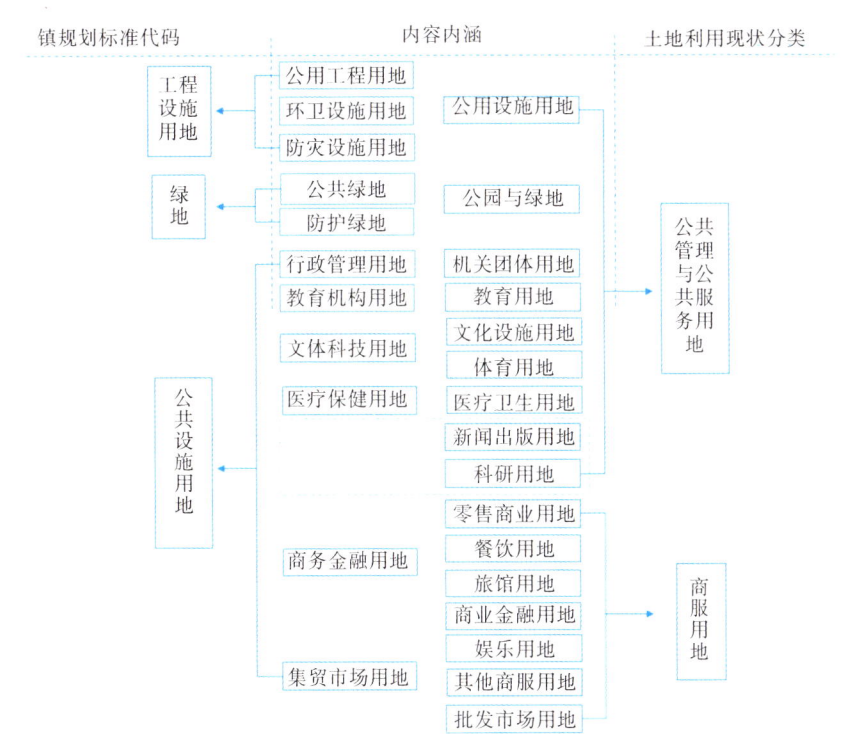

图5-10 "公共设施用地"与土规中相应用地对比

对于公共设施、绿地、市政工程设施等方面的用地分类,两类分类标准中都比较复杂,且出现了大类与大类、大类与小类等多方面内容交叉的情况。

将《镇规划标准》(GB 50188—2007)中分类精细的特点与《土地利用现状分类》的二级分类相结合(见表5-15)。

首先,《土地利用现状分类》中"公共设施用地"细分为"公用工程用地、环卫设施用地、防灾设施用地"3个三级分类;第二,将《镇规划标准》(GB 50188—2007)中"广场用地"与《土地利用现状分类》中"公园与绿地"合并为二级地类,并细分为"公园用地"和"广场用地"2个三级分类;第三,《镇规划标准》(GB 50188—2007)中的保护区和《土地利用现状分类》中的风景名胜设施用地含义有部分重复,建议对其重新定义,"水源保护区、自然保护区"归为"保护区用地(二级地类)";"文物保护区、风景名胜区"归为"风景名胜设施用地(二级地类)"。

表5-15 国土空间规划镇用地分类之公共管理与公共服务设施用地

类别			内涵	参考标准
一级	二级	三级		
公共管理与公共服务设施用地	行政管理用地	—	政府机关、社会团体、社会管理机构等用地	内涵参考《土地利用现状分类》及《镇规划标准》(GB 50188—2007)
	教育机构用地	—	托儿所、幼儿园、小学、中学及专科院校、成人教育、聋、哑、盲人学校及其附属设施用地	
	医疗保健用地	—	医疗、防疫、卫生、保健、休疗养、康复等用地	
	社会福利用地	—	为社会提供福利和慈善服务的设施及其附属设施用地,包括福利院、养老院、孤儿院等用地	
	文化设施用地	—	指图书、展览等公共文化活动设施用地	
	体育用地	—	指体育场馆和体育训练基地等用地,不包括学校等机构专用的体育设施用地	

6. 交通运输用地

在此用地的划分中,依旧是划分标准不一样,无法形成一一对应的关系;从范围上说《土地利用现状分类》中包含了《镇规划标准》(GB 50188—2007)的地类,而且前者更加全面。《土地利用现状分类》中相关地类包含了《镇规划标准》(GB 50188—2007)中的分类含义,且更加适合一般镇,建议以《土地利用现状分类》为准(见图5-11,见表5-16)。

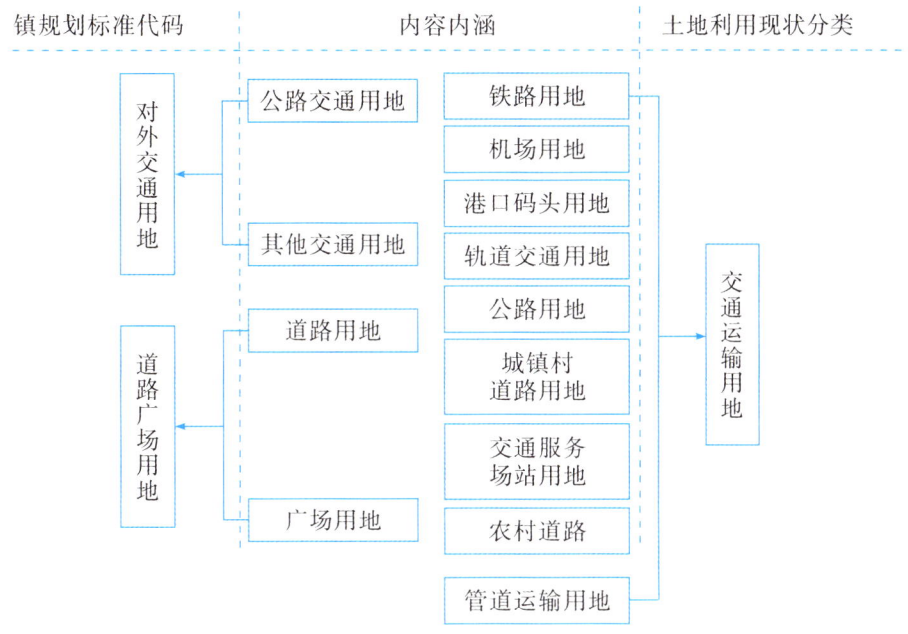

图 5-11 "交通运输用地"与土规中相应用地对比分析图

表 5-16 国土空间规划镇用地分类表

类别			参考标准
一级	二级	三级	
居住用地	城镇住宅用地		内涵参考《土地利用现状分类》
		一类住宅用地	内涵参考《城市用地分类与规划建设用地标准》（GB 50137—2011）
		二类住宅用地	
		三类住宅用地	
	农村宅基地	—	内涵参考《土地利用现状分类》
公共管理与公共服务设施用地	行政管理用地	—	内涵参考《土地利用现状分类》及《镇规划标准》（GB 50188—2007）
	教育机构用地	—	
	医疗保健用地	—	
	社会福利用地	—	
	文化设施用地	—	
	体育用地	—	

续表

类别			参考标准
一级	二级	三级	
商业、服务业设施用地	零售商业用地	—	内涵参考《土地利用现状分类》
	批发市场用地	—	
	餐饮用地	—	
	旅馆用地	—	
	商务金融用地	—	
	娱乐用地	—	
	其他商服用地	—	
生产设施及工业仓储用地	工业用地	一类工业用地	内涵参考《镇规划标准》（GB 50188—2007）
		二类工业用地	
		三类工业用地	
	农业服务设施用地	—	内涵参考《镇规划标准》（GB 50188—2007）
	仓储用地	普通仓储用地	内涵参考《镇规划标准》（GB 50188—2007）
		危险品仓储用地	
交通运输用地	城镇村道路用地	—	内涵参考《土地利用现状分类》
	交通服务场站用地	—	
	对外交通用地	铁路用地	
		机场用地	
		港口码头用地	
工程设施用地	公用工程用地	—	内涵参考《镇规划标准》（GB 50188—2007）
	环卫设施用地	—	
	防灾设施用地	—	
绿地及广场用地	公共绿地	—	内涵参考《镇规划标准》（GB 50188—2007）
	防护绿地	—	
	广场	—	
农用地	耕地	—	内涵及分类参考《土地利用现状分类》
	园地	—	
	林地	—	
	草地	—	

续表

类别			参考标准
一级	二级	三级	
水域及其他用地	水域	河流、湖泊、水库、坑塘水面、滩涂、沟渠、沼泽地、冰川及永久积雪	内涵参考《土地利用现状分类》
	保护区	水源保护区、自然保护区、风景名胜区核心区	
	特殊用地	军事设施用地，使、领馆用地，监教场所用地，宗教用地，殡葬用地，风景名胜设施用地及文物保护区	
	其他用地	空闲地、设施农用地、田坎、盐碱地、沙地、裸地、裸岩石砾地	

（三）村庄层面

《指南》是在2008年《镇规划标准》（GB 50188—2007）出台后原《村镇规划标准》被废除的基础上，加之2012年《用地标准》修订版并没有对村庄规划的用地分类做出明确规定，导致村庄规划在国家层面处于无标准可依的情况下颁布实施的。《指南》旨在弥补空缺，并为以后编制村庄规划相关针对性用地分类标准起到承上启下的作用。

因此，在城乡统筹、多规融合的大背景下，《指南》在编制过程中有考虑到与《土地利用现状分类》相互协调的问题，这点在该指南中已经有所说明。在分析的几个标准中，该指南是与《土地利用现状分类》衔接较为合理的一个。其与《土地利用现状分类》的对应关系（见表5-17）。

表 5-17 《村庄规划用地分类指南》与《土地利用现状分类》对比表

村庄规划用地分类指南				土地利用现状分类		
大类	中类	小类			二级	一级
V			村庄建设用地	住宅用地		07
	V1		村民住宅用地	农村宅基地	0702	
		V11	住宅用地			
		V12	混合式住宅用地			
	V2		村庄公共服务用地	公共管理与公共服务用地		08
		V21	村庄公共服务设施用地	机关团体用地	0801	
				教育用地	0803	
				医疗卫生用地	0805	
				社会福利用地	0806	
				文化设施用地	0807	
				体育用地	0808	
		V22	村庄公共场地	公园与绿地	0810	
	V3		村庄产业用地	商服用地、工矿仓储用地		05、06
		V31	村庄商业服务业设施用地	零售商业用地	0501	
				批发市场用地	0502	
				餐饮用地	0503	
				旅馆用地	0504	
		V32	村庄生产仓储用地	工业用地	0601	
				仓储用地	0604	
	V4		村庄基础设施用地	公共管理与公共服务用地、交通运输用地		08、10
		V41	村庄道路用地	城镇村道路用地	1004	
				农村道路	1006	
		V42	村庄交通设施用地	交通服务场站用地	1005	
		V43	村庄公用设施用地	公用设施用地	0809	
	V9		村庄其他建设用地			
N			非村庄建设用地	交通运输用地、特殊用地、工矿仓储用地		10、09、06
	N1		对外交通用地	铁路用地	1001	
				公路用地	1003	
	N2		国有建设用地	风景名胜设施用地	0906	
				采矿用地	0602	

续表

村庄规划用地分类指南				土地利用现状分类		
大类	中类	小类			二级	一级
E			非建设用地			
	E1		水域	水域及水利设施用地		11
		E11	自然水域	河流水面	1101	
				湖泊水面	1102	
				沿海滩涂	1105	
				内陆滩涂	1106	
				冰川及永久积雪	1110	
		E12	水库	水库水面	1103	
		E13	坑塘沟渠	坑塘水面	1104	
				沟渠	1107	
	E2		农林用地	其他土地		12、01、02、03、04
		E21	设施农用地	设施农用地	1202	
		E22	农用道路	田坎	1203	
		E23	其他农林用地	耕地	01	
				园地	02	
				林地	03	
				草地	04	
	E9		其他非建设用地	其他土地、水域及水利设施用地		12、11
				沼泽地	1108	
				空闲地	1201	
				盐碱地	1204	
				沙地	1205	
				裸土地	1206	
				裸岩石砾地	1207	

村庄层面用地分类标准的协调，应当以《指南》这个标准为主导，将《土地利用现状分类》在"农用地"和"非建设用地"地类划分上的优点融入进来。由于村庄层面没有"村庄土地利用总体规划"这一级别，故建议按照前面对比分析提出的对应关系进

行"两规"在村庄层面的现状用地统计及规划用地分类。

三、结论

(一)标准制定由"各自为政"变为"统一构建"

通过对"两规"规划体系的分析,了解到标准使用上的各自的需求,在此基础上对用地分类标准进行统一。例如,在城市层面对用地分类标准的协调是以城乡规划《用地标准》修订版作为基准的,但在对具体地类"非建设用地"的协调时,考虑到《土地管理法》对建设用地的控制要求以及对农用地、未利用地的详细规定。故建议在做微调的情况下以《土地利用现状分类》为主,因实际需要选择划分弹性程度。

(二)标准统一中由"多对一"变为"分层对应"

土地利用规划体系的主要用地分类标准为《土地利用现状分类》,城乡规划体系则有三个不同标准分别适用于城市、镇(乡)、村庄不同层面。虽然《土地利用现状分类》的适用范围也同时包含这几个层面,但每个层面的规划的侧重点不同,对于用地分类的要求也不相同。统一前的用地分类标准呈现出"多对一"的局面。

本次在统一路径中提出分城市、镇和乡村三个层面进行标准的统一,在不同层面上根据两个规划在编制和管理上的要求不同,将《土地利用现状分类》与城乡规划体系的三个用地分类标准"分层对应"。在不同层面上有不同的侧重点,制定不同层面"两规合一"时可参照相应层面的统一路径(见表5-18)。

表5-18 "两规"统一标准在不同层面的依据

不同层面		侧重依据
城市层面	中心城区	《城市用地分类与规划建设用地标准》(GB50137—2011)中城市建设用地分类
	市(县)域	《城市用地分类与规划建设用地标准》(GB50137—2011)中以城乡用地分类为主,以"土地规划用途分类及含义"为辅
镇、乡层面	县人民政府所在地	
	一般镇、乡	《土地利用现状分类》《镇规划标准》(GB50188—2007)为主,《城市用地分类与规划建设用地标准》(GB50137—2011)为辅
村庄	村庄	《村庄规划用地分类指南》《土地利用现状分类》

（三）标准地类由"交叉对应"变为"统一路径"

"两规"体系下各标准统一之前在分类划分上存在部分地类"交叉对应"的情况，如城乡规划《用地标准》修订版中的"区域交通设施用地"与"土地规划用途分类及含义"中的"交通水利用地"同属于两个标准的中类。但"交通水利用地"的包含范围要大于"区域交通设施用地"，多出的两个小类"水库"和"水工建筑用地"又分别属于《用地标准》修订版中的"非建设用地"和"区域公用设施用地"，交叉对应情况明显。

各标准在分类划分上"统一路径"，基本原则是在管理和应用上，根据在不同层面规划的要求相应做出调整。如前文所提到的"水库"，在"土地规划用途分类及含义"中属于"建设用地"大类范畴，而在城乡规划《用地标准》修订版中则属于"非建设用地"。为了保证建设用地规模的一致性，从分类和含义两个角度分析后，建议以城乡规划《用地标准》修订版的规定为准。此外，在"区域公用设施用地""特殊用地"等方面也提出了统一用地划分相对应的建议。

第六章

国土空间规划开发强度测算方法研究

第一节 研究综述

一、研究背景

"开发强度"长期以来被视为一定区域土地利用程度及其累积承载密度的综合反映,是控制土地开发的重要指标之一。2007年出台颁布的《城乡规划法》第三十八条规定:"在城市、镇规划区内以出让方式提供国有土地使用权的,在国有土地使用权出让前,城市、县人民政府城乡规划主管部门应当依据控制性详细规划,提出出让地块的位置、使用性质、开发强度等规划条件","开发强度"在这里更多的是强调建设用地地块内部建筑的比重,一般采用建筑密度、建筑高度、建筑容积率作为评价开发强度的重要指标。2010年国务院印发的《全国主体功能区规划》将"开发强度"定义为"一个区域建设空间占该区域总面积的比例",从区域尺度上,强调国土开发利用,以衡量各类建设用地总量占国土面积的比重。《全国国土规划纲要(2016—2030年)》中提出"到2030年,国土开发强度不超过4.62%",该数值被称为全国建设用地"天花板",开发强度控制已经成为控制建设用地总量的重要手段。

为深化规划体制改革创新,以主体功能区规划为基础统筹各类空间性规划、推进'多规合一',提升国土空间治理能力和效率,建立健全国土开发保护制度,推进生态文明建设,2014年8月国家启动28个市县"多规合一"试点工作,2016年12月开展省级空间规划试点,已形成了基本技术路径和解决方案。

2018年3月,十三届全国人大一次会议通过了《关于国务院机构改革方案的决定》,将国土部门土地规划管理等职责、发改部门编制主体功能区规划职责、住建部门城乡规划管理职责、水利部的水资源调查和确权登记管理职责、农业部的草原资源调查和确权登记管理职责、国家林业局的森林湿地等资源调查和确权登记管理职责、国家海洋局的职责、国家测绘地理信息局的职责等整合,组建自然资源部。自然资源部要"建立空间规划体系并监督实施,统一行使全民所有自然资源资产所有者职责,统一行使所有国土空间用途管制和生态保护修复职责",并"强化国土空间规划对各专项规划的指导约束作用,推进'多规合一',实现土地利用、城乡规划等有机融合"。

国土空间规划以主体功能区规划为基础,全面摸清并分析国土空间本底条件,划定城镇、农业、生态空间以及生态保护红线、永久基本农田、城镇开发边界。主体功能区规划中提出"控制开发强度"的理念,强调各类主体功能区都要有节制地开发,保持适当的开发强度。国土空间规划中对空间的管控,最终以开发强度管控的形式实现指标化管控。开发强度是国土空间规划需要测算的关键指标,这里"开发强度"是区域层面上的概念,侧重国土开发利用程度,即建设用地在区域中所占比重。通过开发强度的测算,能够掌握国土空间的开发潜力,为国土空间实施建设用地总量控制、实现空间结构优化调整提供重要参考依据和控制指标。

二、研究意义

(一)调控建设用地规模扩张,推进国土资源有序开发

随着工业化和城镇化发展进程的不断推进,建设用地规模也在不断扩张,不少地区在建设用地开发上存在盲目、无序、粗放的状况,不仅造成了生态环境恶化,也为建设用地利用的可持续性埋下了隐患。区域建设用地开发方式和开发强度已经影响着经济社会的健康发展,合理控制国土开发强度,有利于提高建设用地节约集约利用程度,转变以建设用地扩张为主的国土资源开发模式,更加注重存量建设用地中低效用地的潜力挖掘,推进国土资源有序开发。

(二)落实空间规划控制指标,优化国土空间开发利用

开发强度是全面反映国土空间开发状况的重要指标。已开发强度不仅是主体功能区规划和土地利用总体规划编制的重要依据,也是制定其他区域发展规划的参考依据。另一方面,基于可开发强度限制形成科学的国土空间规划,能够反过来指导区域开发,控制区域总体开发强度以及城镇、农业、生态空间各自的开发强度,从而优化国土空间开发格局,有利于实现区域的可持续发展。

三、研究内容

本次研究借鉴《全国主体功能区规划》关于开发强度控制的理念,以国土空间规

划为背景,明确国土空间规划中开发强度概念,研究国土空间规划中合理确定开发强度的技术方法。

本次研究中的"开发强度"与《全国主体功能区规划》采用的开发强度内涵基本一致,强调建设用地在区域用地中的比重,因此"以人定地"与"以产定地"相结合进行建设空间规模预测是本次研究的核心内容。

四、研究思路

本次研究依照图6-1所示的研究思路框架提出国土空间规划开发强度的测算技术方法。可以看出,开发强度测算的关键在于建设空间规模的预测,基于建设用地规模的科学合理预测,开发强度的计算方法简单,计算过程明确。因此,建设空间规模预测,特别是城镇建设空间规模预测是本次研究的核心内容。

图6-1 国土空间规划开发强度测算研究思路框架图

第二节 理论基础

一、概念界定

(一)开发的定义

广义的开发指通过采掘、开垦、工程建设等方式对资源进行的开发利用。资源指国土空间范围内的能被人类利用的所有资源,包括矿产资源、土地资源、水资源和生物资源等。广义的开发即对人类可利用的所有资源的开发行为,包括工业开发、农业开发等人类建设活动。

狭义的开发主要指对资源人为高强度的干预活动,主要包括城市建设、产业发展、基础设施建设等用地开发。

国土空间规划中的"开发"主要是指大规模工业化和城镇化等人类活动(此处"开发"的概念引自《全国主体功能区规划》)。

(二)开发强度的定义

鉴于开发的定义有广义与狭义之分,开发强度的定义相对应也分为广义开发强度和狭义开发强度。

广义的开发强度,除未利用空间之外的所有已开发空间面积的总和占区域总面积的比重。其中,已开发空间包括工业用地、农业用地以及其他一切已开发用地。

狭义的开发强度,是指一个区域建设空间面积占该区域总面积的比重[①]。

国土空间规划中,开发强度是管控建设用地总量、优化空间结构、提高空间利用效率,推动建设用地由规模扩张向内涵提升转变的重要手段。

本次研究中的开发强度指狭义的开发强度,开发强度中的建设空间包括城镇建设用地、区域基础设施用地、农村建设用地、风景名胜设施和特殊用地、其他建设用地等。

---

① 此处"开发强度"的概念引自《全国主体功能区规划》。

本次研究同时引入已开发强度、可开发强度和剩余开发强度的概念。

已开发强度，指区域已建设空间的面积占区域总面积的比重，是区域开发强度的现状测算。已开发强度较易测算，如整个"县域、乡镇"单元，可以按照报送的用地面积直接计算，也可以根据遥感图像的识别得出大致数值。

可开发强度，指区域内允许建设空间的面积占区域总面积的比重。基于生态保护、基本农田保护、文物古迹保护、地形地貌等因素对开发的限制，区域内不可能完全进行开发建设，未受到限制约束的区域才能进行开发。通过资源环境承载力评价和国土空间开发适宜性评价，能够为可开发强度的测算提供数据基础。

剩余开发强度，指区域内允许开发但尚未开发的建设空间面积占区域总面积的比重，亦是可开发强度与已开发强度的差值。剩余开发强度可作为指导区域未来用地规划的重要参考依据。

国土空间规划中，已开发强度是反映现状开发强度的基础指标，可开发强度是开发强度控制的关键参考依据，剩余开发强度是区域开发潜力的重要指标。

二、研究概况

（一）国外研究概况

开发强度的控制最早在德国被提出，主要技术方法是区划。1884年，德国在阿尔托纳首先利用区划来对城市开发强度进行控制。其后，1891年法兰克福、1892年柏林、1896年汉堡、1902年纽伦堡、1903年慕尼黑，均制订了分区管理条例。当时的城市建设管理者认为：如果没有对土地开发活动进行适当的控制，开发者会为了攫取巨额经济利益而高强度使用土地资源，这会抬高地价，引起社会不安，所以政府应该限制土地开发强度以控制地价。其主要控制内容是开发密度和容积。

美国将区划技术广泛应用于控制开发强度。19世纪末20世纪初，纽约市土地大规模开发，为解决由此引发的一系列经济、社会、环境等诸多问题，纽约1916年颁布了全美第一部区划条例，运用立法手段来约束土地使用。区划条例颁布至今，经过修订和完善，形成了一套系统而完整的区划规范。主要通过土地用途分区明确规定各分区范围、利用方式和允许开发的最大强度，并依法规条例予以实施，控制土地开发和产业发展；又在充分考虑地区特征和未来发展计划的基础上将城市划分为特殊保护区、特殊目的发展区、特别发展区和混合用途区等。

英国的开发强度控制主要由完善的法律法规体系和督查执法系统支撑。规划框架可分为结构规划和地方规划两个层次。结构规划在英国又称战略规划,其最大特点是摒弃了传统土地利用规划的静态模式,突出城市整体空间的发展方向、布局的战略考量和过程控制。地方规划是在总体框架指导下局部小范围的较详细的策略规划,其是地方政府指导本地区开发的纲领性规划,须经过公众听证讨论,主要以局部区域规划为主,包括近郊发展区、小城镇或大城市区的中心开发区,有专门区划委员会负责制定,包括了详细的开发建设控制和指导内容。

日本主要通过城市规划对开发强度进行控制。日本的城市规划法产生于1919年,其与同时颁布的市区建筑法(现更名为建筑基本法)构成日本城市规划建设的基本法律。城市规划法针对土地利用基本规划划定的城市区,主要规定城市区土地使用性质和土地分区,建筑基本法主要侧重规定城市区土地的使用强度和形态,两者共同实现对开发强度的控制。为防止城市无序扩张,实行土地使用分区管制,严格控制农地转用。

(二)国内研究概况

国内目前针对开发强度的研究较少,主要有以下研究案例。周炳中等从资源可持续利用的角度出发,针对土地资源开发强度的内涵概念、指标体系和定量评价方法进行了研究,并选择我国人口密集、经济发达、人地矛盾突出的长江三角洲地区进行实证研究。研究结论认为,开发条件是资源开发的前提,开发程度是开发强度的主要内涵,开发的目的是获取开发利益,土地资源开发应突出社会、经济、生态效益的综合平衡与协调,生态环境的反馈应作为规范开发行为的尺度。环境的治理力度是衡量资源开发能否保持可持续性的重要指标。

尧德明等采用参照系比较法,选取海南省作为研究区域对海南省及其18个市县的土地开发强度进行了定量评价。研究认为,土地开发强度是指一定区域土地利用程度及其累计承载密度的综合反映,通常用建筑面积、人口数量、就业规模、经济产值和物化投入等单项或复合指标来表达,土地开发活动具有多层次、多目的、多要素以及复杂性和动态性的特征。土地开发强度既是对土地利用现状的综合表达,也是未来土地开发利用优化决策的重要依据。基于海南土地利用实际情况,从土地利用条件、利用程度、投入强度及利用效益四个方面,选取14项指标构建土地开发强度的评价指标体系,分别选取各项指标的全国平均值和东部沿海地区平均值作为比较对象,建立参照系A和参照系B,综合评价海南省土地开发强度。

王利等在主体功能区规划背景下,基于 GIS 技术,对区域开发强度测算过程中地形限制难用地面积、耕地面积、水体面积、其他禁止开发区面积等空间运算方面的计算方法、技术、流程作了具体研究。研究选取大连市作为研究区域,以 VM - MapInfo 软件为基本支撑,对大连市不同区域的开发强度进行了具体测算。研究解决了区域开发强度测算过程中高程限制建设用地扣除、各类农用地扣除以及其他限制建设用地扣除的技术问题。

谭雪晶等从国土开发强度的时空分异规律、国土开发支持能力及国土开发利用效率三方面,综合运用 GIS 空间分析和数理统计方法,对北京市国土开发强度进行评价,揭示了北京市国土开发过程中存在的问题及未来发展趋势,并提出未来国土开发利用的建议。研究认为,关于国土开发应更多注重开发强度时间上的有序增长和空间上的有机协调,阻止、预防城市贪大求快的无序发展和蔓延。同时,不同的发展区域应采取不同的开发策略和空间布局模式,突出不同区域的核心功能,促进产业和人口向适宜区域集聚,构筑疏密有度、边界清晰、功能完备、整体协调的城市空间结构。

韩政针对我国现行城乡规划体系关于开发强度控制面临的困境,提出在总体规划、分区规划、控制性详细规划三个层面实施开发强度控制。刘根发等基于 GIS 技术和分区规划确定的人口规模、功能布局、用地布局、道路交通设施布局、市政公用设施布局等前提条件建立开发强度模型,选取上海市中心城区作为研究区域进行实证研究。丁亮等基于自组织视角,城市空间结构是影响土地开发强度的基准,以 GIS 技术为研究平台,通过空间句法的技术手段,用拓扑网络对城市空间进行量化分析,进而转化为土地开发强度的基准模型,再结合现状、生态、美学、安全等影响因子,建立修正模型,最终构成自组织视角下的土地开发强度的分布模型及指标体系。

香港土地开发强度管制采用混合式的管理方法。香港是高密度紧凑城市的典型代表,由于自身条件限制,促使其城市空间扩展向三维发展,土地开发强度控制面对的问题非常复杂。在长期的城市管理实践中,香港城市规划管理部门总结出了一整套适合香港城市特点的控制方法,主要从用地分类、基地位置、建筑高度三方面对土地开发强度进行控制。用地分类主要划分土地用途地带,根据相关标准和规定对具体土地用途地带再进行分层架构控制,用地分类控制主要解决地区宏观层面的交通、环境规划等问题。基地位置是依据不同基地交通可达性划分基地类型,不同基地类型对应不同的开发强度。建筑高度主要影响基地的最大建筑面积,通过对建筑高度的控制实现建筑层面对开发强度的控制。

(三)小结

从国内外研究动向来看,主要从开发控制、开发适宜性、资源可持续利用,以及土地利用等方面对开发强度展开了大量研究。随着研究的不断深入,开发强度研究的实际应用价值也不断提高,但关于开发强度的研究仍存在以下几方面的问题:

(1)开发强度概念界定不明晰。各个研究从经济社会发展、生态环境保护、土地资源节约集约利用等不同角度出发对开发强度进行了概念界定,但由于研究者研究角度的不同,对开发强度的理解不尽相同,尚无较为严密的概念界定。

(2)开发强度测算原则、测算指标尚无标准。关于开发强度测算的研究,多侧重于开发强度的评价研究或资源的持续利用研究,而对于开发强度的具体测算原则、测算指标的研究较少,尚未形成公认的成熟标准体系。

(3)开发强度测算的技术方法尚不完善。目前已有按照一定技术方法进行开发强度测算的相关研究,但对于开发强度测算的技术方法尚不完善。开发强度测算研究应依托先进的技术手段,充分结合地理信息系统、遥感技术和数字模型等技术手段。

(4)合理的开发强度预测需深入研究。目前虽将开发强度作为区域发展与保护的重要参考依据和控制指标,对区域开发强度做了大量研究,但是多为针对现状开发强度的研究,对区域开发强度预测的研究还很少。随着我国空间规划体系改革的深入,开发强度作为区域空间规划及政策制定的重要参考和调控手段,应展开更加深入的研究,探寻科学方法确定区域合理的开发强度,促进区域空间资源的优化配置。

第三节 建设用地节约集约利用评价

建设用地节约集约利用是在符合有关法规、政策、规划的前提下,通过降低用地消耗、增加对土地的投入,不断提高土地利用效率和经济效益的一种开发模式。建设用地节约集约利用评价是对城市建设用地利用状况进行调查、分析,评价建设用地节约集约利用程度水平。旨在提出促进建设用地节约集约利用对策建议,科学管理和合理利用建设用地,提高土地利用效率和效益,为国家和各级政府制定土地政策和调控措施,为国土空间有节制地开发并控制适当的开发强度提供科学依据。

建设用地节约集约利用评价包括区域建设用地节约集约利用状况评价(以下简称"区域用地状况评价")和城市建设用地集约利用潜力评价。城市建设用地集约利用潜力评价包括城市建设用地集约利用状况评价(以下简称"城市用地状况评价")和城市建设用地集约利用潜力测算(以下简称"城市用地潜力测算")。

空间规划开发强度测算前期的建设用地节约集约评价,主要涉及"区域用地状况评价和城市用地状况评价。

一、区域用地状况评价

区域用地状况评价是以行政区范围内的全部建设用地作为评价对象,在特定时间点或特定时间段内,通过对相同或相近类型的区域建设用地利用现实状况进行评价和比较,揭示其节约集约利用总体状况及差异的过程。

区域用地状况评价宜自上而下分层次开展。当某一行政区开展区域用地状况评价时,重点以下一层级行政区为对象开展工作。评价应区分评价对象全部或部分位于城市建成区的不同情形。评价对象部分位于城市建成区的,应开展定性分析和定量评价工作;全部位于城市建成区的,仅开展定量评价工作。

(一)技术步骤

区域用地状况评价技术步骤为:
(1)明确评价对象;
(2)定性分析各评价对象的土地利用与社会、经济发展的协调状况,判断土地利用趋势类型;
(3)建立影响各评价对象建设用地节约集约利用状况的指标体系,确定评价指标权重;
(4)进行各评价对象的指标标准化处理;
(5)计算各评价对象的各项评价指数值;
(6)根据定量评价得出的各评价对象的区域用地状况评价指数,划分其土地利用状况类型,并予以校核;
(7)编制评价成果报告、图件和基础资料汇编。

(二)定性分析

区域用地状况定性分析是通过对人口发展与城乡建设用地变化匹配程度、经济发展与建设用地变化的匹配程度进行分析,判断评价对象的土地利用趋势类型,并进行相应分析。

1. 人口与城乡建设用地变化匹配程度分析

通过测算分析评价区域人口与城乡建设用地增长弹性系数,判定评价区域的土地利用趋势类型,分析评价区域人口发展与城乡建设用地的匹配协调程度、节约集约用地总体趋势、区域差异及存在问题。

(1)人口与城乡建设用地增长弹性系数分析。人口与城乡建设用地增长弹性系数分析主要涉及总人口与城乡建设用地增长弹性系数、城镇人口与城镇工矿用地增长弹性系数、农村人口与农村用地增长弹性系数等指标。指标定义与计算方法详(见表6-1)。

表6-1 人口与城乡建设用地增长弹性系数指标定义与计算方法

指标	指标定义	指标计算方法
总人口与城乡建设用地增长弹性系数(PEI1)	评价基准年之前3年(含基准年)的常住人口增长幅度与同期城乡建设用地增长幅度的比值,反映常住总人口与城乡建设用地变化的匹配协调程度	$PEI1 = [(t$年常住总人口数$-(t-3)$年常住总人口数$)/(t-3)$年常住总人口数$]/[(t$年城乡建设用地面积$-(t-3)$年城乡建设用地面积$)/(t-3)$年城乡建设用地面积$]$
城镇人口与城镇工矿用地增长弹性系数(PEI2)	评价基准年之前3年(含基准年)的城镇人口增长幅度与同期城镇工矿用地增长幅度的比值,反映人口城镇化与土地城镇化的匹配协调程度	$PEI2 = [(t$年常住城镇人口数$-(t-3)$年常住城镇人口数$)/(t-3)$年常住城镇人口数$]/[(t$年城镇工矿用地面积$-(t-3)$年城镇工矿用地面积$)/(t-3)$年城镇工矿用地面积$]$
农村人口与村庄用地增长弹性系数(PEI3-1、PEI3-2)	指标口径1:评价基准年之前3年(含基准年)的常住农村人口增长幅度与同期村庄用地增长幅度的比值,反映农村人口与村庄用地变化的匹配协调程度	$PEI3-1 = [(t$年常住农村人口数$-(t-3)$年常住农村人口数$)/(t-3)$年常住农村人口数$]/[(t$年村庄用地面积$-(t-3)$年村庄用地面积$)/(t-3)$年村庄用地面积$]$
	指标口径2:评价基准年之前3年(含基准年)的户籍农业人口增长幅度与同期村庄用地增长幅度的比值,反映农村人口与村庄用地变化的匹配协调程度	$PEI3-2 = [(t$年户籍农业人口数$-(t-3)$年户籍农业人口数$)/(t-3)$年户籍农业人口数$]/[(t$年村庄用地面积$-(t-3)$年村庄用地面积$)/(t-3)$年村庄用地面积$]$

注:表中t代表评价基准年

(2)土地利用趋势类型判定。基于人口发展与城乡建设用地变化匹配程度的土地利用趋势类型主要依据评价区域人口与城乡建设用地增长弹性系数判定。土地利用趋势类型按照集约利用趋势变化情况,从优到劣,一次判定为内涵挖潜型、集约趋势型、相对稳定型和粗放趋势型(见表6-2)。

表6-2 基于人口发展与城乡建设用地变化的土地利用趋势类型及判定标准

土地利用趋势类型	原始数据特征	判定依据
内涵挖潜型	人口增长,用地减少或不变	—
集约趋势型	人口增长,用地增长	PEI1 > 1
	人口减少或不变,用地减少	PEI1 < 1
相对稳定型	人口增长,用地增长	PEI1 = 1
	人口减少,用地减少	PEI1 = 1
	人口不变,用地不变	—
粗放趋势型	人口增长或不变,用地增长	PEI1 < 1
	人口减少,用地减少	PEI1 > 1
	人口减少,用地增长或不变	—

2. 经济发展与建设用地变化匹配程度分析

通过测算分析评价区域地区生产总值与建设用地增长的弹性系数、地区生产总值与建设用地增长贡献度,判定评价区域的土地利用趋势类型,分析评价区域经济发展与建设用地的匹配协调程度、节约集约用地总体趋势、区域差异及存在问题。

(1)地区生产总值与建设用地增长弹性系数分析。指标定义与计算方法(见表6-3)。

表6-3 地区生产总值与建设用地增长弹性系数指标定义与计算方法

指标	指标定义	指标计算方法
地区生产总值与建设用地增长弹性系数(EEI1)	评价基准年之前3年(含基准年)的地区生产总值增长幅度与同期建设用地总面积增长幅度的比值,反映建设用地消耗与自身经济发展的协调程度	$EEI1 = [(t年地区生产总值 - (t-3)年地区生产总值)/(t-3)年地区生产总值]/[(t年建设用地面积 - (t-3)年建设用地面积)/(t-3)年建设用地面积]$

注:1. 地级以上城市,应分别测算城市行政辖区整体、下辖各县(市、区)的EEI1;
2. 县级市仅测算城市行政辖区整体的EEI1;
3. 表中 t 代表评价基准年

(2) 地区生产总值与建设用地增长贡献度分析。指标定义与计算方法（见表6-4）。

表6-4 地区生产总值与建设用地增长贡献度指标定义与计算方法

指标	指标定义	指标计算方法
地区生产总值与建设用地增长贡献度（ECI1）	评价基准年之前3年（含基准年）的地区生产总值增长量占全部评价对象的地区生产总值增长总量的比重，与同期建设用地增长量占全部评价对象的建设用地增长总量的比重之比值，反映建设用地消耗对城市整体经济发展的贡献匹配程度	ECI1 = [（参评城市或下辖各县、市、区 t 年地区生产总值 – 参评城市或下辖各县、市、区（$t-3$）年地区生产总值）/（参评城市上一级行政区或参评城市行政辖区 t 年地区生产总值 – 参评城市上一级行政区或参评城市行政辖区（$t-3$）年地区生产总值）]/[（参评城市或下辖各县、市、区 t 年建设用地面积 – 参评城市或下辖各县、市、区（$t-3$）年建设用地面积）/（参评城市上一级行政区或参评城市行政辖区 t 年建设用地面积 – 参评城市上一级行政区或参评城市行政辖区（$t-3$）年建设用地面积）]

注：1. 地级以上城市，应分别测算城市行政辖区整体、下辖各县（市、区）的ECI1，其中，直辖市不需测算城市行政辖区整体的地区生产总值与建设用地增长贡献度；

2. 县级市仅测算城市行政辖区整体的ECI1，上一级行政区是指其所属的地级市（其中，省直管县级市的上一级行政区为省）；

3. 表中 t 代表评价基准年

(3) 土地利用趋势类型判定。基于经济发展与建设用地变化匹配程度的土地利用趋势类型主要依据参评城市及其下辖各县（市、区）的地区生产总值与建设用地增长弹性系数、地区生产总值与建设用地增长贡献度综合判定。其中，参评城市为直辖市的不需判定。土地利用趋势类型按照集约利用趋势变化情况，从优到劣，依次判定为内涵挖潜型、集约趋势型、相对稳定型和粗放趋势型（见表6-5）。

表6-5 基于经济发展与建设用地变化的土地利用趋势类型及判定标准

土地利用趋势类型	原始数据特征	判定依据
内涵挖潜型	地区生产总值增长，用地减少或不变	—
集约趋势型	地区生产总值增长，用地增长	EEI1 > γ、ECI1 ≥ 1 或 EEI1 = γ、ECI1 > 1
	地区生产总值减少或不变，用地减少	EEI1 < γ、ECI1 ≤ 1 或 EEI1 = γ、ECI1 < 1

续表

土地利用趋势类型	原始数据特征	判定依据
相对稳定型	地区生产总值增长,用地增长	EEI1 = γ、ECI1 = 1
	地区生产总值减少,用地减少	EEI1 = γ、ECI1 = 1
	地区生产总值不变,用地不变	—
粗放趋势型	地区生产总值增长或不变,用地增长	EEI1 < γ 或 ECI1 < 1
	地区生产总值减少,用地减少	EEI1 > γ 或 ECI1 > 1
	地区生产总值减少,用地增长或不变	—

注:1.当判定地级以上城市(不含直辖市)土地利用趋势类型时,γ 为该市所属省域范围的地区生产总值与建设用地增长弹性系数和 1 之间的较大值;

2.当判定县级市(非省直管)土地利用趋势类型时,γ 为该市所属地级市的地区生产总值与建设用地增长弹性系数和 1 之间的较大值;

3.当判定省直管县级市土地利用趋势类型时,γ 为该市所属省域范围的地区生产总值与建设用地增长弹性系数和 1 之间的较大值

(三)定量评价

区域用地状况定量评价是采用多因素综合评价法,通过选择评价指标体系,进行指标理想值标准化,计算有关指数,划分评价对象的土地利用状况类型。

1.评价指标选择

区域用地状况定量评价指标体系包括利用强度等 4 个指数、人口密度等 7 个分指数、城乡建设用地人口密度等 11 个指标(见表 6-6)。

表 6-6 区域用地状况定量评价指标体系

指数 (代码)	分指数 (代码)	分指数指标 (代码)	计量单位	指标属性	选择要求
利用强度指数(UII)	人口密度指数(PUII)	城乡建设用地人口密度(PUII1)	人/km²	正向相关	必选
	经济强度指数(EUII)	建设用地地均固定资产投资(EUII1)	万元/km²	正向相关	必选
		建设用地地均地区生产总值(EUII2)	万元/km²	正向相关	必选

续表

指数（代码）	分指数（代码）	分指数指标（代码）	计量单位	指标属性	选择要求
增长耗地指数（GCI）	人口增长耗地指数（PGCI）	单位人口增长消耗新增城乡建设用地量（PGCI1）	m²/人	反向相关	必选
	经济增长耗地指数（EGCI）	单位地区生产总值耗地下降率（EGCI1）	%	正向相关	必选
		单位地区生产总值增长消耗新增建设用地量（EGCI2）	m²/万元	反向相关	必选
		单位固定资产投资消耗新增建设用地量（EGCI3）	m²/万元	反向相关	必选
用地弹性指数（EI）	人口用地弹性指数（PEI）	人口与城乡建设用地增长弹性系数（PEI1）	—	正向相关	必选
	经济用地弹性系数（EEI）	地区生产总值与建设用地增长弹性系数（EEI1）	—	正向相关	必选
管理绩效指数（API）	城市用地管理绩效分指数（ULAPI）	城市存量土地供应比率（ULAPI1）	%	正向相关	必选
		城市批次土地供应比率（ULAPI2）	%	正向相关	必选

2. 评价指标权重值确定

（1）权重值确定原则。权重值应分别依据指数、分指数、指标对区域建设用地节约集约利用的影响程度确定。指数、分指数、分指数指标的权重值在0~1之间，每个指数对应下一层分指数或分指数指标的权重值之和都应为1。权重值的确定方法及取值应相对稳定，不同时段开展评价并发生变化时，应作为特殊事项予以说明。

（2）权重值确定方法：

1）特尔斐法

通过对指数、分指数、分指数指标的权重值进行多轮专家打分，并按以下公式计算权重值：

$$W_i = \frac{\sum_{j=1}^{n} E_{ij}}{n}$$

式中：W_i—— 第 i 项指数、分指数、分指数指标的权重；

　　　E_{ij}—— 专家 j 对于第 i 个目标、子目标或指标的打分；

　　　n—— 专家总数。

实施要求：

a. 参与打分的专家应熟悉城市经济社会发展和土地利用状况，总数为 10～40 人；

b. 打分应根据评价工作背景材料和有关说明，在不相互协商的情况下独立进行；

c. 从第二轮起，打分必须参考上一轮打分结果进行；

d. 打分一般进行 2～3 轮。

2）因素成对比较法

通过对所选评价指标进行相对重要性两两比较、赋值，计算权重值。

实施要求：

a. 比较结果要符合 A 指标大于 B 指标，B 指标大于 C 指标，A 指标也大于 C 指标的关系；

b. 指标的赋值应在 0～1 之间，且两两比较的指标赋值之和等于 1。

3）层次分析法

通过对指数、分指数、分指数指标相对重要性进行判断，组成判断矩阵，计算权重值。

实施要求：判断矩阵必须通过一次性检验。

2. 评价指标标准化

（1）评价指标标准化方法。评价指标标准化应采用理想值比例推算法。指标标准化初始值采用以下公式计算：

$$S_{i0} = \frac{a_i}{t_i}$$

式中：S_{i0}—— 第 i 项指标标准化值的初始值；

　　　t_i—— 第 i 项指标理想值；

　　　a_i—— 第 i 项指标实际值。

（2）指标标准化值确定原则。鉴于指标属性和对应理想值的特征差异，需要对指标标准化的初始值进行处理，确定各项指标标准化值 S_i。具体确定原则如下：

A. 对于正向相关指标，$S_i = S_{i0}$；对于反向相关指标，$S_i = 1/S_{i0}$。

B. S_i 应在 0～1 之间。

C. 对于利用强度指数、管理绩效指数涉及的指标(PUII1、EUII1、EUII2、ULAPI1、ULAPI2),若$S_{i0} \geq 1$,S_i直接赋值为1,表示指标实际值为理想状况。管理绩效指数涉及的指标(ULAPI1、ULAPI2)无法计算时,S_i直接赋值为1。

D. 对于增长耗地指数、用地弹性指数涉及的指标(PGCI1、EGCI1、EGCI2、EGCI3、PEI1、EEI1),应结合定性分析结论进行分别处理:

a. 当人口、经济为正增长,用地减少或不变时,S_i直接赋值为1;

b. 当人口、经济为负增长或零增长,用地为正增长或不变时,S_i直接赋值为0;

c. 其他情形下,对于正向相关指标,若$S_{i0} \geq 1$,S_i直接赋值为1;对于反向相关指标,若$1/S_{i0} \geq 1$,Si直接赋值为1。

3. 分指数、指数和总指数计算

(1)分指数计算。区域用地状况定量评价各项分指数按照以下公式计算:

$$\alpha_j = \sum_{i=1}^{n}(W_{ji} \times S_{ji}) \times 100$$

式中:α_j——第j项分指数的值;

W_{ji}——第j项分指数下第i个指标的权重;

S_{ji}——第j项分指数下第i个指标的标准化值;

n——第j项分指数下的指标个数。

(2)指数计算。区域用地状况定量评价各项指数按照以下公式计算:

$$\beta_k = \sum_{j=1}^{n} W_{kj} \times \alpha_j$$

式中:β_k——第k项指数的值;

W_{kj}——第k项指数下第j个分指数的权重;

α_j——第j项分指数的值;

n——第k项指数下的分指数个数。

(3)总指数计算。区域用地状况定量评价总指数按照以下公式计算:

$$总指数 = \sum_{k=1}^{n} W_k \times \beta_k$$

式中:W_k——第k项指数的权重;

β_k——第k项指数的值;

n——总指数下的指数个数。

4. 土地利用状况类型确定

（1）土地利用状况类型确定原则。区域用地状况评价中的土地利用状况可根据工作需要，按照总指数、指数、分指数分别确定。

土地利用状况类型根据各指数分值的高低，从大到小，依次划分为Ⅰ型、Ⅱ型、Ⅲ型、Ⅳ型、Ⅴ型等，对应的建设用地节约集约利用程度由高到低，可表述为"集约度高""较高""中等""较低""低"等不同情形。土地利用状况类型划分原则上控制在 3~5 类。

（2）土地利用状况类型确定方法：

a. 按照数轴法、总分频率曲线法等，对总指数、指数分指数进行分值区段划分。采用数轴法时，应分别将有关指数值点绘在数轴上，按土地节约集约利用效果的实际状况，选择点数稀少处作为分值区段的分界点。采用总分频率曲线法时，则分别对有关指数值进行频率统计，绘制频率直方图，按土地节约集约利用效果的实际状况，选择频率曲线波谷处作为分值区段的分界点。

b. 采用主成分分析等方法对依据分值区段划分确定的土地利用状况类型进行校核。当校核结果与土地利用状况类型存在差异时，应进一步分析差异原因，结合专家咨询最终确定土地利用状况类型。

（四）评价结果综合分析

从节约集约利用现状水平、动态变化趋势、管理绩效、空间分异等方面，结合定性分析和定量评价结果，对评价对象建设用地节约集约利用总体状况、特征、存在问题、主要差距及原因进行分析，提出促进节约集约用地的对策建议。

二、城市用地状况评价

城市用地状况评价是在分析城市建设用地利用状况的基础上，以划分的城市功能区为评价对象，在特定时间点或特定时间段内，按照居住、工业、商业、教育等功能区类型，分别评价其土地集约利用程度的过程。

城市用地状况评价的工作地域为中心城区的城市建成区，应分别开展定性分析和定量评价工作。城市用地状况定量评价将确定各功能区的土地利用状况类型，按照各功能区的土地集约利用程度，划分过度利用区、集约利用区、中度利用区、低度利用区。

(一)技术步骤

(1)确定评价工作地域;

(2)进一步核定工作地域,开展定性分析;

(3)确定功能区类型,建立相应的评价指标体系;

(4)初步划分城市功能区,选择各类功能区的样本片区;

(5)收集整理各类功能区的样本片区指标资料,确定相应的指标理想值;

(6)初步识别样本片区是否归属过度利用类型;对于初步识别中不列入过度利用类型的样本片区,计算其土地利用集约度,并判断其土地利用状况类型;

(7)根据样本片区的土地利用集约度,重新整理和划分城市功能区,确定各城市功能区边界,并判断其土地利用状况类型;

(8)编制成果图件并量算不同利用程度、不同功能类型的功能区面积;

(9)选定不同土地利用状况类型、不同功能类型的典型功能区和典型样本片区,进行信息汇总;

(10)编制评价成果报告、图件和基础资料汇编。

(二)定性分析

1.城市建设用地整体概况分析

1)城市建设用地现状规模分析

提取核定后的工作地域范围内建设用地面积数据,与参评城市土地利用总体规划确定的中心城区城镇建设用地控制规模(允许建设区面积)和城市总体规划确定的中心城区规划建设用地规模等进行比较,分析城市建设用地现状规模、土地开发率、后备用地保障能力,以及其存在的主要问题。

2)城市建设用地结构分析

通过提取各类建设用地图斑,统计城市居住、商业、工业、教育、机关团体、城市道路、广场等各类建设用地的结构比例关系。在此基础上,对比《城市用地分类与规划建设用地标准》(GB 50137—2011)、参评城市总体规划确定的规划用地结构比例,分析现状用地结构与城市性质定位、城市规划相关规定是否符合,分析是否存在浪费土地问题,综合分析城市建设用地结构变化趋势、面临问题及产生原因等,分析通过优化用地结构促进集约用地的方向或对策思路。

3）城市建设用地布局分析

对比城市总体规划布局结构,分析城市用地现状布局与土地利用效率之间的相互关系。分析内容包括:城市旧城区、城市新区及产业的布局特征;城市中心区的用地组合的合理性;城市新区开发程度及城市边缘区新开发土地的充分利用程度等。

具体分析中,应将城市新区、旧城区用地面积、建筑面积等数据,与土地利用总体规划的城镇规模边界以及城市总体规划确定的用地功能和空间布局结构特征进行对比,分析城市用地发展的总体态势、空间布局调整状况及存在的问题,以及旧城区的土地利用强度、用地组合、用地效率提升状况等。通过分析对比旧城区与城市新区、边缘区的土地开发率、开发强度等,明晰城市新、旧区之间的土地利用特征、存在的问题,提出通过用地布局优化促进集约用地的方向或对策思路。

4）城市基础设施及环境状况分析

依据建成区道路网密度、用水普及率、燃气普及率、污水集中处理率、生活垃圾处理率、绿地率、人均公园绿地面积等指标,分析城市道路、供水、电力、通信、供气、供热、排水、环卫等基础设施的投资、建设、保障状况,以及对土地集约利用的影响。

提取工作地域用地面积、建筑基底数据,制作评价工作地域建筑密度分布图、三维模拟图等,综合分析建成区不同区域的建筑密度分布特征,重点分析因建筑密度过高、人口过密、利用不合理等,导致交通拥堵、环境恶化、消防隐患等问题较为突出的区域。

依据城市工业三废排放及处理情况等数据,结合城市工业结构状况、产业层次等,分析城市工业用地利用的环境效益及其对土地集约利用的影响。

2．城市建设用地利用强度分析

分别按评价工作地域范围以及居住、商业、工作、行政办公、高校教育用地的地类图斑为单元,分别提取评价工作地域范围内的建设用地总面积、居住等各类用途用地的总面积,以及评价工作地域范围内的建设总面积、居住等各类用途用地建筑的总面积等数据,计算评价工作地域综合容积率和居住等各类用途用地综合容积率,以地类图斑为空间单元,制作中心城区综合容积率分布图、三维模拟图等,综合分析城市建设用地利用强度的总体水平、空间分异特征以及不同用地类型土地利用强度的差异(见表6-7)。

表6-7 城市建设用地利用强度分析指标含义

表征指标	指标含义
评价工作地域综合容积率	评价工作地域范围内的建筑总面积与评价工作地域范围内建设用地总面积之比
居住用地综合容积率	评价工作地域范围内的居住用地建筑总面积与评价工作地域范围内的居住用地总面积之比
商业用地综合容积率	评价工作地域范围内的商业用地建筑总面积与评价工作地域范围内的商业用地总面积之比
工业用地综合容积率	评价工作地域范围内的工业用地建筑总面积与评价工作地域范围内的工业用地总面积之比
行政办公用地综合容积率	评价工作地域范围内的行政办公用地建筑总面积与评价工作地域范围内的行政办公用地总面积之比
教育用地(高校)综合容积率	评价工作地域范围内的教育用地(高校)建筑总面积与评价工作地域范围内的教育用地(高校)总面积之比

3. 城市建设用地利用效益分析

城市建设用地效益分析,是通过计算评价工作地域单位面积地区生产总值和人口密度,居住用地人口密度,商业用地单位面积第三产业增加值和单位面积从业职工数,工业用地单位面积固定资产总额、单位面积工业总产值和单位面积工业利税额,行政办公用地单位面积服务人员数,以及教育用地单位面积服务学生数等表征指标,将其与相关法规规划标准、城市政府集约用地管理目标以及类比城市进行横向比较,综合分析城市及其主要用途建设用地的利用效益总体水平、分异规律、主要特征及存在问题等(见表6-8)。

表6-8 城市建设用地利用效益分析指标含义

表征指标	指标含义	计量单位
评价工作地域单位面积地区生产总值	评价工作地域对应区域的地区生产总值与评价工作地域用地面积之比	万元/hm^2
评价工作地域人口密度	评价工作地域对应区域的常住人口总数与评价工作地域用地面积之比	人/hm^2
居住用地人口密度	评价工作地域对应区域的常住人口总数与评价工作地域范围内的居住用地总面积之比	人/hm^2
商业用地单位面积社会消费品零售总额	评价工作地域对应区域的社会消费品零售总额与评价工作地域范围内的商业用地总面积之比	万元/hm^2

续表

表征指标	指标含义	计量单位
商业用地单位面积从业职工数	评价工作地域对应区域的第三产业从业人员数与评价工作地域范围内的商业用地总面积之比	人/hm²
工业用地单位面积固定资产总额	评价工作地域对应区域的(规上)工业企业固定资产原价与评价工作地域范围内的工业用地总面积之比	万元/hm²
工业用地单位面积工业总产值	评价工作地域对应区域的(规上)工业企业工业总产值与评价工作地域范围内的工业用地总面积之比	万元/hm²
工业用地单位面积利税额	评价工作地域对应区域的(规上)工业企业利税总额与评价工作地域范围内的工业用地总面积之比	万元/hm²
行政办公用地单位面积服务人员数	评价工作地域对应区域的行政办公人员总数与评价工作地域范围内的行政办公用地总面积之比	人/hm²
教育用地单位面积服务学生数	评价工作地域对应区域的高校(含中等专业学校)在校生总人数与评价工作地域范围内的高校教育用地总面积之比	人/hm²

4.城市建设用地现状与城市总体规划用地规划状况差异性分析

城市建设用地现状与城市总体规划用地规划状况差异性分析,通过制作工作地域用地现状与规划用途比较图,在此基础上,依据现状与规划用途比对信息,分析功能区发展定位调整的总体状况、用途结构及布局特征,空闲地、空闲建筑物的利用方向等。

5.城市土地市场状况分析

城市土地市场状况分析重点分析评价工作地域范围内的土地级别分布、基准地价、土地价格和房地产价格空间分布及交易状况等,并结合土地经济容积率的测算等分析城市土地集约利用的潜力。

(三)定量评价

城市用地状况定量评价是在城市用地状况定性分析的基础上,划分城市功能区,选取样本片区作为其代表,按照评价指标体系要求选择评价指标,进行理想值指标标准化,计算有关指数,评价样本片区的土地集约利用水平,判定土地利用状况类型,揭示不同类型功能区的土地集约利用水平及其空间分异规律。

1.评价指标选择

城市用地状况定量评价指标体系分为居住功能区、商业功能区、工业功能区、行政办公功能区、教育功能区和其他功能区,以及必选和备选等不同情形(见表6-9)。

表6-9 城市用地状况定量评价指标体系

功能区类型(代码)	指标(代码)	指标含义	指标属性	选择要求
居住功能区(R)	综合容积率(R1)	居住功能区内的各类建筑总面积(万 m^2)/居住功能区土地面积(hm^2)	正向相关	必选
	人口密度(R2)	居住功能区内的居住人口(人)/居住功能区土地面积(hm^2)	正向相关	必选
	基础设施完备度(R3)	居住功能区内的水、电、路等基础设施的配套程度	正向相关	必选
	住宅地价实现水平(R4)	居住功能区现状条件下的单位土地市场地价(元/m^2)/居住功能区所在级别基准地价(元/m^2)	正向相关	必选
	建筑密度(R5)	居住功能区内各类建筑基底面积(万 m^2)/居住功能区土地面积(hm^2)	适度相关	必选
商业功能区(C)	综合容积率(C1)	商业功能区内的各类建筑总面积(万 m^2)/商业功能区土地面积(hm^2)	正向相关	必选
	基础设施完备度(C2)	商业功能区内的水、电、路等基础设施的配套程度	正向相关	必选
	商业地价实现水平(C3)	商业功能区现状条件下的单位土地市场地价(元/m^2)/商业功能区所在级别基准地价(元/m^2)	正向相关	必选
	建筑密度(C4)	商业功能区内各类建筑基底面积(万 m^2)/商业功能区土地面积(hm^2)	适度相关	必选
	商业物业出租(营业)率(C5)	商业功能区内的物业平均出租率或营业率(%)	正向相关	备选
工业功能区(I)	综合容积率(I1)	工业功能区内的各类建筑总面积(万 m^2)/工业功能区土地面积(hm^2)	正向相关	必选
	基础设施完备度(I2)	工业功能区内的水、电、路等基础设施的配套程度	正向相关	必选
	单位用地固定资产总额(I3)	工业功能区内的工业(物流)企业固定资产原价(万元)/工业功能区土地面积(hm^2)	正向相关	必选
	单位用地工业总收入(I4)	工业功能区内的工业(物流)企业总收入(万元)/工业功能区土地面积(hm^2)	正向相关	必选
	建筑密度(I5)	工业功能区内各类建筑基底面积(万 m^2)/工业功能区土地面积(hm^2)	适度相关	必选

续表

功能区类型(代码)	指标(代码)	指标含义	指标属性	选择要求
行政办公功能区(G)	综合容积率(G1)	行政办公功能区内的各类建筑总面积(万 m²)/行政办公功能区土地面积(hm²)	正向相关	必选
	基础设施完备度(G2)	行政办公功能区内的水、电、路等基础设施的配套程度	正向相关	必选
	单位用地行政办公人员数(G3)	行政办公功能区内的行政办公人员数(人)/行政办公功能区土地面积(hm²)	正向相关	必选
	建筑密度(G4)	行政办公功能区内各类建筑基底面积(万 m²)/行政办公功能区土地面积(hm²)	适度相关	必选
教育功能区(E)	综合容积率(E1)	教育功能区内的各类建筑总面积(万 m²)/教育功能区土地面积(hm²)	正向相关	必选
	基础设施完备度(E2)	教育功能区内的水、电、路等基础设施的配套程度	正向相关	必选
	单位用地服务学生数(E3)	教育功能区内的服务学生总数(人)/教育功能区土地面积(hm²)	正向相关	必选
	建筑密度(E4)	教育功能区内各类建筑基底面积(万 m²)/教育功能区土地面积(hm²)	正向相关	必选
其他功能区(X)	综合容积率(X1)	其他功能区内的各类建筑总面积(万 m²)/其他功能区土地面积(hm²)	正向相关	必选
	建筑密度(X2)	其他功能区内各类建筑基底面积(万 m²)/其他功能区土地面积(hm²)	适度相关	必选

2. 评价指标权重值确定

评价指标权重采用特尔斐法、因素成对比较法等方法综合确定,评价指标权重确定应符合表6-10提供的指标重要性排序要求。

表 6-10　城市用地状况定量评价指标重要性排序表

功能区类型(代码)	指标(代码)	选择性	重要性排序
居住功能区(R)	综合容积率(R1)	必选	1
	人口密度(R2)	必选	2
	基础设施完备度(R3)	必选	3
	住宅地价实现水平(R4)	必选	4
	建筑密度(R5)	必选	5
商业功能区(C)	综合容积率(C1)	必选	1
	基础设施完备度(C2)	必选	3(4)
	商业地价实现水平(C3)	必选	2
	建筑密度(C4)	必选	4(5)
	商业物业出租(营业)率(C5)	备选	3
工业功能区(I)	综合容积率(I1)	必选	1
	基础设施完备度(I2)	必选	4
	单位用地固定资产总额(I3)	必选	3
	单位用地工业总收入(I4)	必选	2
	建筑密度(I5)	必选	5
行政办公功能区(G)	综合容积率(G1)	必选	1
	基础设施完备度(G2)	必选	3
	单位用地行政办公人员数(G3)	必选	2
	建筑密度(G4)	必选	4
教育功能区(E)	综合容积率(E1)	必选	1
	基础设施完备度(E2)	必选	3
	单位用地服务学生数(E3)	必选	2
	建筑密度(E4)	必选	4
其他功能区(X)	综合容积率(X1)	必选	1
	建筑密度(X2)	必选	2

注：当评价指标体系含备选指标时，相关必选指标权重值的重要性排序应以( )中的序位为依据。

3. 评价指标标准化

通过采用标准值比例推算法，根据有关指标属性及理想值取值特征差异，区分正向相关指标和适度相关指标采用不同方法进行评价指标标准化。

1)正向相关指标标准化方法

正向相关指标标准化初始值 F_{i0} 按照以下公式进行：

$$F_{i0} = \frac{b_i}{u_i}$$

式中：F_{i0}——第 i 项指标标准化初始值；

u_i——第 i 项指标理想值（当 u_i 为区间值时，u_i 取相应理想值下界值）；

b_i——第 i 项指标实际值。

各项指标标准化值 F_i 的确定需区分以下两种情形加以确定：

a. 若 $F_{i0} \geq 1$，$F_i = 1$，表示指标实际值为合理状态；

b. 若 $F_{i0} < 1$，$F_i = F_{i0}$，计算结果表示评价的功能区的对应指标实际值与理想值的差距。

2)适度相关指标标准化方法

适度相关指标标准化值 F_i 按照以下公式进行：

$$F_i = \left| \frac{b_i - u_i}{u_i} \right|$$

式中：F_i——第 i 项指标标准化值；

u_i——第 i 项指标理想值；

b_i——第 i 项指标实际值。

具体确定各项指标标准化值 F_i 时，u_i 的取值需区分以下三种情形分别加以确定：

a. 若 b_i 隶属 u_i 所在区间，F_i 直接赋为 1，表示指标实际值为合理状态；

b. 若 $b_i > u_i$ 的上界值，此时式中的 u_i 取相应理想值的上界值，表示指标实际值超过理想值的状况；

c. 若 $b_i < u_i$ 的下界值，此时式中的 u_i 取相应理想值的下界值，表示指标实际值与理想值的差距。

4. 集约利用指数计算

功能区土地利用集约度 λ 按照以下公式计算：

$$\lambda = \sum_{i=1}^{n} (\beta_i \times F_i) \times 100$$

式中：λ——功能区的土地利用集约度；

β_i——第 i 项指标的权重；

F_i——第 i 项指标的标准化值。

5. 土地利用状况类型划分

采用数轴法或总分频率曲线图法对不同类型功能区土地利用集约度进行分值区段划分,得出过度利用、集约利用、中度利用、低度利用四种土地利用状况类型的标准。

原则上,判定为集约利用类型的功能区,土地利用集约度不宜小于80,判定为中度利用类型的功能区,土地利用集约度不宜小于60。

判定为过度利用类型的功能区,需同时满足下列四个条件:

(1)土地利用集约度处于集约利用类型分值区段;

(2)功能区综合容积率指标大于理想值的上界值;

(3)功能区建筑密度指标大于理想值的上界值;

(4)定性分析结果表明区域建筑密度过高、土地利用不合理或过度利用,且造成交通拥堵、环境恶化、消防隐患等问题比较突出。

(四)评价结果综合分析

城市用地状况评价在定量评价的基础上,结合其他定量方法和定性分析进行结果校核,确定各类功能区的土地利用状况类型,综合分析总结各类不同利用状况类型功能区的结构状况、分布特征等。

一是区分现状主导用途与规划主导用途一致区域和不一致区域两种情况,分别比较不同类型功能区土地集约利用状况定量评价结果,总结各类用途土地集约利用类型分布特征及规律、地域差异、存在问题及原因。

二是根据成果应用需求的不同,可开展以区、街道为单元的相关汇总分析,总结不同区、街道各类用途土地集约利用特征、存在问题。

三是针对评价结果,综合分析各功能区、各区域土地集约利用的主导制约因素,提出促进土地集约利用的方向及相关政策措施建议。

三、评价成果应用

建设用地节约集约利用评价成果的应用主要包括以下方面:

(1)为国家利用土地参与宏观调控、推进资源节约型社会建设提供支持;

(2)为各级国土空间规划、土地利用年度计划、土地供应计划及其他法定规划、计划和政策等的编制、制定提供依据;

(3)为地方政府掌握土地利用的基本情况,健全土地收购储备制度、完善土地利

用管理政策等提供保障。

第四节　建设空间规模预测

一、城镇建设空间规模预测

城镇建设空间包括城市中心城区、县城和镇的建设空间。

（一）以人定地

1. 人口规模预测

城镇人口规模是城镇进行基础设施建设和配置的基础。相对准确的人口规模预测结果才能保证空间资源的合理配置、城镇各项建设的有序进行；才能保证政府有效制定公共政策，维护公众利益；才能保证人与自然、城镇的和谐发展及可持续发展。

（1）人口规模预测的现存问题。

人口规模预测的重要性无须重申，然而在实践中，人口规模预测方面仍存在较多问题。目前规划界普遍认为人口规模预测方面存在的最主要问题是预测结果不准确。这个不准确体现在：一方面，人口规模预测过大，即凡是希望扩张人口的城市往往难以达到预期目标；另一方面，人口规模预测偏小，即凡是希望控制人口的城市却从来没有控制住。

1）人口规模预测过大

人口规模预测过大的问题在我国很多城市普遍存在。"适度超前"理念是规划的基本理念，适度超前也包括人口规模预测的适度超前，然而实际情况却是大量城镇人口规模预测严重地脱离发展实际。按照相关国家标准的技术规定，城市和镇人均建设用地指标都必须在要求的范围之内，这也是审批总体规划时考核城镇建设用地规模的主要依据之一。由于人口规模决定了城镇建设用地规模，而获得更多的建设用地指标，使得城市能够发展工业增加税收，开发房地产增加土地出让收入，拥有更多资金进行城镇建设，进而扩大城镇规模。因此，相当一部分城镇在开展人口规模预测研究时偏离了实事求是路线,通常会有意调高一些参数赋值,人为地使预测结果达到预期设定规模。可以说,原本制定标准和审批城市、镇总体规划的内在逻辑是"以人定地",即通过尽量准确地预测人口规模来确定合理的城镇建设用地规模。然而在规划编制和地方上报城市、镇总体规划时的执行逻辑却是"以地定人","人"已经脱离了规划服务对象的角色,虚拟的规划人口规模渐渐异化为攫取稀缺城镇建设用地指标的工具。

我国快速城镇化过程中,基于土地财政的内生发展冲动驱使地方政府热衷通过拉大城市骨架,来谋求城市经济增长动力,催生出很多城镇的土地城镇化速度远远快于人口城镇化速度的现象。在这种背景下,城镇总体规划的编制机构在预测城镇人口规模时,面临着一个先验性规定要求——土地扩张需求。甚至很多时候城镇建设用地规模必须将建成区、已规划的新区、工业园区的规模一并纳入,以此来反算城镇人口规模,所以常常出现规划期末人口规模是规划基期现状人口规模高倍数的情况。由于"以地定人"的逻辑脱离了经济增长带动人口增长的正常推演,导致人口规模预测很难做到准确,进而造成按人口规模配套建设的基础设施出现极大浪费。同时,还会导致经济社会成本的不合理增加,如城镇基础设施建设成本增加,城镇运营成本增加,大尺度建设人为割裂城镇不同功能间的经济联系抬高服务业发展成本。

2) 人口规模预测偏小

规划预测人口规模偏小,实际人口发展突破规划,这个现象在北上广等大城市特别明显。北京市在1982年、1991年、2003年分别进行了3次城市总体规划修编,3次方案的人口控制指标都与实际发展有很大差距。1982年版城市总体规划提出"20年内,北京常住人口控制在1000万",实际到1986年这一目标即被突破。1991年版城市总体规划提出"到2010年,北京常住人口控制在1250万左右",然而到1995年,北京常住人口已经达到1251万。2003版城市总体规划提出:"2020年北京实际居住人口控制在1800万左右",然而到2010年,北京常住人口已经达到1962万,提前10年突破规划人口。上海在2001年国务院批复的《上海市城市总体规划(1999—2020年)》中提出,"上海常住人口规模2020年达到1800万左右",实际2004年上海常住人口已达到1835万。

在国家控制特大城市人口规模的政策下,城市承载力问题被提出,但是目前对城市承载力的分析甚少考虑技术动态变化条件。以北京为例,淡水资源过去是研究北京人口承载力的一个约束条件,"南水北调"工程实施后淡水资源总量发生了变化。除资源总量外,还有产业结构调整引起的资源分配结构性变化。技术进步会产生一系列难以预见的动态变化,事实上,从长期发展来讲,世界主要城市的人口规模都是增长的,因为采用静态方式研究城市人口规模,导致我国特大城市人口发展规划普遍滞后,继而带来城市相关公共服务供给不足,外来人口不能享受同等公共服务,公共服务设施不均等的矛盾日渐突出。

(2)人口规模预测的基础数据。

1)数据收集与口径

A. 数据收集

针对规划范围的包括总人口、城镇人口在内的各类人口以及相关基础数据进行收集。收集数据包括现状和历史系列数据,数据来源应以官方公布的统计数据为主,主要包括统计年鉴、统计公报、人口普查公告、人口抽样调查公报等,其他如公安部门和计生部门的有关数据,作为校核的依据和参考数据。

B. 统计口径 人口规模的统计数据,应以常住人口为统计口径。常住人口一般指已在某地持续居住一定时间以上的人口,包括满足该时限要求的户籍人口和流动人口,时限通常有半年以上、一年以上等不同口径。本次研究口径与人口普查一致,常住人口指在规划范围内连续居住满半年或半年以上的人口。

C. 统计范围 界定城镇人口规模所需的城镇地区的空间范围,应与国家有关的统计规定保持一致。现行《统计上划分城乡的规定》(国务院于 2008 年 7 月 12 日国函〔2008〕60 号批复),其中规定:"城镇包括城区和镇区。城区是指在市辖区和不设区的市、区,市政府驻地的实际建设连接到的居民委员会和其他区域。镇区是指在城区以外的县人民政府驻地和其他镇,政府驻地的实际建设连接到的居民委员会和其他区域。与政府驻地的实际建设不连接,且常住人口在 3000 人以上的独立的工矿区、开发区、科研单位、大专院校等特殊区域及农场、林场的场部驻地视为镇区。"

2)数据采用与处理

A. 数据采用 预测基准年应选取最接近现状,且具备已公布统计人口数据的年份。

B. 数据处理:

a. 统计口径核准 当现有人口数据的统计口径与前述定义的"常住人口"的统计口径不一致时,应将基准年及历史系列数据进行口径校核,核准至"常住人口"的统计口径。

统计口径校核可采用比例法。基于 2010 年第六次人口普查数据基本符合"常住人口"统计口径,可通过假设某年现有口径统计人口与"常住人口"统计口径的人口之比与 2010 年对应口径统计人口的比值相等,推算出该年的常住人口规模。

b. 数据插补　当人口历史系列数据不连续、缺乏某些年份的数据时,可根据需要进行推导和插补,数据插补可采用比例法或数据内插法。

c. 数据平滑　当发现人口历史系列数据具有明显的波动特征时,根据预测需要,可采用移动平均数法、指数平滑法等方法对历史系列数据进行必要的平滑处理,从而减弱偶然因素的影响。

d. 统计范围核准：

若因行政区划调整等原因造成历史系列数据统计范围与规划范围不一致时,应对历史数据进行范围校核,核准并统一到与规划范围相一致,以保证历史系列各数据所指的空间范围是一致的。

3）数据分析与表达

人口规模预测时采用的人口现状和历史系列等原始数据,应注明数据来源。人口现状和历史系列基础数据若经过口径校核、插补、平滑、范围核准等处理,还应简要说明数据处理的方法和过程。

人口规模预测时,作为预测的必要基础,应对现状人口特征进行必要的分析,并对现状特征值以图、表等形式汇总表达,重点包括现状人口规模、现状人口主要构成(如户籍/非户籍、年龄构成、性别构成、职业构成、民族构成)以及空间分布特征等,为预测、分类预测提供必要的信息支撑,使预测结果具有基本的可追溯性。

历史人口数据要求根据预测年限 n,原则上应有 n 年以上的历史系列数据；同时应对历史数据进行必要的变化特征分析,如年（均）增长率以及分类预测可依据的其他变化特征,并以图、表形式简要反映人口规模的历史演变特征。

(3) 人口规模预测的常用方法。

近些年,人口规模预测方法在逐步规范,预测方法的研究得到较大发展。在以计划经济为主、人口流动性相对较低的时期,主要用传统的预测方法,包括增长率法、劳动平衡法、带眷系数法和剩余劳动力转化法等。随后在以市场经济为主导、人口流动变化较大的时期,传统预测方法明显出现不适应性。2003—2007 年,原建设部组织开展了《人口规模预测规程》的制定工作,推荐了增长率法、相关分析法与资源环境承载力法三大类共 9 种预测方法。国内学者们也从不同角度对人口规模预测方法进行了大量研究和总结,介绍了综合增长率法、直接指数模型法、生态足迹法、灰色模型法、回归分析法、资源承载力法、社会经济相关分析法、系统论法等人口规模预测方法,并进行了分析和实证。

综上,针对城镇人口规模预测的特点,需要遵循易操作、可推广的原则选择预测方法。本次研究重点推荐以下几类预测方法。

1）数学模型类

数学模型类预测方法主要包括综合增长率预测法、指数增长模型预测法、回归模型预测法、逻辑斯蒂增长模型预测法等。

A.综合增长率法　综合增长率法是通过对未来人口年增长率的推算进行人口规模预测。

综合增长率法按下式计算：

$$P_t = P_0(1+r)^n$$

式中：P_t——预测目标年末人口规模；

P_0——预测基准年人口规模；

r——人口年均增长率；

n——预测年限（$n = t - t_0$，t 为预测目标年份，t_0 为预测基准年份）。

该预测方法仅有年均增长率 r 一个自变量，r 值的确定，涉及对历史数据的分析和对未来变化趋势的影响分析及判断，例如对未来社会经济发展趋势、自身资源禀赋、环境支撑条件的必要分析等。

B.指数增长模型预测法　指数增长模型预测法与综合增长率法在理论上是等价的，两种预测方法选择的模型有所不同。

指数增长模型预测法按下式计算：

$$P_t = P_0 e^{rn}$$

式中：P_t——预测目标年末人口规模；

P_0——预测基准年人口规模；

r——人口年均增长率；

n——预测年限（$n = t - t_0$，t 为预测目标年份，t_0 为预测基准年份）。

该预测方法不同于综合增长率法适用于数据较少的情况，指数增长模型是在数据足够多时采用，同时该方法不太适合于预测年限较长、发展比较成熟和人口基数较大的城市。

C.回归模型预测法　回归模型预测法是利用数理统计方法建立人口规模与时间之间回归关系的函数（即回归模型）进行人口规模预测。回归模型可以采用线性模型、指数模型、幂函数模型和对数模型等，人口规模预测常采用线性增长模型和指数增长模型。

a.线性回归分析法　运用线性增长模型预测人口规模，按下式计算：

$$P_t = a + bt$$

式中：P_t—— 预测目标年末人口规模；

t —— 预测目标年份；

a、b—— 参数。

b.指数回归分析法运用指数增长模型预测人口规模,按下式计算：

$$P_t = Ce^{bt}$$

式中：P_t—— 预测目标年末人口规模；

t —— 预测目标年份；

C、b—— 参数。

回归模型法预测是在掌握大量观察数据的基础上进行的,因此基础数据越多,预测年限越短,预测结果越准确。该方法适用于人口基数较少的短期预测。

D.逻辑斯蒂增长模型预测法　逻辑斯蒂增长模型又称阻滞人口增长模型,模型考虑到人口的增长不可能无限制,在马尔萨斯模型的基础上设置了人口的极限规模,即增加了对人口容量或极限规模的影响。

逻辑斯蒂增长模型预测法按下式计算：

$$P_t = \frac{P_m}{1 + (\frac{P_m}{P_0} - 1) e^{-rn}}$$

式中：P_t—— 预测目标年末人口规模；

P_0—— 预测基准年人口规模；

P_m—— 规划范围最大人口容量；

r —— 人口年均增长率；

n —— 预测年限（$n = t - t_0$,t 为预测目标年份,t_0 为预测基准年份）；

e —— 自然对数的底。

实际运用中,该模型常以简化形式出现。如在 SPSS 软件中,按下式计算：

$$P_t = \frac{P_m}{1 + a P_m b^n}$$

式中：参数 a 和 b 可利用 SPSS 软件从历史数据回归中求得,P_m 为输入值,n 即预测年限。

模型中人口容量 P_m 一般需结合规划范围内资源承载能力、生态环境容量、经济发展潜力等来确定。

该方法优点是考虑了在极限人口规模下人口规模的增长逐渐下降的特征,缺点是人口极限规模本身的不确定性将导致各阶段人口规模预测的准确性同样具有不确定性。

2）经济相关类

经济相关类预测方法主要有经济相关分析法和劳动力需求预测法等。

A. 经济相关分析法　经济相关分析法通过建立人口与经济总量（GDP）自然对数值的线性相关方程来预测人口规模。

相关经济分析法按下式计算：

$$P_t = a + b \ln(Y_t)$$

式中：P_t——预测目标年末人口规模；

　　　Y_t——预测目标年 GDP 总量；

　　　a、b——参数。

经济相关分析法可采用的函数关系有多种，线性相关是方便常用的一种函数关系。由于人口与 GDP 之间不太可能是线性关系，因此先对 GDP 取自然对数，然后建立人口与 GDP 自然对数之间的线性相关关系。该模型相对比较简单，实际应用较多，因而作为推荐模型。当然，相关关系也可以选择其他函数形式，只要能够通过模型有效性检验即可。

该方法一般适用于城镇经济发展平稳、产业结构相对稳定的情形，由于其方程关系是基于历年人口与经济数据关系而建立的，不适用于预测时段内经济结构发生改变、人均产值有较大变化等情况。

B. 劳动力需求预测法　劳动力需求预测法通过经济发展对劳动力的需求分析预测城市人口规模，首先对经济发展规模进行预测、对三次产业构成和未来单位劳动力年均 GDP 进行测算，然后分第一、第二、第三产业预测未来各产业劳动力需求并得出劳动力总需求后，再按照劳动力占人口的比例换算为人口规模。

劳动力需求预测法按下式计算：

$$P_t = \frac{\sum_{i=1}^{3} Y_t \times \dfrac{W_i}{y_i}}{x_t}$$

式中：P_t——预测目标年末人口规模；

　　　Y_t——预测目标年 GDP 总量；

　　　Y_i——预测目标年第 i（例如一、二、三）产业的劳动力年均 GDP；

　　　W_i——预测目标年第 i（例如一、二、三）产业占 GDP 总量的比例（%）；

x_t——预测目标年末就业劳动力占总人口的比例(%)。

劳动力需求预测法一般分别按照一、二、三产业预测劳动力需求,但在预测城市中心城区人口规模时,若第一产业从业人口少到可以忽略,则 i 值选取从1到2;同样,产业分类不止三类产业划分,对于其他产业分类也同样可以套用该方法,只需 i 指随之变化;另在某些情况,i 值也可以仅取为1,如某地计划落地一个大型工业项目,由此增加一批从业职工,也可应用该方法单独预测该项目带来的劳动力需求以及相应的人口规模增长,再与其他人口相加得到总人口规模。

该方法也只适用于城镇经济发展平稳、产业结构相对稳定的情形,由于预测过程中需要对多个参数进行预测,容易导致预测结果不准确。

3)容量评价类

容量评价类预测方法包括水资源容量法、土地资源容量法和生态环境容量法(如生态足迹法)等。

A. 水资源容量法　水资源容量法是基于科学测算城镇可利用水资源总量,选取适宜的人均用水量指标,进而预测人口规模,按下式计算:

$$P_t = W_t/w_t$$

式中：P_t——预测目标年末人口规模；

　　　W_t——预测目标年可供水量；

　　　w_t——预测目标年人均用水量。

预测水资源的人口承载力基于预测目标年末水资源总量和预测目标年末人均用水量两个基本变量。

水资源是一个开放系统,不仅包括本地水资源,还应包括可利用的外地引入水;同时,水资源总量有资源总量、由供水设施能力决定的可供水量两种概念理解。预测水资源承载力时,应同时考虑外地可引入水在内的可用水量和最大投资保障下的可供水能力,取其交集作为水资源总量。

人均用水量也有不同概念,一是人均生活用水量,二是人均综合用水量,即包括了各类生产及公共用水在内。该方法所指人均用水量是人均综合用水量,需注意的是人均综合用水量随着产业结构的变化可能会有较大不同。

B. 土地资源容量法　土地资源容量法与水资源容量法思路相同,通过测算城镇可利用建设用地规模和适宜的人均建设用地指标,进而预测人口规模,按下式计算:

$$P_t = L_t/l_t$$

式中：P_t——预测目标年末人口规模；

L_t—— 根据土地开发潜力确定的预测目标年末城镇建设用地规模；

l_t—— 预测目标年宜采用的人均建设用地指标。

该方法的预测结果取决于两个变量，一是预测目标年末的城镇建设用地规模，这个规模可能来自土地开发潜力的绝对约束，也可能来自土地开发控制等人为制约；二是预测目标年末的人均建设用地指标，该指标应结合现状，根据土地开发潜力，按照国家有关标准或参考其他城镇的相应指标来确定。

C. 生态环境容量法　生态环境容量法是根据生态用地总面积，选取适宜的人均生态用地指标，进而预测人口规模，按下式计算：

$$P_t = S_t / s_t$$

式中：P_t—— 预测目标年末人口规模；

S_t—— 预测目标年生态用地面积；

s_t—— 预测目标年人均生态用地指标。

生态足迹法是生态环境容量法的一种，也是目前研究最为成熟的一种基于生态环境容量的预测方法。生态足迹法是按照城市生态生产和消耗自我平衡的思路，将城市生态生产性土地分为耕地、林地、草地、建筑用地、化石能源土地和海洋等6种生物生产面积类型，将这些具有不同生态生产力的生物生产面积转化为具有相同生态生产力的面积，汇总生态足迹和生态承载力，然后通过煤炭、原油等多种能源消耗项目折算的人均生态足迹分量和人均生态承载力，计算出人口环境容量。

容量评价类的3种预测方法一般适用于受水资源、土地资源和生态环境等条件约束较大的城镇。容量预测的目的主要是对其他预测方法进行极限校核，使预测规模不超过容量规模，一般建议选择主要约束条件进行容量预测。

4）其他类

其他类预测方法包括区域人口分配法、类比法和区位法。该类预测方法适用于区域发展关系相对稳定的城镇。

区域人口分配法：从区域角度出发，在区域的城镇化按照一定速度发展，该区域城镇人口总规模基本确定的前提下，综合考虑城镇在区域中的地位、性质、职能，根据城镇人口总规模，对城区及各镇区人口规模进行分配和平衡。

类比法：通过与发展条件、阶段、现状规模和性质相似的城镇进行对比分析，根据类比对象城镇的人口发展速度、特征和规模来确定预测城镇人口规模。

区位法：根据城镇在区域中的地位、作用来对城镇人口规模进行分析预测。如确定城镇规模分布模式的"等级–大小"模式、"断裂点"分布模式。该方法适用于城镇体系发育比较完善、等级系列比较完整、接近中心地理论模式区域的城镇。

(4)人口规模预测方法的应用。

1)不同方法多种方案预测

预测方法的选取必须充分考虑城镇的发展状况、人口结构特征、数据可得性及其有效性等因素,选取两类以上不同方法分别进行预测,通过采用不同方法、分类预测、对参数及自变量不同赋值、引用相关预测值等,形成多个预测方案,以提高人口规模预测的综合性和科学性。

2)分类预测

分类预测虽然从系统学角度看比总体预测更难把握,因为部分往往比整体稳定性和可预料性更差,但是当城镇人口存在着较大结构差异时,根据人口发展特征及预测需要,结合所选取的预测方法,可针对不同类型、不同地区、不同时段的人口分别进行规模预测。

当人口具有明显的差异类型且具备必要的基础数据时,宜按不同类型人口分别进行预测,再汇总计算总体规模。常见的例如对户籍人口和暂住人口的划分,对人口自然增长和机械增长的分别计算等。

当规划范围内不同地区之间发展不平衡、人口增长模式存在显著差别时,宜分别针对不同地区进行人口规模预测,再汇总计算总体规模。

采用增长率法进行预测,鉴于增长率一般会随基数的变化而变化,当预测年限较长时,宜分阶段采用不同的人口年均增长率进行人口预测。

(5)人口规模预测的改进思路。

1)体系化数据更新

当前人口规模预测,尤其是在县城和建制镇镇区人口预测的实际工作中,经常出现城镇常住人口统计数据缺失、数据年份不连续或数据统计范围模糊的情况,导致人口规模预测可选取方法受限、预测结果不准确。

人口规模预测归根是在大量数据基础上进行的推算,因此亟须定期开展城镇人口信息统计,完善城镇人口统计指标体系,并尽快应用到统计工作中,实现城镇人口基础数据的体系化更新。城镇人口统计要将常住人口作为统计对象,明确城镇人口仅统计城市中心城区、县城、建制镇镇区规划范围内的常住人口,并定期发布城镇人口信息数据。相关部门要建立部门间人口信息共享平台,并及时在共享平台上发布人口信息,建立人口信息资源共享制度。

2）多情景模式预测

城镇人口规模预测其本质是为城镇发展做一个"预案",预计城镇发展到了一定的规模后,需要提供怎样的空间供给和配套设施,如住房需求量、交通增加量、市政需求规模等。人口规模预测不应该单纯追求建设用地指标的获取,或者一个人口控制的绝对数据,而应当模拟不同发展情景,在不同的发展前提下,预测不同的发展规模,为城镇发展提供多个"预案"。

3）差异化角度研究

进行人口规模的研究目的是为了确定在一定人口规模约束下城镇应该提供的建设用地布局、公共设施和市政设施等服务设施的配给。因此,人口规模的研究要注重人口规模的细分结构和各类人群的需求差异。

计划经济时代,城镇生活人群的需求差异小,可视为所有人的需求均质,按照人均标准可以满足城镇公共服务设施配置从人口规模落实到用地布局的要求。当前城镇发展多元化,面临的外部形势多变,城镇人口构成复杂,各类人群之间的需求差异大。因此,城镇人口规模的研究需要将人口结构与需求放在研究的重要位置。

2. 人均建设用地指标确定

1）人均城市建设用地指标（见表6-11）

中心城区、县城人均建设用地指标按照《城市用地分类与规划建设用地标准》（GB 50137—2011）中人均城市建设用地指标的相关规定确定。

规划人均城市建设用地指标应根据现状人均城市建设用地指标、城市所在的气候区以及规划人口规模,并应同时符合允许采用的规划人均城市建设用地指标和允许调整幅度双因子的限制要求。

人口规模、气候区划两个因素对人均城市建设用地指标的影响最为显著,因此选取人口规模、气候区划两个因素进一步细分城市类别并分别进行控制。

气候区参照《城市居住区规划设计规范》相关规定,结合全国现有城市特点,分为Ⅰ、Ⅱ、Ⅵ、Ⅶ以及Ⅲ、Ⅳ、Ⅴ两类。

人均城市建设用地指标采用"双因子"控制,即同时符合"允许采用的规划人均城市建设用地指标"和"允许调整幅度"两个控制因素。"允许采用的规划人均城市建设用地指标"规定了在不同气候区中不同现状人均城市建设用地指标城市可采用的取值上下限区间,"允许调整幅度"规定了不同规模城市的规划人均城市建设用地指标比现状人均城市建设用地指标增加或减少的可取数值。

表 6-11　规划人均城市建设用地指标　　　　　　　　　　（单位：m²/人）

气候区	现状人均城市建设用地指标	允许采用的规划人均城市建设用地指标	允许调整幅度		
			规划人口规模 ≤20.0万人	规划人口规模 20.1万~50.0万人	规划人口规模 >50.0万人
Ⅰ Ⅱ Ⅵ Ⅶ	≤65.0	65.0~85.0	>0.0	>0.0	>0.0
	65.1~75.0	65.0~95.0	+0.1~+20.0	+0.1~+20.0	+0.1~+20.0
	75.1~85.0	75.0~105.0	+0.1~+20.0	+0.1~+20.0	+0.1~+15.0
	85.1~95.0	80.0~110.0	+0.1~+20.0	-5.0~+20.0	-5.0~+15.0
	95.1~105.0	90.0~110.0	-5.0~+15.0	-10.0~+15.0	-10.0~+10.0
	105.1~115.0	95.0~115.0	-10.0~-0.1	-15.0~-0.1	-20.0~-0.1
	>115.0	≤115.0	<0.0	<0.0	<0.0
Ⅲ Ⅳ Ⅴ	≤65.0	65.0~85.0	>0.0	>0.0	>0.0
	65.1~75.0	65.0~95.0	+0.1~+20.0	+0.1~+20.0	+0.1~+20.0
	75.1~85.0	75.0~100.0	-5.0~+20.0	-5.0~+20.0	-5.0~+15.0
	85.1~95.0	80.0~105.0	-10.0~+15.0	-10.0~+15.0	-10.0~+10.0
	95.1~105.0	85.0~105.0	-15.0~+10.0	-15.0~+10.0	-15.0~+5.0
	105.1~115.0	90.0~110.0	-20.0~-0.1	-20.0~-0.1	-25.0~-5.0
	>115.0	≤110.0	<0.0	<0.0	<0.0

注：气候区应符合《建筑气候区划标准（GB 50178—93）》的规定，具体应按中国建筑气候区划图执行

依据节约集约用地的原则，将位于Ⅰ、Ⅱ、Ⅵ、Ⅶ气候区的城市规划人均城市建设用地指标的上下限幅度定为65.0~115.0m²/人，将位于Ⅲ、Ⅳ、Ⅴ气候区的城市规划人均城市建设用地指标的上下限幅度定为65.0~110.0m²/人。

允许调整幅度总体控制在-25~+20.0m²/人范围内，未来人均城市建设用地除少数新建城市外，大多数城市只能有限度地增减。具体确定调整幅度时，应本着节约集约用地和保障、改善民生的原则，根据各城市具体条件优化调整用地结构，在规定幅度内综合各因素合理增减，不能盲目选取极限幅度。

新建城市即新开发城市，应保证按合理的用地标准进行建设。新建城市的规划人均城市建设用地指标应在95.1~105.0m²/人内确定，如果该城市不能满足前述指标要求时，也可以在85.1~95.0m²/人内确定。

首都鉴于其行政管理、对外交往、科研文化等功能较突出，所需用地较多，因此首

都的规划人均城市建设用地指标应适当放宽至105.1~115.0m²/人。

我国幅员辽阔,城市之间的差异性大。边远地区、少数民族地区中不少城市,地多人少,经济水平低;而一些山地城市,地少人多;还存在个别特殊原因的城市,如人口较少的工矿及工业基地、风景旅游城市等。这些城市可根据实际情况,本着"合理用地、节约用地、保证用地"的原则,专门论证确定规划人均城市建设用地指标,且上限不得大于150m²/人。

2)镇人均建设用地指标

镇人均建设用地指标按照《镇规划标准》(GB 50188—2007)中对规划人均建设用地指标的相关规定确定。人均建设用地指标按下表的规定分为四级(见表6-12)。

表6-12 人均建设用地指标分级　　　　　　　　　　　　(单位:m²/人)

级别	一	二	三	四
人均建设用地指标	>60~≤80	>80~≤100	>100~≤120	>120~≤140

新建镇区的规划人均建设用地指标应按上表中第二级确定;当地处《建筑气候区划标准(GB 50178—93)》的Ⅰ、Ⅶ建筑气候区时,可按第三级确定;各建筑气候区内的新建镇区均不允许采用第一、四级人均建设用地指标。

现有镇区的规划人均建设用地指标应在现状人均建设用地指标的基础上,按表6-13规定的幅度进行调整。第四级用地指标可用于Ⅰ、Ⅶ建筑气候区的现有镇区。

表6-13 规划人均建设用地指标　　　　　　　　　　　　(单位:m²/人)

现状人均建设用地指标	规划调整幅度
≤60	+0~+15
>60~≤80	+0~+10
>80~≤100	-10~+10
>100~≤120	-0~-10
>120~≤140	-0~-15
>140	减至140以内

注:规划调整幅度是指规划人均建设用地指标对现状人均建设用地指标的增减数值

地多人少的边远地区的镇区,可根据所在省、自治区人民政府规定的建设用地指标确定。

3. 以人定地建设用地规模

中心城区、县城、建制镇以人定地建设用地规模是各自规划预测人口规模与相应人均建设用地指标的乘积。

以人定地建设用地规模是中心城区、县城、建制镇以人定地建设用地规模的总和。

(二) 以产定地

1. 以产定地概念

"以产定地"是依据城市规划中运用城镇人口规模来预测城镇化发展规模及基础设施建设和配置的基础的"以人定地"的概念而提出的产业发展用地预测方法。一些城市在规避城市发展规律的基础上，打着"超常规""跨越式"发展的旗号，无限度地放大城市新区在未来发展的可能性，试图通过各类规划包装新区，大搞城市新区建设，大规模圈占土地，以达到吸引投资的目的，致使一些城市沦为建设用地日益紧张的行列。因此，必须充分理解规模经济理念，遵循产业空间发展规律，认真分析超常规跨越式发展的可能性，科学规划，合理进行新城建设，方可保证城市空间结构的健康发展和土地资源的集约节约利用。

"以产定地"是指依据县域产业发展需求预测地区产业建设用地规模的方法，它通过对地区产业类别、产业规模、投入产出分析判断，根据各类产业发展的用地规模和用地结构规律，确定各类产业发展用地规模，参照产业用地定额指标或构建数理统计模型，从而确定地区产业用地规模。探索以产定地方法，强化地区产业空间管控，严格产业用地边界管理，对于构建产业用地管理新机制具有重大意义，对于指导各地区科学预测并明确产业发展规模具有重大现实意义。

2. 传统以产定地方法回顾

(1) 传统以产定地方法。常见的区域产业用地规模预测方法可归纳为以下两种：一是套用传统的城市建设规模的预测方法，如回归分析、指数平滑、灰色模型、MGM-Markov模型、元胞自动机模型、BP神经网络模型、非线性动力学、多智能体等等，或者基于不同时期影像资料，通过计算机仿真、人工智能等复杂系统理论进行模拟预测；二是采用经验方法、多方案比较法、综合权衡法等根据地区产业往年的建设用地规模资料，总结其变化规律，以此来预测其未来用地发展规模的方法。这两种预测方法在预测区域产业用地规模过程中发挥了一定的作用，但均忽视了工业建设用地增长"突变点"的特征，是一种对产业用地的粗放趋势型预测方法。

1) 产业用地效益法

针对以产定地问题,较为常用的是产业用地效益法。它通过产业增加值和地均产出确定产业建设用地规模,常用于预测地区产业建设用地规模。以产定地关键是科学确定合理的地均产出,地均产出分存量用地、增量用地两部分。存量用地基本沿用现状地均产出;增量用地依据地方现状地均产出、周边省区同类产业地均产出、全国地均产出平均水平等,针对增量产业用地制定差异化的地均产出指标。综合考虑地方GDP增速、工业增速、现状产业增速、地区产业用地占比等因素,应用历年工业增加值和地区产业用地增加值作为基础数据(应收集不少于规划年限的多个年份数据),通过建立历史推演模型,预测得出规划期末工业增加值、地区产业用地占比。行业增加值与增量用地地均产出的比值为地区产业增量用地,增量用地与现状用地之和为地区产业建设用地规模。计算公式为:

$$G_k = G_{1,k} + \frac{V_k - V_{1,k}}{E_{2,k}}$$

式中:G_k——地区k类产业用地规模,单位为公顷(hm^2);

$G_{1,k}$——地区k类产业存量用地规模,单位为公顷(hm^2);

V_k——预测期k类产业增加值的目标值,单位为亿元;

$V_{1,k}$——预测期k类产业存量用地增加值,单位为亿元;

$E_{2,k}$——预测期k类产业增量用地地均产出,单位为亿元;

K——产业类别,按《国民经济行业分类》(GB/T 4754—2017)。

2)统计方法预测法

回归分析法是一种常用的数量分析法,它被广泛地应用于分析多要素之间的统计关系,主要考虑各个变量之间在数量上的变化规律,并且以回归方程的形式反映和描述这种关系,让人们能够把握变量受一个或是若干个变量影响的程度,继而能为预测和控制提供科学的依据。根据回归模型确定地区产业用地规模,应遵循如下技术流程(见图6-3):

a. 通过地区产业用地调查、土地集约利用程度评价和用地潜力测算,综合反映地区产业土地集约利用程度,并测度可挖潜的低效用地面积;

b. 梳理影响产业用地的因素,并选取各因素观测指标,构建合适的计量模型描述产业用地发展变化及趋势,利用观测指标历史数据拟合模型参数;

c. 采用趋势外推法预测产业用地模型中各指标预测期目标值,参考与定位类型相似的其他地区产业发展状况以及地区存量用地发展潜力,拟定弹性指标区间,将各指标目标值带入产业用地预测模型,计算多种预测期产业用地规模;

d. 在规划部门测算出产业用地规模后,应联合各政府部门、有关单位、企业共同召开评审会,由各代表站在自己部门利益诉求的立场上,对可能的几种产业用地发展规模进行打分,通过最终得分来确定各类产业用地的规模。产业用地规模预测值与现状值之差即为产业发展新增用地规模。

建立产业用地与经济发展之间的关系,依据经济发展目标反推产业用地规模。预测模型如下:

$$G_k = \beta_{0,k} + \sum_{m=1}^{m} \beta_{m,k} X_{m,k}$$

式中:G_k——地区 k 类产业用地规模,单位为公顷(hm^2);

$X_{m,k}$——影响地区 k 类产业用地规模的经济指标;

β——待估参数;

m——影响 k 类产业用地规模的指标个数。

(2)传统产业用地预测方法存在的问题。传统产业用地规模预测模型根据城市目前的发展现状和以往发展趋势,通过建立城市产业用地规模与其他相关因素之间数学模型,将历史数据进行拟合后依据模型趋势外推。这类采用数学模型外推的方法只关注了定量研究,其理念基础就是只要给定经济发展增速,便可预测用地指标,是粗放趋势型预测方法,在土地资源稀缺的硬性约束下,特别是在规模经济和好大喜功理念的误导下,城市发展规划规模大多脱离建设实际,甚至出现空城、鬼城现象。不符合国家国土空间集约利用要求,未遵照生态文明理念指引经济发展,必然导致预测的结果缺少科学性。因此,在国土资源节约集约利用时期,在传统的用地规模预测方法指导下制定的用地规划方案也必然缺少科学性。

1) 单一的增量主义逻辑

从用地发展角度来看,我国奉行的也是以土地增量发展为核心的单向发展路线。在增量主义逻辑下,城市发展对土地资源的攫取已经超过了其能承受的范围,以土地增量扩张为主的发展方式将会阻碍城市的可持续发展。而传统的用地规模预测方法也恰好体现了这种增量主义思维,从需求角度考虑了产业用地发展的可能性,而并没有考虑在环境资源约束的条件下城市土地的供应能力。

2) 粗放的用地发展理念

产业用地的需求规模与其发展方式有关,在以往的粗放发展模式下,城市产业用地呈现的是一种效益低、规模大、结构不合理的不集约发展方式,这显然是与当前土地资源约束的环境与产业及用地转型发展的要求相矛盾的。而传统的预测思路与方法恰恰会将这一粗放的产业用地发展趋势应用到未来的发展中去,反而忽略了产业用地在转型发展的过程中不断转型提效的趋势,这无疑会大大降低产业用地规模预测的科学性。

3)刚性的规模控制思维

用地规模控制是保证产业用地规模预测的科学性得以实现、城市产业用地规模与结构优化发展的重要环节,但是刚性的预测结果则会带来刚性的用地控制手段,严重影响了城市用地规模的科学发展。一方面,城市始终处于一个动态发展的过程中,特别是当城市经历转型由较低级别的经济发展阶段跨入下一个阶段时,就会出现城市的跨越式发展,其产业用地的发展规律与要求也会呈现较大的变化;另一方面,城市的发展应有明确的目标与定位,根据自身的资源条件与发展基础来选择合适的主导产业结构,所以在土地资源稀缺性越发突出的约束下,有限的产业用地供给应该更具针对性。在这种情况下,仍然采用统一的产业用地效益来预测就会显得不够科学。

3. 以产定地新方法

科学开展以产定地工作,需掌握产业用地及可供地现状,根据产业规划目标确定地区发展产业类型及其规模、结构,并以产业项目建设用地定额为标准,依据地区规划的产业生产规模确定产业用地规模。

(1)技术路线　根据产业建设用地定额确定产业发展用地,从而确定地区产业用地规模,应遵循如下技术流程(见图6-2):

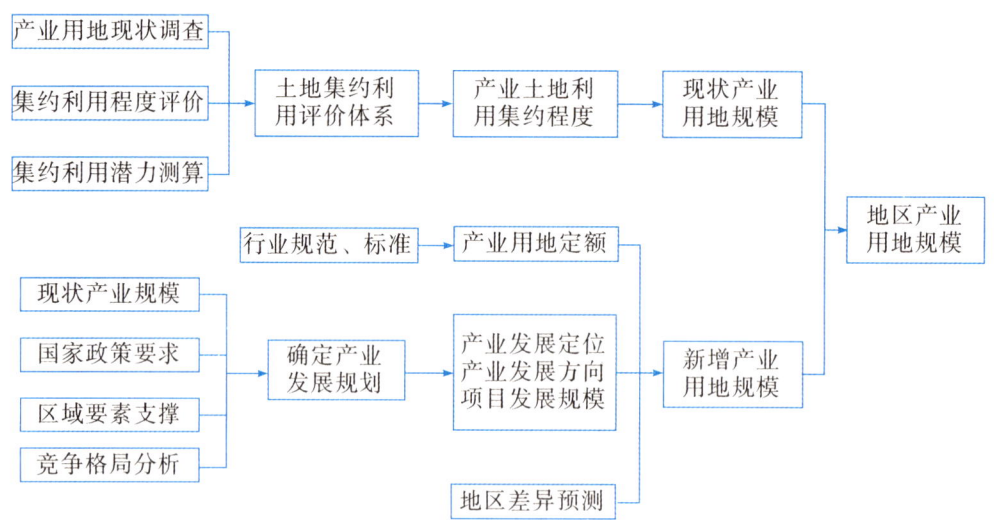

图6-2　以产定地新方法技术路线图

a. 调查产业用地现状。通过地区产业用地调查、土地集约利用程度评价和用地潜力测算,综合反映地区产业土地集约利用程度,并测度可挖潜的低效用地面积;

b. 明确产业发展规划及发展规模。依据产业规模、结构、经济效益现状和产业发展前景,结合国家、地区产业发展政策意见,制定地区发展产业规划,对地区产业结构调整、产业规模优化、优势产业新建进行整体部署;明确产业项目上下游关系及各个子项目发展规模;

c. 确定产业用地定额。参照国家、地区、行业有关规程、规范、标准等,结合地域自然条件、要素禀赋、经济发展状况等,确定不同地区、不同产业的用地定额;

d. 计算产业用地规模。遵照地区发展产业规划设计的产业规模和结构,根据产业用地定额,计算产业链各环节生产用地,加总得到产业发展用地规模。产业发展用地规模与产业现状用地中可挖潜用地面积相抵后剩余部分为产业发展新增用地。地区产业现状用地规模与产业发展新增用地之和即为预测期地区产业用地规模。

(2)计算方法:

1)地区现有产业用地土地集约利用评价:

地区产业土地集约利用评价是开展"以产定地"工作的先决条件,有利于巩固产业用地清理整顿工作成果,掌握产业用地现状、集约用地水平、潜力状况,控制盲目扩张、推动低效挖潜,促进地区产业节约集约用地,为产业升级审核、动态监管及有关政策制定提供依据,提高地区产业土地集约利用和管理水平。

A. 技术方法:

产业用地土地集约利用评价采用定量评价与定性分析相结合、整体评价与典型分析相结合、外业踏勘与内业处理相结合的方法。

用地调查在地籍调查、土地利用变更调查、地形测绘等成果基础上,结合实地踏勘、遥感影像或航片判识、座谈、问卷调查等方式开展。

程度评价采用多因素综合评价法。其中,评价指标权重值的确定可采用特尔斐法,理想值确定可采用目标值法、经验借鉴法、专家咨询法等方法。

B. 产业土地集约利用程度评价体系:

参考国土资源部制定的《开发区土地集约利用评价规程》(TD/T 1029—2010,简称《规程》),产业用地土地集约利用评价体系包括产业用地土地利用状况调查、产业用地土地集约利用程度评价和产业用地土地集约利用潜力测算三个方面(见图6-3)。

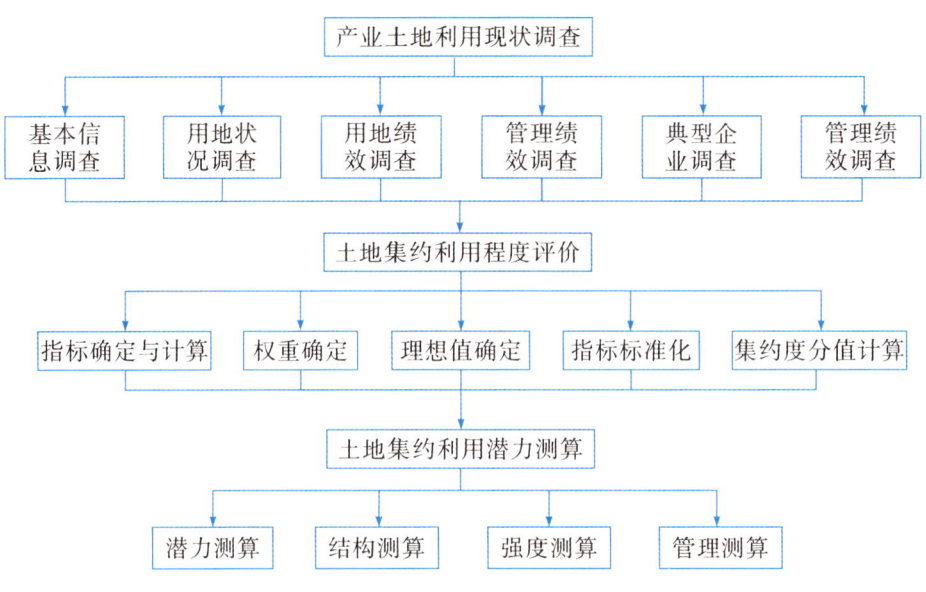

图6-3 产业用地土地集约利用评价体系图

a. 产业用地土地利用状况调查：

土地利用状况调查（简称"用地调查"）是指依照规程的要求，开展地区土地集约利用状况基础调查，并对调查结果进行汇总分析的过程。用地调查是程度评价和潜力测算的基础性工作，包括土地的基本信息、用地状况、用地效益、管理绩效、土地供应状况和典型企业情况等调查工作（见表6-14）。

表6-14 区域土地利用状况调查指标

调查	调查内容
基本信息调查	产业用地名称、级别、审批类型、设立时间、审批单位、管理机构和地址、主导产业、土地面积、扩区或调整情况、经济社会发展及相关规划资料等
用地状况调查	各类建成城镇建设用地、未建成城镇建设用地和不可建设土地的位置、范围、面积、权属、用途等
用地效益调查	对评价范围内已建成城镇建设用地、工矿仓储用地和高新技术产业用地的投入产出情况及人口承载水平开展调查，包括常住人口，二、三产业税收总额，工业（物流）企业固定资产投资总额，工业（物流）企业总收入，工业（物流）企业税收总额，高新技术产业总收入和高新技术产业税收总额等
管理绩效调查	闲置土地的位置、范围、面积、使用者、用途、获得使用权时间、认定为闲置土地的时间等
典型企业情况调查	典型企业的基本情况、投入产出状况、用地状况、建设情况等
其他调查	评价工作中根据实际需要开展的其他相关调查

b. 产业用地土地集约利用程度评价:

产业用地土地集约利用程度评价(简称"程度评价")是指在用地调查的基础上,按照产业用地土地集约利用评价指标体系,计算评价指标现状值,确定评价指标理想值,计算土地利用集约度分值,评价产业用地土地集约利用状况的过程(见表6-15)。

(a)评价指标确定:

产业用地土地集约利用程度评价,从土地利用状况、用地效益和管理绩效等三个方面开展,程度评价指标体系包括目标、子目标和指标三个层次。土地利用状况反映地区产业土地利用现状;用地效益反映产业工矿仓储用地、高新技术产业用地的投入和产出状况;管理绩效反映产业土地管理水平和效果。

表6-15 地区产业土地集约利用程度评价指标体系

目标	子目标	指标	指标含义
土地利用状况	土地利用程度	土地供应率	已达到供地条件土地的供应情况
		土地建成率	已供应国有建设用地的建成状况
	用地结构状况	工业用地率	已建成城镇建设用地中工矿仓储用地的比重
		高新技术产业用地率*	已建成城镇建设用地中高新技术产业用地的比重
	土地利用强度	综合容积率	已建成城镇建设用地的综合利用程度
		建筑密度	已建成城镇建设用地的平面利用状况
		工业用地综合容积率	工矿仓储用地的综合利用强度
		工业用地建筑系数	工矿仓储用地的平面利用状况
用地效益	产业用地投入产出效益	工业用地固定资产投入强度	工矿仓储用地的投入强度
		工业用地产出强度	工矿仓储用地的产出效益
		高新技术产业用地产出强度*	高新技术产业用地的产出效益
管理绩效	土地利用监管绩效	到期项目用地处置率	到期项目用地的处置情况
		闲置土地处置率	闲置土地的处置情况
	土地供应市场化程度	土地有偿使用实现率	有偿供地的实现情况
		土地招拍挂实现率	土地供应市场化的实现情况

注:*只用于高新技术产业。

(b)评价指标权重确定:

评价指标的权重根据评价目标、子目标、指标对地区产业用地土地集约利用的影响程度,采用特尔斐法确定权重(见表6-16)。

表6-16 产业用地土地集约利用评价指标权重区间表

目标	权重区间		子目标	权重区间	
	下限	上限		下限	上限
土地利用状况	0.45	0.50	土地利用程度	0.25	0.30
			用地结构状况	0.24	0.31
			土地利用强度	0.41	0.48
用地效益	0.28	0.35	产业用地投入产出效益	1.00	1.00
管理绩效	0.19	0.23	土地利用监管绩效	0.47	0.53
			土地供应市场化程度	0.47	0.53

(c)评价指标理想值确定:

a)理想值确定原则

理想值为产业用地土地集约利用各评价指标在评价时点应达到的理想水平,应依照节约集约用地原则,在符合有关法律法规、国家和地方制定的技术标准、土地利用总体规划和城乡规划等要求的前提下,结合产业用地实际确定。理想值原则上不小于现状值。

b)理想值确定方法

目标值法:结合国民经济和社会发展规划、土地利用总体规划、城乡规划等相关规划,以及有关用地标准、行业政策等,在分析土地利用现状的基础上,确定指标理想值。

经验借鉴法:参考相关产业土地集约利用先进水平,确定指标理想值。

专家咨询法:选择一定数量(10~40人)熟悉城市、产业经济社会发展和土地利用状况的专家,提供相关材料,咨询确定指标理想值。

(d)土地利用集约度分值计算:

土地集约利用评价指标体系目标、子目标、综合目标的集约度分值均由各级指标的目标实现度分值加权平均计算而得。

c.产业用地土地集约利用潜力测算:

产业用地土地集约利用潜力测算(简称"潜力测算")是指在用地调查和程度评价的基础上,测算土地集约利用扩展潜力、结构潜力、强度潜力和管理潜力。

扩展潜力是指截至评价时点,评价范围内尚可供应用于建设的土地面积,包括尚可供应土地面积和尚可供应工矿仓储用地面积。

结构潜力是指评价范围内已建成城镇建设用地中,通过用地结构调整可增加的工矿仓储用地面积。

强度潜力是指在评价范围内已建成的城镇建设用地中,某项土地利用强度指标(工业用地综合容积率、工业用地建筑系数、工业用地固定资产投资强度、工业用地)现状值与相应理想值的差距换算形成的用地面积。

管理潜力是指评价范围内通过处置有偿使用且已到期但未处置土地和应回收闲置土地,可增加的土地供应面积。

2)新增产业用地规模预测

新增产业用地规模的预测,通过综合分析区域资源禀赋及发展要素条件,制定地区产业发展规划,明确地区产业发展规模,参照行业用地定额标准,明确需新增产业用地的规模。

(1)明确产业发展规模:

a. 明确产业发展规模的方法:

依据现状产业规模、国家政策要求、区域要素支撑和竞争格局分析制定产业发展规划,从而明确产业发展定位、产业发展方向以及项目发展规模。产业规划是在明确区域(镇域、县域及以上)范围内,立足当地的资源与条件,充分结合国内外宏观环境及产业发展现状与趋势,综合运用各种理论分析工具,确定适合区域发展的主导产业及培育产业,并对各类产业的发展进行详细规划,理清发展次序,合理进行空间布局,形成完整的产业体系,打造强有力的产业集聚群。主要内容包括基础现状研究、宏观环境分析、发展战略、产业定位与布局、重点建设项目、政策体系等。

b. 确定产业发展规模的思想:

全面深入贯彻落实科学发展观,围绕走新型工业化发展道路要求,以"特色化、集群化、生态化"为特征,优化配置区域各要素资源,根据自身实际情况选择和培育支柱产业,遵循产业发展规律,优化和调整产业结构和生产力布局,着重培育支柱产业及完善产业链条,加快形成重点产业集群。

c. 编制区域产业规划核心问题:

针对区域产业现状进行优化提升发展,核心关注的问题,一是在产业优化提升的同时促进"产城融合"发展,实现区域产业和城镇或周边地区的良性互动,使基础配套设施齐全,在经济发展的同时满足民生需求;二是按照产业关联和耦合关系,加大产业之间的关联度,促进产业纵向延伸发展,开发下游产品,提高产品附加值,增强产业抗风险能力;三是按照"科学发展、布局合理、产业集聚、用地集约"的要求,与区域上位规划、相关规划衔接,科学合理规划各个产业,促进区域产业合理布局,强化产业特色。

(2)明确行业建设用地定额标准:

土地是有限的自然资源,是农业的基本生产资料,是各类工程项目进行建设的重要物质基础。随着经济的快速发展,我国人均资源占有量偏低、环境承载能力脆弱的资源国情"短板"凸显,节约集约利用资源被提上国家的重要议事日程。20世纪90年代,应国家计委、建设部、国家土地管理局的要求,各部门先后共编制了20余项《工程项目建设用地指标》(以下简称《用地指标》)。伴随着经济社会前进的步伐,国土资源节约集约的实践日渐丰富,各部门对原用地指标进行多次修订,并新增部分工程项目建设用地指标,土地集约利用制度建设日趋完善,目前项目与建设用地指标已涵盖有色金属工业、纺织工业、兵器工业、钢铁工业、煤炭工业、机械工业、建材工业、林产工业、核工业、化学工业、轻工业、原油及天然气工业、电子工程、通信工程、电力工程、铁路工程等方面。

a.建设项目用地定额指标的概念:

建设项目用地定额指标是指在平均的生产工艺水平、规划设计水平、经济技术水平和通常的场地条件下,一个建设项目的主体工程和配套工程所需占用的额定土地面积。

b.建设项目用地定额指标的作用:

用地定额指标,主要为计算建设项目所需用地面积、建设项目的选址、总平面设计和按合理方案征拨用地服务。它是建设项目评估、编审项目建议书、设计任务书的依据;是编审初步设计文件,确定建设项目用地规模,以及核定审批用地面积的尺度。对于检验项目的用地投资和用地计划,以及在开展项目用地选址招标、投标和征地费用包干等项工作中加强建设用地管理和监督,具有指导作用。科学的用地定额指标可以促进工艺和设计水平及生产集约化程度的提高,保证用地审批工作的质量和效率。

c.建设项目用地定额指标的层次结构

建设项目用地定额指标一般可以分为总体和单项建设用地定额指标两个层次。

总体建设用地定额指标,指按设计任务书和初步设计文件规定的一个独立、完整项目的总平面用地定额指标,用于控制基本技术条件下不同生产规模项目的总用地规模,包括生产设施、辅助生产设施、公用工程设施、仓储运输设施、行政管理与生活服务设施用地。如矿山、电厂、钢铁厂的总用地定额指标。

单项用地定额指标,指在建设项目中有独立设计、可以独立发挥效益的各个单项工程的用地定额指标,用于控制每一项设施在基本技术条件下的用地规模。如大型企业的主要装置和分厂、民航机场的跑道等。

由于各类建设项目的具体情况不同,用地定额指标对于总体指标和单项指标分别设置调整指标。调整指标根据不同生产技术条件、设备条件、产房布置以及厂区地形地貌等调整项目总体或单项工程的建设用地规模。

建设用地定额指标的计量单位,根据工程特点确定。工业项目使用单位生产能力占地面积,交通项目(如公路、铁路)使用每千米占地面积,非工业项目使用建筑容积率和建筑密度或建筑系数。

d.建设项目用地定额指标水平的确定:

各部门在制订用地定额指标过程中,坚持科学合理、节约用地的原则,结合我国国情和现有经济技术条件、土地资源条件,总结以往制订用地定额指标正反两方面的经验,并适当考虑近期工艺技术水平提高节约用地的可能性,本着切合实际、科学合理的要求,进行调查研究和分析测定。

e.建设项目用地定额指标在以产定地问题中的使用:

开展"以产定地"工作,确定工程项目建设用地规模时,根据有关《工程项目建设用地指标》中的适用范围确定《用地指标》对于具体工程项目的参考价值;暂且默认该工程项目采用《用地指标》规定的基本技术条件,结合产业规划所设计的产业发展规模确定项目总体用地指标;同时,各项设施用地应符合《用地指标》中单项指标的要求;对于项目实际工艺技术、设备条件、厂房布置、厂区地形地貌与基本技术条件限定情况,应根据相应的调整指标修正单项设施用地规模和工程总体用地规模,最终确定地区产业工程项目建设用地规模。

(3)以产定地新方法实例:

某平原地区,区域自然地形平均坡度小于2%,地震基本烈度7度及以下,非湿陷性黄土地区和非膨胀土地区,非采暖区。现规划发展铝产业链,主导产业为电解铝生产,延伸产业为氧化铝厂生产、铝电解用阳极炭块生产、铝加工,辅助产业为燃煤发电,设计原铝生产能力200万t/a。

A.铝产业链产品流向(见图6-4):

地区铝产业链主要由发电厂、氧化铝生产、铝电解、铝加工四部分企业构成,各环节企业之间实现产品交换,发电厂提供主要满足电解铝生产的电力需求,同时提供地区企业生产设施、辅助生产设施、公用工程设施、仓储运输设施以及行政管理与生活服务设施的生产和照明用电;氧化铝生产主要满足原铝生产需要;铝电解是铝产业链中承上启下的重要环节,原铝生产企业通过电解法,将约1.92t氧化铝电解并铸造成1t

铝锭,供下游企业重熔加工。

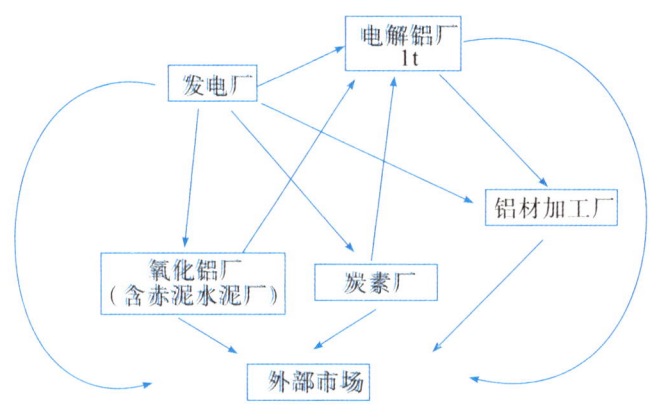

图6-4 地区铝产业链产品流向

铝产业链企业的材料消耗均由区域内上游企业提供,各企业除供给区域内下游企业的生产需求外,宜结合自身发展水平,向区域外下游企业销售产品以提高企业利润。因此,每一家企业的产品去向分为两部分,即区域内部消耗和外部市场销售。计划区域产业链各环节产品内销率为70%。

B. 铝产业链各环节设施配置:

燃煤发电厂、联合建设的铝冶炼厂、综合性铝加工厂、炭素厂厂区建设均按照有关工程建设规范所对应的标准设施配置确定。发电厂设备年平均利用5000h。氧化铝生产采用拜耳法。

C. 地区铝产业链用地规模计算:

a. 铝电解厂厂区用地:

设计原铝生产能力2×10^6t/a的铝电解厂建设用地指标为3.9m^2/t。

铝电解厂厂区建设用地 = $3.9\text{m}^2/\text{t}\times2\times10^6\text{t} = 7.8\text{km}^2$

b. 氧化铝厂厂区用地:

依据现有工艺,生产1t电解铝需消耗约1.92t氧化铝。

氧化铝区域内销量 = $2\times10^6\times1.92 = 3.84\times10^6$t

地区氧化铝总产量 = $3.84\times10^6\text{t}\div70\%\approx5.486\times10^6$t

采用拜耳法设计生产能力5.486×10^6t/a的氧化铝厂建设用地指标为1.7m^2/t。

氧化铝厂厂区建设用地 = $1.7\text{m}^2/\text{t}\times5.486\times10^6\text{t}\approx9.3\text{km}^2$

c. 燃煤发电厂厂区用地:

燃煤发电厂区域电力内销量 = 电解铝厂生产耗电 = $1.32\times10^4\text{kW}\cdot\text{h}\times2\times10^6\text{t} = 2.64\times10^{10}\text{ kW}\cdot\text{h}$

燃煤发电厂电力总产量 = 2.64×10^{10} kW·h ÷ 70% = 3.77×10^{10} kW·h

燃煤发电厂最低装机容量 = 3.77×10^{10} kW·h ÷ 5000h = 7540MW

设计燃煤发电厂装机容量为8000MW,采用 $4 \times 1000 + 4 \times 1000$ 发电机组。

若使用直流供水、燃煤水路运输、码头接卸转皮带运输的燃煤发电厂厂区用地规模最小,建设用地指标为 $0.121 m^2/kW$。

最小用地燃煤发电厂厂区用地 = $0.121 m^2/kW \times 8000MW \approx 0.97$ km^2

若使用采用间接空冷系统、燃煤铁路运输、翻车机卸煤的燃煤发电厂厂区用地规模最大,建设用地指标为 $0.208 m^2/kW$。

最大用地燃煤发电厂厂区用 = $0.208 m^2/kW \times 8000MW \approx 1.67 km^2$

d. 炭素厂厂区用地:

阳极炭块消耗量 = $2 \times 10^6 t \times 0.5 = 10^6 t$

阳极炭块生产总量 = $10^6 t \div 70\% \approx 1.4286 \times 10^6 t$

折算为基准炭素制品产量 = $1.4286 \times 10^6 t \times 0.46 \approx 6.572 \times 10^5 t$

单位炭块生产用地指标为 $13 m^2/t$。

炭素厂厂区用地 = $13 m^2/t \times 6.572 \times 10^5 \approx 8.5 km^2$

e. 综合性铝加工厂厂区用地:

电解铝区域内销量 = $2 \times 10^6 t \times 70\% = 1.4 \times 10^6 t$

综合性铝加工厂建设用地指标为 $9 m^2/t$。

综合性铝加工厂厂区用地 = $1.4 \times 10^6 t \times 9 m^2/t = 12.6 km^2$

f. 地区铝产业链用地规模:

铝产业链用地规模 = 铝电解厂用地 + 氧化铝厂用地 + 燃煤发电厂用地 + 炭素厂用地 + 综合性铝加工厂用地

铝产业链用地最小规模 = $7.8 km^2 + 9.3 km^2 + 0.97 km^2 + 8.5 km^2 + 12.6 km^2 = 39.17 km^2$

铝产业链用地最大规模 = $7.8 km^2 + 9.3 km^2 + 1.67 km^2 + 8.5 km^2 + 12.6 km^2 = 39.87 km^2$

二、其他建设空间规模预测

其他建设空间规模的预测结合国民经济和社会发展规划、土地利用总体规划以及交通、水利、旅游等专项规划综合确定(见表6-17)。

表 6-17　其他建设空间规模预测表　　　　　　　　　　（单位:%）

其他建设空间	预测途径
区域基础设施用地	结合国民经济和社会发展规划及区域基础设施专项规划综合确定
农村建设用地	结合土地利用总体规划及镇村体系规划综合确定
风景名胜设施和特殊用地	结合风景名胜区规划、旅游专项规划及特殊用地规划综合确定
其他建设用地	结合土地利用总体规划及相关专项规划综合确定

第五节　国土开发强度测算

一、国土开发强度测算的方法

(一)建设用地节约集约利用评价

建设用地节约集约利用评价的直接作用是有助于摸清评价对象建设用地利用情况,是进行国土开发强度测算的首要步骤和前置性研究。建设用地节约集约利用评价成果本身作为一个基础评价研究,并不能指导国土开发强度的科学测算,但是通过评价成果的分析和应用,为国土开发强度管控指标的制定服务,进而达到合理确定国土开发强度的目的。

通过分析不同区域不同城市建设用地节约集约利用评价的结果,可以将全国划分为多个国土开发强度控制区(类似建筑气候区划),分区制定符合各区建设用地利用现状实际概况和未来发展需求的国土开发强度测算要求;同时,基于各市县现状建设用地集约利用程度,按照过度利用、集约利用、中度利用、低度利用的不同水平,提出相应的建设用地扩张模式,制定有利经济社会生态协调发展的国土开发强度管控指标。

(二)建设空间规模预测

建设空间规模预测包含城镇建设空间以及其他建设空间的规模预测。其中,其他建设空间包含区域基础设施用地、农村建设用地、风景名胜设施和特殊用地、其他建设用地等。鉴于其他建设空间的建设用地规模一般结合国民经济和社会发展发展规划、土地利用总体规划以及交通、水利、旅游等专项规划综合确定，因此建设空间规模预测的核心内容是城镇建设空间规模预测。

"以人定地"是城镇规划常用且较为成熟的预测方法，该方法预测准确性取决于两个方面，一是科学预测人口规模，二是合理选取人均建设用地指标。人口预测方法和人均建设用地指标确定方法，目前研究较多且研究理论相对成熟完善。但存在一些问题：首先，大多数城镇基础数据真实性、完整性、连续性较差，加之实际中"以地定人"求取建设用地指标，导致人口预测结果准确性较低；其次，人均建设用地指标选取时考虑了建筑气候区划、人口规模、现状人均建设用地指标等"量"因素，却忽略了现状建设用地利用集约程度等"质"因素，形成了一系列土地低效开发扩张的普遍现象；最后，某些旅游型、工矿型城镇由于城镇职能的特殊性，"以人定地"或者导致建设用地预测规模过小不能满足发展需求，或者导致人口规模预测过大浪费基础设施和社会成本。

因此，提高建设空间规模预测的准确性需要：第一，建立上至全国下至乡镇的常住人口数据库，并逐年更新；第二，注重现状建设用地潜力测算研究，适当结合建设用地适宜性评价，将建设用地挖潜和建设用地扩展作为一个整体考虑；第三，将"以产定地"引入建设空间预测，"以产定地"与"以人定地"相结合。

（三）国土开发强度测算

国土空间规划将国土空间划分为城镇空间、农业空间、生态空间三类空间，空间规划开发强度测算除区域开发强度测算外，还应对城镇空间开发强度、农业空间开发强度、生态空间开发强度进行分别测算（见表6-18）。

表6-18 国土开发强度测算表 （单位：%）

测算对象	测算方法
区域开发强度	区域开发强度 = 建设空间总规模/区域总面积×100
城镇空间开发强度	城镇空间开发强度 = 城镇空间建设用地规模/城镇空间总面积×100
农业空间开发强度	农业空间开发强度 = 农业空间建设用地规模/农业空间总面积×100
生态空间开发强度	生态空间开发强度 = 生态空间建设用地规模/生态空间总面积×100

二、确定国土开发强度的建议

（一）因地制宜确定开发强度管控指标

国土开发强度管控指标（即国土开发强度"天花板"）设置的最终目的是控制建设用地总量。按照国际惯例，国土开发宜居线和警戒线分别为20%和30%，国际上公认30%是一国或一个地区国土开发强度的极限，超过该限度，人的生存环境就会受到影响。《全国城市区域建设用地节约集约利用评价情况通报》显示，上海的国土开发强度已经达到36.89%，天津达到34.77%，深圳、厦门、东莞等城市高于25%，已经超过国土开发强度宜居线和警戒线，但城市建设和人居环境质量居于全国前列。因此，基于我国人口大国国情，加之各地自然、社会、经济条件不同，"天花板"设置不应遵循统一标准，应优先划定生态保护红线和永久基本农田红线等保护底线，从区域到市县明确需要控制的结构性水系和绿地，结合市县发展阶段需求，确定一定时期的合理国土开发强度，避免指标设置过高浪费国土资源、指标过低阻碍市县发展。

（二）提质增效强化国土开发强度指标落实

国土开发强度作为控制建设用地总量的相对指标，在控制建设空间规模总量方面具有一定的积极意义，同时国土空间的管控还应强化国土开发利用的高效性，提质增效，从"量"和"效"两个方面进行综合确定。"量"即控制建设用地总量，"效"即提升土地利用效率。确定国土开发强度指标应以建设用地节约集约利用评价结果作为参考，针对现状建设用地开发低效、造成土地资源浪费的市县，需要进一步分析其建设用地内部构成和产出效益，强化"总量控制、效率优先、量效共抓"，开展产业用地的单位土地面积产出评价，制定行业用地地均产出效益门槛，加强对低效土地的再开发以及对闲置土地的征收或废弃地的再利用，提升国土开发强度指标的科学性，提高在国土开发强度指标控制下的建设用地利用效率。

（三）循序渐进实现国土资源开发集约利用

《国家新型城镇化规划（2014—2020年）》实施以来，国家持续推进"以人的城镇化为核心，有序推进农业转移人口市民化"，2014年国务院印发《国务院关于进一步推进户籍制度改革的意见》，2016年国务院印发《国务院关于深入推进新型城镇化建设的若干意见》(国发〔2016〕8号),2016年国务院办公厅印发《推动1亿非户籍人口在城市落户方案》,意味着全国目前的城镇规模仍将进一步扩大,而在"国土开发强度不超过4.62%"这一设定"天花板"的前提下,国土开发利用需要愈加注重建设空间内部建设用地结构的优化。对于村庄建设用地,需要控制建设用地的增加甚至加快推进农村土地流转,对于城镇建设用地,需要定期对城镇建设用地利用效率进行评估,对利用效率高的地区适当增加下一周期的建设用地指标,反之,对利用效率低的地区减少建设用地指标,循序渐进实现整体国土开发的集约利用。

第七章

国土空间管制办法研究

第一节 研究综述

一、研究背景

（一）政策背景

2013年,《中共中央关于全面深化改革若干重大问题的决定》关于"加快生态文明制度建设"篇章中提出,"建立空间规划体系,划定生产、生活、生态空间开发管制界限,落实用地管制……" 2014年,《中共中央国务院关于加快推进生态文明建设的意见》要求,"健全用途管制制度,明确各类国土空间开发、利用、保护边界"。

2015年,《生态文明体制改革总体方案》中提出,"构建以空间规划为基础,以用途管制为主要手段的国土空间开发保护制度","构建以空间治理和空间结构优化为主要内容,全国统一、相互衔接、分级管理的空间规划体系"。

2018年,中共中央印发的《深化党和国家机构改革方案》明确将国土部的职责、住建部城乡规划管理职责、国家发展改革委组织编制主体功能区规划职责等整合,组建自然资源部,统一行使全民所有自然资源资产所有者职责,统一行使所有国土空间用途管制和生态保护修复职责,着力解决自然资源所有者不到位、空间规划重叠等问题。

2019年,《若干意见》印发,围绕形成新时代国土空间开发保护格局,提出了建立"五级三类四体系"国土空间规划体系总体框架,健全用途管制制度,以国土空间规划为依据,对所有国土空间分区分类实施用途管制,并明确了各类分区空间的管制方式。

从中央一系列的文件中,空间规划、用途管制、自然资源管理、国土空间的开发保护、空间治理体系等多次明确要求,体现了国家对空间管制的重视,而《若干意见》出台,确立了国土空间规划体系和空间用途管制的顶层设计,为实施空间分区和用途管制提供了政策依据。

(二)现实背景

国土空间是人们赖以生存和发展的家园,在我国长期体制框架下,国土空间管制呈现多种空间管制的模式及方法并存的现状,有引导型、有控制性;有从用地功能出发,有从自然属性出发,有从生态保护出发,有从资源管理出发,对同一空间出现空间管理框架不统一、管制分区相互覆盖、管制内容相互交叉或冲突问题,加剧了空间资源管理的难度,难以实现对国土空间资源的有效管理,因此,随着机构改革的完成,健全空间管制制度,紧扣中央生态文明体制改革要求,优化配置制度构架和各级政府权责,构建统一的空间管制体系是实现国土空间的综合、有效的治理的重要途径。

二、空间管制的内容及内涵

本次研究从空间管制的发展历程入手,通过分析国外空间管制案例及我国现行规划对空间的区划类型、内涵、空间管制措施,厘清各规划之间空间用途管制差异的原因和内容,探索构建统一空间用途管制制度的途径及方法。

空间管制概念最早见于国家建设部在1998年发布的《关于加强省域城镇体系规划工作的通知》,空间管制概念的提出源于城镇化所带来的日益严峻的城镇建设与生态保护之间的矛盾。在城镇化初期,城市用地拓展缓慢,城市建设与生态保护之间的冲突尚不激烈,因此,尚不需要对土地开发与利用提出管制。而随着城镇化速度加快,城市建设用地急速扩展,城镇化受到土地空间与生态环境的约束日益凸显,对土地及生态环境的侵占日益加剧,为了规范开发主体的建设活动,协调开发与保护之间的矛盾,政府部门必须对一系列的开发建设活动加以管制,在此背景下,城乡"空间管制"的概念应运而生。由此可见,最早出现的空间管制是政府为实现对城乡土地资源的引导与合理配置,促进城乡统筹发展,维护社会利益平衡,而划定不同分区并制定差异化

空间管理的手段。

基于上述概念内涵,从全域国土空间出发,分析我国现行空间管理的类型,大致可分为两类,一类是基于功能导向下的国土空间管制,主要通过评价区域发展的主导功能,对国土空间利用功能进行干预,引导土地资源合理利用,主体功能区划、生态功能区划和土地利用功能分区均属于这一类;另一类是基于土地开发建设导向下的国土空间管制,通过评价土地资源的建设适宜性,引导建设用地合理拓展,城市总体规划阶段的空间管制区划和土地利用总体规划中的建设用地管制分区属于这一类。

三、国外空间管制相关研究

国外空间管制的研究与实践始于二战以后,随着工业化的到来,城市经济快速发展,城市空间急剧扩展,在世界各国,特别是在发达国家引起了广泛关注。为了控制城市的无序蔓延,合理引导开发建设,各国都提出了相应的空间管制措施,其中具有代表性的空间管制方法主要有城市空间增长约束型管制、空间差异化管制和生态保护优先导向下的管制三种。

(一)城市空间增长约束型管制

城市空间增长约束型管制是针对城市建设用地无序蔓延提出的空间管理手段,主要措施有划定城市空间增长边界(UGB)和城市生长绿带控制等。

UGB是引导建设用地集约利用的重要工具,其规划概念的提出是对传统"发展至上"的城市空间发展模式的重新认识与反思,美国在二战之后出现了城市开发建设热潮,城市建设出现大规模蔓延的情况,引起了一系列的城市问题,美国政府、学者们开始反思应该如何合理地引导控制城市的发展,其中最具代表性的就是划定城市空间增长边界UGB,其目标是平衡开发与保护,其核心是在城市建设中要合理把握"建与不建""增与不增"以及开发的时间和地点,提高城市土地利用效率,避免盲目的扩张。

绿带控制的原型可以追溯至霍华德提出的"田园城市"理论,它从发展规律的角度探讨城市发展进程,反对城市的无限扩大,该理论指出,当城市发展到一定规模后不应当无限扩展,而应该通过建立卫星城市以及在中心城区外围设立永久性的绿带来疏解城市功能和限制城市扩张。1944年,阿伯克龙比在大伦敦规划中首次提出了"绿带环"的概念。大伦敦规划从内到外分为四个同心圆——城市内环、郊区环、16km宽绿化带、农村环,其中,绿化带的设置对于限制大伦敦建成区的无序蔓延取得了较好的效果。

(二)空间差异化管制

空间差异化分区是国外空间管制中较为常见的一种手段,往往与政府制定的发展政策导向联系在一起,具有代表性的有以功能为导向的差异化分区管制(如巴西的区域规划)和以土地开发利用为导向的差异化分区管制(如法国的土地利用分区)。

巴西的区域规划中,将全国国土空间划分为三个大类分区:发展区、待开发区和生态保护区,其中发展区又分为疏散发展区、控制膨胀区、积极发展区三类,总体上实现了对区域的全覆盖空间管制。巴西以发展为导向的空间分区与我国的主体功能区划类似,但是其分区内容与管制措施更细致,尤其是对于发展区的控制上,针对不同开发强度,制定了更具体的引导性政策。

法国的空间规划体系由城市规划整治指导纲要和土地利用分区规划两个层次构成。其中,土地利用规划包括了全覆盖的土地利用分区规划,也有针对特殊区域的单项规划。在土地利用分区规划中,将区域范围内的土地分为 U 和 N 两大类,分别对应于城市用地和自然用地,而对于特殊区域,主要是 N 类中的发展备用地,需要通过制定单项规划进行论证,在满足一定条件下,可以转化为城市用地。

(三)生态保护优先导向下的管制

20 世纪 70 年代,可持续发展的观念被明确提出并被公众广泛关注,生态环境保护在城市和区域发展中的重要性更加突显,以生态保护优先为导向的空间管制措施应运而生。其中,生态基础设施规划方法以及麦克哈格提出的自然价值观和基于生态导向的土地资源适宜性评价方法,在规划领域颇具影响力,在城市发展问题愈加复杂的今天,仍被规划从业者广泛采用。

生态基础设施的概念最早出现于 Mander(1988)等人在生物多样性保护与生物安全战略的研究中。美国学者 Honachefsky 认为城市的无序蔓延和对生态环境的侵蚀是因为政府决策者将土地潜在的经济价值凌驾于其隐性的生态价值之上所致,他强调应将生态基础设施的价值和服务功能与土地利用决策综合考虑与协调,在此基础上提出了生态基础设施优先的规划指导思想。近年来,生态基础设施规划方法也从单纯强调生态保护开始走向综合引导城市功能的合理开发。

麦克哈格在其《设计结合自然》一书中提出了规划的"自然价值观",在此基础上,麦克哈格提出了其生态规划理论和生态规划方法。麦克哈格强调"土地自然属性对人类利用的限制性和适宜性",并从纽约斯塔腾岛的案例中总结了"生态评价方法",即通过叠加坡度、地表排水、地价、历史价值等因素,作为土地利用的评价基础,在这种以生态为导向评价方法的基础上,逐渐发展形成了当前在土地适宜性评价中普遍使用的单因子分析叠加方法。

从上述国外空间管制区划的研究和实践来看,虽然各国的政治制度、经济发展水平和资源环境存在差异,但都面临着由快速城镇化所带来的城市蔓延、生态环境破坏等空间发展问题。国外空间管制经过多年的发展,其方法体系也逐渐成熟,形成了从建设用地管制到生态空间管制到全域统筹管制的多层次、多角度的空间管制模式,这些经验值得我们参考借鉴。

四、国内空间管制研究综述

20世纪90年代后期,"空间管制"理念引入我国后,地理学、城乡规划学、区域经济学、公共管理学等学科都对空间管制进行了有益的探索。1998年,"空间管制"的概念首次出现在《关于加强省域城镇体系规划工作的通知》中;2000年,国家将空间资源如何合理利用作为县域城市建设规划的重要部分,并颁发了《县域城镇体系规划编制要点》;2006年《城市规划编制办法》对空间管制做出较为明确的论述,该"办法"从原则、措施方面进行了详细的规定,从而为空间管制的有效实施提供了支撑,之后城乡空间管制逐渐成为规划领域的研究热点,并陆续出现了大量城乡空间管制的相关研究,通过对相关文献的梳理总结,已有研究主要集中在城乡空间管制分区标准、城乡空间管制分区方法与技术以及我国现行城乡空间管制分区问题及政策体制变革等几个方面。

(一)空间管制分区标准的研究

空间管制分区并无统一标准,由于其内涵本身的综合性和复杂性,导致空间管制区划标准(即制定空间区划的依据和分区类型)也呈现多样化,国内相关研究对空间管制标准的类型做了较多探讨。郑含文(2005)从城镇发展,城乡居民点调整出发,认为泰兴市域空间划分为城镇建设区、乡村建设区、农业开敞空间区和生态敏感区;司瑞瑞(2013)认为小城镇的空间管制首先从控制非建设用地入手,优先对生态协调保护区、水体保护区、绿地及环境景观控制区、绿化隔离区等进行管制,然后合理安排各项工程建设,并在此基础上划定禁建区、限建区和适建区;孙斌栋等(2007)通过在空间资源区划的基础上制定空间利用区划,提出大连西部城市化地区分为优先发展区、拓展发展区、控制发展区、生态缓冲区和强制环境保护区;寇聪慧(2012)通过石嘴山建设管制案例,从生态-经济双视角下,划定生态控制区、历史风貌区、城镇建设区、乡村协调区和重点发展区等。

从上述研究可以发现,由于对空间管制的内涵理解切入点不同,分区的标准也不尽相同。总体来说,可归结为以下三种类型:

以发展为主导方向的分区是按照行政划分为边界,通过确定行政区划规划发展的主要功能进行分区,以建设适宜性为导向的空间分区和以未来发展主导方向为依据的分区;三种内涵切入点导向下的空间管制分区都存在其合理性,但在实际操作中,常常出现矛盾及冲突,给国土空间资源的管理带来了困难。

(二)空间管制分区方法研究

目前,空间管制分区方法以定性分析和定量分析为主。

1.定性分析方法

定性分析大多是在分析研究区域特征的基础上直接得出分区结果,或依据以往经验借鉴划定分区,主要通过对社会经济发展总体部署、城镇发展战略、城乡居民点布局调整等进行定性分析,从而划定国土空间分区,主要表现为区域主导功能型分区按照具体区域或地块的功能进行分区上。

2.定量分析方法

定量分析大多是借助 Arc GIS 等平台,以适宜性评价为基础的叠加分析。通过多因子评价,并依据因子的重要性选取相应的权重值,叠加分析后划分土地利用的适应性等级,结合城市生态敏感性、资源环境承载能力等综合评价,划定的各类控制区。

对相关研究资料梳理后发现,目前对于空间管制分区方法的研究主要体现在两个方面:一是分区评价要素体系的构建。目前,城乡规划中的空间管制分区主要依据是硬性评价指标体系,缺乏土地的经济数学、社会数学、自然属性、生态属性等方面的考虑,评价结果的科学性有待考证。二是空间管制分区的方法及手段,借助城市地理以及大数据等分析软件的定量方法越来越多,其科学性得到了很大提升。

五、研究评述

从国内外空间管制的研究来看,国外对于空间管制工作开展较早,其体系和对应的法律支撑相对完善,也形成了更加系统的空间管理模式,主要表现在:国外空间管制分区和措施的建立更多基于对资源自然属性评价上,尊重资源自身的发展属性,其受政策、经济及人类活动干预较少,而在我国空间管制受制于政府及相关部门的目的性较强,是结果导致分区,而非自然属性决定管制结果,国外空间管制分区一环扣一环,既有相关规划的衔接措施,也有空间管制实施的法律依据及办法,虽然国内空间管制已开始注重对生态底线的保护,意识到统一空间各个空间管制分区及措施的混乱,但缺乏行之有效的方法。

从国内关于统一管制体系的研究成果看,主要集中于空间管制分区、空间管制办法两个方面。目前,我国已形成了主体功能区规划、生态功能区划、土地利用总体规划、城乡总体规划四类空间管制分区,并逐步关注、研究上述四类空间管制区划体系乱象的问题。

第二节　我国现行空间管制差异分析

一、我国现行空间管制分区类型

随着我国城镇化速度加快,可开发利用土地资源日渐稀缺,城市建设与生态保护之间的矛盾日益激烈。为了合理有序地利用土地资源,保护生态环境,政府各部门都制定了相应的国土资源空间管制政策。发改部门编制了主体功能区规划,原国土部门在土地利用总体规划阶段划定了土地利用功能分区与建设用地管制分区,城乡规划部门在城市总体规划阶段制定了空间管制分区,环保部门制定了生态功能区规划。

(一)主体功能区规划空间管制

我国从1953年开始制定"五年计划",从"十一五"开始,"五年计划"改为"五年规划",截至目前,已制定了十三个五年规划。由"计划"向"规划"的转变,充分体现发改部门政策寻求空间渠道落实的意愿。2006年,主体功能区划作为一项重要的创新举措,在"十一五"规划纲要中首次被提出来,其作为发改部门对国土空间制定差异化政策制度的重要调控工具,弥补了经济与社会发展规划一直以来只注重指标制定,而忽略空间落实的缺陷。

"十一五"规划纲要中明确提出,根据不同区域的资源环境承载能力、现有开发密度和发展潜力,统筹谋划未来人口分布、经济布局、国土利用和城镇化格局,将国土空间划分为优化开发、重点开发、限制开发和禁止开发四类,确定主体功能定位,明确开发方向,控制开发强度,规范开发秩序,完善开发政策,逐步形成人口、经济、资源环境相协调的空间开发格局。之后,《国务院关于印发全国主体功能区规划的通知》,进一步推动了主体功能区规划在全国范围内的展开。

2010年6月,《全国主体功能区规划》正式发布,成为指导全国国土空间资源合理开发利用的首个文件。省级主体功能区规划要求在全国主体功能区规划指导下进行统一编制,在有条件的市县层面选择性编制(见表7-1)。

表7-1 主体功能区分区内涵与空间管制措施一览表

主体功能分区	分区内涵	空间管制措施
优化开发区	开发建设强度大,经济实力较强,资源环境承载能力超过负荷的区域	优化城镇空间结构和空间布局,优化产业结构,转变经济发展模式
重点开发区	资源环境承载能力良好,具有产业、人口吸引集聚力,发展潜力良好的区域	健全城市规模结构,促进人口聚集;增强产业和要素的集聚辐射能力
限制开发区	农产品生产区:农业生产条件良好,以提供农产品为主要功能 重点生态功能区:资源环境承载能力弱,对全国或者区域生态安全格局具有重要意义的区域	加强土地整治,增强农业综合生产能力;保护和修复生态环境,对各类开发活动严格管制,严控开发强度,并制定严格的产业准入机制
禁止开发区	依法划定的自然保护区、水源保护区、文化遗产保护区等区域	依法严禁各类开发建设活动,引导人口逐步有序转移,实施强制性保护措施

(二)土地利用总体规划建设用地空间管制

土地利用总体规划空间管制政策主要针对基本农田保护与城镇建设用地规模控制两个方面。在《全国土地利用总体规划纲要(2006—2020年)》中关于保护与合理利用农用地中强调,要强化对非农建设占用耕地的控制和引导,建设项目选址必须贯彻不占或少占耕地原则,确需占用耕地的,应尽量占用等级较低的耕地,扭转优质耕地过快减少的趋势。在坚持节约集约利用建设用地中强调,实现城镇建设用地扩展边界控制,各地要按照下达的城乡建设用地指标,严格划定城镇工矿和农村居民点扩展边界,明确管制规则与监管措施,综合运用经济、行政和法律手段,控制城乡建设用地盲目无序扩张。

目前,我国已经形成从国家级、省级、市(地)级、县级、乡(镇)级五级土地利用总体规划体系。在省级层面,各省根据相应的实际情况,在省级土地利用总体规划中制定土地利用综合分区规划。在市(地)级、县级、乡(镇)级土地利用总体规划中,依据市(地)级、县级、乡(镇)级总体规划编制规程进行土地利用空间管制分区:市(地)层面提出土地利用功能区划和建设用地管制分区,县级、乡(镇)层面提出土地用途区划和建设用地管制分区,市(地)、县级、乡(镇)级土地利用空间管制均提出了相应的空间管制措施。

1. 土地利用总体规划中土地用途区划分

土地用途区划分是依据土地资源特点、功能定位、发展潜力和资源环境承载能力,将区域划分为不同功能分区,并制定有针对性的调控指标与管制措施,在市(地)层面一般包括基本农田集中区、一般农业发展区、城镇发展地区、独立工矿区、生态环境安全控制区、自然与文化遗产保护区。在县级、乡(镇)级层面一般包括基本农田保护区、一般农地区、林业用地区、牧业用地区、城镇村建设用地区、独立工矿用地区、风景旅游用地区、生态环境安全控制区、自然与文化遗产保护区等土地用途区(见表7-2)。

表7-2 土地用途区划分类型及内涵

土地利用规划空间层级	分区类型	分区内涵
市(地)土地利用规划	基本农田集中区	基本农田分布集中度较高,优质基本农田所占比例较大,需要重点保护与整治的区域
	一般农业发展区	在市域范围内除生态环境安全控制区、自然与历史文化遗产保护区、基本农田集中区、城镇发展区和独立工矿区外以发展农业为主的区域
	城镇发展区	非农产品和人口集聚,在土地利用上以城镇功能为主的区域
	独立工矿区	大中型矿山和集中发展以能源重化工产业为主的区域
	生态环境安全控制区	基于生态环境安全的需要进行土地利用特殊控制的区域,主要包括河湖级泄洪滞洪区、滨海防患区、重要水源保护区、地质灾害危险区等区域
	自然与文化遗产保护区	依法认定的各种自然区的核心区、森林公园、地质公园以及其他具有重要自然与文化价值的区域

续表

土地利用规划空间层级	分区类型	分区内涵
县、乡（镇）土地利用规划	基本农田保护区	国务院主管部门以及县级以上人民政府批准确定的粮、棉、油、蔬菜生产基地内耕地；具有良好水利和水土保持设施的耕地，正在改造或已经列入改造规划的中低产田，农业科研、教学实验田，集中连片程度较高的耕地
	一般农地区	除已经划分为基本农田保护区、建设用地区等土地用途区的耕地外，其余耕地原则上划分为一般农地区
	城镇村建设用地区	城镇（城市和建制镇、各类开发区和园区）和农村居民点（村庄、集镇）建设需要划定土地用途区
	独立工矿用地区	独立于城镇村之外的建设发展需要划定的土地用途区
	风景旅游用地区	具有一定游览条件和旅游设施，为人们进行风景观赏、游憩、娱乐、文化等活动需要划定土地用途区
	生态环境安全控制区	基于维护生态安全需要进行土地利用特殊控制的区域
	自然与文化遗产保护区	对自然与文化遗产进行特殊保护与管理划定的土地用途区
	林业用地区	为了林业发展需要划定的土地用途区
	牧业用地区	为畜牧业发展需要划定的土地用途区

2. 建设用地管制分区划分

为了加强对城乡建设用地的空间管制，在土地利用功能分区基础上进行建设用地管制分区，划定建设用地规模边界、允许建设区、建设用地扩展边界、有条件建设区、禁止建设用地边界、禁止建设区，通过划定上述"四区三界"对建设用地进行空间管制。

允许建设区新增城乡建设用地受规划指标和年度计划指标约束，应统筹存量与增量用地，其空间布局可依程序进行调整，不能突破建设用地扩展边界。有条件建设区可以规程办理建设用地审批手续，同时相应核减允许建设区用地规模，建设用地扩展边界原则上不得调整。限制建设区区内主导用途为农业生产空间，是开展农业生产、土地整治、基本农田建设的主要区域，区内禁止城、镇、村建设，控制线型基础设施和独立建设项目用地。禁止建设区主导的为生态与环境保护空间，严禁与主导功能不相符的各项建设（见表7-3）。

表7-3 土地用途区划定与建设用地空间管制关系

建设用地管制分区类型	土地利用功能分区	管制规则
允许建设区	城镇建设用地区	1）区内土地主导用途为城、镇、村或工矿建设发展空间 2）区内新增城乡建设用地受规划指标和年度计划指标约束，应统筹增量与存量用地，促进土地节约集约利用 3）规划实施过程中，在允许建设区面积不改变的前提下，其空间布局形态可依程序进行调整，但不得突破建设用地扩展边界 4）允许建设区边界（规模边界）的调整，须报规划审批机关同级国土资源管理部门审查批准
	独立工矿用地区	
	村镇建设用地区	
有条件建设区	一般农用地	1）区内土地符合规定的，可依程序办理建设用地审批手续，同时相应核减允许建设区用地规模 2）规划期内建设用地扩展边界原则上不得调整。如需调整按规划修改处理，严格论证，报规划审批机关批准
限制建设区	基本农田保护区	1）区内土地主导用途为农业生产空间，是发展农业生产，开展土地整治和基本农田建设的主要区域 2）区内禁止城、镇、村建设，控制线型基础设施和独立建设项目用地
	林业用地区	
	牧业用地区	
	风景旅游用地区	
禁止建设区	生态环境安全控制区	1）区内土地的主导用途为生态与环境保护空间，严格禁止与主导功能不相符的各项建设 2）除法律法规另有规定外，规划期内禁止建设用地边界调整
	自然与文化遗产保护区	

（三）城乡总体规划空间管制

《城乡规划法》（2019年修正）第十七条明确规定：城市总体规划、镇总体规划内容包括禁止、限制和适宜建设的地域范围的内容。《城市规划编制办法》在市域城镇体系规划纲要内容包含提出空间管制原则，提出禁建区、限建区、适建区范围，并制定各分区差异化管制原则（见表7-4）。

表7-4 总体规划建设用地管制分区一览表

分区类型	管制要素	管制原则
禁止建设区	自然保护区核心区,风景名胜区核心区,文保单位保护范围,基本农田保护区,河流湿地绝对生态保护区,城区绿线控制范围、铁路及主干道绿化带,水源一级保护区,山区泥石流高易发、坡度>25%或相对高度超过250m,市政设施、基础设施廊道,禁止开采区	严格禁止城镇开发与建设,经过国家有关部门批准的,以划拨方式提供国有土地使用权的建设项目,无法避让禁建区的,必须经法定程序批准,必须服从国家相关法律法规的规定与要求
限制建设区	自然保护区非核心区,风景名胜区一级、二级区,文保单位建设控制地带,历史文化街区,地下文物富集区,河湖湿地建设控制区,绿化隔离带、生态保护林地、经济林、森林公园、退耕还林区,水源二级保护区,建成区以外地下水超采区,畜滞洪区,山区泥石流中易发区,坡度介于15%~25%的山体及其他山地保护区等	原则上禁止城乡建设,国家有关部门批准或核准的建设项目在控制规模、强度下经审查论证后方可进行开发与建设
适宜建设区	地形地貌、水文气象、人文经济等因素综合评价基础上,识别并划定适宜性程度高的区域	严格控制建设用地规模在土地利用规划要求范围内

(四)生态功能区划

原环保部于2003年5月5日发布《生态功能区划暂行规程》,规程中规定了生态功能区划划定的一般原则、方法、程序、内容和要求,明确区域生态系统服务功能重要性与生态环境敏感性,为制定生态环境保护与建设规划、维护区域生态安全、促进社会经济可持续发展提供科学依据,为环境管理和决策部门提供管理信息和管理手段。在此规程中,采用三级生态功能区划命名方法:一级区命名体现分区气候与地貌特征,由地名+特征+生态区;二级区命名要体现出分区生态系统与生态服务功能的典型类型,地名+特征+生态亚区;三级分区命名要体现出分区的生态功能重要性、生态环境敏感性特征,由地名+生态服务功能特点(生态环境敏感性特征)+生态功能区构成。虽然生态功能区划依据生态属性划定了三级空间分类,但没有对分类精简提出相应的空间管制措施。

(五)小结

通过对主体功能区规划、土地利用总体规划、城市总体规划、生态功能区规划各类分区分析发现,各类空间管制基本从生态环境保护、建设用地规模管制、基本农田保护三方面给予不同类型空间类型,不同空间类型相应实施不同空间管制措施,旨在土地资源利用加以管制,促进土地资源合理利用,实现区域平衡发展。但是,其在分区层级与空间维度、内容、方法、配套政策存在显著差异。

二、我国现行空间管制差异研究

(一)管制分区差异

我国现行的各类规划在空间管制分区上存在较多分歧。土地利用总体规划通过建设用地管制分区划定建设四区(禁止建设区、限制建设区、有条件建设区和允许建设区),其划分标准与城规中城市规划范围内的三区(禁止建设区、限制建设区、适宜建设区)的空间管制内容较相似。主体功能区规划主要以行政边界为基础,从管理主体角度入手,先确定边界而后分析要素,其分类方式和政策分区结果与其他两规差距较大。生态功能区划是在生态现状调查、生态敏感性与生态服务功能评价的基础上,分析其空间分布规律,确定不同区域的生态功能,划定三级生态功能分区,与其他三类规划的管制分区很难进行对应联系(见表7-5)。

表7-5 各类规划管制分区对比表

土地用途分区 (土规标准)	土规中的建设用地管制分区	城规中的空间管制	主体功能规划
基本农田保护区	限制建设区	禁止建设区	禁止开发区(生态地区)
一般农用地	有条件建设区/ 限制建设区	限制建设区/ 适宜建设区	限制开发区(乡村地区)
城镇建设用地区	允许建设区	适宜建设区	优化开发区/重点开发区
村镇建设用地区	—	—	重点开发区
独立工况区	—	—	—
生态环境安全控制区	禁止建设区	禁止建设区	禁止开发区(生态地区)
风景旅游用地区	限制建设区	禁止建设区/ 限制建设区	禁止开发区(生态用地)
自然与文化遗产保护区	禁止建设区	禁止建设区	禁止开发区(生态地区)
林业用地区	限制开发区	限制开发区	限制开发区(乡村地区)
牧业用地区	限制开发区	限制开发区/ 适宜建设区	限制开发区(乡村地区)
其他用途区	限制建设区	限制建设区	限制开发区(乡村用地

(二)管制分区层级与内容差异分析(见表7-6)

虽然不同规划都强调对空间资源的管理与控制,但是不同形式的国土空间的分区及管制称谓不同,层级不同,管制的内容也不同。

主体功能区规划为战略性规划,其目的在于确定主体功能定位,明确开发方向,控制开发强度,规范开发秩序,完善开发政策,逐步形成人口、经济、资源环境相协调的空间开发格局,并不对分区的开发规模、开发边界以及开发类型进行明确界定;生态功能区划是从资源的生态功能角度出发,以生态系统服务功能理论为指导,划分不同的生态功能区,用以指导区域内的生态建设与生态保护,城乡规划空间管制与土地利用总体规划空间管制采用管制分区与控制线控制进行空间管制,其管制对象与管制措施较为具体,在空间上有明确的空间范围。主体功能区规划和生态功能区划为相对性、引导性弹性分区,而城规与土规实行强制性、管制型刚性分区。

表7-6 各类规划管制分区内容差异对比表

类别	规划层级		规划内容		管理实施手段
城乡规划	五级规划	全国、省域(体系规划)—城市—镇—乡—村庄	城乡规划两个层次	总体规划	性质、规模、结构、布局、三区等	"一书三证"制度
				详细规划	以控规为例,用地性质、强度控制、设施安排、四线管制	
土地利用总体规划	五级规划	全国—省级—地(市)—县—乡镇	计划调控	指标管理	耕地保有及占补、基本农田、建设用地(城乡建设用地、新增建设用地等)	通过年度计划、农转用制度、项目预审、后续督查和执法来实施,强调耕地、基本农田、建设用地规划"三线"控制和基本农田边界、城乡建设用地边界控制
				用途管制	基本农田、城乡建设用地等分区	
				建设用地空间管制	三界四区	
主体功能区规划	两级规划	全国—省级	四类分区	四类主体功能区	政策区划下的国土可开发强度控制、七类配套政策引导与控制	尚不明确
生态功能区划	两级规划	全国—省级	三级区划	三级功能区划	生态调节、产品提供与人居保障三类一级分区及其他两级分区	尚不明确

(三)分区方法差异分析

主体功能区规划分区以区域经济、生态综合效益最大化为目标,以行政区(市县)为评价单元,依据资源环境承载能力评价、现状开发密度和发展潜力三大指标进行评价(见表7-7),按照空间开发适宜性和现状开发强度对结果加权叠加,形成从城镇开发为主导到生态保护为主导过渡的功能区划。

表7-7 主体功能区规划分区评价指标体系表

指标类型	指标
资源环境承载能力评价	水资源丰裕程度、土地资源丰裕程度、水环境容量、大气环境容量、水土流失生态敏感性、土地沙化生态敏感性、沙漠化生态敏感性、水土保护生态重要性、水源涵养生态重要性、生物多样性维护生态重要性、自然灾害频发程度
现状开发密度	土地资源开发强度、水资源开发强度
发展潜力	经济社会发展基础、科技教育水平、区位条件、历史与民族、国家和地区战略取向

城乡总体规划空间管制分区建立在用地适宜性评价基础上,依据《城乡用地评定标准(CJJ 132—2009)》进行评价,构建基本指标与特殊指标两类指标类型,两种指标类型同时又分为若干一级指标体系和二级指标体系(见表7-8)。运用基本指标多因子分级加权指数法和特殊指标多因子分级综合影响系数法得到用地适宜性等级分布图。

表7-8 城乡总体规划建设用地适宜性评价指标体系表

指标类型	一级指标	二级指标
基本指标	工程地质	地震设防烈度、岩土类型、地基承载力等
	地形地貌	地貌地形形态、坡度、坡向
	水文气象	地表水水质、洪水淹没程度、污染风向区位等
	自然生态	生物景观多样性、土壤质量、植被覆盖度
	人为影响	土地使用强度、工程设施强度
特殊指标	工程地质	断裂、地震液化、岩溶暗河、泥石流、地面沉陷
	地形地貌	地面坡度、地面高程
	水文气象	水系流域、灾害性天气
	自然生态	生态敏感度
	人为影响	各类保护区、各类控制区

土地利用总体规划建设用地管制分区和城市总体规划空间管制分区评价方法类似,均是建立在用地适宜性评价基础上,依据《土地利用总体规划编制规程》进行土地利用总体规划中建设用地管制分区。

生态功能区划依据《生态功能区划暂行规程》,运用3s技术①,从生态环境现状、生态环境敏感性、生态功能重要性进行综合评价,结合区域山脉、河流、地形地貌等自然特征以及行政边界最终划定生态功能区(见表7-9)。

表7-9 生态功能区划评价指标体系表

指标类型	指标
生态环境敏感性	土壤侵蚀敏感性、沙漠化敏感性、盐渍化敏感性、石漠化敏感性、酸雨敏感性
生态服务功能重要性	生物多样性保护、水源涵养重要性保护、水土保护重要性保护、海岸带防护重要生态功能

(四)配套政策差异分析

1. 法律基础

四类规划空间管制分区中,"城规"空间管制分区以《城乡规划法》作为法律基础,"土规"空间管制分区以《土地管理法》作为法律基础,两者的法律地位相对明确,而主体功能区、生态功能区尚未有直接的法律依据,规划的权威性和实施性都缺乏相关法律作为依据和保障。

2. 政策体系

主体功能区规划是发展政策的空间部署,其制定了完善的分类管理的区域政策与绩效考核评价政策,其中包括财政、投资、产业、土地、农业等九类政策;生态功能区划依托《环境保护法》对各类功能区进行保护、恢复、建设活动的准入都提出详细的配套政策保障;"城规"和"土规"空间管制区划政策为空间性配套政策,"城规"通过"一书三证"来控制建设活动,"土规"通过各类用地指标实现对建设用地和耕地的控制。

三、我国现行空间管制分区存在的问题

通过对我国现行国土空间管制分区体系、内容、方法和相应空间管制政策的详细

---

① 3S技术是遥感技术、地理信息系统和全球定位系统的统称。

解读，我国已经形成较为健全的从耕地保护、生态保护到建设用地开发强度控制的管制体系。但是，各类空间管制分区与空间用途管制仍存在众多矛盾与突出问题，其主要体现在：

（一）空间管制分区众多，分区管制效率低下

各规划以不同事权为出发点划分空间类型，导致空间划分种类繁多，如主体功能区规划划分了优化、重点、限制和禁止开发区四类，城乡规划划分为禁建、限建和适建区三类，土地利用规划划分为允许、有条件、限制和禁止建设区四类，各规划划定的空间分区很难有一一对应关系，且每个空间分区有相应的管制措施，实际管理中会出现同一用地对应不同规划分区，造成空间管制措施的矛盾，出现无人管或多人管的局面，导致管理混乱，分区管制效率低下。

（二）空间用途管制不协调

涉及国土空间管制的规划众多，由于各规划的法理依据、规划目的、规划理念不同，导致管制主体交叉和内容交叉等突出问题，同时现行的生态空间管制仍将耕地、草地、林地、湿地、水域等不同要素类型分类管制，从而割裂了"山水林田湖草"生态系统之间的有机联系，对生态系统完整性、系统性考虑不足，导致部分地方在施政过程中片面追求一个生态或几个生态要素，而忽视其他生态要素。

（三）用途管制在资源开发与生态保护的不平衡

我国现行国土空间用途管制对耕地、林地等生态空间管制比较严格完善，但空间用途管制没有涵盖草地、湿地、滩涂、水域、冰川、荒地等具有重要生态系统服务功能的生态空间，同时现有自然资源保护政策还存在重生产能力轻生态保护的问题。导致一些地区在经济发展的压力下，存在占用生态空间、破坏生态环境的现象，自然资源和生态空间被改变用途或非法征占现象依然严重，导致城镇空间对生态空间的不断"挤占"，致使区域生态用地生态功能受阻，区域生态安全格局受到严重威胁。

第三节　基于国土空间规划的空间管制分区

一、空间管制分区总体考虑

（一）总体要求

1. 解决空间分区现实问题

我国之前的主体功能区规划、城规、土规、生态功能区划等，涉及的空间管制分区体系、内容、方法和相应空间管制政策、策略措施均有差异和不同，造成分区众多，交叉重叠及空缺同时存在，用途管制办法策略不协调，空间资源管控不平衡等问题突出，构建"多规合一"的国土空间规划，就是要从根本上解决此类现实问题，建立一个良好有序的空间管制分区及管理开发格局。

2. 落实《若干意见》精神

《若干意见》中提出了国土空间规划是国家空间发展的指南、可持续发展的空间蓝图，是各类保护开发建设活动的基本依据。重构国土空间规划体系，要重点围绕健全国土空间开发、资源节约利用、生态环境保护体制机制的生态文明建设总要求，以事权与管理相对应为原则，推进区域布局、城乡建设、交通发展、土地利用、生态保护的建设，按照"总体规划、详细规划、专项规划"分类，从上至下构建国家、省、市、县、乡镇五级国土空间规划体系。空间管制分区是国土空间规划的核心内容，是用途管制的载体和框架，因此，空间管制分区须全面落实国土空间规划体系要求，分类、分层、分级传导管控。

3. 统一国土空间管制分区

《若干意见》关于国土空间规划体系顶层设计得以确立，国土空间规划得以正名，既不是"多规合一"规划，也不是空间规划，也不是空间性规划，而叫国土空间规划。国土空间规划是要真正实现"多规合一"，既不是多规融合，也不是多规协调，是将主体功能区规划、土地利用规划、城乡规划等空间规划融合为统一的国土空间规划，实现

"多规合一"。这就要求国土空间管制分区也必须实现全面合一,之前各类空间性规划的分区使命结束,之前各类空间性规划的分区差异矛盾等问题将彻底解决,统一国土空间管制分区成为必然要求。

(二) 考虑要素

1. 全域国土空间分区、全要素管制

"全域覆盖、全要素管控"是国土空间规划的基本要义,也是基本要求,是落实生态文明建设,国土空间开发保护制度的重要体现,是解决规划区域不统一不平衡,管控要素不全面,空间和要素不协调的重要途径,因此,国土空间规划必须要求"全域覆盖、全要素管控"。同样,国土空间规划管制分区也必须站在全域、全要素基础上进行协调平衡,做到全域统一分区,全要素统一空间管制。

2. 国土空间的自然属性、现实功能

充分尊重我国国土东西、南北、天地等立体国土空间中的自然禀赋,考虑山水林田湖草城等国土自然本底条件,自然禀赋和本底条件天然赋予了其承载国土空间的自然属性。自然及空间具有自然属性同时具有社会属性,由于每一个国土空间都不是横空出世和一张白纸,均经历了时间和人为的影响过程,因此在国土空间上具有发展的现实基础并形成主导功能,同时还存在发展差异性、不平衡等。所以,国土空间管制须因地制宜,充分考虑其自然属性和现实主导功能。

(三) 分区策略

一是统一标准、差异分区。统一国土空间管制分区标准,不论哪级哪类规划,国土空间分区概念、内涵、技术流程及法规标准等必须统一一致;在标准统一基础上,充分尊重本地条件、自然属性、现实基础现状功能等差异性、不平衡性,采用双评价的科学办法,确定功能和规划分区,不搞上下一般粗,增强分区弹性。

二底线管控、分区指引。树立国家安全意识,保障国家生态安全、粮食安全、资源安全,实施生态保护红线、永久基本农田、城镇开发边界"三线"划定及底线约束管控,其他功能分区按照差异分区原则,充分考虑各级管控事权,提高功能指导和指引性。

三是分类落实、分级传导。按照总体规划、详细规划、专项规划不同类规划要求及上下位关系,空间管制分区要分类细化落实,也就是说在国土空间规划总体规划功能分区的基础上,各个分区边界内通过各个规划承载要进一步细化空间分区落实。同时按照对应事权,分级进行分区功能传导落实,从国家到市县乡镇实施层面,按照边界落线一致型、规模范围落实型、空间功能引导型等不同类型功能传导要求进行落实。

二、空间管制分区分级落实

(一)全国国土空间规划

1. 主要内容

全面整合自然资源部之前的国土规划纲要、矿产资源规划、土地利用总体规划纲要、林地保护规划纲要以及全国城镇体系规划等,并衔接相关部委的生态环境保护规划、水资源综合规划、国家重大基础设施规划等相关规划,从规划事权的角度出发,确定涉及生态安全、粮食安全、能源和经济安全等重要资源的控制与管理,并秉承山水林田湖草等重要生态资源的保护理念,确定全国国土空间开发与保护的战略格局,明确国土空间开发与保护的原则,制定分类分区引导及政策导向。

2. 主导功能分区

1)"三线"管制分区

a.生态保护红线　依据《国家生态保护红线—生态功能基线划定技术指南(试行)》,对国家层面的生态功能区、禁止开发区及生态敏感区、脆弱区的重要性进行评价和叠加分析,形成国家生态功能红线方案,并由各省配合,进行边界核查,核定具体红线区域范围,形成国家生态红线一张图。

b.基本农田保护线　以永久基本农田保护线划定为基础,基于全国基本农田数据库,将基本农田保护线处理优化,形成全国基本农田保护区。

c.城市开发边界线　通过对全国省会城市、直辖市以及国务院确定的城市的总体规划进行开发边界线划定进行管理与审批,实现全国范围内主要城市开发边界线的管制。

2)其他主要功能分区

以资源环境承载能力评价为基础,基于"三线"管制分区,依据主体功能定位,按照自然生态、城市建设、粮食安全等功能主体,对陆域国土进行功能性划分。

a.生态功能保障区:承担着重要的生态功能,保持并提高生态产品供给能力,以生态保护为主,严格控制各类开发活动,维持生态保障服务功能。

b.城镇建设发展区:促进各类城镇协调发展,以城市群为主要形态,促进大众城市和小城镇合理分工,功能互补、协调发展。

c. 农产品安全保障区：在确保粮食基本自足的前提下，大力发展区域优势农业，形成与市场需求相适应，与资源禀赋相匹配的现代农业生产结构和区域布局。

（二）省级国土空间规划

1. 主要内容

省级国土空间规划需要在科学评估省域内资源环境承载能力的基础上，根据经济社会发展的需求，明确三条底线，确定区域空间发展战略，整合形成协调一致的空间管制分区，明确基础设施、城镇体系、产业发展、公共服务、资源能源、生态环境保护等主要空间开发利用布局和重点任务，保障空间规划有效实施，不断强化政府的空间管制能力。

2. 主导功能分区

1）底线空间管制分区

a. 生态保护红线　按照国家要求，完成省域范围内国家级生态红线区域的核定与勘界工作，并根据省生态保护的需要，将省级的禁止开发区，其他依据生态重要性、敏感性、脆弱性评价确定的要进行严格保护的区域以及市级人民政府建议增设的其他生态红线区域（包括市级禁止开发区、市级重点生态功能保护区及其他需要重点保护的区域）划入省级生态红线的保护范围，形成省级生态红线一张图。

b. 永久基本农田保护线　对县级政府划定的永久基本农田进行验收及汇总，形成全省永久基本农田数据库，划定全省永久基本农田保护线。

c. 城镇开发边界线　对城镇开发边界的划定以及管理主要以指标管制为主，通过开发边界的面积以及建设的强度和集约利用指标，实现对地方城镇建设的有效管制，同时在定界的工作上，强调上下联动，由市县划定城镇开发边界，并反馈到省级管理平台进行统筹管理。

2）其他主体功能分区

注重自然因素和社会经济因素对土地利用区划的影响，从土地利用的功能性出发，通过建立国土多功能利用评价指标体系，对国土空间的社会、经济、资源、生态与环境等多功能目标进行研究，优化土地利用结构，强调土地功能的指导性和管控性，将国土空间划分为重点发展功能区、农业发展功能区、综合发展功能区和生态优先功能区。

a. 重点发展功能区：经济综合实力强、社会发展水平高，是全省人口和产业发展的重点区域，是新型城镇化、工业化和农业化健康、快速、协调发展的重点区域。

b. 农业发展功能区：农业生产优势明显、水土资源丰富、工业基础较弱，适合巩固并提高农产品生产能力,是保障国家农产品供给安全的农业发展功能区。

c. 综合发展功能区:没有明显的主导功能,但是在未来的空间发展竞争格局中潜力较大,是各项功能综合协同发展区域。

d. 生态优先功能区:环境问题较突出,具有明显的生态安全属性,是区域生态安全的重要区域,修复生态、保护环境、提供生态产品是其主要功能。

(三)市级国土空间规划

1. 主要内容

进行覆盖全市域范围的"双评价",确定市域国土空间开发保护战略与格局,确定各县(区)自然资源及建设用地等核心指标的分配,在省级划定的生态红线基础上,严格保护生态红线区域;确定重要城市(市辖区)的城镇开发边界线,落实永久基本农田保护线范围,划定其他主导功能分区,并明确"三线"及其他功能分区的管制原则。

2. 主导功能分区

1)底线空间管制分区

a. 生态保护红线　对接省级生态红线划定,包括建议的省级红线划定的类型和面积,同时将划定的生态红线成果上报省红线划定领导小组和技术组,并与省及各市进行对接、商讨,最终形成省域生态红线一张图,并确保省红线与市红线范围及精度的一致性。

b. 永久基本农田　对县级政府划定的永久基本农田进行验收及汇总,确认后报省政府验收,形成全省永久基本农田数据库,从下而上划定永久基本农田保护线。

c. 城镇开发边界　依据省级国土空间规划确定的规模与强度指标,对市域内的主要城镇划定开发边界线,并报省政府备案,形成全省主要城镇开发边界线一张图及数据库。

2)其他主要功能分区

市域国土空间规划应落实省级主体功能区及国土空间规划的要求,根据市域内的资源分布情况,规划的主导功能及管制要求进行功能分区的划定,并进一步细化保护与利用的管制意图,构建科学合理的空间发展布局。其主要功能分区除"三线"外可包括:城镇建设区、乡村建设区、农业开敞空间区、生态敏感区。

a. 城镇建设区:是各城镇未来发展控制的区域,以第二、三产业为主,体现高密度集聚的城镇景观。

b. 乡村建设区:城镇体系规划中确定的村庄建设集中区,该区域以资源共享为基础,合理布局市政基础设施和社会功能服务设施,引导分散居民点逐步向城镇居住区集中,控制村庄建设规模与数量。

c.农业开敞空间区:包括市域范围内的耕地、林地和水域,该区域以农业生产为主导,呈现低密度开发的自然景观。

d.生态敏感区:对市域自然、社会环境具有决定性影响作用,需重点控制保护的大型生态实体和区域。

(四)县级国土空间规划

1.主要内容

在"三线"管制的基础上,结合现状及双评价划定不同类型的国土空间分区,并对各个分区的国土空间利用在空间和时间上做出安排,作为分区内的详细规划和各类专项规划的基础和依据,将具体的国土空间用途管制在法定操作中予以落实。

2.主导功能分区

1)底线空间管制分区

a.生态保护红线 摸清县域内生态资源限制,对规定应划入生态红线区域的位置及边界予以确认并上报上级人民政府,参与市域生态红线划定工作,保证市、县生态红线的一致性。

b.永久基本农田保护线 依据上级政府下达的指标,采用相应的技术指南,划定本行政区域内的永久基本农田保护线,并报上级政府汇总。

c.城镇开发边界线 依据相关技术规程,划定县域内主要镇的开发边界线。

2)其他主要功能分区

在落实市级国土空间规划的管制要求上,结合县域内资源禀赋条件,进一步细化落实国土空间规划的功能分区及其保护与发展的管制要求,在其基础上进一步细化功能分区,可划分为生态保护修复区,古迹遗址保护区、矿产资源开发利用区、一般农业生产区及农村人居环境建设区,以及将城镇开发边界内区域划分为城市集中建设区、镇集中建设区、城镇开敞空间控制区。

(五)乡镇国土空间规划

对上级国土空间规划要求的具体落实,以管制和实施为主导,依据具体情况进行编制。

第四节 国土空间用途管制规则

一、空间管制用途总体思路

（一）管制类型

国土空间是由各类空间要素组成，各类空间要素在国土空间上的映射和承载，就构成的用地分类，为了便于国土空间的管理必须进行分区，也就产生的空间管制分区。因此，按照国土空间分区管理和要素分类两个方面考虑，国土空间用途管制分为空间用途管控和地类用途管制两种类型。

需要进一步说明的是，空间分区可按照不同类规划和不同级别规划进行差异分区和细化落实分区，从而进一步细化空间用途管制，但地类用途管制为终极用途管制，是不是每一类每一级规划针对每一种空间是否都要到地类用途管制，则要根据对应事权及管控目的要求而定。

（二）管制原则

1. 底线管控、分区指引

牢固树立和认真践行青山绿水就是金山银山的理念，坚持保护优先、集约节约。严格落实划定生态保护红线、永久基本农田、城镇开发边界"三线"，实施生态安全底线、国土安全底线、粮食安全底线等底线管控等，严控增量、盘活存量，促进城镇发展由外沿扩张向内涵提升转变，推动形成绿色发展方式和生活方式。"三线"之外其他功能分区，按照功能主导性、用途指引性，结合各级政府事权进行传导落实和区别用途管控方式。

2. 对应事权、分级管理

我国行政机构设置，在长期运行过程中，赋予其各级机构的职责事权，共同推动我国各项事业的全面发展。其中事权就包括了各类空间要素管理的目录、规划、配置、审批、实施、监管等的各种权限。因此国土空间用途管制必须依据机构设置，对应相应事权,并结合我国当前机构改革及"放管服"要求,紧密衔接各级空间管控事权,落实国土空间用途管制。

(三) 管制方式

1. 管制依据

以国土空间规划为依据,按照空间用途管控和地类用途管制两种类型,对所有国土空间分区要素分类实施用途管制,并根据不同空间分区实施不同用途管制方式。

2. 管制方式

城镇开发边界内的建设,实行"详细规划+规划许可"管制方式;城镇开发边界外的建设,按照主导用途分区,实行"详细规划+规划许可"和"约束指标+分区准入"的管制方式,同时辅以预期指标或约束指标管控。

二、"三线"用途管制规则

(一) 生态保护红线

1. 划定方法

生态保护红线是指在自然生态服务功能、环境质量安全、自然资源利用等方面,需要实行严格保护的空间边界与管理限值,是维护国家和区域生态安全及经济社会可持续发展,保障人民群众健康的重要生命线。

生态保护红线的实质是生态环境安全的底线,划定生态保护红线是开展国土空间规划的基础性工作之一,也是实现空间分区管制的重要手段。

生态红线的划定以构建生态安全格局为目标,以《生态保护红线划定指南》为依据,采取定量评估与定性判定相结合的方法划定生态保护红线。在资源环境承载能力和国土空间开发适宜性评价(双评价)的基础上,按生态系统服务功能(以下简称生态功能)重要性、生态环境敏感性识别生态保护红线范围,并落实到国土空间,生态红线是一条边界清晰、落地精准的控制线。

2. 管控要求

为保证生态保护红线管理的严格性,必须要提出适用于各个类型生态红线的最基本管控要求。

性质不转换:为加强生态保护,应要求生态红线内的生态用地不可转换为非生态用地,使区域内保护的主体对象保持相对稳定。

功能不降低:对于生态服务功能极重要的区域,采取封禁等措施,确保其功能持续稳定发挥,对于生态退化的敏感区和脆弱区,实施生态修复,使生态服务功能不断完善。

面积不减少:维持生态保护红线划定的刚性要求,不可随意调整生态保护红线边界,有效控制不合理的开发建设活动。

责任不改变:根据现行的管理机制,实行生态系统的要素管理,生态保护红线内的生态保护职责由相关主管部门共同履行。

3. 分级管控

依据一级政府,一级事权的原则,建立体现资源环境生态红线管控要求的政策机制,形成源头严防、过程严管、责任追究的红线管控制度体系。

国务院有关主管部门根据工作职责,会同相关部门研究制定具体要素的红线管控实施方案,明确红线管控的主要目标、重点任务、制度机制等,加强对各地区的工作指导和监督。

各省依据国家生态红线一张图,把资源环境生态红线管控要求纳入经济社会发展规划及相关专项规划,鼓励出台严于国家要求的红线管理办法,并在环境、用地、项目等许可制度完善和实施过程中,强化细化红线管控要求。

市县要在项目落地与实施阶段加大违法违规行为的查处力度。强化规划实施期中、期末评估和环境影响跟踪评价,严格落实红线管控要求和规划环境影响评价结论及审查意见。

4. 空间用途管制

生态保护红线是自然生态空间保护和生态环境安全的底线,原则上按禁止开发区域的要求进行管理。红线内严格控制城镇化建设、矿产资源开发与农业资源开发活动,适当鼓励生态产品及服务利用行为。在红线区内,自然生态用地不可转换为非生态用地,生态保护的主体对象保持相对稳定;保证生态保护红线区边界保持相对固定,区域面积规模不可随意减少。针对城镇化建设行为,要明确生态保护红线内的原有居住用地和其他建设用地不得随意扩建和改建,不允许新增建设用地。针对农业资源开发行为,生态保护红线内已有的农业用地,建立逐步退出机制,恢复生态用途。针对矿产资源开发利用行为,已有探矿权、采矿权设置区域,建立逐步退出机制,禁止新设矿业权,对于国家战略性矿产储备基地等,只允许公益性勘查,不允许商业性勘查和开采。

5. 地类用途管制

1)分布地类

林地、天然牧草地、沼泽地、其他草地、绿地水域、保护海域海岛、盐碱地、沙地、裸土地、裸岩石砾地、冰川及永久积雪地及现状村庄。

2）用途管制

生态保护红线内，禁止改变生态用地的地类用途，禁止新增建设占用生态保护红线。确因国家重大基础设施、重大民生保障项目建设等无法避让的，由省级人民政府组织论证，提出调整方案，经环境保护部、国家发展改革委员会同有关部门提出审核意见后，报经国务院批准。

（二）永久基本农田

1. 划定方法

全面划定永久基本农田并实行特殊保护，是党中央、国务院从国家经济社会发展大局出发做出的一项重大任务安排，2015年开始，国家部委开展永久基本农田划定，永久基本农田是保障粮食生产力的重中之重，是从根本上保障粮食安全的唯一途径，同时，在城市周边划定一定数量的永久基本农田，严格限制永久基本农田的非农占用，在一定程度上能够有效控制城镇无序蔓延，防止城市以"摊大饼"的模式继续发展，倒逼节约集约用地，促进城市发展转型。

首先，永久基本农田保护红线的划定应当以科学合理的耕地评价为基础，从耕地自然质量、耕地利用条件、耕地区位条件和耕地空间形态等多因素出发，采用层次分析法和特尔菲法综合运用的方法确定指标权重，构建耕地质量综合评价模型，以此来对耕地质量进行综合评价；其次，永久基本农田保护规模的确定应该从保障粮食安全底线的要求出发，预测基本粮食需求，计算保障基本的粮食生产能力的最低耕地面积，以此作为本文划定永久基本农田保护线的规模；最后，在参考划定规程和对接相关规划的基础上，剔除不宜划入永久基本农田的耕地，其余的耕地根据综合评价分值由高到低依次划为永久基本农田，划定永久基本农田保护线。

2. 管控要求

永久基本农田应按照《中华人民共和国土地管理法》《基本农田保护条例》《关于全面划定永久基本农田实行特殊保护的通知》等相关规定进行管理，严格保护区内永久基本农田，基本农田保护区经依法划定后，任何单位和个人不得改变或者占用，同时在保护线优先开展高标准农田建设和土地综合整治，及时开展土壤改良、提高耕地生产能力。

3. 分级管控

国务院作为全国基本农田分级保护体系的最高行政机关，负责全国范围内的基本农田保护事宜,包括全国基本农田保护规模的确定及分配,基本农田保护重大政策的制定与实施,以及对基本农田保护区的审批和监管等,省级则负责省内的基本农田保护政策的制定、基本农田保护线的划定及管理,市县两级参照、落实国家级、省级的各项基本农田保护政策。

4. 空间用途管制

从严管控非农建设占用永久基本农田,一经划定,任何单位和个人不得擅自占用,或者改变用途;重大建设项目选址确实难以避让永久基本农田的,在可行性研究阶段,必须对占用的必要性、合理性和补划方案的可行性进行严格论证,通过国土资源部用地预审;农用地转用和土地征收依法依规报国务院批准。鼓励在永久基本农田保护区和整备区开展高标准农田建设和土地整治,粮食生产功能区和重要农产品生产保护区范围内的耕地要优先划入永久基本农田。鼓励建设集中连片、设施配套、生态良好与现代农业生产和规模经营相适应的高标准基本农田。

5. 地类用途管制

1) 分布地类

农用地及其配套农业生产服务设施、村庄等用地。

2) 用途管制

严格限制保护区内农业生产服务设施及村庄建设用地的扩张,禁止侵占基本农田,禁止占用永久基本农田植树造林、禁止以设施农用地为名侵占永久基本农田;除列入国土空间规划的基础设施和民生项目、不突破基本农田储备区内已备案永久基本农田规模的项目外,其他任何非农建设项目不得占用永久基本农田。

(三)城镇开发边界

1. 划定方法

合理的划定城镇开发边界线,是规划城镇建设,提高城镇人口密度,调整优化建设用地结构,促进城镇紧凑发展,提高国土空间利用效率的重要手段。

城镇开发边界的划定应当以城镇及其相邻区域的地形地貌、生态环境、历史文化、自然灾害和基本农田分布等资料为参考,充分考虑生态保护红线、永久基本农田和自然灾害影响范围等限制条件,按照国家相关技术规则开展生态评价和建设用地适应性评价,以评估结论为依据,以道路、河流、山脉或行政区划分界线等清晰可辨的地物为参照,选择集中成片或成组的建设用地,结合土地利用总体规划,初步确定城镇开发边界的范围和面积。同时,根据当地的资源环境承载能力,结合以产定地+以人定地的预测方法及结论,确定最终的人口及用地规模,并依据规模对城市开发边界线进行评估修正。

2.管控要求

开发边界内以严控增量、盘活存量、集约复合、弹性适应为主,建设用地管理应符合城市"三区四线"的规划用途管制要求,规划和完善"一书三证"制度,统筹布局建设交通、能源、水利和通信等基础设施廊道,避免对城镇建设用地形成蛛网式切割。优化城镇功能布局,节约集约利用土地,优先保障教育、医疗、文体、养老、交通、绿化等基础设施的用地布局。

3.空间用途管制

城镇开发边界内主要以建设用地总规模为数量红线,统筹融合发展规划、土地规划和城乡规划建设用地范围,以现有适宜建设区、限制建设区、禁止建设区以及绿线、紫线、黄线和蓝线"三区四线"的空间管控为依据,以建设项目选址意见书、建设用地规划许可证、建设工程规划许可证审批为管控方法,实施城镇开发边界内的建设用地用途管控。针对城镇开发边界附近易受扰动的其他空间区域,必须"管住总量、严控增量、盘活存量",严格执行人均用地标准,充分利用现有建设用地,不占或者尽量少占农用地,切实提高土地利用效率。同时,鼓励开展低效用地改造,拆旧建新,提高空间节约集约利用程度,避免侵占自然生态空间;对严重影响城市环境的重点地区、重点道路的项目优先进行改造,分类推进改造项目,减少城镇空间的负外部性;鼓励建设项目用地优化设计、分层布局,鼓励充分利用立体空间;摸清开发区土地集约利用状况,建立健全开发区土地节约集约利用考核制度与长效机制。

4.地类用途管制

1)分布地类

居住用地、公共管理与公共服务设施用地、商服用地、工业用地、仓储用地、道路与交通设施用地、公用设施用地、绿地与广场用地等各类城镇建设用地,以及村庄建设用地、水域、林地、耕地等用地。

2)用途管制

各类城镇集中建设活动的选址,各类非农产业园区的设立,自然岸线的开发建设、建设围填海等严格限定在城镇开发边界内。

开发边界线内,在城市、镇规划区内各种建设工程都应当按照法定程序,向主管部门申请建设用地规划许可证和建设工程规划许可证,在乡、村庄规划区内进行乡镇企业、乡村公共设施和公益事业建设的应当按照法定程序向乡、镇人民政府提出申请乡村建设规划许可证,乡、村庄规划区内进行建设不得占用农用地,确需占用农用地的,应当依照《中华人民共和国土地管理法》有关规定办理农用地转用审批手续后,由主管部门核发乡村建设规划许可证后方可进行建设。

三、主要功能区用途管制规则

(一)生态功能区

1. 内涵

在生态保护红线外,为了提升区域生态功能,划定的以生态保护、修复为主导功能的区域,包括自然保护区、森林公园、以自然资源为主的风景名胜区、饮用水源地等其他需要保护修复的区域,以及对完善本区域生态格局、提升本区域生态功能具有重要作用的区域。

2. 分布地类

林地、天然牧草地、沼泽草地、其他草地、水域、现状村庄及其他建设用地。

3. 管控要求及内容

按照《中华人民共和国自然保护区条例》《森林公园管理办法》《风景名胜区管理条例》《饮用水源地保护条例》等法律法规进行管理,采用"名录管理+用途准入+指标控制"相结合的方式细化管理规定,以保护为主,并展开必要的生态修复。

严格控制开发强度,保障生态系统的良性循环,在不损害生态功能前提下,因地制宜适度开展资源开采、旅游、林下经济、农林牧产品生产等产业;限制大规模工业化和城镇化开发,引导超载人口逐步有序转移。实施更加严格的区域产业环境准入标准,提高各类重点生态功能区中城镇化、工业化和资源开发的生态环境准入门槛。

在符合准入条件的前提下,控制各类建设项目的规模和利用强度,逐步减少农村牧区居民点占用的空间,腾出更多的空间用于维系生态系统的良性循环。允许在生态功能不降低的条件下,对村镇用地进行布局优化以及基础设施建设,禁止蔓延式扩张。

(二)农业功能区

1. 内涵

除基本农田保护线以外,耕地、园地、林地等具有农业生产功能的区域。

2. 分布地类

耕地、园地、林地、牧草地、村庄建设用地、设施农用地等农业生产生活用地。

3. 管控要求及内容

严格控制生产的规模和强度，切实保护耕地，对涉及退出农业生产的耕地，应在相应农业功能区地类中予以相应补划；对于该区域内的交通、通讯以及用电等基础设施建设必须进行专题评价，减少对农用地影响，在符合农用地规划的前提下，适度开展旅游、种植业和畜牧业活动及进行必要的基础设施建设；建立健全农牧业生态环境补偿机制，形成有利于耕地保护、草原、水域、森林、湿地等资源和农牧业资源的激励机制；对于耕地开发潜力较高的土地，除必要的基础设施建设外，有条件控制其用于城乡建设，保证耕地"占补"平衡。

区域内的耕地资源，除非其占用对国家社会经济产生重大影响外，不得用于进行非农业生产活动。对于可开发为耕地的后备土地资源，对其采取占用征收或其他转变其土地用途的方式时，应当办理农用地转用审批手续。

（三）城镇功能区

1. 内涵

各城镇未来发展控制区内由规划用地界限划定的地域。该区以二、三产业发展为主，体现高密度集聚的城镇景观，包括城镇集中建设区、城镇开敞空间控制区。

2. 分布地类

居住用地、公共管理与公共服务设施用地、商服用地、工业用地、仓储用地、道路与交通设施用地、公用设施用地、绿地与广场用地等各类城镇建设用地，以及陆地水域、耕地、林地等非建设用地。

3. 管控要求及内容

对于功能区内的建设提出总体指标控制要求，对各类城镇建设土地用途和城镇建设行为提出准入要求，并依法编制控制性详细规划，对土地实施用途管制许可制度。

功能区内的土地利用方式要符合相关规划，不得随意批准没有用地计划指标的建设用地项目；合理控制开发限度，允许发展不影响主体功能定位、当地资源环境可承载的产业以及必要的城镇建设；严格控制工业化、城市化对生态环境的影响，有效控制温室气体排放，建立覆盖全区域的生态环境监测评估体系；在现有城镇布局基础上进一步集约开发、集中建设，重点规划和建设资源环境承载能力相对较强的中小城市、县城和重点镇，促进中小城市和小城镇人口合理集聚与协调发展。适度集中、集约建设农村基础设施和公共服务设施,提升城镇化水平。

四、其他功能区用途管制规则

(一)古迹遗址保护区

1. 内涵

古迹遗址保护区是为了保护和传承历史文化资源,避免各类建设行为对大遗址和地下文化埋葬区等历史文化遗产的破坏而划定的保护区域。

2. 分布地类

耕地、牧草地、园地、林地等。

3. 管制要求

古迹遗址保护区应按照《大遗址保护规划规范》(WW/Z0072)、《历史文化名城保护规划规范》(GB 50357)等相关规定进行管理,该分区应采用"名录管理+用途准入"进行管制,保护范围内应严格控制城乡建设行为。

(二)矿产与能源发展区

1. 内涵

矿产与能源发展区是为了支持国家和区域能源安全与矿业发展,而划定的采矿区、战略性矿产储量区等区域,该分区应结合全国矿产资源规划及国家重要能源资源基地、国家矿区,此外对地方具有重要经济价值的采矿区和矿产埋藏区也可划入。

2. 分布地类

区域公用设施用地(区域性能源设施)、采矿盐田用地等。

3. 管制要求

矿产与能源发展区应符合《中华人民共和国矿产资源法》《矿产资源规划编制实施办法》等矿产资源开发管理等有关法律法规要求,合理调控能源资源开发利用总量,严格矿产开发准入条件,强化矿产资源节约与综合利用,开展矿山地质环境治理与矿区土地复垦,因建设项目压覆地下矿产资源的,需对压覆的矿产资源进行评估,报自然资源部审批。

(三)农村人居环境建设区

1. 内涵

为了推动农业全面升级、农村全面进步、市县乡村全面振兴而划定的农业生产和农村生活发展区域,包括农业和乡村特色产业发展所需配备的各类设施用地以及现状、规划的村庄建设用地。

2. 分布地类

农用地、村庄建设用地(农村住宅用地、村庄公共服务设施用地、村庄工业物流用地、村庄基础设施用地、村庄其他建设用地)、设施农用地等农业生产生活用地。

3. 管制要求

农业农村发展区以促进农业、乡村产业发展、改善农民生活条件为导向,按照"总量控制+建设许可"的方式,根据具体土地用途类型进行管理,对于村庄建设用地及各类配套设施用地,按照人均村庄建设用地指标进行管制。

功能区内土地利用以满足农村居民正常生产、生活为要求,限制进行非农业生产,注重交通、水电、网络等以及其他公共服务设施的建设。允许发展不影响生态及农业生产功能,促进农村产业发展的乡村旅游、农林牧产品生产和加工等产业。

加强对农村人居环境的改善,控制对生态环境的影响,积极推广清洁能源,改善环境质量。

(四)城镇集中建设区

1. 内涵

为满足城镇居民生产、生活需要集中连片建设发展的区域,是城镇开发边界内允许开展城镇开发建设行为的核心区域,包括城镇、县、镇人民政府驻地的已建城区、已建镇区、规划城区、规划镇区以及规划确定的新城、新区、各类开发区等。

2. 分布地类

居住用地、公共管理与公共服务设施用地、商服用地、工业用地、仓储用地、道路与交通设施用地、公用设施用地、绿地与广场用地等各类城镇建设用地以及陆地水域、耕地、林地等非建设用地。

3. 管制要求

城镇集中建设区内应编制控制性详细规划,采用"详细规划+规划许可"方式进行管理,对城镇建设用地的总量及单项指标严格管制,实施规划用途管制与开发建设许可制度,同时加强绿线、蓝线、紫线、黄线、红线等协同管制,通过划定"五线"及管理办法实现对城镇核心要素的控制。

(五)城镇开敞空间控制区

1. 内涵

为了优化城镇空间格局与功能布局,保障城镇生态功能与环境品质、居民休闲游憩、设施安全与防洪隔离,提升居民生活质量等需要,划入城镇开发边界内进行管制的各类生态、人文景观等开敞空间。

2. 分布地类

村庄建设用地、区域基础设施用地、特殊用地等建设用地,以及水域、林地、草地等非建设用地。

3. 管制要求

采用"用途准入+名录管理+指标控制"进行管制,明确可准入的项目类型、用地规模和强度指标,涉及的山体、水体、保护地应分别纳入山体、水体、保护地名录进行专项管理,对该区域内的建设行为应严格管制,在对生态、人为等不产生破坏的前提下,可适度开展休闲、科研、教育等相关活动。

五、各地类图斑用途管制规则

(一)草地用途管制

草地用途管制从草地的建设、利用以及保护主要方面实行草地用途管制。

1. 草地建设

进行人工草地建设、天然草原改良和饲草饲料基地建设,稳定提高草原生产能力,加强草原水利设施建设,发展草原节水灌溉,改善人畜饮水条件。按照草原保护、建设、利用规划加强草种基地建设,鼓励选育、引进、推广优良草品种。

2. 草地利用

草原承包经营者应当合理利用草原,不得超过草原行政主管部门核定的载畜量;草原承包经营者应当采取种植和储备饲草饲料、增加饲草饲料供应量、调剂处理牲畜、优化畜群结构、提高出栏率等措施,保持草畜平衡。因建设征收、征用集体所有的草原的,应当依照《中华人民共和国土地管理法》的规定给予补偿;因建设使用国家所有的草原的,应当依照国务院有关规定对草原承包经营者给予补偿。因建设征收、征用或者使用草原的,应当交纳草原植被恢复费。

3. 草地保护

重要放牧场、割草地、用于畜牧业生产的人工草地、退耕还草地以及改良草地、草种基地、对调节气候、涵养水源、保持水土、防风固沙具有特殊作用的草原、作为国家重点保护野生动植物生存环境的草原、草原科研、教学试验基地、国务院规定应当划为基本草原的其他草原。

(二)林地用途管制

林地用途管制从林地的经营管理、林地保护以及林地开发利用进行林地用途管理。

1. 林地保护

禁止毁林开垦和毁林采石、采砂、采土以及其他毁林行为。禁止在幼林地和特种用途林内砍柴、放牧。进入森林和森林边缘地区的人员,不得擅自移动或者损坏为林业服务的标志。国务院林业主管部门和省、自治区、直辖市人民政府,应当在不同自然地带的典型森林生态地区、珍贵动物和植物生长繁殖的林区、天然热带雨林区和具有特殊保护价值的其他天然林区,划定自然保护区,加强保护管理。

2. 林地利用

国家根据用材林的消耗量低于生长量的原则,严格控制森林年采伐量。国家所有的森林和林木以国有林业企业事业单位、农场、厂矿为单位,集体所有的森林和林木、个人所有的林木以县为单位,制定年采伐限额,由省、自治区、直辖市林业主管部门汇总,经同级人民政府审核后,报国务院批准。

(三)湿地用途管制

湿地保护县级以上地方人民政府林业主管部门应当会同同级人民政府有关部门,按照有关规定编制本行政区域内的湿地保护规划,报同级人民政府或者其授权的部门批准。湿地保护规划应当包括下列内容:一是湿地资源分布情况、类型及特点、水资源、野生生物资源状况;二是保护和利用的指导思想、原则、目标和任务;三是湿地生态保护重点建设项目与建设布局;四是投资估算和效益分析。除法律规定外,在湿地内禁止从事下列活动:一是开(围)垦湿地,放牧、捕捞;二是填埋、排干湿地或者擅自改变湿地用途;三是取用或者截断湿地水源;四是挖砂、取土、开矿;五是排放生活污水、工业废水;六是破坏野生动物栖息地、鱼类洄游通道,采挖野生植物或者猎捕野生动物;七是引进外来物种;八是其他破坏湿地及其生态功能的活动。

(四)水域用途管制

禁止在江河、湖泊、水库、运河、渠道内弃置、堆放阻碍行洪的物体和种植阻碍行洪的林木及高秆作物。禁止在河道管理范围内建设妨碍行洪的建筑物、构筑物以及从事影响河势稳定、危害河岸堤防安全和其他妨碍河道行洪的活动。在河道管理范围内采砂,影响河势稳定或者危及堤防安全的,有关县级以上人民政府水行政主管部门应当划定禁采区和规定禁采期,并予以公告。禁止围湖造地,已经围垦的,应当按照国家规定的防洪标准有计划地退地还湖;禁止围垦河道,确需围垦的,应当经过科学论证,经省、自治区、直辖市人民政府水行政主管部门或者国务院水行政主管部门同意后,报本级人民政府批准。

(五)一般农用地用途管制

区内土地主要为耕地、园地、畜禽水产养殖地和直接为农业生产服务的农村道路、农田水利、农田防护林及其他农业设施用地;区内现有非农业建设用地和其他零星农用地,这些用地应当优先整理、复垦或调整为耕地,规划期间确实不能整理、复垦或调整的,可保留现状用途,但不得扩大面积;禁止占用区内土地进行非农业建设,不得破坏、污染和荒芜区内土地。

(六)自然保护区、风景名胜区、文化遗产保护区

土地用途管制执行《中华人民共和国自然保护区条例》《风景名胜区条例》《中华人民共和国文物保护法》中有关土地用途管制要求进行空间管制。

第八章

国土空间基础信息平台建设研究

第一节 背景与意义

一、研究背景

2017年,国土资源部在全国国土资源工作会议上指出,要"结合实施全国国土规划,建立国土空间基础信息平台,推进国土空间规划改革"。当年7月,国土资源部、国家测绘地理信息局联合印发《关于推进国土空间基础信息平台建设的通知》(国土资发〔2017〕83号),同时下发了平台建设的《总体方案》和《省级要求》。按照83号文的要求,国土资源部组织国家测绘地理信息局、中国地质调查局、信息中心、中国土地勘测规划院、中国环境地质监测院开展国家级国土空间基础信息平台建设。

2019年5月,中共中央国务院出台《关于建立国土空间规划体系并监督实施的若干意见》(中发〔2019〕18号),意见提出要以自然资源调查监测数据为基础,采用国家统一的测绘基准和测绘系统,整合各类空间关联数据,建立全国统一的国土空间基础信息平台。以国土空间基础信息平台为底板,结合各级各类国土空间规划编制,同步完成县级以上国土空间基础信息平台建设,实现主体功能区战略和各类空间管控要素精准落地,逐步形成全国国土空间规划"一张图",推进政府部门之间的数据共享以及政府与社会之间的信息交互。

2019年7月,自然资源部办公厅印发《关于开展国土空间规划"一张图"建设和现状评估工作的通知》(自然资源办发〔2019〕38号),要求各地于2020年底前完成省、市、县各级平台建设,并与国家级平台对接,全面实现纵向联通,推进与其他相关部门信息平台的横向联通和数据共享。基于平台,建设从国家到市县级的国土空间规划"一张图"实施监督信息系统,开展国土空间规划动态监测评估预警和实施监管。

二、研究内容

本课题主要研究内容:

一是研究新国土空间基础信息平台主要建设内容,二是研究国土空间规划"一张图"实施监督信息系统主要功能。

三、建设必要性

建设国土空间基础信息平台是空间规划落实的政策要求,是实现主体功能区建设在市县精准落地的信息支撑,是国土空间规划"一本规划、一张蓝图"成果的载体,是落实国土空间用途管制的重要手段,更是实现国家空间治理能力现代化的主要途径(见图8-1)。

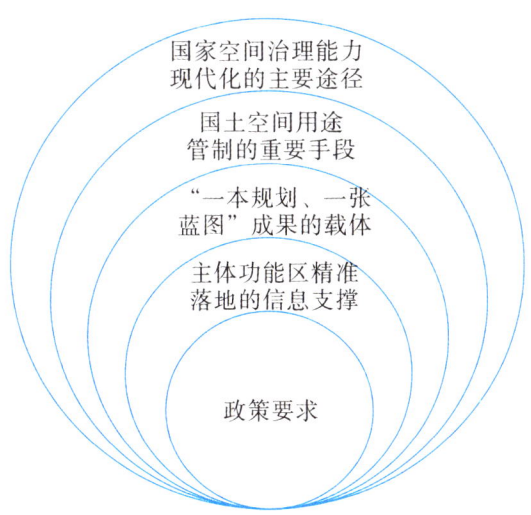

图8-1 国土空间基础信息平台建设必要性

四、建设意义

（一）更好实现国土空间高效管控

通过研究，厘清各级平台建设主要功能与平台体系，以一级政府、一级事权为原则，明确各级平台对国土空间管控的主要侧重点。以信息平台落实各级空间规划，实现国家、省级平台对国土空间的总体战略性把控与市县级信息平台对国土空间的微观管理，使信息平台更好地为国土空间规划服务，实现国土空间高效管控。

（二）实现规划在部门间信息共享

通过统一的数据标准将多种规划数据进行整合，保障多部门可以共用同一套数据，便于主动发现规划矛盾。通过建立国土空间基础信息平台，可为多部门的业务决策提供统一的数据参考，并将规划数据融合成果实时共享给各部门，实现空间资源的合理分配、利用及监控。

（三）提高政府审批效能有效措施

在计算机网络支持下，实现报建项目从窗口收件、预审、办理、审核、归档、制证等实行动态流转、逐级审批的全过程。从根本上解决项目落地困难、报建流程繁琐、审批耗时过长、规划相互矛盾等问题。实现"一窗受理、网上办理、规范透明、限时办结"，并对项目"整个生命周期"进行全面管理。

（四）建设智慧城市的必然途径

国土空间基础信息平台未来可与智慧规划、智慧交通、智慧市政等管理系统进行对接，并将逐渐延伸到生态环境、水利、教育等其他部门，最终形成相互配合、相互制约、相互促进的互动机制，构建一个协作、均衡、稳定、和谐的国土空间规划智慧管理体系，促进智慧城市的建设与发展。

第二节 我国信息化发展基本现状

一、我国信息化水平取得较好发展

进入新世纪特别是党的十八大以来,我国信息化取得长足进展,国家先后出台了《国家信息化战略纲要》《"十三五"国家信息化规划》等一系列政策文件。坚持以问题为导向,科学分析和挖掘制约我国信息化发展的技术能力、产业生态、应用成效、发展环境、网络安全等方面的短板。针对存在问题,提出要以创新为引领,切实做到有所作为、有所创造、有所突破。在技术与产业创新、信息基础设施建设、数字经济发展、信息服务普及等方面,合理制定并设置可量化、可执行的指标体系,以目标为牵引,倒逼信息化建设,推动数字中国发展。目前,我国网民数量、网络零售交易额、电子信息产品制造规模已居全球第一,一批信息技术企业和互联网企业进入世界前列,形成了较为完善的信息产业体系。信息技术应用不断深化,"互联网+"异军突起,经济社会数字化网络化转型步伐加快,网络空间正能量进一步汇聚增强,信息化在现代化建设全局中的引领作用日益凸显。

二、国家政务信息化体系基本形成

2016年,《国务院关于加快推进"互联网+政务服务"工作的指导意见》发布,提出要"大幅提升政务服务智慧化水平,让政府服务更聪明,让企业和群众办事更方便、更快捷、更有效率"。2017年1月,《国务院办公厅关于印发"互联网+政务服务"技术体系建设指南的通知》发布,指出在围绕"互联网+政务服务"业务支撑体系、基础平台体系、关键保障技术、评价考核体系等方面,提出了优化政务服务供给的信息化解决路径和操作方法。2017年3月,《国务院办公厅关于印发政务信息系统整合共享实施方案的通知》发布,提出要有效推进政务信息系统整合共享,切实避免各自为政、自成体系、重复投资、重复建设。在国家大力推动下,越来越多的部门和地方认识到"互联网+政务"的重要意义,并加快构建互联网政务服务平台,积极开展网上办事。到

2017年底,全国31个省市自治区都推出了省级网上政务服务平台,涵盖政府权力清单、网上办理、结果查询等服务。据中国互联网信息中心调查,2017年我国政务服务线上化服务明显加快,网民线上办事使用率显著提升,政务服务向智能化、精细化发展并向县域下沉。

三、国家信息化指导政策不断出台

2015年2月,国务院出台《关于促进云计算创新发展培育信息产业新业态的意见》,提出云计算是推动信息技术能力实现按需供给、促进信息技术和数据资源充分利用的全新业态,是信息化发展的重大变革和必然趋势。

2015年8月,《国务院关于印发促进大数据发展行动纲要的通知》正式发布,提出要加强大数据关键技术研发、产业发展和人才培养力度,着力推进数据汇集和发掘,深化大数据在各行业创新应用,促进大数据产业健康发展。

2015年10月,中国共产党第十八届中央委员会第五次全体会议于北京举行,提出实施"互联网+"行动计划,发展分享经济,实施国家大数据战略,标志着大数据上升为中国国家战略。

2015年12月,国办发布《国家标准化体系建设发展规划(2016—2020年)》,将新一代信息技术标准化工程列为主要任务,其中涉及物联网、云计算、大数据、工业云等相关行业标准的制定。

2016年3月,《中华人民共和国国民经济和社会发展第十三个五年规划纲要》发布,指出要实施国家大数据战略。把大数据作为基础性战略资源,全面实施促进大数据发展行动,加快推动数据资源共享开放和开发应用,助力产业转型升级和社会治理创新。

2016年7月,中办、国办印发《国家信息化发展战略纲要》,指出谁在信息化上占据制高点谁就能够掌握先机、赢得优势、赢得安全、赢得未来。要适应国家现代化发展需要,更好用信息化手段感知社会态势、畅通沟通渠道、辅助科学决策。不断提高政府信息化水平,完善部门信息共享机制,建立国家治理大数据中心。

2016年12月,国务院印发《十三五国家信息化规划》,部署了构建现代信息技术和产业生态体系、建设泛在先进的信息基础设施体系、建立统一开放的大数据体系等10大任务。

2017年1月,工业和信息化部发布了《大数据产业发展规划(2016—2020年)》,

要求以提高大数据产业创新发展能力为核心,明确了强化大数据技术产品研发、推进大数据标准体系建设、完善大数据产业支撑体系、提升大数据安全保障能力等任务,提出大数据关键技术及产品研发与产业化工程、大数据服务能力提升工程等 8 项重点工程。

2018 年 6 月,国务院出台《进一步深化"互联网＋政务服务"推进政务服务"一网、一门、一次"改革实施方案》,明确提出要深化"放管服"改革,进一步推进"互联网＋政务服务",加快构建全国一体化网上政务服务体系,推进跨层级、跨地域、跨系统、跨部门、跨业务的协同管理和服务。

2018 年 7 月,国务院印发《关于加快推进全国一体化在线政务服务平台建设的指导意见》,提出要着力解决企业和群众关心的热点难点问题,推动政务服务从政府供给导向向群众需求导向转变,从"线下跑"向"网上办""分头办"向"协同办"转变,全面推进"一网通办",为优化营商环境、便利企业和群众办事、激发市场活力和社会创造力、建设人民满意的服务型政府提供有力支撑。

第三节　国土空间规划信息化趋势要求

一、新一代信息技术迅猛发展

在传统的计算机辅助设计、可视化、电子交互平台基础上,规划信息化更需要云计算、大数据、物联网、移动互联网、人工智能等新一代信息技术支撑。

一是移动互联网技术。移动互联网业务和应用包括移动环境下的网页浏览、文件下载、位置服务、在线游戏、视频浏览和下载等业务。随着宽带无线移动通信技术的进一步发展和 Web 应用技术的不断创新,移动互联网业务的发展将成为继宽带技术后互联网发展的又一个推动力,为互联网的发展提供一个新的平台,使得互联网更加普及,并以移动应用固有的随身性、可鉴权、可身份识别等独特优势,为传统的互联网类业务提供了新的发展空间和可持续发展的新商业模式。移动互联网业务的发展为移动网带来了无尽的应用空间,促进了移动网络宽带化的深入发展。移动互联网业务的特点不仅体现在移动性上,可以"随时、随地、随心"地享受互联网业务带来的便捷,而且表现在更丰富的业务种类、个性化的服务和更高服务质量的保证。

二是物联网技术。物联网是指通过射频识别（RFID）装置、红外感应器、全球定位系统、激光扫描器等信息传感设备,按约定的协议,把任何物品与互联网相连接,进行信息交换和通信,以实现智能化识别、定位、跟踪、监控和管理的一种网络。物联网技术提供了计算机感知和控制物理世界的接口和手段,它们负责采集数据、记忆、分析、传送数据、交互、控制等。摄像头和相机记录大量的图像和视频,麦克风记录语音和声音,各种传感器将各种信息数字化。物联网在空间规划建设落地中,其扮演的是中枢神经系统的角色,物联网通过它的传感器全方位的感知空间信息;通过大数据物联网云平台对感知的数据进行分析处理;基于分析处理的成果,支持各种各样的应用服务,提供智慧服务。

三是云计算技术。云计算是透过网络将庞大的计算处理程序自动分拆成无数个较小的子程序,再交由多部服务器所组成的庞大系统经搜寻、计算分析之后将处理结果回传给用户。云计算技术具有超大规模、可靠性、服务性、可用性、经济性等特点。透过这项技术,网络服务提供者可以在数秒之内,达成处理数以千万计甚至亿计的信息,达到和"超级计算机"同样强大效能的网络服务。现阶段,云计算为智慧城市建设提供了强大的技术支撑。各地大力发展政务云、城市云、教育云和医疗云,以及金融、教育、旅游、医疗等行业的云平台发展速度开始加快。

四是大数据技术。"大数据"是数量巨大、结构复杂、类型众多的数据集合,经过云计算的数据处理与应用模式后,将数据整合共享,交叉复用,形成智力资源和知识服务能力,因其具有大量、高速、多样、价值、真实性等突出特点,正逐步应用于生物工程、电网、交通、医疗等诸多领域。就规划行业而言,在大数据背景下,可建立人口、地理空间、宏观经济、用地类别、产业类别、生态环境因素等各类基础数据组成的规划数据库和管理平台,并且随着国土空间业务的需要不断扩充,实时更新。通过建立统一全面、精准的规划数据库和管理平台,协调数据统计口径、标准、规划期限等,实现规划统一的信息联动平台、"一张图"管理。

五是人工智能技术。人工智能是研究、开发用于模拟、延伸和扩展人的理论、技术及应用系统的一门新技术科学。随着各种智能终端的普及和互联互通,人工智能将对各行业产生变革。在制造业中,人工智能将可以协助设计人员完成产品的设计,大大提高制造业的产品设计能力,推动我国制造业转型和升级。在医疗方面,客服机器人可协助医务人员完成患者病情的初步筛查与分诊;医疗数据智能分析或智能的医疗影像处理技术可帮助医生制定治疗方案,并通过可穿戴式设备等传感器实时了解患者各项身体指征,观察治疗效果。在教育方面,人工智能系统可以承担知识性教育的任务,从而使教师能将精力更多地集中于对学生系统思维能力、创新实践能力的培养。对金融而言,人工智能将能协助银行建立更全面的征信和审核制度,从全局角度监测金融系统状态,抑制各类金融欺诈行为,为维护机构与个人的金融安全提供保障。在出行方面,无人驾驶技术已经取得了飞速的发展。在物流方面,物流机器人已可以很大程度替代手工分拣,仓储选址和管理、配送路线规划、用户需求分析等也将走向智能化。在城市规划方面,人工智能主要通过城市大量的视频资料、传感器、地图、卫星、遥感数据等,辅助规划编制。

二、数字规划技术持续稳步发展

在新一代信息技术快速发展的同时,GIS 技术、三维数字城市、遥感技术等数字规划技术的发展也加快了规划信息化的发展速度。信息化技术的发展为规划行业的创新与变革注入了新的活力,极大地提高了规划的效率和科学性,由此产生的大量优质新型数据也为新技术在空间规划中的成功应用奠定了基础。

一是 GIS 技术。2017 年,我国地理信息产业总产值预计达 5180 亿元,同比增长 18.8%[①],产业发展呈现规模持续壮大、结构不断优化、资本密切合作、科技水平日益提升、服务领域逐步扩大的特点。随着技术变革和应用需求两方的持续角力,地理信息技术不断拓展,催生了地理信息产业的形成和壮大。云 GIS、移动 GIS 等技术将推动地理信息技术深入应用到更多的行业。

二是三维数字技术。城市平台发展日趋成熟,国内不少城市已经建成了自己的系统平台。2017 年北京市规划和国土资源管理委员会对通州区城市地下资源环境进行的三维模型建设,显示出城市级三维系统平台日趋平细化和多功能化。倾斜摄影测量技术日趋成熟,越来越多的城市利用该技术进行城市三维建模,更加立体、真实的表达城市情况,可以让三维技术不仅仅应用于城市研究层面。

三是遥感技术。2017 年 4 月,中国高分遥感应用大会对一系列促进遥感技术的指南和标准进行了发布,大会成果扩大了高分专项技术在商业应用和惠及民生领域规模化应用能力和水平,同时使推动和支撑国家应急处置能力的现代化手段上了一个新台阶。遥感技术与国民经济、生态保护和国防安全的关系会越来越紧密。未来遥感卫

---

① 《2017 中国地理信息产业报告》。

星系统将围绕精准化、便捷化、大众化的要求向智能化方向转变。

三、规划信息化创新实践蓬勃发展

随着信息化技术的发展与创新,规划行业信息化创新实践不断进行,从国家相关部门、规划行业、地方政府到规划咨询企业都在运用信息化技术对传统规划行业进行创新与变革。

一是国土部、国家测绘地理信息局发布《推进国土空间基础信息平台建设的通知》,要求推进国土空间基础信息平台建设,工作目标是聚合集成各类国土空间相关数据,形成数据更全面、应用更广泛、共享更顺畅的国土空间基础信息平台,为各类与国土空间相关的规划、管理、决策、服务等提供有力的信息支撑,有效提升国土空间治理能力的现代化水平。

二是百度地图分别与中国城市规划设计研究院和天津城市规划设计研究院成立"联合创新实验室",旨在推动城市规划工作的整体创新升级,让城市规划者和城市管理者更直观高效的利用城市数据、获取城市信息,了解城市特征,实现智慧决策。

三是北京提出将搭建城市大数据平台,北京世界级的智慧城市建设已列入日程,将采集所有可移动的、可应用的、可交互的信息,储存在一个大的数据库中,称为"城市大数据平台",并在此基础上建立城市大脑。该平台将通过应用进一步丰富、完善数据平台,形成数据挖掘、分析、整理和优化,从而科学地辅助规划决策。

四是贵阳市建成国内首个地级市一体化政府数据开放平台,面向社会免费开放52家市级部门和13个区县(开发区)2700余个数据集,550余万条数据,259个API,建成国内首个地级市一体化政府数据开放平台。为我国地方政府数据开放平台建设提供了可借鉴、可推广的样板。

四、国土空间规划信息化诉求不断提高

国土空间规划的主导思想是从可持续发展的角度,协调人地关系,进行国土空间规划,对自然资源保护和开发利用进行监管,合理平衡资源供需。以大数据、人工智能等为代表的信息化技术为国土空间规划提供了新的数据源、技术方法和思维模式,国土空间规划在使用、管理等方面对信息化的诉求也在不断提高。

一是国土空间规划需要厘清底图,科学规划。国土空间规划的编制需厘清空间资源现状底图,以摸清资源保护现状和资源承载能力,掌握资源开发利用情况,精准把握

人地关系,以及空间资源的供需矛盾,进行空间管控和资源配置,实现以地(空间资源)为底、以人为本,科学编制规划。摸清自然资源现状本底,通常基于各类资源调查与普查工作,但调查普查成本高、投入大,数据更新周期长,还存在数据的滞后性。通过物联网、传感器等技术,可实现对各类资源的数量与质量的实时监测,产生持续动态的资源大数据,通过精细化分析与评估资源开发利用情况和资源环境承载能力,为各层级国土空间规划编制提供以人为本,精准把握人地关系,科学划定"三区三线"、优化空间布局和资源的新视角、新途径。

二是国土空间规划需要实时监测,精细管控。国土空间规划的实施一方面是严守空间底线,对农业空间和生态空间实施严格保护和监管;另一方面是落地专项规划,通过建设项目实施建设。因此,规划实施的过程中需要及时掌握资源保护和开发利用情况,以及开发建设违法侵占基本农田和生态保护区情况等。需要借助大数据等各种信息化手段实现对于空间资源运行的动态监测,及时预警,智能地监管空间管控和资源保护条件的执行情况,辅助精细化实施和管理。

三是国土空间规划需要动态评估,辅助决策。国土空间规划需要以"量化"为手段将规划目标"指标化",以"指标"为量纲,明确规划底数,构建评估考核机制,在规划实施过程中,定期根据评估考核体系对规划实施的成果进行监测和评估,确保规划的有效落实,及时发现实施过程中产生的问题,为规划的更新维护提供依据,并对承担国土空间规划实施的责任主体进行绩效考核。规划评估需要大量现状、规划、实施和管理基础数据的支撑,以评估规划底数的管控、实施和实现情况。多数传统的规划评估依赖于大调查、大运动,数据常有滞后性、时空维度和精度不统一等问题,仅能开展特定时间截面的评估,难以实现定期常态化的评估。国土空间规划更需要融合多元、动态大数据,可将规划评估贯穿于规划的编制、实施和调整的全过程,对关键规划指标进行实时体检,并在连续的时间序列上针对重点、难点,从而支撑规划的热点问题和对国土空间规划实施效益进行定期专项评估。

四是空间规划需要深入底层,服务公众。公众参与一直是规划编制、实施和评估各个环节的重要内容。深入底层,了解民生民情,关注生产、生活过程中人与资源的实际供需情况,是国土空间规划实现以人为本,合理进行空间布局和资源配置,统筹资源保护和开发利用,实现人与自然和谐相处的重要参考依据。一方面,居民主动参与规划的调查和反馈过程;另一方面规划师、管理者和决策者可以通过大数据手段掌握居民活动规律和情感状态,判断居民对空间资源的需求使用情况及满意程度,为公众提供相应的服务,让公众更好地参与规划、参与资源的保护和合理的开发利用。

第四节 国土空间规划信息平台建设试点

一、宁夏空间规划信息平台

宁夏空间规划信息平台是按照"一张蓝图、一套标准、一个系统、一套制度"的目标,建立多规智能编制系统、规划编制项目管理系统、多规合规审查系统、省级规划管理系统、市县规划管理系统、多规综合服务平台和多规数据管理平台7个应用系统,实现各级各类空间性规划在统一数据标准、统一坐标体系基础上,检测规划差异,辅助消除规划矛盾,最终形成动态更新的"一张图"。推进空间规划在编制、审查、决策、实施、监督全过程的智能化服务,为建设项目一站式并联审批提供支撑。通过运用各类信息化资源,利用大数据分析、计算、模拟,挖掘数据价值,为规划编制提供辅助支持,为规划实施提供检测评估,为政府决策提供科学依据。

(一)多规智能编制系统

多规智能编制系统可以辅助规划编制,提供一系列、多样化、可自定义的冲突检测规则和协调策略,专为解决各类规划冲突而生。面向各级各部门规划编制人员使用,系统通过大数据、云计算等技术辅助规划的编制和决策,为冲突检测、协调推演提供强大支撑,减少编制过程中的冲突差异,提高规划决策效率。最终实现规划编制的科学性、合理性、规范性,达到规划决策的智能化。

(二)规划编制项目管理系统

规划编制项目管理主要面向各级各类规划管理部门,提供对规划编制项目全流程的管控,从规划编制的拟定、立项、招标、编制、审查、评议、批准、公示、入库等各阶段入手,记录每个阶段的各类资料,形成规划编制项目档案库,使规划编制全流程规范化、信息化管理。

(三)多规合规审查系统

多规合规审查系统是面向多规涉及的各委办局项目审查人员提供的基于各类规

划的合规性审查和辅助选址分析的审查系统。其作用是辅助规划实施决策,保障项目落地前的科学性、合规性。

(四)省级规划管理系统

为纵向覆盖省、市、县三级,充分发挥省级空间规划承上启下的作用,设计了省级规划管理系统,并与各市(县)级规划管理系统无缝对接,从而将各市县建设项目的审批情况传输给省级系统,共同实现省级宏观管理和市县微观管控的需求。

(五)市县规划管理系统

市县规划管理系统通过与多规数据管理平台无缝集成,全方位服务于规划编制、审批实施和批后监管各项环节,提供建设项目全生命周期的管理。面向各市、县规划管理部门,提供贯穿规划业务全过程的应用支持,在计算机网络支持下实现便捷的规划项目管理工作的动态高效流转,为市县城乡规划管理工作的高效化、规范化办理提供有力支持,切实提高整体工作效率。

(六)多规综合服务平台

多规综合服务平台通过与多规数据管理平台、规划编制项目管理系统和市县规划管理系统的无缝集成,为各级规划部门的管理和决策者,提供空间信息共享服务和空间辅助分析功能。通过"一张图"、"一本账"方式的多元展现,对数据中心内各类规划数据进行自定查询、分屏调阅、综合分析,使用户能够快速便捷地查阅、统计和分析各类规划。实现"一张蓝图"贯穿全程,构建高效协同的规划体系。除传统PC端应用外,还能在移动端和大屏幕上展现与使用。

(七)多规数据管理平台

多规数据管理平台是各业务系统的数据支撑,为海量、多源、异构规划大数据提供统一存储、分权管理、综合分析、实时发布的应用功能。面向数据管理、权限管理、运营维护人员,平台将数据服务全方位应用于规划管理的各环节,实现规划数据的便捷、规范、科学的管理。

二、海南省"多规合一"信息综合管理平台

海南省"多规合一"信息综合管理平台通过开展标准规范建设、规划时空信息数

据库建设、应用服务系统建设及"多规合一"公众信息平台建设,初步形成了支撑多源空间规划整合、行政审批简化和规划实施监测督察三大业务流程。

(一)空间规划整合

通过政府约束引导,优先集中了一批常用且重要的空间规划数据。这些数据主要包括总体规划、控制性详细规划、地表现状数据、地理信息数据、五网设施数据和来自国土厅、住建厅、农业厅、旅游委等10多个厅局专题数据。将多源异构的各类规划数据进行格式转换、空间坐标系转换、规划要素合并等处理,成功消除了各类规划之间的矛盾,形成了统一的"一张蓝图"。以业务应用驱动,促使更多涉及空间规划相关的数据主动集成,最终建成空间规划数据的集中共享服务体系,形成良性的信息平台运行循环,使所有涉及空间规划的数据在统一的平台上编制、修订和应用,确定了统一的数据入口和出口,保障了规划的时效性和权威性。

(二)自动化审批

在规划监测督察方面,构建了一套基于遥感监测的全流程规划监管体系。通过卫星遥感手段进行违法预警,利用移动设备现场确认违法项目并采集证据,对违法项目持续监督整改。既提高了督察的工作效率,又保障了执法的科学性和真实性。依托遥感监测,先后开展了生态红线督察、农村新建住房高度管控专项督察和"两违"专项督察工作,取得了良好的效果。在规划实施和生态管控上,走出了一条切实可行的道路。其后,将逐渐形成基于信息管理平台对生态保护红线、开发边界线以及基本农田、林地等各类国土空间进行动态监测的督查机制,最终真正实现"一张蓝图"管到底。

(三)内外业一体化的督察

信息化是转变政府职能、提升治理能力的保障。在海南省总体规划编制过程中,"多规合一"信息综合管理平台已为全省资源总量分析、土地利用现状评估、规划冲突协调和规划实施监管等工作发挥了重要作用,是限定城市发展边界、划定生态红线的数据支撑,为全省重大基础设施和重点产业空间布局以及主要规划指标的确定提供了决策支持。未来,该平台将继续为发改、住建、国土、环保、林业等部门的规划落地、项目审批和管理提供信息沟通和业务协同技术支撑,为深化行政审批制度改革,促进政府职能从管理型向服务型转变提供信息化保障。

三、开化县"多规合一"信息平台

开化县在 2014 年被列为全国 28 个"多规合一"试点市县之一。开化县信息平台作为"多规合一"工作的组成部分,为多规成果展示、矛盾发现、规划协调、动态更新、重点项目等提供技术保障。信息平台是"多规合一""一张图"的运行载体和边界管控的技术保障,将强有力的支撑"多规"规划协调、提高审批效率、辅助规划决策。开展纵向横向对接,动态维护"多规合一"成果,并实现"多规合一"成果与法定规划的联动,保证多规合一成果的持续性、有效性。平台建设内容为:

(一)"多规合一"公共门户

提供统一的用户登录和信息资源入口,集成"多规合一"应用系统,链接各部门业务系统,界面信息架构涵盖"多规合一"工作动态和工作成果的描述统计。

(二)"多规合一"展示系统

基于"一张图"模式,多维度地展现"多规融合"专题成果和相关信息。

(三)差异分析系统

根据空间管制的限定性指标,动态分析各专项规划之间的矛盾图斑,并实现差异统计分析和信息图表输出。

(四)图斑协调系统

对矛盾图斑进行智能筛查,支持响应式创建用地协调台账,跟踪记录协调过程中的处理意见、决策记录及其他关联信息。

(五)边界管控系统

将"多规融合"管控线成果应用于项目选址落地,以冲突检测确定项目用地符合性,启动图斑协调进程,以空间智能辅助用地需求预测。

(六)项目管理系统

实现建设项目特别是重点项目信息的多维度查询和展示,提供项目关联的信息标绘和标签式收藏,对项目信息进行分类统计,辅助生成项目简报。

第五节　国土空间基础信息平台建设内容

一、建设基础

2017年7月,国土部、国家测绘地理信息局出台《国土空间基础信息平台建设总体方案》,其中多处提出,国土空间基础信息平台要为国土空间规划的编制、行政审批、监测监管、决策支持等提供空间数据和信息技术保障。在过去几年,通过国土资源大调查、第二次全国土地调查、矿产资源"三查"、第一次地理国情普查、天地图和数字国土工程、金土工程等工作积累了大量的数据和应用服务系统,基本建成全国国土资源"一张图"核心数据库和行政审批、综合监管、公共服务平台,为履行国土资源管理职责、提升国土资源管理服务水平提供了有力的支撑和保障。

(一)软硬件基础

数据资源方面。年度更新的各种比例尺的基础测绘数据、遥感影像、土地利用现状、地理国情普查、基本农田、基础地质、矿产资源潜力评价、矿产地、地质灾害、自然保护区等基础现状数据逐渐完善并覆盖全国;覆盖全国、贯穿各级的土地利用总体规划、土地整治规划、矿产资源规划、地质勘查规划、地质灾害防治规划等规划类数据库已经建立;建设项目用地预审、建设项目用地审批、土地征收、土地供应项目及其开发利用、土地整治项目、城乡建设用地增减挂钩、工矿废弃地复垦、低丘缓坡等未利用地开发、地价、不动产登记、固体矿产探矿权、固体矿产采矿权、油气勘查开采登记数据、矿产资源储量等23大类、涵盖四级的国土资源管理类数据已经建立。

应用服务方面。在国土资源"一张图"的基础上,建立了数据中心数据管理平台、政务审批平台、综合监管平台、公众信息服务平台;初步建立了国土资源部内部数据共享平台,为数据资源管理、行政审批、资源监管和公众服务提供应用支撑。

基础设施方面。国土资源系统构建了与互联网物理隔离的国土资源业务网,连通了部、省、市、县国土资源主管部门以及国家土地督察局和部直属事业单位,部机关及国家基础地理信息中心等建成了满足国家分保要求的机密级局域网,中国地质调查局和中国土地勘测规划院正在积极开展涉密内网的建设。

(二)总体设计基础

1. 总体框架

国土空间基础信息平台由国家级主节点、各部门分节点和省市县分节点组成,分级分布建设。国家级主节点由国土资源部数据主中心节点、国家测绘地信局数据中心节点、地质分中心节点、土地分中心节点、地质环境分中心节点等组成。国土空间基础信息平台集成或接入各节点的国土空间数据物理分散、逻辑一体,通过平台集中展现和调度。各部门负责本节点的数据管理、维护和更新。

2. 技术架构

国土空间基础信息平台的建设在技术选型上遵循"先进成熟、稳定高效、安全可靠"的原则,基于分布式、云计算、大数据等技术进行建设,实现参建体系内国土空间基础信息的纵横联通、共建共享、深度融合。平台整体架构包括六个层次、三大体系:硬件基础设施层、软件运行环境层、信息资源层、应用支撑层、应用服务层、应用服务发布层,以及安全保障体系、运维保障体系、标准规范体系。

3. 数据架构

以统一的指标体系为框架、标准和指南,在国土资源"一张图"数据基础上,有计划、有组织、持续地集成或接入基础地理、遥感、土地、地质、矿产资源、地质环境、不动产、规划、管理等信息资源,并共享交换发改、环保、住建、交通、水利、农业、林业等部门国土空间基础信息,收集整理社会经济等方面的数据,形成分布式的数据接入汇集方式,建立分工明确的更新维护机制,形成组织有序的数据资源体系,建立共享开放的数据应用服务。

4. 服务架构

依托数据资源、云管理与服务平台的基础支撑,形成数据服务、专题服务、基础服务和定制服务,构建统一的国土空间基础信息平台门户,向政府、企事业单位、科研单位提供丰富、可靠、全面的信息和应用服务。

二、建设原则

1. 立足基础、统筹建设

立足第三次全国国土调查成果和已有基础设施以及软件应用基础,加强信息资源整合利用,不取代、不替代各单位已有数据资源优势。加强顶层设计,理顺体制机制,统筹协调和科学推动国土空间基础信息平台建设。

2.统一标准、互联互通

制定统一数据资源、服务应用、基础环境、管理运行接口、数据接入等一系列标准规范，保证国土空间基础信息平台建设的整体质量，确保建成后的国土空间基础信息平台能够全国覆盖、贯通四级、部门协同、统一管理。

3.整体设计、分步实施

以强化国土空间用途管制、提升国土空间治理能力为导向，做好顶层设计优先选择核心的数据资源、服务资源、设施资源先行集成建设，稳步推进；根据过程中的问题分析、经验总结，以用促建、分步实施，确保信息平台建设有序推进。

4.外部扩展、安全可靠

平台采用标准化接口设计，兼容常用软件接口方式及数据交换方式，增加信息接入能力，提高平台扩展能力；根据保密要求，部署在非涉密网络环境中的数据资源不涉及与国家安全保密有关的内容和事项。

三、建设目标

以自然资源、测绘地理等各类数据为基础，聚合集成政府和社会各类国土空间相关数据，形成数据更全面、应用更广泛、共享更顺畅的国土空间基础信息平台，为各类与国土空间相关的规划、管理、决策、服务提供有力的信息支撑，有效提升国土空间治理能力的现代化水平。

（一）总体目标

1.形成统一的国土空间工作"底图"

为各部门提供基础地理、土地资源、矿产资源、基础地质、地质环境与地质灾害、国情普查、自然资源产权等数据支撑与服务。

2.形成统一的国土空间工作"底线"

为各部门提供基础农田保护红线、生态保护红线、城市开发边界和国土空间规划、专项规划、详细规划等空间管控规划。

3.形成统一的国土空间工作"底板"

为各部门提供专项规划、项目实施、日常监管、分析决策等信息化工作平台。

四、总体设计

(一)总体框架

基于云计算、大数据、互联网等新一代信息技术,以第三次全国国土调查成果为基础,聚合集成政府和社会各类国土空间相关数据,形成一套自然资源数据体系。以一套数据为基础,以"传统 GIS + 大数据应用"服务模式为支撑,以两大体系为保障(标准规范体系、安全运维体系),以多扩展系统为应用(国土空间规划"一张图"实施监督信息系统、"互联网+"自然资源政务服务系统、自然资源调查监测评价系统、自然资源监管决策系统等),建成贯穿国家、省、市、县四级,部门联动、开放共享、安全可靠的分布式国土空间基础信息平台,构建"一张图、一数据、一平台、多应用"的国土空间基础信息平台体系,为空间规划、资源调查、交易登记、政务审批、监管决策和公众服务等工作提供多应用服务和信息技术保障,有效提升国土空间治理能力的现代化水平。

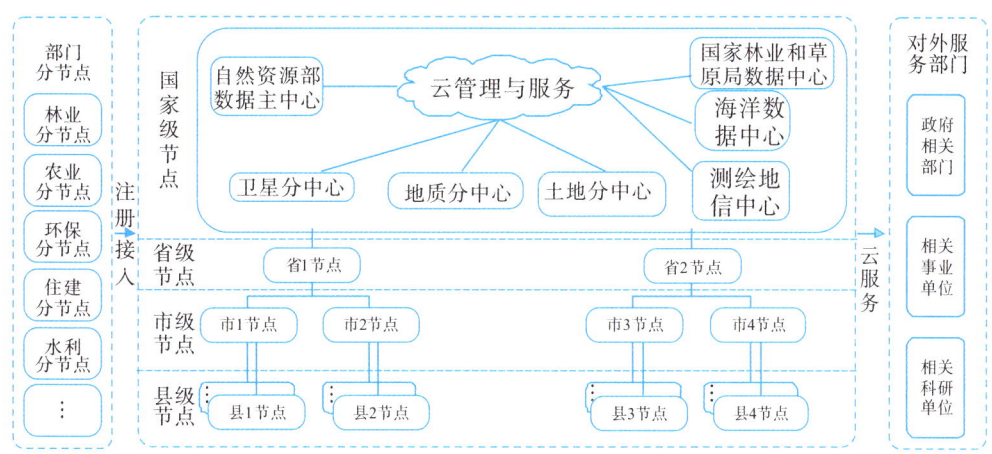

图 8-2 国土空间基础信息平台总体架构

国土空间基础信息平台由国家级主节点,各部门分节点和省、市、县分节点组成,分级分布建设。国家级主节点由自然资源部数据主中心、国家林业和草原局数据中心、海洋数据中心、测绘地信中心、地质分中心、土地分中心、卫星分中心节点等组成。国土空间基础信息平台集成或接入各节点的国土空间数据,数据物理分散、逻辑一体,通过平台集中展现、调度。各部门负责本节点的数据管理、维护和更新(见图 8-2)。

(二)技术架构

国土空间基础信息平台基于分布式、云计算、大数据等技术进行建设,平台的技术架构(见图8-3)。

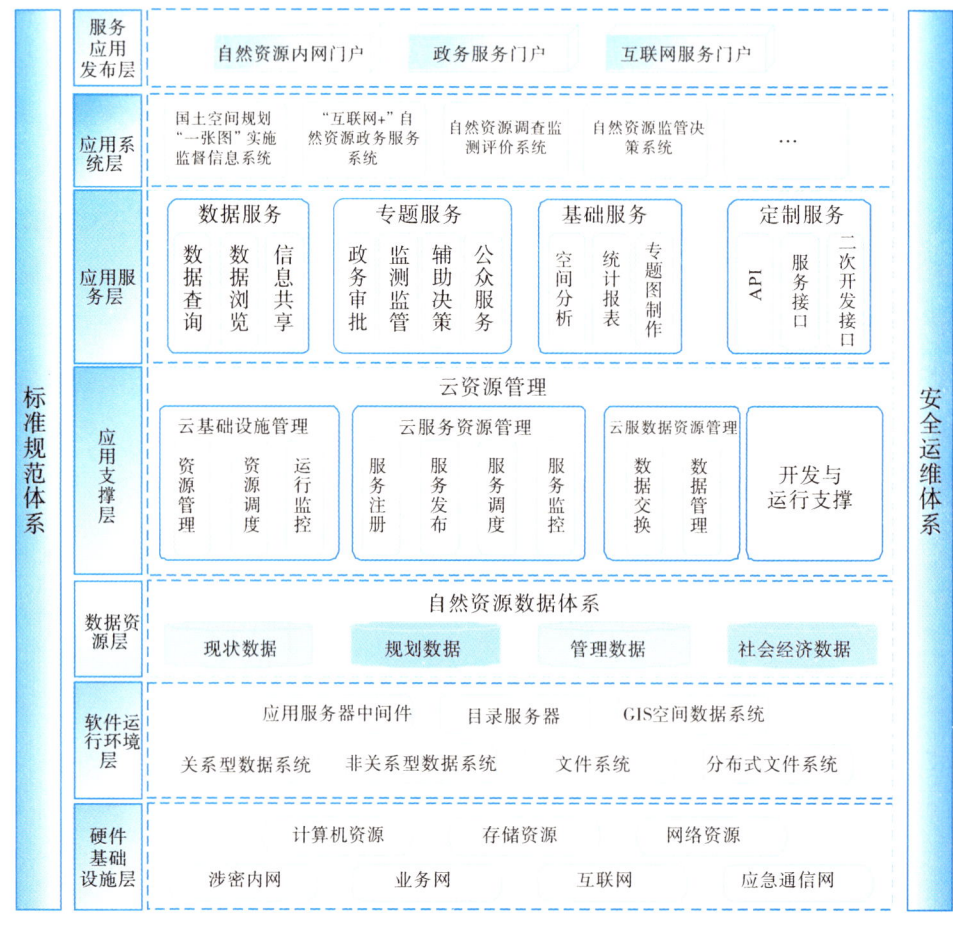

图8-3 国土空间基础信息平台技术架构

1.硬件基础设施层

硬件基础设施层是将计算机资源、存储资源、网络资源等物理资源进行整合,按照云服务模式和云架构建立共享资源池,形成可按需动态扩展的高性能计算环境、大容量存储环境,满足海量国土空间基础数据存储、高并发用户业务办理和信息共享查询,以及各级分节点业务系统接入平台的需要。

2.软件运行环境层

软件运行环境层是关系型数据系统、非关系型数据系统、GIS空间数据系统、分布式文件系统、应用服务器中间件、目录服务器等为国土空间基础信息平台提供部署和运行所需的基本软件环境。

3. 数据资源层

数据资源层是对体系内的分布式、多比例尺、异构、海量的现状、规划、管理、社会经济等空间地理信息进行整合与综合管理,实现空间信息的统一组织、无缝衔接、统一服务、高效应用。

4. 应用支撑层

应用支撑层包括"云资源管理"和"开发与运行支撑"两部分。云资源管理部分的主要职能有三方面:对云基础设施的管理,包括资源管理、资源调度、运行监控;对云服务资源的管理,包括服务注册、服务发布、服务调度、服务监控等;对云数据资源的管理,包括数据接入、数据资源目录管理、数据调度、数据管理、数据监控等。

开发与运行支撑部分提供成熟的系统开发和运行框架,以及丰富的组件及服务,包括大数据管理、服务总线、数据总线、PORTAL、统计分析、授权与访问控制等。

5. 应用服务层

应用服务层为用户提供数据服务、专题服务、基础服务、定制服务等四大服务。其中数据服务包括数据查询、数据浏览、信息共享等,专题服务包括政务审批、监测监管、辅助决策、公众服务等。基础服务包括空间分析、统计报表、专题图制作等,定制服务的功能包括:服务接口、API、二次开发接口等。

6. 应用系统层

基于服务层的功能调用,构建国土空间规划"一张国"实施监督信息系统、"互联网+"自然资源政务服务系统、自然资源调查监测评价系统、自然资源监管决策系统等多个应用系统,为空间规划、资源调查、交易登记、政务审批、监管决策和公众服务等工作提供应用。

7. 应用服务发布层

国土空间基础信息平台是一个分布的应用体系,通过主节点的统一门户对应用及服务进行发布,并通过服务分发、负载均衡、权限管理、访问控制等技术手段,为分布式体系下的各级用户提供统一访问入口,保证高并发访问的安全、高效、稳定。

8. 安全运维体系

合理评估系统的安全等级,按照国家相关安全等级保护的要求进行安全保障体系的建设,确保系统运行过程中的物理安全、网络安全、数据安全、应用安全、访问安全。

建设覆盖整个体系的运维管理监控系统,对体系的硬件、网络、数据、应用及服务的运行状况进行实时、综合监控,及时发现和预见问题,并按照相应的流程及时处置,保证体系持久的稳定运行。

9. 标准规范体系

建立统一的技术标准,管理规范,指导整个工程的开发建设和运行管理。

(三)数据体系

国土空间基础信息数据横向涵盖自然资源、测绘、发改、生态、住建、交通、水利、农业、林业等不同行业;纵向贯穿国家、省、市、县四级。按照数据类型分为现状数据、规划数据、管理数据和社会经济数据,其中现状数据包含基础调查数据、专项调查数据、地理国情普查数据等,为掌握国土空间的真实现状和国土空间的开发利用与变化状况提供数据基础;规划数据包含国土空间总体规划、详细规划、专项规划,为行政审批和国土空间用途管制提供管控数据依据;管理数据是行政审批过程中产生的数据,包含不动产登记、土地审批、土地供应、矿业权审批等,为实施批后监管提供数据基础。社会经济数据为动态获取数据,包含社会、经济、人口等数据,通过结合时事、舆情等信息进行综合分析与决策。基于国土空间基础信息统一数据标准,实现各类数据的综合管理,建立统一的国土空间基础信息数据目录,形成全国覆盖、内容完整、准确权威、动态鲜活的统一国土空间基础数据资源。

五、建设任务

1. 建立全面、翔实、准确的权威性国土空间数据资源体系

通过聚合集成各类与国土空间相关的数据,形成覆盖全国范围、包含地上地下、能够及时更新的以三调数据、地理国情普查、高分辨率遥感影像、土地利用现状、矿产资源现状、基础地质、地质灾害与地质环境等现时状况为主的空间现状数据集、以国土空间总体规划、专项规划、详细规划等为主的空间规划数据集、以不动产登记(土地、房屋、林地、草地、海域)、地政管理、矿政管理等空间开发管理和利用信息为主的空间管理数据集;通过收集或汇聚形成人口、宏观经济等社会经济数据集(见图8-4)。

第八章 国土空间基础信息平台建设研究

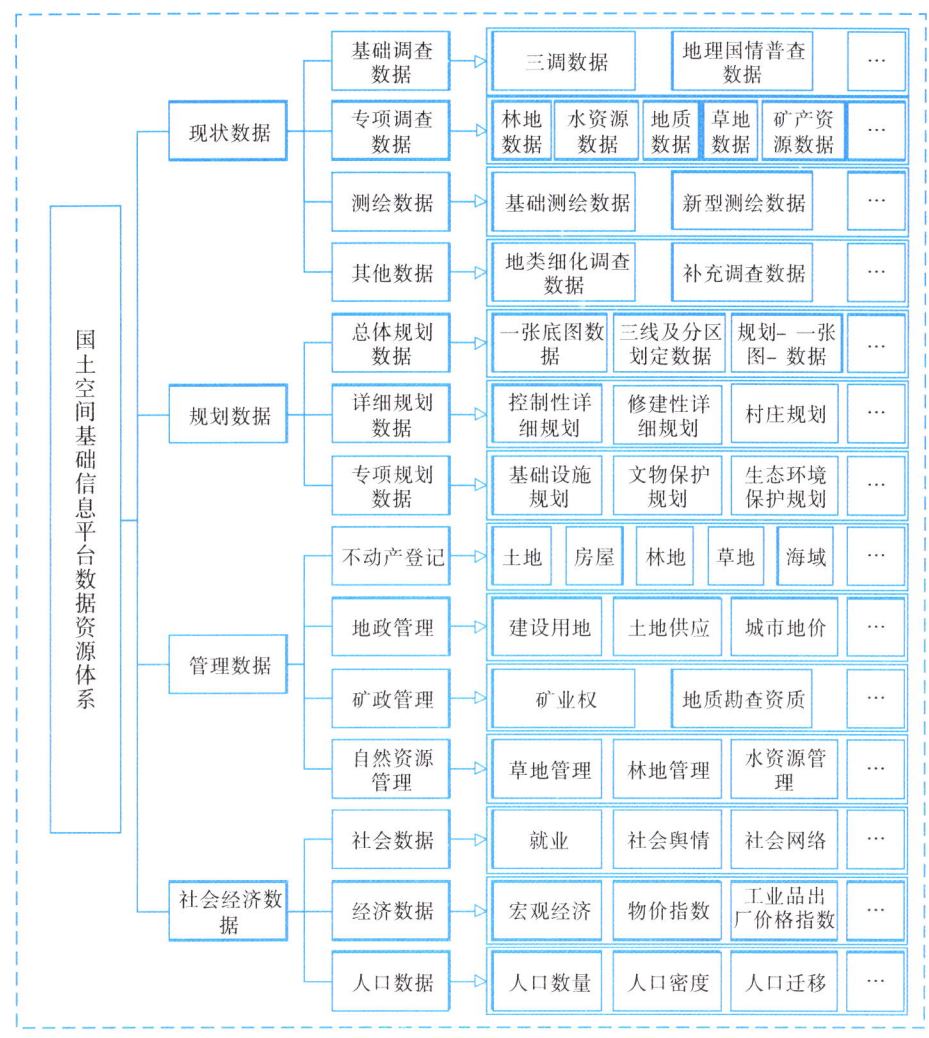

图8-4 国土空间数据资源体系

2. 建立国土空间基础信息云管理与服务平台

采取分布式的应用与服务架构,建立横向上覆盖自然资源部数据主中心、国家测绘地信局数据中心、地质分中心、土地分中心、地质环境分中心,纵向连接国家、省、市、县自然资源主管部门,同时与政府相关部门联通的国土空间基础信息云管理与服务平台;严格遵循国家安全保密部门相关要求,建立互联互通的涉密网络运行环境和管理机制。

3. 建立并完善国土空间基础信息应用服务的有效机制

建立健全制度,加强运维支撑保障体系,通过统一的共享服务门户,向自然资源系统各单位和各级政府部门提供国土空间的数据共享和应用服务:为国土空间开发提供信息服务,为国土空间规划的编制提供辅助服务;为行政审批提供项目落地的合规性审查;对国土空间进行全方位动态监测,为空间管理决策提供技术支撑。

六、建设模式

省级以下平台建设由省级自然资源主管部门统筹。可采取省内统一建设模式,建立省、市、县共用的统一平台,也可以采用独立建设模式,省、市、县分别建立本级平台,或采用统分结合的建设模式,省、市、县部分统一建立、部分独立建立本级平台(见图8-5)。采取省集中建设方式时,可基于互联网、业务网和涉密网,分类推进互联网版、政务版和涉密版平台建设,按照"成熟一个,接入一个"的原则,推进各级平台的对接。各地平台建设须遵守安全保密要求,涉密数据在涉密网(国家电子政务内网)全国联通之前通过离线方式进行交换,非涉密数据可通过自然资源业务网及互联网(国家电子政务外网)进行传输。

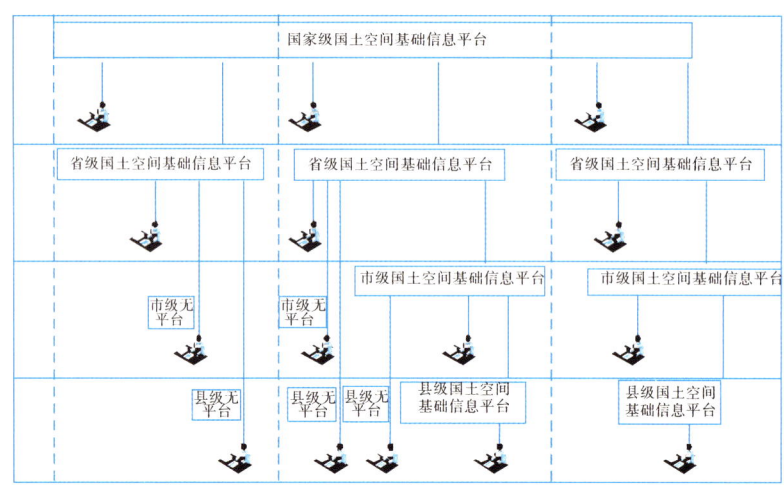

图8-5 国土空间基础信息平台建设模式

七、主要功能

(一)云资源管理

1. 云基础设施管理

提供分布式架构、云环境下 IT 资源自动注册管理及维护,对资源负载能力进行评估和预测,并根据需要进行资源调度与分配。

2. 云服务资源管理

提供服务的适配封装、服务注册、资源编目、服务发布、服务配置管理、运行监控、服务启动/停止、版本管理等服务资源生命周期管理，以及对服务资源的检索、调度。

3. 云数据资源管理

支持跨部门、海量多源异构数据资源的统一管理，支持重量数据、影像数据、文本数据等多类型的数据浏览、查询和分析，支持第三方服务的接入与管理。

（二）应用服务功能

1. 数据服务

1）数据查询服务

通过国土空间基础信息平台的门户向用户呈现国土空间基础信息平台的数据资源体系及访问权限。按单一条件或多条件检索等多方式提供对所有数据信息的查询服务。

2）数据浏览服务

支持空间数据、影像数据、文本数据等多类型的数据基本浏览操作，支持多图层、多要素的叠加、动态显示，支持比例尺控制和地图样式的配置，实现对海量空间数据和影像数据的快速无缝浏览。

3）数据共享服务

通过在线、离线的方式，对授权数据集提供以时间、区域、类别为条件的各种形式的数据服务，包括单一要素数据集、复合要素数据集、实体数据集、数据图元、数据对象等服务，以及数据再加工、数据产品制作及其再发布等数据服务。

2. 专题服务

1）政务审批服务

为满足行政审批项目的合规性审查、地类占用分析、基本农田占用审查、重复批地审查、重复供地审查、规划调整合理性审查、矿产资源压盖审查、地质灾害危险性评估，基于国土空间基础信息平台提供用地审批、土地供应、规划调整、基本农田补划等各个环节的智能化审批功能服务。

2）监测监管服务

构建自然资源山、水、林、田、湖、草全覆盖的监测监管，基于国土空间基础信息平台，搭建分布式、分层级的自然资源监测监管应用体系，实现自然资源全方位、智慧化监管。

3）辅助决策服务

对自然资源行政审批、用途管制、规划实施、违规建设等开发利用过程和状况进行监测分析和评估预警,基于国土空间基础信息平台,构建辅助决策分析的知识库和模型库,为国土空间规划编制、规划审批、用途管制、监测评估、辅助决策等提供空间数据服务和技术保障。

4)公众服务

基于天地图,面对社会需求,抽取、脱密国土空间相关数据,在互联网上为企事业单位、科研院所、社会公众提供国土资源各类规划、资源现状、地质灾害和地质环境、项目用地、矿权分布等内容丰富、准确权威、动态鲜活的数据服务。

3. 基础服务

1)空间分析服务

针对国土空间基础信息,提供诸如叠加分析、缓冲分析、连通性分析、空间关系分析等基本空间分析服务。

2)统计报表服务

从国土空间基础信息数据库提取相关指标,按行政区、按年份、按专业及其他具体指标进行数据统计,以列表、饼图、柱图、折线图等图表方式展示,形成分析报告,为用户提供数据统计报表服务。

3)专题图制作服务

基于国土空间基础信息,充分发挥现有国土资源"一张图"数据的作用,开展国土空间布局、用途管制等专题图的制作研究,实现快速制图出图的业务需要,为行政审批、国土空间监测监管提供更好的服务。

4. 定制服务

用户可以基于国土空间基础信息平台提供 API、服务接口和二次开发接口进行二次开发,通过 API 调用、Web Service、服务接口、二次开发等多种技术形式,实现地图浏览、数据查询、信息共享等数据资源服务,规划编制、行政审批、综合监管等专题应用服务以及空间分析、统计报表、产品制作等基础通用服务等。

(三)应用系统功能

1. 国土空间规划"一张图"实施监督信息系统

依托平台,建设各级国土空间规划"一张图"实施监督信息系统,服务于国土空间规划编制、审批、实施和监督全过程,形成覆盖全国、动态更新、权威统一的全国国土空间规划"一张图",形成国土空间规划"一张图"。为建立健全国土空间规划动态监测评估预警和实施监管机制提供信息化支撑。

2."互联网+"自然资源政务服务系统

为深化组织机构改革、深化"放管服"改革,以创建"互联网+政务服务"模式为总体要求,综合运用流程优化再造、信息资源共享、线上线下融合、大数据分析等方式,建立"互联网+政务服务"体系,以"审批事项少、办事效率高、服务质量优"为目标,强化互联网思维,创新政策服务模式,打造新时代下集服务、开放、辅助、智能于一体的"互联网+"自然资源政务服务系统,推进政府治理的科学化和现代化。

3.自然资源调查监测评价系统

构建"统一组织开展、统一法规依据、统一调查体系、统一分类标准、统一技术规范、统一数据平台"的"六统一"自然资源调查监测体系,彻底解决各类自然资源调查数出多门的问题,全面查清各类自然资源的分布状况,形成一套全面、完善、权威的自然资源管理基础数据。构建宏观监测、常规监测、精细监测和应急监测四个类型的监测体系。通过调查与监测及时为自然资源管理和生态文明建设提供信息服务。建立各类自然资源在国土空间上的内在联系,并利用大数据技术和数据分析模型,推进数据集成和深度开发利用。

4.自然资源监管决策系统

基于国土空间基础信息平台数据,开展信息提取和加工处理等知识挖掘,构筑自然资源知识体系和决策分析模型,应用大数据分析技术,对各类成果和管理的深度分析、智能化检索和舆情监测,实现自然资源形势和热点问题的动态分析,提供协作研究的智能化知识管理系统和决策支持系统。

八、运行环境建设

国土空间基础信息平台运行环境主要包括网络环境建设与完善、应用部署与运行环境建设、安全环境建设等。信息平台运行支持环境配置规模与参数,应满足国土空间基础信息平台整体性能要求。建设横向互联、纵向互通的网络环境,高可用、可扩展的运行环境和有效防护的安全环境。各级政府可根据信息化条件和实际业务需要,建立和强化信息化基础设施资源建设,从可用性、安全性、稳定性等方面升级扩充计算、存储、网络、安全、系统软件和中间件,倡导使用虚拟化、云计算等技术整合资源,有效提高资源利用率和安全性。

（一）网络环境建设与完善要求

各级信息平台的数据对接，采用 MPLS 以太组网链路或 SDH 光纤链路，通过接入路由器就近接入相应互联网网络汇聚节点。每个节点内部可规划三个网络分区：对外服务区、数据存储管理区和数据生产加工区。对外服务区内主要部署 Web 服务器和应用服务器系统，数据存储管理区主要部署数据库服务器系统，数据生产加工区主要部署数据检查、处理、建库的计算机软硬件设备。

（二）应用部署与运行环境建设

平台部署环境需包括 Web 应用服务器、数据库服务器，同时应具备集群能力，满足高可用性服务和负载均衡要求。数据库服务器部署必要的数据库管理软件，应支持主流厂商的硬件，可支持 64 位操作系统，支持 TB 级数据量的存储管理，支持并发工作方式，支持数据库应用集群。要充分利用现有资源，并根据业务需要，适当新增存储和计算设备，基于云计算架构和虚拟化技术建立平台运行环境。建立平台空间数据存储、备份能力。构建平台存储区域网，优化数据管理，为空间基础数据提供在线存储空间和磁带库备份空间。另外，需要配备相应的存储备份管理软件，有条件的地区可以考虑建设多个分中心进行异地灾备。

（三）安全环境建设要求

严格按照国家有关重要信息系统等级保护的要求，部署身份鉴别、访问授权、防火墙、网络行为审计、入侵防御、漏洞扫描、计算机病毒防治、安全管理等安全产品，能够应对平台广域网环境下面临的黑客攻击、网络病毒、各种安全漏洞以及内部非授权访问导致的安全威胁。涉密系统应严格按照国家涉密信息系统分级保护要求进行建设并通过测评。平台安全体系支撑主要从 6 个方面进行建设，分别是物理安全设计、网络安全设计、主机系统安全设计、存储介质安全设计、数据安全设计和系统应用安全设计，具体内容（见图 8-6）。

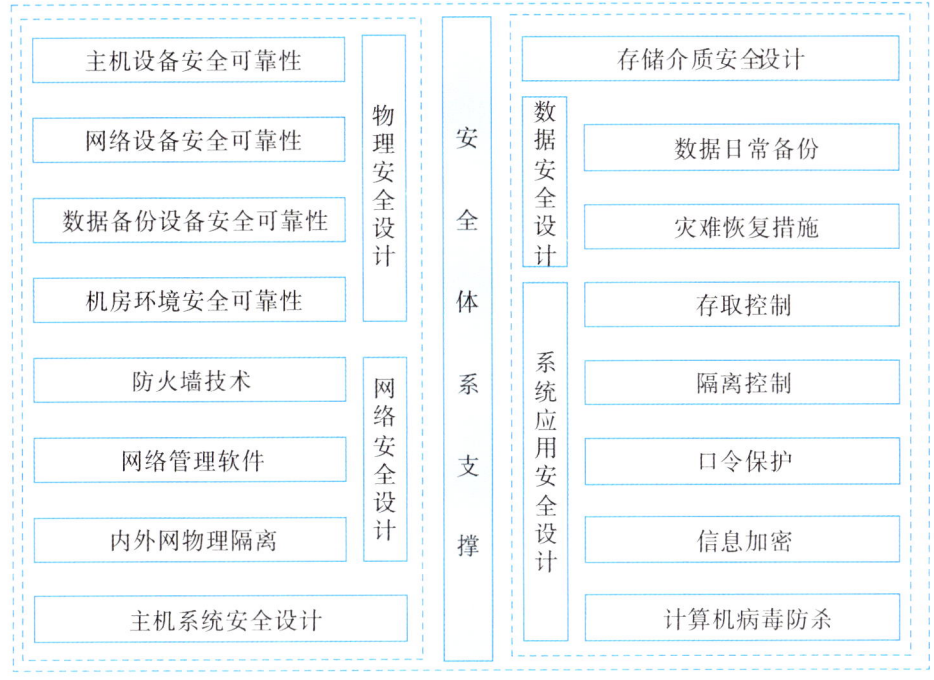

图 8-6　国土空间基础信息平台安全体系建设

(四)其他系统建设要求

国土空间基础信息平台应配置相应的不间断电源(UPS),以提高整个运行环境的稳定性、可靠性,进而克服由于供电问题,造成的系统运行宕机、中断等问题。

九、运行维护

各级平台应配备专人对本级平台进行日常运行管理与维护,确保提供 $7 \times 24h$ 不间断的优质服务。主要工作包括:对数据进行持续更新、补充与完善;在对服务系统进行不断升级、拓展的基础上,对网页功能、服务内容与质量、计算机与网络、安全系统等进行每日巡检、报警处理、故障分析、综合统计、日志记录与管理等例行工作;进行数据资源备份、用户交互及反馈意见回应、网站及服务接口应用技术支持等。

第六节 空间规划"一张图"实施监督信息系统

一、设计思路

利用云计算、大数据、物联网等智能技术,基于国土空间基础信息平台,建设国土空间规划"一张图"实施监督信息系统,服务于国土空间规划编制、审批、实施和监督全过程,为实现可感知、能学习、善治理、自适应的智慧型规划提供信息化支撑。最终实现国土空间全域数字化、国土空间规划监管智能化、国土空间治理工作网络化(见图8-7)。

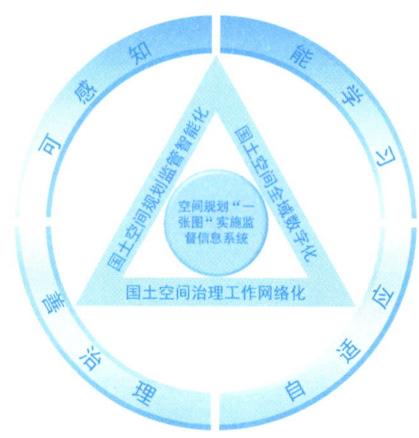

图8-7 空间规划"一张图"实施监督信息系统设计思路

二、主要功能

空间规划"一张图"实施监督信息系统主要包括6大功能:一张底图管理、规划编制支持、规划成果管理、规划"一张图"应用、规划监测评估、资源环境承载力监测(见图8-8)。

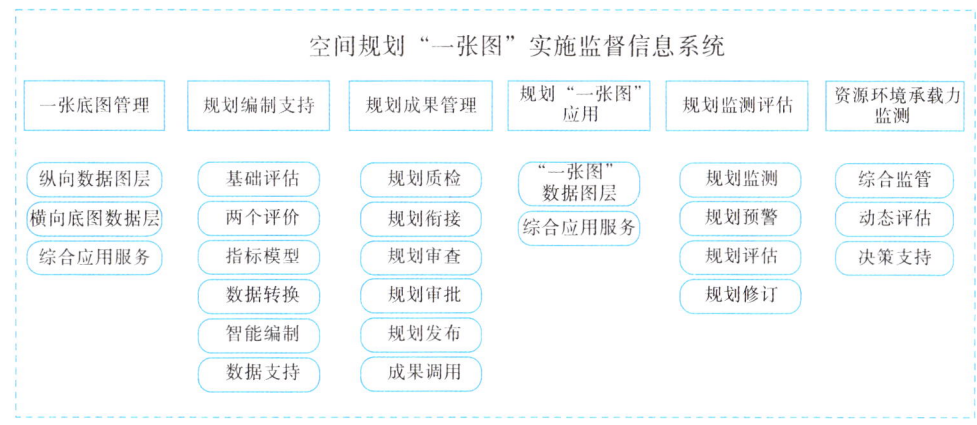

图 8-8 空间规划"一张图"实施监督信息系统主要功能

(一)一张底图管理

从国土空间基础信息平台调用一张底图及各项基础数据图层,同时提供数据服务、基础服务、定制服务等功能。

1. 纵向数据图层

1)行政边界区划图层

2)自然资源要素图层

3)生态功能区图层(国家公园、湿地、森林等各类自然保护区等)

4)城镇体系图层(城市中心区、乡镇、村庄分等级)

5)产业功能区图层

6)综合交通体系图层

7)市政基础设施分布图层

8)重大基础设施图层

9)公共服务设施分布图层

2. 横向底图数据层

1)基期年底图数据图层

2)年度更新底图数据图层

3. 综合应用服务

针对一张底图实现以下综合应用类服务(见表8-1)。

表 8-1 综合应用服务列表

服务类型	服务方向	服务内容
数据服务	数据查询服务	按单一条件或多条件检索等多方式提供对所有数据信息的查询服务
	数据浏览服务	支持空间数据、影像数据、文本数据等多类型的数据基本浏览操作,支持多图层、多要素的叠加、动态显示,支持比例尺控制和地图样式的配置
	数据共享服务	对数据集提供以时间、区域、类别为条件的各种形式的数据服务,包括单一要素数据集、复合要素数据集、实体数据集、数据图元、数据对象等服务,以及数据再加工、数据产品制作及其再发布等数据服务
专题服务	公众服务	抽取、脱密国土空间相关数据,在互联网上为企事业单位、科研院所、社会公众提供数据服务
基础服务	空间分析服务	叠加分析、缓冲分析、连通性分析、空间关系分析
	统计报表服务	从数据库提取相关指标,按行政区、按年份、按专业及其他具体指标进行数据统计,以列表、饼图、柱图、折线图等图表方式展示,形成分析报告
	专题图制作服务	快速制图出图
定制服务		API、服务接口和二次开发接口进行二次开发,根据需求定制多种类型服务

(二)规划编制支持

1. 基础评估

在充分获取资源、生态、环境、灾害和海洋等数据基础上,利用相关模型支撑,辅助进行国土现状评估和规划实施评估,自动生成评估报告。

2. 两个评价

在充分获取资源、生态、环境、灾害和海洋等数据基础上,利用相关模型支撑,辅助分析自然资源禀赋和生态环境本底情况,辅助分析国土空间进行资源环境承载能力和国土开发适宜性评价,自动生成评估报告。

3. 指标模型

对国土空间规划的各类规则模型、评价模型、评估模型进行算法开发,通过算法注册、数据管理及配套可视化工具进行模型构建,实现模型统一管理和应用。实现对国土空间规划实施评估指标项、指标体系及指标元数据、指标维度、指标值、指标状态及指标计算方式等的信息化管理,便于指标库快速操作、更新维护及动态调整。

4. 数据转换

针对各部门数据、各类型数据、不同坐标系数据,可实现多格式转换。

5. 智能编制

对部分规划内容实现智能化编制。

6. 数据支持

利用各类型大数据,支持规划编制,为规划提供决策依据,提高规划科学性。

(三)规划成果管理

1. 规划质检

针对国土空间规划成果,提供成果质量检查工具,检查成果数据完整性、规范性、空间拓扑等方面,自动生产质检报告。

2. 规划衔接

上位规划、上级规划、同级同位规划衔接。

3. 规划审查

规划征求意见、规划专家论证、社会公示、完善修改。

4. 规划审批

通过系统向规划审批部门提交规划成果,进行规划审批。

5. 规划发布

向规划审批部门提交规划成果,经调整修订后正式发布。

6. 成果调用

各阶段成果查看等功能。

(四)规划"一张图"应用

1. "一张图"数据图层

(1)县域范围编制数据图层。

1)区域空间协同规划图

2)国土空间格局规划总图

3)国土空间规划分区图

4）国土空间"三条控制线"管控图

5）生态空间管控规划图

6）农业空间管控规划图

7）城镇体系（镇村体系）规划图（套图）

8）国土整治与生态保护修复布局规划图

9）综合交通体系规划图

10）市政基础设施体系规划图

11）公共服务设施体系规划图

12）综合防灾减灾体系规划图

13）重点协调空间指引图

14）规划编制单元划分图

15）海岸带规划图

（2）城镇功能控制区范围数据图层。

1）国土空间规划分区图

2）国土空间规划结构图

3）绿地系统与水系规划图

4）历史文化保护规划图

5）通风廊道规划图

6）城镇开发强度分区规划图

7）景观风貌规划图

8）综合交通体系规划图

9）市政基础设施体系规划图

10）公共服务设施体系规划图

11）综合防灾减灾体系规划图

12）分期实施规划图

——2025年数据图层

——2030年数据图层

2. 综合应用服务

针对空间规划"一张图"实现以下综合应用类服务（见表8-2）。

表 8-2 综合应用服务列表

服务类型	服务方向	服务内容
数据服务	数据查询服务	按单一条件或多条件检索等多方式提供对所有数据信息的查询服务
	数据浏览服务	支持空间数据、影像数据、文本数据等多类型的数据基本浏览操作,支持多图层、多要素的叠加、动态显示,支持比例尺控制和地图样式的配置
	数据共享服务	对数据集提供以时间、区域、类别为条件的各种形式的数据服务,包括单一要素数据集、复合要素数据集、实体数据集、数据图元、数据对象等服务,以及数据再加工、数据产品制作及其再发布等数据服务
专题服务	政务审批服务	地类占用分析、基本农田占用审查、重复批地审查、重复供地审查、矿产资源压盖审查
	辅助决策服务	合规性审查、辅助选址
	公众服务	抽取、脱密国土空间相关数据,在互联网上为企事业单位、科研院所、社会公众提供数据服务
基础服务	空间分析服务	叠加分析、缓冲分析、连通性分析、空间关系分析
	统计报表服务	从数据库提取相关指标,按行政区、按年份、按专业及其他具体指标进行数据统计,以列表、饼图、柱图、折线图等图表方式展示,形成分析报告
	专题图制作服务	快速制图出图
定制服务	API、服务接口和二次开发接口进行二次开发,根据需求定制多种类型服务	

(五)规划监测评估

1. 规划监测

实时采集接入多源数据,对国土空间保护和开发利用行为进行长期动态监测,加强对各类管控边界、约束性指标的重点监测。

2. 规划预警

依据指标预警等级和阈值,获取相关数据,对违反开发保护边界及保护要求的情况,或有突破约束性指标风险的情况及时预警,辅助生成预警报告。

3. 规划评估

依据国土空间开发利用现状评估指标,获取相关数据,定期或不定期开展国土空间开发利用现状评估,辅助生成评估报告,为国土空间规划编制、动态调整完善、底线管控和政策供给等提供依据。

4. 规划修订

当规划需要修订时,在线提交修订申请,实施修订全过程管理流程。

(六)资源环境承载力监测

1. 综合监管

建立监管模型,利用自然资源调查及相关部门监测数据及评价结果,按照预警等级进行划分并管控,实现资源环境承载能力的综合监管。

2. 动态评估

建立评估模型,针对不同区域资源环境承载能力状况,动态获取相关部门的全域或特定区域监测数据,加强对重点区域的动态评估,提高监测预警效率。

3. 决策支持

对超载或临界超载地区解析超载因子,辅助形成分析报告。对各类管控措施执行情况及效果进行综合评价。

第九章

我国空间规划法规体系建设研究

第一节 背景与意义

一、研究背景

2018年3月,中共中央印发《深化党和国家机构改革方案》,将国土部门土地规划管理等职责、发改部门编制主体功能区规划职责、住建部门城乡规划管理职责、水利部的水资源调查和确权登记管理职责、农业部的草原资源调查和确权登记管理职责、国家林业局的森林湿地等资源调查和确权登记管理职责、国家海洋局的职责、国家测绘地理信息局的职责等整合,组建自然资源部。对自然资源开发利用和保护进行监管,建立空间规划体系并监督实施,履行全民所有各类自然资源资产所有者职责,统一调查和确权登记,建立自然资源有偿使用制度,负责测绘和地质勘查行业管理等。至此,空间性规划体制改革经历近四年试点,在业界呼吁和期待中迈出了关键性、实质性的一步,将彻底解决空间规划"九龙治水"的管理局面,以自然资源管理部门为主的空间规划的新管理体制将全面建立。除管理体制外,要保证国土空间规划的有效落地实施,更为关键的是立法及法规标准体系的建立问题。

法治兴则国兴,法治强则国强。"法律"有广义和狭义的区分。广义的"法律",是法律的整体,规范性法律文件的总和。狭义的"法律"是指拥有立法权的国家机关根据法定权限,依照法定程序所制定的规范性法律文件,即由全国人民代表大会及其常务委员会制定的法律。法律是治国之重器,法治是国家治理体系和治理能力的重要依托。由于国土空间规划的法律缺失、法规标准各异等原因,致使空间规划无法可依、无规可据,出现编制难、实施难、考核难的"三难"困局,将最终影响国土空间治理、生态文明建设及"五位一体"总体布局。因此,国土空间规划立法是落实全面依法治国的重要支撑,是生态文明体制建设的重要保障,是国家生态文明体制改革提出的要求,是国土空间规划制度发展到一定阶段的必然产物,尽快研究完善国土空间规划立法、完善法规体系意义重大、刻不容缓。

二、概念范畴

(一)概念内涵

国土空间规划是指一个国家或地区政府对所辖国土空间(包括陆域和海域)资源和布局进行的长远谋划和统筹安排,旨在实现对国土空间有效管控及科学治理,促进发展与保护的平衡。开展国土空间规划,推进"多规合一",是我国当前的一项重大战略部署。其内涵及目标:一是完善和落实主体功能区战略和制度。发挥主体功能区作为国土空间开发保护基础制度作用,推动主体功能区战略格局在市县层面精准落地;二是建立空间规划体系。以主体功能区规划为基础统筹各类空间性规划、推进"多规合一",建立健全全国统一、相互衔接、分级管理的空间规划体系;三是健全用途管制制度。构建以空间规划为基础、以用途管制为主要手段的国土空间开发保护制度;四是提升政府管控能效。构建以空间治理和空间结构优化为主要内容,提升国家国土空间治理能力和效率。

(二)研究范畴

1.规划范畴

立足国土空间开发保护及管理,规划是国土空间开发保护管理的重要手段。根据管理部门设置及职能划分,空间性规划主要以主体功能区规划、城乡规划、国土及土地利用规划、环境保护规划四类规划为主,同时涉及农业、林业、水利、交通、工信、文物、旅游、民政、测绘等部门部分空间要素落地的专项规划。

2.法规范畴

法规体系是指国家调整社会关系的法律和各种法规、规章的总和,其层次包括法律、行政法规、地方性法规、自治条例和单行条例、规章(部门规章、地方政府规章)等，构成完整的法规体系。

根据管理部门职责行使法规依据，空间规划主要涉及的法规包括：《中华人民共和国城乡规划法》《中华人民共和国土地管理法》《中华人民共和国环境保护法》，以及涉及的其他空间要素管理类法规，如《基本农田保护条例》《中华人民共和国草原法》《中华人民共和国水法》《中华人民共和国森林法》《中华人民共和国公路法》《中华人民共和国文物保护法》《中华人民共和国旅游法》《中华人民共和国测绘法》《行政区域界线管理条例》等，同时涉及以上相关法及法规配套的管理或实施条例、规范技术标准等。

三、目的意义

(一)落实统筹推进五位一体总体布局，推进生态文明建设

党的十八大将生态文明建设纳入"五位一体"中国特色社会主义总体布局，要求"把生态文明建设放在突出地位，融入经济建设、政治建设、文化建设、社会建设各方面和全过程"。《生态文明体制改革总体方案》(中发〔2015〕25号)明确了我国生态文明领域改革的顶层设计，明确提出生态文明体制改革的总目标是构建"产权清晰、多元参与、激励约束并重、系统完整的生态文明制度体系"，以空间规划为基础、用途管制为主要手段的国土空间开发保护制度和全国统一、相互衔接、分级管理的国土空间规划体系是生态文明制度体系的重要组成部分，开展国土空间规划法规体系研究，有利于从法制层面为生态文明提供强力支撑。

(二)落实协调推进四个全面战略布局，推进全面依法治国

党的十八大提出了"四个全面"的战略布局。全面推进依法治国，总目标是建设中国特色社会主义法治体系，建设社会主义法治国家，形成完备的法律规范体系、高效的法治实施体系、严密的法治监督体系、有力的法治保障体系，形成完善的党内法规体系。制定《国土空间规划法》，建设国土空间规划体系是弥补国家空间规划宏观顶层设计长期缺失和解决现行空间性规划法律法规冲突的重要举措，有利于完善空间规划法律规范体系，有利于实现全面依法治国。

(三)推进深化改革，实现国家治理体系和治理能力现代化

党的十八届三中全会确立的关于全面深化改革的总目标是完善和发展中国特色

社会主义制度,推进国家治理体系和治理能力现代化。党的十九届三中全会对国家机构改革作出重要决定,明确组建自然资源部,实现自然资源管理的"四统一",即统一行使全民所有自然资源资产管理,统一行使所有国土空间用途管制和生态保护修复,统一行使所有自然资源的调查和登记,统一行使所有国土空间的"多规合一",将分散在发改部门、住建部门、国土部门的空间规划事权进行了有效整合,为空间规划提供组织保障。制定、完善空间规划法规体系,明确空间规划编制主体、管理主体,明晰管理职能体系,是适应新时代国家机构改革和政府职能转变的客观需要,是提升国家治理能力的重要体现和保障。

(四)转变政府行政职能,强化各级政府空间管理主体责任

国土空间规划是市场经济条件下政府的重要职责,落实这一职责,必须强化各级政府在规划管理中的主体责任。守土有责、守土尽责是各级政府的基本职责,国土空间是规划和开发建设的载体,规划是国土开发保护的主要手段,各级政府必须突出规划的龙头作用,承担对各规划职能部门的管理,并赋予各级政府统筹协调各规划职能部门的权力和职责,同时实施规划与实施监督相分离。开展国土空间规划立法及规章体系研究建设,有利于进一步明确规划责任主体,且推进规划编制主体与实施主体适度分离,规划实施主体和实施责任落实到具体部门。

(五)促进国土空间规划试点经验制度化,长效解决规划现实问题

市县"多规合一"试点和省级空间规划试点取得的成就(《关于开展市县"多规合一"试点工作的通知》《省级空间规划试点方案》)能有效解决当期空间规划中各类突出矛盾,并在技术路线、推进机制、工作流程、组织保障等方面形成了一批可复制、可推广的宝贵经验。推动空间规划立法,及时将已形成的具有共性的经验总结进行制度化、规范化、法制化,有利于在全国范围内纵深推进生态文明领域改革。

第二节 现行规划梳理分析

在整个国民经济和社会发展各类规划体系中,空间性规划具有基础性的作用,因为如果没有相应的空间和土地作为保障,任何美好的规划愿景和宏伟蓝图设计都无法落地。但是,长期以来,规划不衔接、不统一等问题凸显,规划内容重叠冲突、地方规划

朝令夕改,这些导致我国出现了空间管理混乱、空间开发无序,生态环境恶化、环境污染加重等问题。

一、规划梳理

根据研究涉及的规划范畴,空间性规划共涉及主体功能区规划、城乡规划、国土及土地利用规划、环境保护规划4类主要规划,农业、林业、草原等10余项其他规划,同时每类规划包括多项细分规划类型。为了对现有各类规划的现状进行全面了解,以下从"规划性质、规划范围、规划期限、规划类型、基础数据、规划目标、核心内容、空间管控、规划成果、规划层次、立法依据、技术标准、规划编制、规划审批、规划实施、规划修改、规划监督"17个方面进行分项梳理,重点就四类主要规划进行梳理(见表9-1)。

表9-1 主要空间性规划差异对比

差异项	主体功能区规划	城乡规划	国土及土地利用规划		生态及环境保护规划
			国土规划	土地利用总体规划	
规划性质	全域战略性、基础性和约束性规划	区域综合性、约束性、实施性规划	全域战略性、综合性、基础性规划	全域综合性、基础性、约束性规划	区域综合性、基础性、约束性规划
规划范围	陆域、海域全覆盖	陆域范围部分覆盖,主要范围为城乡规划建设区	陆域、海域全覆盖	陆域范围全覆盖	行政辖区范围
规划期限	10年	20年	15年	15年	5年
规划类型	总体规划	总体规划、控制性详细规划、修建性详细规划	国土综合规划、国土专项规划	土地利用总体规划、土地利用详细规划、土地利用专项规划	专项规划
基础数据	空间数据采用基础地理信息1:250000、1:100000、1:50000数据,非空间数据采用统计公布数	空间数据采用测绘1:10000、1:2000、1:1000等数据,非空间数据采用统计公布数	空间数据采用土地调查数据,非空间数据采用统计公布数	空间数据采用土地调查数据,非空间数据采用统计公布数	空间数据采用数字地形图,非空间数据采用统计公布数和环保监测数据

续表

差异项	主体功能区规划	城乡规划	国土及土地利用规划		生态及环境保护规划
			国土规划	土地利用总体规划	
规划目标	构建高效、协调、可持续的国土空间开发格局	协调城乡空间布局,改善人居环境,促进城乡经济社会全面协调可持续发展	指导和管控国土空间开发、保护、整治各类活动	合理利用土地,保护耕地	控制主要污染物排放,加强生态环境综合治理和生态修复
核心内容	开展国土空间综合评价,确定区域主体功能定位,明确区域空间开发战略,制定区域政策与绩效评价方向	总体规划重点确定城市性质和功能,明确城市空间规模、结构和布局;详细规划重在确定用地性质和强度,布置基础设施	制定国土空间发展战略,统筹国土空间开发、保护、利用和整治,优化国土空间格局,推动构建安全、和谐、开放、富有竞争力和可持续发展的美丽国土	综合协调区域、城乡和各业各类用地,统筹安排土地开发、保护、利用和整治,突出耕地与基本农田保护、城乡建设用地规模与布局管控	协调经济社会发展和生态环境保护,确定生态保护和污染防治的目标、任务和措施
空间管控	优化开发、重点开发、限制开发、禁止开发四类主体功能区差异管控。城市化地区、农产品主产区和重点生态功能区	"三区四线"管控(禁建区、限建区、适建区和绿线、蓝线、紫线、黄线)	五级三类,共计16类保护地区,实施全域分类保护	"三线四区"管控(城乡建设用地规模边界、城乡建设用地扩展边界、城乡建设用地禁建边界、允许建设区、有条件建设区、限制建设区、禁止建设区)	全国划分为生态功能区242个,并研究制定全国环境功能区,按照"三线一单"(生态保护红线、环境质量底线、资源利用上线和环境准入负面清单)进行管控
规划成果	一本规划;一套规划图(现状图和评价图)	一本规划(文本与说明);一张规划图(总体规划图和若干专项规划图)	一本规划(文本与说明);一套规划图(总体规划图、若干专项规划图和现状图);一个规划数据库	一本规划(文本与说明);一套规划图(总体规划图、若干专项规划图和现状图);一个规划管理信息平台	一本规划(文本含控制指标、重点项目);若干工作部署示意图

续表

差异项	主体功能区规划	城乡规划	国土及土地利用规划		生态及环境保护规划
			国土规划	土地利用总体规划	
规划层次	全国主体功能区规划—省级主体功能区规划	全国城镇体系规划—省域城镇体系规划—城市总体规划—县域总体规划—镇（乡）总体规划	全国国土规划—省级国土规划	全国土地利用总体规划—省级土地利用总体规划—市级土地利用总体规划—县级—乡级土地利用总体规划	全国环境功能区划—省级环境功能区划—市级环境功能区划—县级环境功能区划
立法依据	无	《中华人民共和国城乡规划法》（2015年修正本）	无	《中华人民共和国土地管理法》（2004年修正本）	《中华人民共和国环境保护法》（2014年修订本）
技术标准	省级主体功能区划分技术规程	完备性、系统性优	无	完备性、系统性较优	完备性、系统性一般
规划编制	国家主体功能区规划由全国主体功能区规划编制工作领导小组会同各省（区、市）人民政府编制，并通过中期评估实行滚动调整；省级主体功能区规划由各省（区、市）人民政府组织市、县级人民政府编制	国务院城乡规划主管部门会同国务院有关部门组织编制全国城镇体系规划；省级人民政府组织编制省域城镇体系规划；城市人民政府组织编制城市总体规划；县人民政府组织编制县人民政府所在地镇的总体规划；镇的总体规划由镇政府组织编制	各级国土资源部门联合发改、城乡、环保、农业、林业、测绘、交通、水利等多部门共同编制	全国土地利用总体规划由国务院土地行政主管部门会同有关部门编制；其他由各级人民政府本级土地行政主管部门和其他有关部门编制	各级环境保护主管部门联合其他相关部门组织编制
规划审批	分级审批	分级审批	分级审批	分级审批	同级审批
规划实施	各级人民政府实施	各级人民政府实施	各级人民政府实施	各级人民政府实施	各级人民政府实施

续表

差异项	主体功能区规划	城乡规划	国土及土地利用规划		生态及环境保护规划
			国土规划	土地利用总体规划	
规划修改	编制机关修改，并报原审批机构批准	编制机关修改，并报原审批机构批准	编制机关修改，并报原审批机构批准	编制机关修改，并报原审批机构批准	编制机关修改，报同级人民政府批准
规划监督	多部门联合监督	城乡规划主管部门和本级人民代表大会及其常务委员会实施监督	国家土地督察机构监督	土地行政主管部门培训土地管理监督检查人员进行监督检查	环境保护主管部门制定监测规范，并统一规划国家环境质量监测站（点）

二、矛盾冲突

（一）目标要求

国土空间是进行生态文明建设的空间载体和空间规划的物质基础，规划是进行国土空间管理的主要手段，而国土空间具有排他性和唯一性，因此，从本质要求和目标来说，针对一个国土空间的各类落地的空间性规划，理应保持规划的本底国土范围一致、规划期限一致、基础数据一致、技术标准一致、目标指标一致、分区管控一致、用途属性一致、权属一致、开发建设时序一致等。并以此从而达到全国国土规划管理一张图，与其他宏观及发展、专项实施类规划相互衔接，国土空间有序开发和平衡保护，实现国土空间有效管控和治理。

（二）冲突矛盾

从现有主要规划现状全面梳理，结合2014年以来，国家市县"多规合一"试点，省级空间规划试点，及我们中研智业集团承担市县"多规合一"、空间规划试点实践，通过对多种空间性规划梳理对比，叠加分析，对冲突图斑进行梳理总结，空间规划的主要冲突矛盾表现在以下5个方面：

1. 规模边界冲突矛盾

行政边界及规模不统一，如存在主体功能区规划与土地利用总体规划行政边界数字规模、城乡规划与民政部门管理行政边界数字规模不一致，各类规划边界及规模不统一，如城、镇、乡、村、山、水、林、田、湖、草等规划边界及数字规模不统一，各类国土空间要素布局总规模与行政区规模数字不一致等。

2. 用地权属性质冲突矛盾

土地利用总体规划与城乡规划建设用地、非建设用地不一致,农、林、草等用地多重属性,用途不一致,权属不唯一,一地多性质、多用途、多权属问题较为突出。如土地利用总体规划、城乡规划及生态环保规划关于用地性质矛盾冲突时常存在,城乡规划建设用地与土地利用总体规划的建设用地差异最为突出,同时农、林、草用地交叉重叠及差异较大。

3. 分区管控矛盾冲突

主体功能区规划、城乡规划、土地利用总体规划分区管控及措施不一致。如主体功能区规划依据不同参照分为四区和三区;城乡规划分为三区四线;土地利用总体规划划分为三界四区。各类规划管控分区边界划定、规模及管控措施均存在交叉重叠及不一致问题。

4. 开发时序矛盾冲突

城乡规划、土地利用总体规划在开发建设及建设用地供给存在较大的矛盾,往往造成国土开发建设时序混乱,资源错配。如土地利用总体规划关于建设用地的规划、调整、管理以及供给指标的计划与城乡规划建设用地的规划、管理与需求存在较大的冲突矛盾。

5. 目标指标矛盾冲突

城乡规划、土地利用总体规划及环保规划均有其一套目标指标体系,其性质、定位、功能、目标,指标体系及管理、考核要求均存在差异,指标类型及目标数值时常存在差异矛盾。

6. 规划管理矛盾冲突

主体功能区规划、城乡、国土及土地、环保规划以及农、林、草等空间资源要素规划分属相关各局委办管理,横向和垂直管理交错。同时各类规划的层次不同,主体功能区到省级,城乡规划到村级,土地利用到乡镇级等,造成在不同空间性规划落地实施管理中存在较大冲突矛盾。

三、成因解析

(一)成因综述

伴随着我国经济社会发展,各类规划经历了近半个世纪或较长时期的历程,围绕其职能职责形成了各自针对空间的管理体系,且形成了目前各类规划自成一体、类型繁多、内容庞杂的空间规划体系。通过综合分析,以上空间规划矛盾冲突产生的成因,主要有两个方面:一是管理体制问题。10余部门针对国土空间"九龙治水",各类规划规出多门、各自为政,各类规划层级不同且存在部门职责交叉重复,致使各类规划不易协调、难以管理;二是法规标准体系问题。规划立法及空间规划立法滞后,各类规划相应法规体系、技术标准各异,致使空间统筹管控乏力,规划的约束性和刚性不强,协调统一困难。

(二)成因解析

关于国土空间规划管理体制的成因问题,随着国务院机构改革,自然资源部成立,将彻底解决国土空间规划"九龙治水"局面,国土空间规划的新管理体制将全面完善,在此不再赘述。结合以上5个方面的矛盾冲突,主要针对各类规划相对应的法规标准,就此解析如下:

1. 规划期限差异

各类规划的规划期限差异,导致国土空间在发展时序、开发计划、目标任务安排方面均存在不协调及矛盾冲突之处。

主体功能区规划期限为10年。城乡规划中城市总规、镇的总规和省域城镇体系规划期限一般为20年,城市近期建设规划期限为5年,城市总规还应当对城市更长远的发展做出预测性安排。土地利用总体规划的期限一般为15年,其中市(地)级土地利用总规期限为10～15年,近期土地利用安排期限为5年。环保规划的规划期限并未做明确安排,但现行的国家、各省和地市的生态环境保护规划的规划期限与国民经济和社会发展规划期限相同,为5年。

2. 基础数据差异

基础数据涉及规划编制采用的坐标体系、比例尺、地形图纸等。各类规划的规划底图及基础数据不同,导致规划边界规模容易产生误差和矛盾冲突。

主体功能区规划尚无具体底图数据要求,以行政区划为基础进行规划。城乡规划一般采用北京坐标系或西安坐标系进行定位,高程基准采用黄海高程系(最新为1985国家高程基准),比例尺一般采用1:10000、1:5000、1:2000或1:1000,地形图采用测绘部门最新公布的地形图纸。土地利用总体规划一般采用"1980西安坐标系"和"1985国家高程基准"作为平面坐标和高程基准,市域范围比例尺一般采用1:100000,中心城区比例尺一般采用(1:10000)～(1:25000),规划控制范围偏大的,可以缩小到1:50000。在生态及环境保护规划中,生态保护红线图件采用2000国家大地坐标系,1985国家高程基准,国家层面基本比例尺为1:250000,省级层面不小于1:50000,勘测定界图基本比例尺与当地土地利用图件保持一致。"三线一单"采用权威地理信息数据作为工作底图空间定位基础,优先采用1:10000或1:50000比例尺。

3. 用地分类差异

各类规划用地分类标准及确认办法不同,导致用地权属性质冲突矛盾,一地多种用途和多种属性常态存在。

主体功能区规划、国土规划和环境保护规划尚未有自身的土地用地分类办法。城乡规划和土地利用规划均建立了相对完善的用地分类体系。在城乡规划中,依据土地使用的主要性质采用三层分类体系,城乡用地分为2大类、9中类、14小类,其中:城市建设用地进一步分为8大类、35中类、42小类,镇的用地分为9大类30小类。在土地利用规划中,土地利用现状分类采用二级分类体系,包含12个一级类、72个二级类,用于地籍管理;土地利用规划分类采用三级分类体系,包含3个一级类、10个二级类、25个三级类,用于规划管理。同时,农业用地、林业用地及草原用地均有各自的认定标准办法,界限在自然动态中往往模糊易于造成较大差异。

4. 分区管控差异

各类规划空间分区及管控措施不同,导致各类规划管控分区边界划定、规模及管控措施均存在交叉重叠或不一致问题。

主体功能区、城乡规划、土地利用规划和环保规划均构建了管控分区及对应的管控措施体系。主体功能区规划按开发方式分为四区(优化开发区域、重点开发区域、限制开发区域和禁止开发区域),按开发内容分为三区(城市化地区、农产品主产区和重点生态功能区)。城乡规划中,要求划定"禁建区、限建区、适建区"的范围,对中心城区还要求划定"已建区",并研究中心城区空间增长边界;同时,在城市规划中,需要划定绿地保护范围(绿线)、河湖水面保护范围(蓝线)、历史文化街区及历史建筑保护范围(紫线)、重大城市基础设施用地控制线(黄线)和安全防护范围界线(橙线)。土地利用规划中,要求划定"城乡建设用地规模边界、城乡建设用地扩展边界、城乡建设用地禁建边界、允许建设区、有条件建设区、限制建设区、禁止建设区"。环保规划按照《全国生态功能区划》将全国划分为生态功能区242个,其中生态调节功能区148个、产品提供功能区63个、人居保障功能区31个,并正在研究制定全国环境功能区划,按照"三线一单"(生态保护红线、环境质量底线、资源利用上线和环境准入负面清单)进行管控。

5. 目标指标差异

各类规划关键控制指标及目标指标体系不同,导致在发展目标指标设计上各成体系,冲突较大。

主体功能规划指标主要有开发强度、城市空间和农村居民点规模、耕地保有量、林地保有量以及森林覆盖率五项。城市规划中,对于"人均城市建设用地"形成了既定的目标指标体系,在明确新建城市、首都、山地城市、人口较少的工矿业城市、风景旅游城市等人均建设用地指标的基础上,进一步提出了"人均居住用地指标、人均公共管理与公共服务用地指标、人均交通设施用地面积指标、人均绿地面积指标"及五大类主要用地占城市建设用地的比例区间。国土规划的主要目标有耕地保有量、用水总量、森林覆盖率、草原植被覆盖度、湿地面积、国土开发强度、城镇空间、公路与铁路网密度、七大重点流域水质优良比例、重要江河湖泊水功能区水质达标率、新增治理水土流失面积11项。土地利用规划中,目标指标以年度计划的方式进行明确,包括每年"新增建设用地计划指标、土地整治补充耕地计划指标、耕地保有量计划指标、城乡建设用地增减挂钩指标和工矿废弃地复垦利用指标"。环保规划包含三大类目标——生态环境质量、污染物排放总量和生态保护修复,其中生态环境质量通过空气、水、土壤质量以及生态状况进行衡量,污染物排放总量依据主要污染物排放量减少衡量,生态保护修复包含重点保护野生动、植物覆盖率,自然海岸线保有率,新增沙化土地面积和新增水土流失面积。

第三节 现行法规梳理分析

一、法规标准体系

(一)法规体系

以下梳理分析法规标准体系内容,以主体功能区规划、城乡规划、国土及土地利用规划、环境保护规划为主的法律、行政法规和部门规章为主。

1. 主体功能区规划

国务院2010年发布《全国主体功能区规划》,各省(自治区、直辖市)也相继编制发布了省级主体功能区规划。2015年,国务院印发《全国海洋主体功能区规划》,明确了我国海洋开发空间格局。主体功能区规划尚无对应的专门法律,编制主要依据党的"十七大"报告、《中华人民共和国国民经济和社会发展第十一个五年规划纲要》以及《国务院关于编制全国主体功能区规划的意见》(国发〔2007〕1号)。

主体功能区规划作为国土空间开发的战略性、基础性和约束性规划,亟须相关制度的有力保证,必须在制度层面上进行政策引导、法制保障、措施落实,增强制度供给、建立健全规划实施机制,加强对规划实施情况的监督检查,方能确保主体功能区规划落到实处。

2. 城乡规划

城乡规划法规体系以《城乡规划法》为核心,其他法规、行政规章,如《村庄和集镇规划建设管用条例》《风景名胜区条例》《历史文化名城名镇名村保护条例》《城镇体系规划编制审批办法》《省域城市规划编制办法》等,重要规范性文件有《中共中央、国务院关于进一步加强城市规划建设管理工作的若干意见》《关于改革创新全面有效推进乡村规划工作的指导意见》等(见表9-2)。

城乡规划法制建设相对较好,政策性和技术性兼顾,针对性和可操作性较强,违法责任明确,但实际执行中干扰因素较多。

表9-2 我国城乡规划法规体系

类别		名称	施行日期
法律		《中华人民共和国城乡规划法》	2019.4.23
行政法规		《村庄和集镇规划建设管理条例》	1993.11.01
		《风景名胜区条例》	2016年修订
		《历史文化名城名镇名村保护条例》	2008.07.01
部门规章与规范性文件	城乡规划编制与审批	《城市规划编制办法》	2006.04.01
		《省域城镇体系规划编制审批办法》	2010.07.01
		《城市总体规划实施评估办法(试行)》	2009.04.17
		《城市总体规划审查工作原则》	1999.04.05
		《城市总体规划编制审批办法(征求意见)》	2016.10.31
		《城市、镇控制性详细规划编制审批办法》	2011.01.01
		《历史文化名城保护规划编制要求》	1994.09.05
		《城市绿化规划建设指标的规定》	1994.01.01
		《城市综合交通体系规划编制导则》	2012.5.26
		《村镇规划编制办法(试行)》	2000.02.14
		《城市规划强制性内容暂行规定》	2002.08.29
	城乡规划实施管理与监督检查	《建设项目选址规划管理办法》	1991.08.23
		《城市国有土地使用权出让转让规划管理办法》	1993.01.01
		《开发区规划管理办法》	1995.07.01
		《城市地下空间开发利用管理规定》	2011年修订
		《城市抗震防灾规划管理规定》	2003.11.01
		《近期建设规划工作暂行办法》	2002.08.29
		《城市绿线管理办法》	2002.11.01
		《城市紫线管理办法》	2004.02.01
		《城市黄线管理办法》	2006.03.01
		《城市蓝线管理办法》	2006.03.01
		《建制镇规划建设管理办法》	2011年修订
		《市政公用设施抗灾设防管理规定》	2015年修订
		《停车场建设和管理暂行规定》	1989.01.01
		《城建监察规定》	2010年修订
	城市规划行业管理	《城市规划编制单位资质管理规定》	2012年修订
		《注册城乡规划师职业资格制度规定》	2017年修订

3. 国土及土地利用规划

1）国土规划

国土规划目前尚无对应法律依据，法规体系建设滞后。1987年，原国家计委曾制定《国土规划编制办法》，但已不适应当前发展要求。2017年1月，国务院印发《全国国土规划纲要（2016—2030）》，同年9月国土部发布了《省级国土规划编制要点》，指导推进省级国土规划编制。

2）土地利用总体规划

土地利用规划的法规体系以《土地管理法》为核心，其他法规、行政规章如《土地管理法实施条例》《基本农田保护条例》《土地利用总体规划编制审查办法》等，重要规范性文件有《省级土地利用总体规划审查办法》《市县乡级土地利用总体规划编制指导意见》《关于严格土地利用总体规划实施管理的通知》等（见表9-3）。

近年来，土地利用规划法制建设取得较大进展，系统性和完备性较好，政策性和操作性较强，违法责任明确，且执法较为严格。

表9-3 我国土地利用规划法规体系

类别	名称	施行日期
法律	《中华人民共和国土地管理法》	2004年修正
行政法规	《中华人民共和国土地管理法实施条例》	2014年修正
行政法规	《基本农田保护条例》	2011年修订
行政法规	《国有土地上房屋征收与补偿条例》	2011.1.21
部门规章	《土地利用总体规划管理办法》	2017.5.8
部门规章	《土地利用总体规划编制审查办法》	2009.4.2
部门规章	《省级土地利用总体规划编制守则》	2009.4.6
部门规章	《建设项目用地预审管理办法》	2009.1.1
部门规章	《土地利用年度计划管理办法》	2016.5.12
部门规章	《节约集约利用土地规定》	2014.9.1
部门规章	《土地复垦条例实施办法》	2013.3.1
部门规章	《闲置土地处置办法》	2012.7.1
部门规章	《土地权属争议调查处理办法》	2010.11.30
部门规章	《土地调查条例实施办法》	2009.6.17
部门规章	《土地储备管理办法》	2007.11.19
部门规章	《耕地占补平衡考核办法》	2006.8.1
部门规章	《草原征占用审核审批管理办法》	2014年修订

4. 环境保护规划

环保规划的法规体系包括《中华人民共和国环境保护法》(以下简称《环境保护法》),国务院颁布的有关实施环境保护法的行政法规,国务院环保部门与其他有关部门联合制定的关于环保规划编制、审批、实施、修改、监督检查、法律责任等内容的部门规章。现行环境保护立法比较齐全,除《环境保护法》核心法外,尚有《水污染防治法》《大气污染防治法》《固体废物污染环境防治法》《环境噪声污染防治法》《放射性污染防治法》《环境影响评价法》等,但直接涉及环境保护规划的法律法规较少(见表9-4)。

表9-4 我国环保规划法规体系

类别	名称	施行日期
法律	《中华人民共和国环境保护法》(2014年修订)	2005.1.1
	《中华人民共和国水污染防治法》(2017年修订)	2018.1.1
	《中华人民共和国海洋环境保护法》(2017年修订)	2017.11.5
	《中华人民共和国固体废物污染环境防治法》(2016年修订)	2005.4.1
	《中华人民共和国大气污染防治法》(2015年修订)	2016.1.1
	《中华人民共和国环境影响评价法》(2016年修订)	2003.9.1
	《中华人民共和国草原法》(2013年修订)	1985.10.1
	《中华人民共和国循环经济促进法》	2009.9.1
	《中华人民共和国防沙治沙法》	2002.1.1
	《中华人民共和国水法》	2002.10.1
	《中华人民共和国水土保持法》(2010年修订)	2011.3.1
	《中华人民共和国清洁生产促进法》	2003.1.1
	《中华人民共和国野生动物保护法》(2016年修订)	2017.1.1
	《中华人民共和国放射性污染防治法》	2003.10.1
	《中华人民共和国可再生能源法》	2006.1.1
	《中华人民共和国水污染防治法》(2017年修订)	2018.1.1

续表

类别	名称	施行日期
行政法规	《中华人民共和国自然保护区条例》(2017年修订)	2017.10.7
	《建设项目环境保护管理条例》	2017.10.1
	《城镇排水与污水处理条例》	2014.1.1
	《规划环境影响评价条例》	2009.10.1
	《全国污染源普查条例》	2007.10.9
	《中华人民共和国水污染防治法》(2017年修订)	2018.1.1
	《中华人民共和国海洋环境保护法》(2017年修订)	2017.11.5
	《中华人民共和国固体废物污染环境防治法》(2016年修订)	2005.4.1
	《中华人民共和国大气污染防治法》(2015年修订)	2016.1.1
	《中华人民共和国环境影响评价法》(2016年修订)	2003.9.1
部门规章	《国家环境保护环境与健康工作办法(试行)》	2018.1.25
	《农用地土壤环境管理办法(试行)》	2017.11.1
	《环境保护公众参与办法》	2015.9.1
	《建设项目环境影响评价资质管理办法》	2015.11.1
	《环境监察办法》	2012.9.1
	《环境行政执法后督察办法》	2011.3.1
	《地方环境质量标准和污染物排放标准备案管理办法》	2010.3.1
	《环境行政处罚办法》	2010.3.1
	《建设项目环境影响评价分类管理名录》	2008.10.1
	《突发环境事件应急管理办法》	2015.6.5
	《国家生态工业示范园区管理办法(试行)》	2015.12.16
	《中华人民共和国水污染防治法》(2017年修订)	2018.1.1
	《中华人民共和国海洋环境保护法》(2017年修订)	2017.11.5

5. 其他规划

其他类规划法律体系是:海洋主管部门以《中华人民共和国海岛保护法》《海洋环

境保护法》《中华人民共和国自然保护区条例》《基础测绘条例》《区域建设用海规划管理办法(试行)》为核心的法律法规及其他规范性文件;农业主管部门以《中华人民共和国水土保持法》《中华人民共和国农业法》《农田水利条例》《基本农田保护条例》等为核心的法律法规及其他规范性文件;水利部门以《中华人民共和国水法》(2016修订)《城市供水条例》《水土保持工程建设管理办法》《水功能区管理办法》等为核心的法律法规及其他规范性文件;林业部门以《中华人民共和国森林法》《中华人民共和国草原法》《退耕还林条例》《国家级森林公园管理办法》《国家级公益林区划界定办法》等为核心的法律法规及其他规范性文件(见表9-5)。

表9-5 其他空间性规划法规体系

部门	类别	名称	施行日期
海洋局	法律	《中华人民共和国海域使用管理法》	2002.1.1
		《中华人民共和国港口法》	2017修正
		《中华人民共和国海岛保护法》	2010.3.1
		《中华人民共和国深海海底区域资源勘探开发法》	2016.5.1
		《海洋环境保护法》	2017年修正
	法规	《中华人民共和国水下文物保护管理条例》	1989.10.20
		《中华人民共和国自然保护区条例》	1994.12.1
		《基础测绘条例》	2009.8.2
		《中华人民共和国航道管理条例》修订版	2009.1.1
	部门规章及其他规范性文件	《区域建设用海规划管理办法(试行)》	2016.1.20
农业局	法律	《中华人民共和国水土保持法》	2011.3.1
		《中华人民共和国农业法》	2013.1.1
	法规	《农田水利条例》	2016.7.1
		《基本农田保护条例》	1999.1.1
	规章	《国家农业综合开发资金和项目管理办法》	2017.1.1
		《国家农业科技园区管理办法》	2018.1.22
		《省级政府耕地保护责任目标考核办法》	2018.1.3

续表

部门	类别	名称	施行日期
水利部	法律	《中华人民共和国水法》	2016修订
	法规	《城市供水条例》	1994.10.1
		《中华人民共和国水文条例》	2007.6.1
		《中华人民共和国河道管理条例》	2017年修订
		《水土保持工程建设管理办法》	2003.12.25
		《开发建设项目水土保持方案编报审批管理规定》	2005.7.8
		《水功能区管理办法》	2017.4.1
林业部	法律	《中华人民共和国森林法》	2009年修订
		《中华人民共和国草原法》	2013.6.29
	法规	《退耕还林条例》	2003.1.20
		《中华人民共和国森林法实施条例》	2011.1.8
	部门规章	《森林资源监督工作管理办法》	2008.1.1
		《国家级森林公园管理办法》	2011.8.1
		《占用征收征用林地审核审批管理办法》	2011.1.25
		《国有林场管理办法》	2011.11.11
		《湿地保护管理规定》(2017修订)	2018.1.1
		《草原征占用审核审批管理办法》	2014.4.25
		《国家级公益林区划界定办法》	2017.4.28
		《国家级公益林管理办法》	2017.4.28

（二）标准体系

空间性规划技术标准体系既是编制各类空间规划的基础依据，又是依法规范空间规划编制单位行为的准则，也是政府和社会公众对规划编制和实施进行监督检查的重要依据。

1. 主体功能区规划标准体系

主体功能区规划体现战略性，在标准体系方面以编制规划导则为主，其他方面尚未制定技术标准。目前，仅有《省级主体功能区划技术规程》标准。

2. 城乡规划技术标准体系

为指导城乡规划规范化建设,专门出台了《城乡规划技术标准体系》。该标准体系包括48项标准,其中,基础标准6项、通用标准11项、专用标准31项。目前实际已出台《城市用地分类与规划建设用地标准》《城市规划制图标准》《镇规划标准》以及城市居住区、道路交通、给水工程、工程管线、电力等规划规范,我国城乡规划技术标准体系框架已初步形成,但离48项标准仍有一定差距(见表9-6)。

表9-6 城乡规划技术标准体系

标准层次	标准类型	标准名称	现行标准
基础标准	术语标准	《城市规划基本术语标准》	GB/T 50280-98
	图形标准	《城市规划制图标准》	CJJ/T 97—2003
	分类标准	《城市用地分类与规划建设用地标准》	GB 50137-2011
		《村镇规划基础资料搜集规程》	—
通用标准	城市规划	《城市人口规模预测规程》	—
		《城乡用地评定标准》	CJJ 123—2009
		《城市环境保护规划规范》	—
		《城市规划工程地质勘查规范》	CJJ 57—2012
		《历史文化名城保护规划规范》	GB 50357—2005
		《城市地下空间规划规范》	—
		《城市水系规划规范(2016修订)》	GB 50513—2009
		《城市建设用地竖向规划规范》	CJJ 83—2016
		《城市工程管线综合规划规范》	GB 50289—2016
		《城市综合防灾规划规范》	—
	村镇规划	《镇规划标准》	GB 50188—2007
		《县域村镇体系规划编制暂行办法》	

续表

标准层次	标准类型	标准名称	现行标准
专用标准	城市规划	《城市居住区规划设计规范》	GB 50180—93
		《城市公共设施规划规范》	GB 50442—2008
		《城市环境卫生设施规划规范》	GB 50337—2003
		《城市防地质灾害规划规范》	
		《城市消防规划规范》	GB 51080—2015
		《城市绿地设计规范(2016版)》	GB 50420—2007
		《风景名胜区规划规范》	GB 50298—1999
		《城镇老年人设施规划规范》	GB 50437—2007
		《城市给水工程规划规范》	GB 50282—2016
		《城市排水工程规划规范》	GB 50318—2017
		《城市电力规划规范》	GB/T 0293—2014
		《城市通信工程规划规范》	GB/T 0853—2013
		《城市供热工程规划规范》	GB/T 1074—2015
		《城市燃气工程规划规范》	GB/T 1098—2015
		《防洪标准》	GB 50201—2014
		《城市照明规划规范》	
		《城市道路交通规划设计规范》	GB 50220—95
		《城市公共交通站、场、厂工程设计规范》	CJJ/T 15—2011
		《城市停车设施规划规范》	GB/T51149—2016
		《城市轨道交通线网规划编制标准》	GB/T 0546—2009
		《城市对外交通规划规范》	GB 50925—2013
		《城市步行交通规划规范》	
		《城市道路绿化规范与设计规范》	CJJ 75—97
		《建设项目交通影响评价技术标准》	CJJ/T 141—2010
		《城市道路交叉口规划规范》	GB 50647—2011
	村镇规划	《村镇居住用地规划规范》	
		《镇(乡)村仓储用地规划规范》	CJJ/T 189—2014
		《乡镇集贸市场规划设计标准》	CJJ/T 87—2000
		《村镇环境保护规划规范》	

3. 国土及土地利用规划技术标准体系

国土规划在编制时规范标准基本参照土地利用总体规划的相关标准。

土地利用规划的主要技术规范包括《省级土地利用总体规划编制守则》《市级土地利用总体规划环境影响评价技术规范》以及市（地）、县、乡（镇）三级土地利用总体规划编制规程、制图规范、数据库标准等（见表9-7）。

表9-7 土地利用规划技术标准体系

标准名称	现行标准
《市（地）级土地利用总体规划数据库标准》	TD/T 1026—2010
《县级土地利用总体规划数据库标准》	TD/T 1027—2010
《乡（镇）土地利用总体规划数据库标准》	TD/T 1028—2010
《市（地）级土地利用总体规划编制规程》	TD/T 1023—2010
《县级土地利用总体规划编制规程》	TD/T 1024—2010
《乡（镇）土地利用总体规划编制规程》	TD/T 1025—2010
《高标准农田建设评价规范》	GB/T 33130—2016
《土地整治权属调整规范》	TD/T 1046—2016
《土地整治工程建设标准编写规程》	TD/T 1045—2016
《土地整治中大项目实施方案编制规程》	TD/T 1047—2016
《县级土地整治规划编制规程》	TD/T 1035—2013
《市（地）级土地整治规划编制规程》	TD/T 1034—2013
《土地整治项目规划设计规范》	TD/T 1012—2016
《矿山土地复垦基础信息调查规程》	TD/T 1049—2016
《耕作层土壤剥离利用技术规范》	TD/T 1048—2016
《市（地）级土地利用总体规划数据库标准》	TD/T 1026—2010

4. 环境保护规划技术标准体系

环境保护规划的相关技术规范有《生态保护红线划定技术指南》《生态功能区划暂行规程》《规划环境影响评价技术导则总纲》以及大量环境标准。目前正探索开展环境功能区划划定和城市环境总体规划试点工作，相应的规范建设需要进一步探索完善（见表9-8）。

表9-8 环境保护规划技术标准体系

标准名称	现行标准
《环境空气质量标准》	GB 3095—2012
《污染防治可行技术指南编制导则》	HJ 2300—2018
《农田灌溉水质标准》	GB 5084—2005
《声环境功能区划分技术规范》	GB/T 15190—2014
《地表水环境质量标准》	GB 3838—2012
《地下水质量标准》	GB/T 14848—2017
《声环境质量标准》	GB 3096—2008
《工业企业厂界环境噪声排放标准》	GB 12348—2008
《土壤环境质量标准》	GB 15618—2008
《危险废物贮存污染控制标准》(2013年修订)	GB 18597—2001
《一般工业固体废物贮存、处置场污染控制标准》(2013年修订)	GB 18599—2001
《生活垃圾填埋污染控制标准》	GB 16889—2008
《自然保护区管理评估规范》	HJ 913—2017
《生态环境状况评价技术规范》	HJ 192—2015
《建设项目环境影响评价技术导则总纲》	HJ 2.1—2016
《规划环境影响评价技术导则总纲》	HJ 130—2014

5. 其他规划(农、林、水、草等空间专项规划)

其他规划技术标准体系主要有《耕地质量等级》(GB/T 33469—2016)、《全国耕地类型区、耕地地力等级划分》(NY/T 309—1996)、《水土保持术语》(GB/T 20465—2006)、《水土保持规划编制规范》(SL 335—2014)、《林地保护利用规划林地落界技术规程》(LY/T 1955—2011)、《水土保持规划编制规范》(SL 335—2014)等(见表9-9)。

表9-9 其他空间性规划技术标准体系

标准名称	现行标准
《海域使用管理标准体系》	HY/T 121—2008
《耕地质量等级》	GB/T 33469—2016
《高标准农田建设评价规范》	GB/T 33130—2016
《全国耕地类型区、耕地地力等级划分》	NY/T 309—1996

续表

标准名称	现行标准
《水土保持术语》	GB/T 20465—2006
《饮用水水源保护区划分技术规范》	HJ/T 338—2007
《开发建设项目水土保持技术规范》	GB 50433—2008
《开发建设项目水土流失防治标准》	GB 50434—2008
《水土保持规划编制规范》	SL 335—2014
《林地保护利用规划林地落界技术规程》	LY/T 1955—2011
《县级林地保护利用规划编制技术规程》	LYT 1956—2011
《森林资源调查卫星遥感影像图制作技术规程》	LY/T 1954—2011
《低效林改造技术规程》	(LY/T 1690—2017)

二、法规差异内容

(一)差异法规梳理

通过对主要空间性规划法规和技术标准体系等进行梳理,结合空间性规划矛盾冲突的法规标准成因分析,根据5个方面的差异问题、成因对应其主要涉及的法规条款汇总(见表9-10)。

表9-10 空间规划主要差异法规梳理

差异主题	差异法规
规划期限	法律:《城乡规划法》《土地管理法》 行政法规:《土地管理法实施条例》 部门规章:《城市规划编制办法》《省域城镇体系规划编制审批办法》 标准规范:《市(地)级土地利用总体规划编制规程》(TD/T 1023—2010)
基础数据	标准规范:《城市规划制图标准》(CJJ/T 97—2003)、《城市用地分类与规划建设用地标准》(GB 50137—2011)、《市(地)级土地利用总体规划数据库标准》(TD/T 1026—2010)、《市(地)级土地利用总体规划编制规程》(TD/T 1023—2010)、《生态保护红线划定技术指南》

续表

差异主题	差异法规
用地分类	标准规范:《城市用地分类与规划建设用地标准》(GB 50137—2011)《镇规划标准》、(GB 50188—2007)、《土地利用现状》(GB/T 21010—2017)、《县级土地利用总体规划数据库标准》(TD/T 1027—2010)、《市(地)级土地利用总体规划编制规程》(TD/T 1023—2010)
分区管控	法律:《中华人民共和国水土保持法》(2010年修订)、《中华人民共和国环境保护法》(2014年修订)、《中华人民共和国水污染防治法》(2017年修订) 部门规章:《城市规划编制办法》(2006年)、《土地利用总体规划管理办法》(2017) 标准规范:"生态保护红线、环境质量底线、资源利用上线和环境准入负面清单技术指南"(2017年)、《生态保护红线划定指南》《环境空气质量标准》《土壤环境质量评价技术规范(征求意见稿)》
目标指标	部门规章:《土地利用年度计划管理办法》 标准规范:《城市用地分类与规划建设用地标准》(GB 50137—2011)、"生态保护红线、环境质量底线、资源利用上线和环境准入负面清单技术指南"(2017年)

(二)差异法规内容

1. 规划期限差异

《城乡规划法》第十七条,《城市规划编制办法》第二十八条、第三十五条,《省域城镇体系规划编制审批办法》第二十七条,规定:城乡规划中城市总规、镇的总规和省域城镇体系规划期限一般为20年,城市近期建设规划期限为5年,城市总规还应当对城市更长远的发展做出预测性安排。

《土地管理法》第十七条,《土地管理法实施条例》第九条,《市(地)级土地利用总体规划编制规程》(TD/T 1023—2010)规定:土地利用总体规划的期限一般为15年,其中市(地)级土地利用总规期限为10~15年,近期土地利用安排期限为5年。

环保规划的规划期限并未做明确安排,但现行的国家、各省和地市的生态环境保护规划期限与国民经济和社会发展规划期限相同,为5年。

2. 基础数据差异

《城市规划制图标准》(CJJ/T 97—2003)、《城市用地分类与规划建设用地标准》(GB 50137—2011)规定:城乡规划一般采用北京坐标系或西安坐标系进行定位,高程基准采用黄海高程系(最新为1985国家高程基准),比例尺一般采用1:10000或1:

5000,地形图采用测绘部门最新公布的地形图纸。

《市(地)级土地利用总体规划数据库标准》(TD/T 1026—2010)、《市(地)级土地利用总体规划编制规程》(TD/T 1023—2010)规定:土地利用总体规划一般采用"1980西安坐标系"和"1985国家高程基准"作为平面坐标和高程基准,市域范围比例尺一般采用1:100000,中心城区比例尺一般采用(1:10000)~(1:25000),规划控制范围偏大的,可以缩小到1:50000。

《生态保护红线划定技术指南》规定:生态环境保护规划中生态保护红线图件采用2000国家大地坐标系,1985国家高程基准,国家层面基本比例尺为1:250000,省级层面不小于1:50000,勘测定界图基本比例尺与当地土地利用图件保持一致。《生态保护红线、环境质量底线、资源利用上线和环境准入负面清单技术指南》(2017年)规定:"三线一单"成果体系采用权威地理信息数据作为工作底图定位基础,比例尺优先采用1:10000和1:50000。

3. 用地分类差异

《城市用地分类与规划建设用地标准》(GB 50137—2011)和《镇规划标准》(GB 50188—2007)规定:在城乡规划中,依据土地使用的主要性质采用三层分类体系,城乡用地分为2大类、9中类、14小类,其中城市建设用地进一步分为8大类、35中类、42小类,镇的用地分为9大类30小类。

《土地利用现状》(GB/T 21010—2017)、《县级土地利用总体规划数据库标准》(TD/T 1027—2010)、《市(地)级土地利用总体规划编制规程》(TD/T 1023—2010),规定:在土地利用规划中,土地利用现状分类采用二级分类体系,包含12个一级类、72个二级类,用于地籍管理;土地利用规划分类采用三级分类体系,包含3个一级类、10个二级类、25个三级类,用于规划管理。

4. 分区管控差异

《城市规划编制办法》(2006年)规定:城乡规划中,要求划定"禁建区、限建区、适建区"的范围,对中心城区还要求划定"已建区",并研究中心城区空间增长边界;同时,在城市规划中,需要划定绿地保护范围(绿线)、河湖水面保护范围(蓝线)、历史文化街区及历史建筑保护范围(紫线)、重大城市基础设施用地控制线(黄线)和安全防护范围界线(橙线)。

《土地利用总体规划管理办法》(2017年)规定:土地利用规划中,要求划定"城乡建设用地规模边界、城乡建设用地扩展边界、城乡建设用地禁建边界、允许建设区、有条件建设区、限制建设区、禁止建设区"。

《"生态保护红线、环境质量底线、资源利用上线和环境准入负面清单技术指南》

(2017年)明确建立"三线一单"环境分区管控体系,提出:根据《关于划定并严守生态保护红线的若干意见》《生态保护红线划定指南》要求,划定生态空间,明确生态保护红线。依据《重点流域水污染防治"十三五"规划编制技术大纲》《环境空气质量标准》《土壤环境质量评价技术规范(征求意见稿)》等,针对相关规划中水环境、大气环境、土壤环境限期达标要求,确定基于底线目标的污染物排放总量控制和重点区域环境管控要求。

5. 目标指标差异

《城市用地分类与规划建设用地标准》(GB 50137—2011)规定:城市规划中,对于"人均城市建设用地"形成了清晰的目标指标体系,在明确新建城市、首都、山地城市、人口较少的工矿业城市、风景旅游城市等人均建设用地指标的基础上,进一步提出了"人均居住用地指标、人均公共管理与公共服务用地指标、人均交通设施用地面积指标、人均绿地面积指标"及五大类主要用地占城市建设用地的比例区间。

《土地利用年度计划管理办法》(自2016年5月12日施行)规定:土地利用规划中,目标指标以年度计划的方式进行明确,包括每年"新增建设用地计划指标、土地整治补充耕地计划指标、耕地保有量计划指标、城乡建设用地增减挂钩指标和工矿废弃地复垦利用指标"。

第四节 空间规划法规体系建设

一、法规建设需求

(一)空间规划立法的现实需求

通过以上部分内容系统分析,我国现行各类空间规划存在5大方面的冲突矛盾。进一步分析其成因,主要是各类规划相对应的法规标准各异,从而进一步找出了各类规划相对应法规的差异条款内容。可以明确看出,法规标准差异是形成目前空间规划产生冲突矛盾的根本性、现实性的问题,因此,需要对现行各类法规进行重新修正或修订,以达到统一及有效解决现实冲突矛盾问题的目的。

(二)国土空间规划的技术路线要求

从2014年国家开展市县"多规合一"的技术路线(多规叠加、协调冲突矛盾,到各类控制线划定形成一张蓝图),到2016省级空间试点方案确立"先布棋盘、后落棋子"的技术路线,到《若干意见》明确"战略定位—优化格局—要素配置—空间整治—实施保障"五步路线。国土空间规划的技术路线在落实发展规划的战略要求前提下,需要整合各类空间规划,形成各类空间规划融合、各类空间要素统一的"一张蓝图",从而以一张蓝图为基础实现空间的有效管控。因此,国土空间规划所形成的一张蓝图实质上是涵盖了各类空间性规划的管控要素和内容,但是,各规划目前仍受其对应的法规约束,此技术路线的落地实现需要立法及法规完善保障。

(三)国土空间规划的体制改革目标

深化规划体制改革,推动"多规合一",探索实现一本规划、一张蓝图,从党的十八大后就明确提了出来。习近平总书记从2012年起多次明确要求,政贵有恒,确保"一张蓝图干到底"。随后,以主体功能区为基础,统筹各类空间性规划,推动"多规合一"成为我国确立的一项重大改革事项和重要战略部署。其核心就是要按照一本规划、一张蓝图要求,真正建立"多规合一"的空间规划体系。"多规合一"的基础在"多规",重点在"合一",也就是说,结合以上国土空间规划技术路线的要求,主要空间性规划将被取消且必须合为一本规划,形成"一张蓝图"。要达到取消主要各类空间性规划,形成一本"多规合一"的国土空间规划,必须要求对国土空间规划给予其立法以便确立其地位,同时对各类空间性规划相对应的法规进行立、改、废的具体调整。

(四)国家机构改革意图需求

2018年3月,中共中央印发《深化党和国家机构改革方案》,组建自然资源部,将分散在发改部门、住建部门、国土部门的空间规划事权进行了有效整合,为空间规划提供组织保障。近年来,政府职能加快转变,"放管服"不断推进。《关于统一规划体系更好发挥国家发展规划战略导向作用的意见》(中发〔2018〕44号),要求建立以发展规划为统领,以国土空间规划为基础,以专项规划和区域规划为支撑,由国家、省、市、县、乡镇各级规划共同组成,定位准确、边界清晰、功能互补、统一衔接的国家规划体系,这理顺了规划关系,统一了规划体系,强化了国家级空间规划在空间开发保护方面的基础作用,制定《国土空间规划法》,落实国土空间规划作用,明晰行政、立法、司法机构权限,是适应新时代国家机构改革和政府职能转变的客观需要。

二、法规体系建设思路

（一）指导思想

以习近平新时代中国特色社会主义思想为指引，以宪法为根据，以推进依法治国进程、推动生态文明建设、促进国家治理体系和治理能力现代化为目标，制定国土空间开发保护法，加快国土空间规划相关法律法规建设，制定《国土空间规划法》。确立以国土空间规划为基础、以用途管制为主要手段的国土空间开发保护制度和"五级三类四体系"国土空间规划体系，并以此为统领推进空间性规划法律、行政法规和部门规章以及配套标准规范的立、改、废工作。到2025年，要健全国土空间规划的法规政策和技术标准体系。

（二）基本思路

基于国土空间规划的技术目标，在国家宪法的统领下，按照"先立后破、立新调整"的原则，确立国土空间规划法律地位，修改其他规划法规；围绕"法律法规、规范标准"两个方面建立完善法规体系，通过法规建立、调整完善及体系建立，明确空间规划编制、审批的主体，实施、评估、修改、衔接程序，监督及实施法律责任等，保障国土空间规划技术目标的实现，确保国土空间规划依法依规落地。

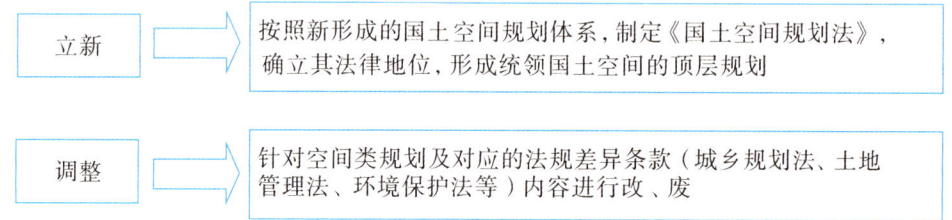

（三）基本要点

1. 国土空间规划新立法规要点

（1）国土空间规划法立法要点。主要明确立法地位及适用范围，规划期限、技术路线、规划内容及成果体系、规划层次及分类、国土空间管控与其他空间性规划的关系，及国土空间规划编制、审批的主体，实施、评估、修改、衔接程序，监督及实施法律责任等。

（2）国土空间规划配套规范标准建设。配套制定国土空间规划法实施条例、编制技术导则、用地分类办法、基础数据统一办法、国土空间管控办法、制图标准、数据库标准等。

2. 其他规划法规调整要点

（1）法规调整。以《国土空间规划法》为统领，主要针对城乡规划法、土地管理法、环境保护法及涉及国土空间规划类内容进行修改和废除。

（2）规范标准调整。以《国土空间规划法》为统领，围绕国土空间规划新规范标准建立，主要针对城乡规划、土地利用、环境保护规划及涉及空间性规划的规范标准内容进行废、改、释。

三、新立法内容建议

（一）《国土空间规划法》内容建议（见图 9–1）

1. 立法目的和宗旨

建立全国统一、责权清晰、科学高效的国土空间规划体系，使国土空间开发保护更高质量、更有效率、更加公平、更可持续，推进生态文明建设、建设美丽中国。

2. 法律地位和适用范围

发挥国土空间规划在国家规划体系中的基础性作用，落实国土空间规划体系在国土空间开发保护中的战略引领和刚性管控作用，是国土空间进行各类开发建设活动、实施国土空间用途管制、制定其他规划的基本依据。

3. 国土空间规划与其他空间性规划的关系

国土空间规划是其他空间性规划的上位规划，在各类空间规划中居总控性地位，其他空间性规划的制定、实施、修改必须依据国土空间规划进行。

4. 国土空间规划期限

国土空间规划期限一般为 15 年，其中，近期规划期限 5 年。可以对更长远的发展做出预测性安排。

5. 国土空间规划技术路线

编制国土空间规划应当科学研判经济社会发展趋势和面临问题挑战，实施规划评估，制定战略定位及目标；从优化国土空间格局角度出发，开展双评价，确定全域国土空间规划分区，划定永久基本农田、生态保护红线和城镇开发边界三条控制线；最后结合地方实际，对国土空间用途进行分区分类分级的统一管制和综合协调，科学合理确定国土空间保护和开发的要求，优化国土空间格局，促进区域可持续发展。国土空间规划技术路径总体可概括为战略定位—优化格局—要素配置—空间整治—实施保障。

6. 规划内容及成果体系

规划成果包括规划文本、规划图件、规划说明、信息平台及数据库、专题研究报告、其他材料等。

7. 规划层次及分类

实施"五级三类"的国土空间规划体系。"五级"指全国、省级、市、县和乡镇五个层级;"三类"指总体规划、详细规划、专项规划三种类型。其中,总体规划是对全国国土空间保护、开发、利用、修复的安排、落实和细化;详细规划对具体地块用途和开发建设强度等做出实施性安排;专项规划是指在特定区域(流域)、特定领域,涉及空间利用的专项规划。空间性规划分为国家、省、市县(设区的市空间规划范围为市辖区)三级编制管理体系。

8. 国土空间基础信息平台

以自然资源调查监测数据为基础,统一采用2000国家大地坐标系作为空间基准,以陆域优于1∶10000、海域1∶50000精度纳入第三次全国国土调查现状数据和其他基础数据。

9. 技术标准要求

国土空间规划的制定过程中国家公布的统一的技术规范和技术标准,主要包括用地分类规范、图形规范等。

10. 国土空间分区管控

以国土空间规划为依据,对所有国土空间分区分类实施用途管制。因地制宜制定用途管制制度,为地方管理和创新活动留有空间。

11. 国土空间规划管理体制

国家、省、市县编制国土空间总体规划,各地结合实际编制乡镇国土空间规划。规划一经批复,任何部门和个人不得随意修改、违规变更,防止出现换一届党委和政府改一次规划。下级国土空间规划要服从上级国土空间规划,相关专项规划、详细规划要服从总体规划;坚持先规划、后实施,不得违反国土空间规划进行各类开发建设活动;坚持"多规合一",不在国土空间规划体系之外另设其他空间规划。

12. 组织编制和评审、批准程序

规划编制主体为各级人民政府。各级自然资源行政主管部门应会同相关部门开展具体编制工作。国土空间规划编制应当委托具有相应资质等级的单位承担空间规划的具体编制工作。因国家重大战略调整、重大项目建设或行政区划调整等确需修改规划的,须先经规划审批机关同意后,方可按法定程序进行修改。对国土空间规划编制和实施过程中的违规违纪违法行为,要严肃追究责任。

13. 国土空间规划经费来源

国土空间规划的编制和管理经费纳入政府财政预算。

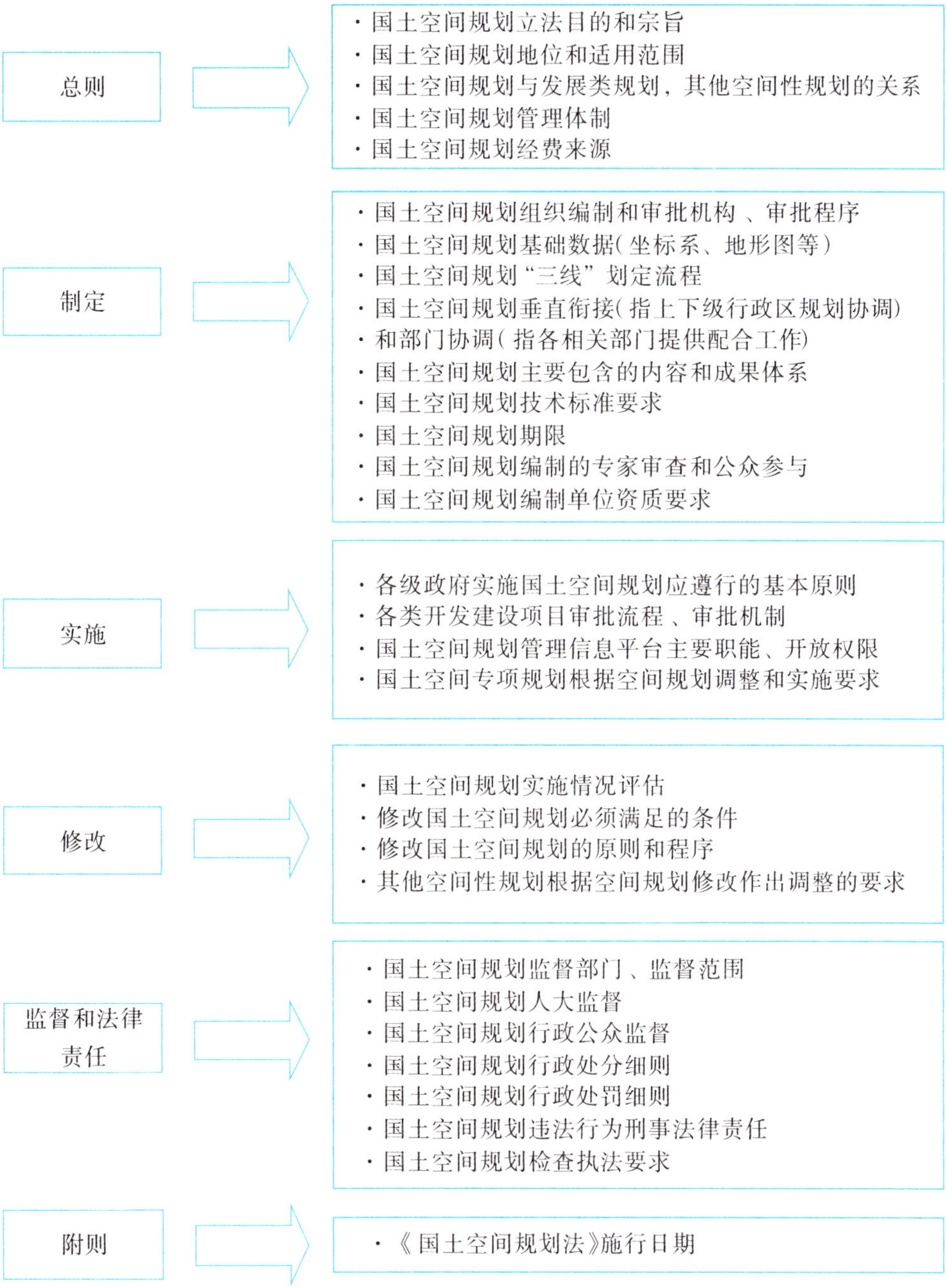

总则	→	·国土空间规划立法目的和宗旨 ·国土空间规划地位和适用范围 ·国土空间规划与发展类规划,其他空间性规划的关系 ·国土空间规划管理体制 ·国土空间规划经费来源
制定	→	·国土空间规划组织编制和审批机构、审批程序 ·国土空间规划基础数据(坐标系、地形图等) ·国土空间规划"三线"划定流程 ·国土空间规划垂直衔接(指上下级行政区规划协调) ·和部门协调(指各相关部门提供配合工作) ·国土空间规划主要包含的内容和成果体系 ·国土空间规划技术标准要求 ·国土空间规划期限 ·国土空间规划编制的专家审查和公众参与 ·国土空间规划编制单位资质要求
实施	→	·各级政府实施国土空间规划应遵行的基本原则 ·各类开发建设项目审批流程、审批机制 ·国土空间规划管理信息平台主要职能、开放权限 ·国土空间专项规划根据空间规划调整和实施要求
修改	→	·国土空间规划实施情况评估 ·修改国土空间规划必须满足的条件 ·修改国土空间规划的原则和程序 ·其他空间性规划根据空间规划修改作出调整的要求
监督和法律责任	→	·国土空间规划监督部门、监督范围 ·国土空间规划人大监督 ·国土空间规划行政公众监督 ·国土空间规划行政处分细则 ·国土空间规划行政处罚细则 ·国土空间规划违法行为刑事法律责任 ·国土空间规划检查执法要求
附则	→	·《国土空间规划法》施行日期

图 9-1 《国土空间规划法》内容框架建议

（二）配套规范标准内容建议

围绕国土空间规划法的落地实施，基于国土空间规划试点实践的问题需求和法规标准建设需求，配套完善相应规范标准，逐渐形成空间技术标准体系。

1. 国土空间规划法实施条例
2. 省级国土空间规划编制技术指南
3. 市县国土空间规划编制技术指南
4. 国土空间规划基本术语标准
5. 国土空间规划数据资料收集处理规范
6. 国土空间规划底数底图编制技术规程
7. 国土空间规划"双评价"技术指南
8. 市县国土空间规划分区和用途分类指南
9. 城镇开发边界划定技术指南
10. 生态保护红线划定技术指南
11. 国土空间规划目标指标体系设定指南
12. 国土空间规划数据库标准

四、空间规划类其他法规调整建议

（一）调整法规范围

1. 城乡规划法及其配套规范标准
2. 土地管理法及其配套规范标准
3. 环境保护法及其配套规范标准
4. 涉农、林、草、水等空间要素规划相应法规、规范标准

（二）调整规划类型

按照主要空间性总体规划合一要求，结合主要空间规划编制类型，本次调整的规划类型为总体规划或区划。凡是以上调整法规范围内涉及总体规划或区划的，相应条款废止。

（三）调整总体要求

1. 统一规划期限。凡是涉及规划期限的，规划期限统一按 15 年编制，近期规划期

限为5年调整。相应条款修改。

2. 统一用地分类办法。凡是涉及用地分类办法的，统一采用国土空间规划用地分类及代码标准，相应条款修改。

3. 统一管控分区及措施。凡是涉及空间分区管控及措施，统一按国土空间规划分区管控进行落实，相应条款修改。

4. 统一基础数据标准。凡是涉及基础数据的，统一按照国土空间规划数据资料收集处理规范，相应条款修改。

5. 统一目标指标。凡是涉及规划目标指标体系设定，统一按国土空间规划目标指标体系设定指南落实，相应条款修改。

（四）调整具体内容列举

1. 城乡规划

城乡规划方面的法规体系调整涉及法律——《城乡规划法》，部门规章《城市规划编制办法》《省域城镇体系规划编制审批办法》以及部分规范标准（见表9-11）。

表9-11 城乡规划法规体系调整内容建议

序号	名称	条款	调整办法
1	《城乡规划法》	第十七条	修改。城市总体规划、镇总体规划的规划期限与空间规划保持一致，为15年
2	《城市规划编制办法》	第二十八条	修改。城市总体规划的规划期限一般为15年
3	《省域城镇体系规划编制审批办法》	第二十七条	修改。省域城镇体系规划的规划期限一般为20年
4	《城市规划制图标准》（CJJ/T 97—2003）	2.15.2 和 2.15.3	修改。城市规划图平面坐标采用2000国家大地坐标系 修改。城市规划图的竖向定位应采用最新的黄海高程系海拔数值定位
5	《城市用地分类与规划建设用地标准》（GB 50137—2011）	3 用地分类	建议废除。采用统一规范的空间规划用地分类标准
6	《镇规划标准》（GB 50188—2007）	4 用地分类和计算	建议废除。采用统一规范的空间规划用地分类标准

2. 土地利用总体规划

土地利用总体规划的法规体系调整涉及法律——《土地管理法》，部门规章《土地利用总体规划管理办法》和《土地利用年度计划管理办法》，以及部分标准规范（见表9-12）。

表9-12 土地利用总体规划法规体系调整内容建议

序号	名称	条款	调整办法
1	《土地管理法》	第十七条	修改。土地利用总体规划的规划期限与空间规划保持一致，为15年
2	《土地利用总体规划管理办法》（2017年）	第二十二条	增加。根据空间规划要求补充完善管控分区
3	《土地利用年度计划管理办法》（自2016年5月12日施行）	第四条	增加。根据空间规划补充完善目标体系
4	《土地利用现状》（GB/T 21010—2017）		解释。水库水面、公园与绿地、采矿用地等差异用地分类与城乡规划用地进行衔接并做出解释
5	《市(地)级土地利用总体规划编制规程》（TD/T 1023—2010）		解释。土地用途规划分类与城乡规划用途分类衔接，并做出解释
6	《市(地)级土地利用总体规划数据库标准》（TD/T 1026—2010）	3 用地分类	建议废除。采用统一规范的空间规划用地分类标准
7	《县级土地利用总体规划数据库标准》（TD/T 1027—2010）	5 定位基础	修改。土地利用总体规划平面坐标采用2000国家大地坐标系 修改。土地利用总体规划图的竖向定位应采用最新的黄海高程系海拔数值定位

3. 环境保护规划

环境保护的法规体系调整涉及法律——《环境保护法》，部门规章《土地利用总体规划管理办法》和《土地利用年度计划管理办法》，以及部分标准规范（见表9-13）。

表 9-13　环境保护规划法规体系调整内容建议

序号	名称	条款	调整办法
1	《环境保护法》	第十三条	增加。环境保护总体规划期限与空间规划保持一致,为 15 年;环境保护近期规划为 5 年
2	《生态保护红线划定技术指南》	11.1	修改。生态红线图件数据采用 2000 国家大地坐标系,最新的黄海高程系海拔数值
3	《全国生态功能区划》		解释。与空间规划划定生态空间、生态红线衔接

4. 其他规划

其他规划法规体系调整主要涉及林、草、水、土等方面总体规划期限的修改。

表 9-14　其他规划法规体系调整内容建议

序号	名称	条款	调整办法
1	《中华人民共和国水法》（2016 年 7 月修订）	第十四条	修改。流域综合规划期限为 15 年
2	《中华人民共和国水土保持法》（2010 年修订本）	第十三条	增加。水土保持规划应当与土地利用总体规划、水资源规划、城乡规划和环境保护规划等相协调,规划限期为 15 年
3	《中华人民共和国草原法》	第二十条	增加。草原保护、建设、利用规划期限为 15 年
4	《国家级森林公园管理办法》（自 2011 年 8 月 1 日起实行）	第七条	修改。国家级森林公园总体规划的规划期一般为 15 年

第五节　研究结论与建议

一、研究结论

(一)我国空间性规划存在"多规并立"事实,制约国家空间治理成效

目前,我国现行的空间性规划包括主体功能区规划、城乡规划、国土规划及土地利用规划、生态及环境保护规划4个大类,以及涉及农业、林业、水利、交通、工信、文物、旅游、民政、测绘等部门部分空间要素落地的各类专项规划;规划种类繁多,各类规划内部类型多样、层级不一,规划事权错配,已严重影响国家空间治理效率,影响了国土空间政策的统一性和有效性。通过梳理,各类空间性规划在"规划性质、规划范围、规划期限、规划类型、基础数据、规划目标、核心内容、空间管控、规划成果、规划层次、立法依据、法规标准、规划编制、规划审批、规划实施、规划修改、规划监督"17个方面存在明显差异。

(二)管理体制和法规标准体系是造成空间性规划差异的根源

通过对我国空间性规划问题及成因的系统梳理,影响国土空间规划矛盾差异的根源已经凹显。一是管理体制问题,10余部门针对国土空间"九龙治水",各类规划规出多门、各自为政,各类规划层级不同且存在部门职责交叉重复、重叠冲突,致使各类规划不易协调、难以管理,二是法规标准体系问题,规划立法及空间规划立法滞后,各类规划相应法规体系、技术标准各异,致使空间统筹管控乏力,规划的约束性和刚性不强,协调统一困难。党的十九届三中全会审议通过《深化党和国家机构改革方案》,明确组建自然资源部,实现了对国土资源部编制国土规划和土地利用总体规划、国家发展和改革委员会编制主体功能区规划、住房和城乡建设部的管理城乡规划职能的有机整合,以及分散在农业、林业、水利、海洋部门空间规划职能整合,将彻底解决空间规划管理体制问题。因此,解决法规标准体系冲突问题成为本课题的题中之义。

（三）空间规划法规体系建设的基础是以国土空间规划为统领，构建统一衔接的国土空间规划体系

全国国土空间规划是对全国国土空间做出的全局安排，是全国国土空间保护、开发、利用、修复的政策和总纲，侧重战略性，由自然资源部会同相关部门组织编制，由党中央、国务院审定后印发。省级国土空间规划是对全国国土空间规划的落实，指导市县国土空间规划编制，侧重协调性，由省级政府组织编制，经同级人大常委会审议后报国务院审批。市县和乡镇国土空间规划是本级政府对上级国土空间规划要求的细化落实，是对本行政区域开发保护做出的具体安排，侧重实施性。需报国务院审批的城市国土空间总体规划，由市政府组织编制，经同级人大常委会审议后，由省级政府报国务院审批；其他市县及乡镇国土空间规划由省级政府根据当地实际，明确规划编制审批内容和程序要求。各地可因地制宜，将市县与乡镇国土空间规划合并编制，也可以几个乡镇为单元编制乡镇级国土空间规划。

（四）空间规划法规体系建设的核心是加快制定《国土空间规划法》

改革与法治是"破"与"立"的辩证统一，法治的完善需要改革提供实践样本，改革的成功则需要法治提供基础保障。当前，省级空间规划试点和市县"多规合一"试点已经形成了一批积极有效的空间规划经验和空间治理模式，为国土空间规划立法提供了有力的实践样本。亟须加快空间规划法治进程，确保我国生态领域确定的空间规划改革任务顺利进行并取得成功。其具体路径为研究制定国土空间开发保护法，加快国土空间规划相关法律法规建设。围绕"法律法规、规范标准"两个方面建立完善法规体系。梳理与国土空间规划相关的现行法律法规和部门规章，对"多规合一"改革涉及突破现行法律法规规定的内容和条款，按程序报批，取得授权后施行，并做好过渡时期的法律法规衔接。完善适应主体功能区要求的配套政策，保障国土空间规划有效实施。

二、建议与展望

（一）建议

推进国土空间规划法治化，需要全面加强规划立法、执法和司法，促进规划领域有

法可依、有法必依、执法必严。当务之急是加强国土空间规划法治建设,健全规划法律法规。

1. 制定规划基本法

在空间性规划整合、空间规划统一编制的基础上,以《宪法》为根本,制定《国土空间规划法》,明确法律地位和法律性质,分别对其规划编制主体、规划层级和主要内容、审批程序、规划修改、规划实施等内容进行细致规范。

2. 修订国土空间规划一般法

在主干法基础上,组织修订《城乡规划法》《土地管理法》《环境保护法》等,使其保持与《国土空间规划法》相协调统一,促进国土空间的统一管控和科学有效利用。

3. 完善行政法规配套

在国家法律基础上,组织制定《国土空间规划条例》《规划公众参与条例》等行政法规,适时修订《土地管理法实施条例》《城乡规划法实施细则》《基本农田保护条例》《规划环境影响评价条例》等,增强行政法规对主干法适配性。

4. 鼓励地方性法规出台

我国地域辽阔、各地区差异大、区域发展很不平衡,在遵守我国法律法规前提下,地方可因地制宜制定相应的国土空间规划实施性法规,形成从中央到地方配套衔接的国土空间规划法律法规保障体系。

(二)展望

在习近平新时代中国特色社会主义思想指导下,按照"五位一体"总体布局和四个全面战略布局要求,随着我国全面深化改革、推进生态文明建设,全面依法治国推进,国土空间规划作为政府对国土空间开发保护及利用的基本手段,机构改革自然资源部组建,已在管理体制改革上迈出了实质性的步伐,将彻底解决空间规划"九龙治水"形成空间规划管理的新局面。下一步制定的《国土空间规划法》是国土空间规划法治建设的关键。同时,随着国土空间规划法规体系的建设完善,必将成为我国空间规划领域具有里程碑意义的一件大事,也必将推动我国形成完善的国土空间开发保护制度,极大地推动生态文明建设,实现国家生态领域治理体系和治理能力的现代化,为伟大的中国梦助力添彩。

结　语

中研智业集团是我国专业从事政府咨询产业化运营的集团股份公司，其定位于"中国县域经济综合解决方案提供商"和"中国市县空间规划创新引领者"。五年多来，集团上下深耕"多规合一"、国土空间规划专业领域，形成了一批丰硕的研究、技术和实践成果，已成为业内技术创新的领跑者。

《国土空间规划研究》是中研智业系列丛书的第 13 本，是围绕国土空间规划专业领域出版的第 4 本。本专著围绕国土空间规划体系构建，实现"多规合一"的工作要求，在深入研究并总结学习全国 28 个市县"多规合一"试点及 9 个省级空间规划试点的技术路径和成果体系的基础上，结合了我集团公司承担编制的"多规合一"、空间规划试点工作经验及持续对国土空间规划的深入研究积累，是对我国国土空间规划关键技术领域相关概念、理论方法、技术实践的充分总结和深入研究思考，标志着我集团公司在国土空间规划理论技术研究与实践方面取得了重大成果和重要积累。同时，为我国在国土空间规划落地实施阶段开展相关工作奠定了坚实理论和技术基础。

此成果历时近 2 年，由 9 个专题研究小组进行持续研究，此研究调动了我集团公司下属的空间规划院、经济研究院、林业科技院、数字规划院、工程设计院等专业院所机构的技术骨干力量，同时邀请了业内技术专家、院校协作机构的相关人员，在此一并致谢！未来，我们将更加注重理论学习、技术创新、实践总结，多出成果、出好成果，为自然资源管理系统、国土空间规划业界提供科学务实的理论技术服务。

樊　森

2020 年 1 月

参考文献

[1] 董祚继,吴次芳,叶艳妹,等."多规合一"的理论与实践[M].杭州:浙江大学出版社,2017:22-23.

[2] 梁学庆,吴玲,黄辉玲.新中国50年土地(利用)规划的回顾与展望[J].中国农业科技导报,2005,7(3):13-16.

[3] 付宇.德国交通运输发展趋势及重点[J].工程研究——跨学科视野中的工程,2017(9):172.

[4] 高薇.德国的区域治理:组织及其法制保障[J].环球法律评论,2014(2).

[5] 谢敏.德国空间规划体系概述及其对我国国土规划的借鉴[J].国土资源情报,2009(11):22-26.

[6] 李鑫,蔡文婷.政府管制视野下德国空间规划框架及体系特点与启发[J].南方建筑,2018(3).

[7] 周颖,濮励杰,张芳怡.德国空间规划研究及其对我国的启示[J].长江流域资源与环境,2006,15(4):409-414.

[8] 卓健,刘玉民.法国城市规划的地方分权——1919—2000年法国城市规划体系发展演变综述[J].国际城市规划,2009(s1).

[9] 蔡玉梅,高延利,张丽佳.荷兰空间规划体系的演变及启示[J].资源导刊,2017(9).

[10] 周静,胡天新,顾永涛.荷兰国家空间规划体系的构建及横纵协调机制[J].规划师,2017(2).

[11] 新土地规划人.空间规划——国外空间规划的先进方法和经验借鉴[EB/OL]. https://mp.weixin.qq.com/s/FMiH5TnufqTSMF5TIvmgoA,2016-9-9.

[12] 楚树龙,方力维.美国人口状况的发展变化及其影响[J].美国研究,2009(4):75-89.

[13] 蔡玉梅,廖蓉,刘杨,等.Construction and Enlightenment of US Spatial Planning System% 美国空间规划体系的构建及启示[J].国土资源情报,2017(4):11-19.

［14］刘慧,樊杰,李扬."美国2050"空间战略规划及启示［J］.地理研究,2013,32(1):90-98.

［15］谭纵波.日本城市规划行政体制概观［J］.国外城市规划,1999(4):6-11.

［16］谭纵波.日本的城市规划法规体系［J］.国外城市规划,2000(1):13-18.

［17］唐子来,李京生.日本的城市规划体系［J］.城市规划,1999(10).